工人运动的先驱

——邓培

Gongren Yundong de
Xianqu Dengpei

中共唐山市委党史研究室

编

中国言实出版社

图书在版编目（CIP）数据

工人运动的先驱：邓培 / 中共唐山市委党史研究室
编. -- 北京：中国言实出版社，2024.1
ISBN 978-7-5171-4754-1

Ⅰ.①工… Ⅱ.①中… Ⅲ.①邓培（1883-1927）—
生平事迹 Ⅳ.①K827=6

中国国家版本馆CIP数据核字（2024）第045107号

工人运动的先驱——邓培

责任编辑：王战星
责任校对：代青霞

出版发行：中国言实出版社
　　　　　地　　址：北京市朝阳区北苑路180号加利大厦5号楼105室
　　　　　邮　　编：100101
　　　　　编辑部：北京市海淀区花园路6号院B座6层
　　　　　邮　　编：100088
　　　　　电　　话：010-64924853（总编室）　　010-64924716（发行部）
　　　　　网　　址：www.zgyscbs.cn　　电子邮箱：zgyscbs@263.net

经　　销：新华书店
印　　刷：北京温林源印刷有限公司
版　　次：2024年5月第1版　　2024年5月第1次印刷
规　　格：710毫米×1000毫米　　1/16　　25.5印张
字　　数：375千字

定　　价：79.00元
书　　号：ISBN 978-7-5171-4754-1

光辉的业绩　永远的丰碑

——纪念邓培烈士

邓培是中国共产党创建时期的党员、河北省内第一名工人共产党员，中共唐山地方组织的创始人，中国工人运动的先驱。历任中共唐山地方委员会书记、中共唐山地方执行委员会委员长、中共北方区委委员、中共第三届和第四届中央执行委员会候补委员、全国铁路总工会委员长、中华全国总工会副委员长等职。1927年4月22日在广州被国民党反动派杀害。邓培的一生是革命的一生，战斗的一生。他的英名存幽燕，浩气贯南粤。在纪念烈士诞辰140周年之际，中共唐山市委党史研究室特推出纪念图文合集。让我们一起学习英雄事迹，弘扬革命精神，在铭记历史中继往开来，为助力谱写中国式现代化建设河北唐山篇章而努力奋斗！

邓培烈士遗像（1922 年摄）

革命犧牲工作人員家屬光榮紀念證

查 鄧培 同志在革命鬥爭中犧牲。豐功偉蹟永垂不朽，其家屬當受社會上之尊崇。除依中央人民政府「革命工作人員傷亡褒卹暫行條例」發給其家屬卹金外，並發給此證以資紀念。

主席 毛澤東

一九五二年 月 十五日

毛泽东主席签发的邓培烈士证书（1952 年）

邓培烈士永垂不朽

李运昌
一九九四年
十二月三十日

原中共中央顾问委员会委员李运昌
题词（1994 年）

工人运动领袖共产党人楷模

彭真
一九九〇年

邓培烈士

第六届全国人大常委会委员长彭真
题字（1990 年）

邓培在广东三水石湖洲的故居大门（1983年摄）

邓培少年时代念私塾的地方——三水石湖洲邓氏宗祠（1983年摄）

修缮后的唐山刘屯新民后街
邓培故居（1952 年摄）

邓培生前工作过的唐山铁路工厂外景（20 世纪 20 年代）

解放前京奉铁路唐山制造厂工人居住的印度房

北京沙滩红楼北京大学图书馆办公室旧址。1921年，邓培在此拜见李大钊同志

1921年，邓培在唐山西中新街2号领导建立的唐山工人图书馆旧址

1922年1月，邓培参加在莫斯科召开的远东民族大会。（图为大会会场）

1922年4月，邓培在唐山智字5条胡同醉月楼领导建立中共唐山地方委员会

1922年8月，中共唐山地方执行委员会成立后的秘密活动地点——唐山礼字胡同5条7号欧阳小楼

1922年10月，京奉铁路唐山制造厂工人罢工事务所旧址——唐山扇面街5号

1922年10月，开滦五矿同盟大罢工指挥部旧址——唐山南道门华宾公寓楼

1922年10月，邓培与京奉铁路局签订复工协议后，自天津返回唐山，与京奉铁路局机务处同人联合会全体欢迎代表合影（第一排站立者左第4人为邓培）

1922年，邓培领导开滦大罢工时使用的旗帜

1922年，邓培领导开滦大罢工时工人纠察队使用的臂章、武器

1922 年 10 月 23 日，开滦五矿同盟大罢工场面

1923 年邓培出席的中共三大会址（广州恤孤院后街 31 号）

1925 年邓培在广州参加的全国第二次劳动大会会场

1925 年邓培担任副委员长的中
华全国总工会会址——广州新河浦
24 号春园（2001 年摄）

唐山市丰润区"邓培烈士纪念碑"（1987 年建）

广东三水邓培烈士铜像（1990 年建）

冀东烈士陵园内的邓培铜像（2001 年建）

修缮后的三水邓培故居大门

三水邓培故居内景

三水邓培故居内部展陈

致敬邓培　致力唐山

宗玉田

（唐山市二级巡视员）

邓培同志是中国共产党创建时期的党员，河北省内第一名工人共产党员，中共唐山地方组织的创始人和早期领导人；中国工人阶级的杰出代表，早期工人运动的领袖和著名革命活动家。其一生的革命历史，已经成为唐山党史、河北党史、中国工人运动史的重要组成部分。继承和弘扬邓培的革命精神，有助于唐山党员干部不忘初心、牢记使命，坚忍不拔、勇于创新，担当尽责、无私奉献……积极投身唐山各项事业的发展，加快"三个努力建成"步伐，全面致力唐山高质量发展。

邓培是唐山的革命先行者，其历史功绩应永远铭记

邓培（1883—1927），字少山，广东省三水县人。1897年到天津德泰机器厂当学徒，期满后于1900年冬来到唐山，考入北洋官铁路局唐山修理厂（1907年后改名京奉铁路唐山制造厂），当了旋床工匠，在这里走上了革命道路。

1919年五四运动爆发后，邓培在唐山制造厂组织职工同人会和"救国十人团"，成为唐山爱国运动的骨干力量，为马克思列宁主义与工人运动的结合提供了条件，为党领导创建革命工会打下了基础。邓培发动工人参加唐山工业专门学校学生组织召开的公民大会，声讨帝国主义侵略行径和卖国贼的祸国罪行，要求政府"拒绝合约签字"，在唐山工人运动史上写下浓重一笔。

李大钊是邓培的引路人。李大钊于1920年3月组织了马克思学说研究会，参会的革命知识分子开始把视线萦注于劳工运动，到工人中寻求革命的依靠力

量。罗章龙在李大钊的安排下来唐山开辟革命据点，吸收邓培为研究会在唐山的直接联系人。1921年5月，李大钊委派李树彝到唐山，协助邓培于同年7月创建了唐山社会主义青年团，邓培任书记。同年秋，经李大钊、罗章龙介绍，邓培加入中国共产党，成为唐山和河北省的第一名工人共产党员。

1922年1月，李大钊派邓培、梁鹏万分别代表中国产业工人和社会主义青年团参加在苏联莫斯科召开的远东各国共产党及民族革命团体第一次代表大会。会议期间，邓培等人受到列宁的接见，备受鼓舞。在李大钊的指导下，邓培等人不懈努力，为中共唐山地方党组织的建立奠定了思想基础和组织基础。同年4月，经中共北京区委批准，建立了邓培任书记的中共唐山地方委员会，这是河北省第一个地方党组织，成为北方的一个坚强堡垒。

1922年8月，中国劳动组合书记部拟定了《劳动法大纲》，通告并号召全国工会开展劳动立法运动。邓培领导唐山党组织率先响应，组织唐山铁路、矿山、纱厂、洋灰厂等工会成立"唐山劳动立法大同盟"，举行大规模集会、游行、罢工，掀起唐山工人运动的高潮。1923年2月京汉铁路大罢工爆发后，邓培立即领导唐山工人进行支援。1923年6月，邓培出席在广州召开的中共三大并当选为中央执行委员会候补委员。1924年2月，邓培当选为在北京成立的中华全国铁路总工会委员长。1925年1月，邓培在中共四大继续当选为中央候补执行委员，任中共中央驻唐山特派代表兼任中共唐山地委书记；"五卅惨案"发生后，邓培在唐山领导各界民众两万人集会，声讨帝国主义罪行；同年底，邓培被调到北京专职全国铁路总工会的工作并出色地领导各地的工人运动，成为著名的工人运动领袖。1927年4月15日邓培被捕。他始终严守党的机密，宁死不屈，4月22日夜间惨遭杀害。邓培牺牲后，中共中央在致第四次全国劳动大会的信中指出："邓培、李森、刘尔菘等同志们在广州之死难……其惨烈当为中国工人阶级及本党永远不忘之事。"

唐山人民始终怀念邓培，其革命精神光照千秋

邓培的牺牲是中国工人运动的重大损失。邓培牺牲的消息传到唐山后，唐山的工人和大学生不顾白色恐怖，秘密组织了悼念活动。唐山党组织派人到邓

培家中，对其亲属进行了亲切慰问，以后经常送一些生活费用。

为了纪念邓培烈士，唐山市总工会于1951年决定整修邓培同志故居（当时的刘屯新民后街7号，即原印度房头条胡同1号旧址）。总工会拨出专款在院内重新修建了3间正房、两间西厢房。庭院四周有坚固的石墙，大门上书写"革命烈士邓培同志故居"10个大字。唐山的工农群众和中小学生经常来故居参观，接受革命教育。可惜的是，烈士故居在唐山大地震中不幸被全部毁坏。唐山的冀东烈士陵园里的烈士纪念堂中，陈列着邓培的遗像和遗物，院内矗立着邓培的雕像。每年的清明节，前来悼念的群众和学生络绎不绝。1987年是邓培烈士牺牲60周年，唐山机车车辆厂（原京奉铁路唐山制造厂）在丰润区邓培园内建立了"邓培烈士纪念碑"，寄托着唐山人民对这位中国工人运动的先驱、唐山地方党组织创始人的深切怀念之情。

唐山是英雄的城市，唐山人民是英雄的人民，我们更不会忘记英雄，特别是曾经为这里的解放和建设发展作出过突出贡献的英雄。中共中央原顾问委员、原冀东地区革命领导人李运昌曾为原唐山师专教育学院王士立教授撰写的专著《中国工人运动的先驱邓培》题词："工人运动领袖，共产党人楷模，邓培烈士永垂不朽！"在先后出版的《冀东革命史》《冀东革命人物》《冀东名人传》等著作中都收有邓培同志传文。

唐山市委老领导曾发表纪念邓培的文章《学习革命先烈，致力振兴唐山》，高度评价了邓培对国家、唐山所作出的历史贡献，表达了唐山人民共同的心声。文中写道："邓培同志是我们唐山最早的一名共产党员。他是唐山工人阶级的革命先行者，是我党唐山地方党组织的创始人，是唐山早期工人运动的领袖。""今天，我们怀着极为崇敬和景仰的心情，缅怀邓培烈士光辉的一生。""我们要学习他勤奋好学，自强不息，勇于进取的精神；学习他一心为公，关心集体，关心他人，肯于牺牲个人利益的献身精神；学习他反帝爱国，不屈不挠，坚定地为共产主义事业英勇奋斗的革命精神。"邓培的革命精神一直以来都在激励唐山的党员干部、工农群众、青年学生振奋精神、凝心聚力、攻坚克难、奋勇前行，唐山今天的成就依然有烈士们的光芒。

共产党员要学习邓培，其榜样作用助力唐山振兴

邓培是在唐山人的骄傲——李大钊亲自培养下成长起来的优秀共产党员。邓培被捕后，敌人威逼利诱，让他交出共产党员、工会干部的名单，他严词拒绝："你们听着，共产党员是不怕死的，你们用尽所有酷刑，我都不怕。我宁死不投降，这就是我最后的回答！"这份忠诚、这份担当、这份义举，永远值得我们敬仰和学习。

在党中央和省委的坚强领导下，历届市委团结带领唐山人民不忘初心、坚定前行、勇攀高峰，取得了一个又一个辉煌成就：东北亚地区经济合作窗口城市作用日益显耀、环渤海地区新型工业化基地建设扎实显效、首都经济圈重要支点功能增强显著。但因煤而建、因钢而兴的城市底色使这座资源型重化工业城市面临产品低端、发展方式粗放、能耗物耗较大、生态环境建设压力过大、民生及社会稳定问题突出等紧迫课题。走高质量发展之路，破解各个难题，全面振兴唐山，早已成为唐山广大共产党员的共识。而在现实社会中，一些共产党员缺乏坚定的信仰，安于现状、不思进取，这就更加彰显了向邓培等革命先烈学习的必要性和紧迫性，加强对新时代共产党员的教育引导、监督制约时刻不能放松。

邓培是唐山地方党组织的创始人，是共产党人的楷模，是共产党员学习的榜样。励志振兴唐山是唐山共产党员永恒的追求，学习邓培也是唐山共产党员永恒的方向。学习要有效果，努力要有果实。结合新时代的形势和任务，共产党员学习邓培等先烈的革命事迹后要努力做到三点：一是对党忠诚。共产党员必须对党绝对忠诚，在思想和行动上始终与以习近平同志为核心的党中央保持高度一致，自觉做到"两个维护"。要自觉把自己的命运同党的命运紧密相连，爱党、忧党、兴党、护党，"心中有党"必须是彻底的、无条件的。二是爱国奉献。新时代更需要弘扬爱国奉献精神，强化社会责任意识、奉献意识，并使之成为培育践行社会主义核心价值观、推进社会主义精神文明建设的重要内容，

从而朝着"三个努力建成"奋勇前进，为实现第二个百年奋斗目标、实现中华民族伟大复兴的中国梦提供强大精神力量。三是奋勇争先。习近平总书记视察唐山并作出"三个努力建成"和"三个走在前列"重要指示，唐山市委一直在率领党员干部牢记嘱托、砥砺奋进。进入新时代，踏上新征程，唐山人民必须不断开拓创新，奋勇争先，争第一、创唯一，确保在新时代全面建设经济强省美丽河北中担重任、挑大梁。这就需要广大共产党员在市委的坚强领导下敢闯敢试、敢为人先、埋头苦干、致力兴唐。

2023 年 9 月

目 录

第一章　综合研究

第二章　邓培与唐山早期工人运动史料汇编

第三章　邓培离唐后革命活动

第四章　永恒的纪念

附 录

第一章

综合研究

邓培光辉的一生

王士立

邓培（1883—1927），广东三水人。中国共产党创建时期的党员，唐山地方党组织最早的领导人，中国早期铁路工人运动的优秀活动家。曾先后担任京奉铁路职工总会委员长、中华全国铁路总工会委员长、中华全国总工会执行委员、中共唐山地方执行委员会书记、中共北方区委员会委员、中共第三届和第四届中央执行委员会候补委员等职。1927 年 4 月 22 日，在广州被国民党反动派杀害。他为我国工人运动，特别是早期的铁路工人运动作出了杰出的贡献。

立志走革命道路

邓培，字少山，化名唐凤鸣，1883 年 4 月 8 日出生于广东省三水县塱东乡石湖洲邓关村的农民家庭。他的家乡石湖洲是有名的大塱涡，人称"黑心涡"。这里地势低洼，十年九淹，常常颗粒不收，加上帝国主义和封建势力的压迫剥削，使得邓培的家境十分贫寒。他的祖父邓善书，因生活所迫，不得不背井离乡，漂泊到美国旧金山，在一家种植园中做苦工。不久，邓培的叔父邓文坚也去美国旧金山做苦工。数年以后，他的祖父拖着疲惫的身躯返回故里，在贫病中死去。他的叔父一直未能归来，最后葬身异国。邓培的父亲邓文高后来也被迫离开家乡，投奔广州，当了雕花木工。邓培出生一年多，父亲不幸染病去世。这时家中只有 4 亩沙田和 1 间旧房，寡母黄带含辛茹苦地靠种田度日，经常不得温饱。邓培 7 岁入本村塾读书，学习刻苦，成绩优良，深受乡亲们称赞。但只勉强维持了 4 年，终因交不起学费而辍学。此后在家帮助母亲干农活和织渔网，依然过着饥寒交迫的生活。

邓培 14 岁时，为了谋生，含泪告别家乡和慈母，跟随他的舅父到了天津，在德泰机器厂当学徒，受尽了资本家的打骂和凌辱。在他幼小的心灵里，有着深刻的阶级仇恨，埋藏着革命的火种。邓培在天津，曾经目睹八国联军的侵略暴行，经受了义和团的战斗洗礼，更加深了他对帝国主义和封建主义的仇恨。

1900 年冬，邓培满师出徒，来到唐山，考入北洋官铁路局唐山修理厂（1907 年以后改名京奉铁路唐山制造厂），当了旋床工匠。他在这里走上了革命道路。

邓培十分勤奋好学。他进厂以后，每天利用工余时间自修语文和数学，又求师补习英语，不久就能看英文图纸，进行简单的英语对话。由于他不断钻研技术，很快成为全厂公认手艺高超的工匠。他为人忠厚，乐于帮助别人，因此有许多工人团结在他的周围。

京奉铁路唐山制造厂（以下简称唐山制造厂）创建于 1880 年，当时叫唐胥铁路修理厂，是我国最早建立的铁路工厂。1898 年以后，这个工厂被英帝国主义控制。邓培在帝国主义、封建主义和资本主义的三重压迫下，过着奴隶般的生活。他常常愤愤不平地对一起同受苦难的工人兄弟说："为什么咱们工人就该受压迫，吃不饱、穿不暖呢？难道那些总管监工生来就该享福？"他向往着一个平等公正的新社会，立志要改变受压迫的地位。辛亥革命以前，邓培接受了资产阶级民主革命的影响，参加了同盟会，为孙中山先生的革命活动捐助过经费。辛亥革命以后，面对北洋军阀政府的黑暗统治和帝国主义加剧对中国侵略的危机，他内心里进一步燃起了革命怒火。他非常关心国家民族的命运，他为两个儿子起名"国强"和"国兴"，表达了他对国家强盛和民族振兴的盼望之情。

投身五四爱国运动洪流

1919 年，北京爆发了五四运动。消息传来，唐山工业专门学校（即后来的交通部唐山大学，今西南交通大学）的学生首先起来响应。5 月 12 日，他们举行集会，成立救国团，并推派代表分赴天津、北京参加学生会议。学生代表受到北京大学具有初步共产主义思想的知识分子的启发，认识到必须依靠工人群众的力量来开展爱国运动。他们返唐后，就与邓培建立了联系，向邓培介绍了北京组织爱国运动的经验，一起讨论了如何组织唐山爱国运动的问题，得到了邓培的支持。在下工前，邓培经常满腔义愤地登上工厂北机器房的打磨台，向工人揭露日本帝国主义拒不交还我国山东的强盗行为，揭露卖国的"二十一条"对国家民族的危害。他大声疾呼："'二十一条'要叫咱们亡国灭种，咱们工人不能不管！"邓培的话在工人群众中产生了很大的影响。

为了推进爱国运动，邓培于6月上旬在唐山制造厂建立了爱国组织职工同人会，许多工人加入，邓培被推选担任总干事。又在各场、房组织了"救国十人团"，每10个人编为1个小组，宗旨是抵制日货，提倡国货，积极参加救国运动。"救国十人团"成为爱国运动中的骨干力量。

6月10日，北京政府被迫下令罢免曹汝霖、陆宗舆和章宗祥3人的职务。唐山工业专门学校学生为庆祝这个胜利，于6月12日发起召开全镇公民大会。邓培积极发动唐山制造厂和开滦煤矿的工人参加，当天开滦煤矿1000多名工人罢工参加大会。唐山制造厂的工人因受厂方阻挠，开始只有少数"救国十人团"的工人参加了大会，到下午3时工厂停工以后，在厂的2000多名工人，再也按捺不住内心的愤怒，在邓培等先进分子的鼓动下，不顾饥饿与疲劳，赶赴火车站旁会场。但是这时群众大会已经结束，邓培要求复开大会，于是和唐山工业专门学校的学生一起组织讲演。唐山资本家张佐廷闻讯后，连忙赶来鼓吹"文明抵制""劝其暂勿罢工，致生乱事"[①]。邓培表示，如果当局对爱国举动进行取缔，或唐山商界不能坚持到底，则必罢工。表示了工人阶级要以独立的姿态参加反帝反封建革命斗争的决心。

巴黎和会规定6月28日为"和约"签字日期。在签字日期日益迫近的情况下，唐山各界人民于6月24日在火车站旁旷地，召开第二次公民大会，要求北洋军阀政府拒签"和约"。邓培领导唐山制造厂3000名工人举行罢工，整队赴会。在工厂门口，受到英帝国主义分子和机务处副处长孙鸿哲的阻挠，邓培对英国管理人员抗议说："我们去开会，反对'凡尔赛和约'，这是中国人

---

① 《益世报》1919年6月16日。

的事，你们外国人不用管！"孙鸿哲责问工人说："签订'凡尔赛和约'是国家大事，你们工人管不了，干什么去？"邓培挺身回答说："国家兴亡，匹夫有责。我们工人是国民的一分子，不能袖手旁观。"孙鸿哲又恐吓说："你们去开会，我不给你们工钱。"邓培严正地回答说："我们工人要救国，不光是挣钱！"工人群众一起呼喊："对！我们工人要救国，不光是挣钱！"说着，邓培带领工人队伍涌出工厂，奔赴会场。邓培和全厂工人头戴酱蓬斗（一种用高粱秆皮编织的凉帽），上写"勿忘国耻"4 个大字；手持白布旗子，上面写着反帝口号。邓培和各界代表登台讲演，控诉帝国主义的侵略罪行，要求拒签"和约"，言词激昂慷慨，听者动容。邓培带领到会工人群众，不断振臂高呼："千钧一发，勿忘国耻，睡狮苏醒，力争国权！""打倒日本帝国主义！""打倒卖国贼！""废除'二十一条'！""还我青岛！""拒绝和约签字！"等口号，声势雄壮，气冲霄汉。

为了统一领导唐山的爱国运动，7 月 6 日，唐山成立了各界联合会。唐山制造厂职工同人会加入了唐山各界联合会，邓培作为工界代表被公推为评议员，参加了各界联合会的领导工作。在各界联合会的领导下，唐山人民开展了声势浩大的抵制日货的斗争。邓培经常利用下工后和星期日时间，率领唐山制造厂的"救国十人团"，走上街头，深入农村，宣传讲演，散发传单，张贴标语，号召商人不卖日货，市民和村民不买日货。他又和唐山工业专门学校的学生一起组织了检查队，到各商店搜查日货，对私售日货的奸商进行惩治。几个月中，在唐山的大街小巷和附近农村的田头，留下了邓培辛勤的足迹和汗水。为了提倡国货，工学商各界又联合集股创办了国货公司。唐山制造厂工人的工资尽管微薄，但在邓培等先进分子的带动下，依然踊跃入股。

8 月 5 日，济南镇守使兼警备司令马良，按照日本帝国主义的旨意，枪杀了回教救国后援会会长马云亭等 3 人，直隶各县立即派代表赴京，会同山东、北京代表向政府请愿，强烈要求惩治马良。邓培被唐山各界联合会推为第三批请愿代表，于 8 月 28 日凌晨赶赴北京，在新华门前加入了请愿队伍。当天下午 1 时，北京政府派出大队军警将请愿代表从新华门强制押送天安门，邓培怒不可遏，强烈抗议反动军警的暴行。下午 8 时许，反动军警至天安门前逮捕天津学生联合会副会长马骏。邓培和各地代表英勇不屈，全力掩护马骏。结果马骏等代表惨遭逮捕，被殴受伤群众数百人。唐山请愿代表郭友三也被打伤，不久染病牺牲。邓培返唐后，组织了隆重的悼念活动。通过这次请愿斗争，邓培受到了一次战斗的洗礼，提高了思想觉悟。

到了 12 月间，由于日本帝国主义制造的"福州惨案"，唐山的反帝爱国斗争又出现了高潮。12 月 23 日，唐山各界联合会召开国民大会，声讨帝国主义暴行，邓培领导唐山制造厂 3000 名工人再次举行罢工，参加国民大会。会上，邓培代表唐山制造厂工人提议将所搜查到的日货全部烧掉，立刻得到与会群众一致赞同。当即将大批日货运到火车站旁旷地焚烧，顿时火光冲天，群众高呼口号，拍手称快，整个会场沸腾起来。会后，邓培率领工人队伍与各界群众一起举行了游行示威，浩浩荡荡地经过了唐山的几条主要街道，沿途不断高呼口号，表示了反帝到底的决心。

由于邓培在五四运动中反帝爱国立场鲜明，斗争英勇，表现了卓越的组织才能，成为全厂工人中很有威信的领袖人物。

在北京共产党小组领导下工作

五四运动以后，伟大的共产主义先驱李大钊以北京大学为基地，积极宣传马克思列宁主义，团结了一批先进知识分子，于 1920 年 3 月组织了马克思学说研究会。这些先进知识分子在李大钊的影响下，认识到必须到工人群众中去宣传马克思列宁主义，使马列主义与工人运动相结合，并确定首先到产业工人比较集中的长辛店、丰台、南口和唐山四处进行工作。

北京大学马克思学说研究会首先通过唐山工业专门学校的学生，了解到邓培是五四运动中的积极分子，是一个颇有威信的工人领袖，于 1920 年 4 月间派代表罗章龙来到唐山，与邓培建立了联系，在印度房西头条胡同 1 号邓培的家中秘密建立了革命据点。

1920 年"五一"劳动节，邓培在唐山制造厂组织了纪念活动。这是他在北京大学马克思学说研究会的领导下进行的第一个革命活动。

"五一"快到的时候，北京大学马克思学说研究会给邓培寄来了许多传单，其中有《五一历史》和《五月一日北京劳动宣言》等。5 月 1 日那一天，唐山制造厂的工人虽然没有休假，但邓培利用休息的时间，集合了几百人，开了一个纪念会。邓培在会上发表了讲演，宣读了《五月一日北京劳动宣言》。宣言写道："自从今天起，有工大家做，有饭大家吃。凡不做工而吃饭的官僚、政客、资本家、牧师、僧侣、道士、盗贼、乞丐、娼妓、游民，一律驱逐，不准他们留在我们的社会里来剥削我们。所以我们大家都要联络起来，把所有一切的土地、田园、工厂、机器、物资统统取回到我们手里，这时候谁还敢来压制我们呢？"① 这篇宣言切实指出了无产阶级革命的奋斗目标，表达了千万被压迫工人群众的心声。邓培读完宣言，会场情绪激昂，大家高呼"五一万岁！""劳工万岁！""资本家的末日！""实行八小时工作制！"等口号。纪念活动使邓培和广大工人受到了深刻的阶级教育，在工人心中播下了革命的种子。

《新青年》杂志于5月1日出版了《劳动节纪念号》，刊登了李大钊写的《五一运动史》，还有《俄罗斯苏维埃联邦共和国劳动法典》以及署名"无我"和"许元启"的两篇《唐山劳动状况》的调查报告等文章。邓培很快从北京大学的共产主义者那里得到这期杂志，就如饥似渴地学习，并利用业余时间组织周围的工人阅读。在《俄罗斯苏维埃联邦共和国劳动法典》中，明确规定了不劳动者不得食和人人都有工作权利的社会主义原则，说明了社会主义国家对工人各方面利益的保护和照顾。这是唐山工人对社会主义社会最早的了解，工人们读了以后，思想上震动很大，纷纷表示要关心自己的命运。

以后，北京大学马克思学说研究会的代表就经常来到唐山，向邓培介绍俄国十月革命的情况，宣传马克思主义的阶级斗争和无产阶级专政的学说，还商谈了组织工人的问题。对于这些革命真理，邓培感到非常亲切和需要。他热情地表示："你们来组织马克思主义的工会，我是赞成的。"②

北京大学马克思学说研究会又把《共产党宣言》和《新青年》杂志以及一些通俗的革命书刊，送给邓培阅读。邓培常常读到深夜，平时省吃俭用，不吸烟，不喝酒，积攒下钱就买书看。在他家的柜子里，收藏了许多革命书刊，他

---

① 北洋军阀政府档案，转引自《北京大学学生运动史》。
② 罗章龙：《谈谈唐山建党与早期工人运动》，载《唐山革命史资料汇编》第2辑。

经常利用晚上时间，以补习英语为名，把一些先进工人召集到家中，一起学习这些书刊。通过这些先进分子又把革命道理传播到工人群众中去。

1920 年 10 月，李大钊领导成立了北京共产党小组以后，进一步加强了对唐山工人运动的领导。当年 12 月，北京共产党小组派张国焘到唐山和邓培具体讨论了组织工会的问题。邓培立即对在五四运动中建立起来的爱国组织职工同人会进行整顿，把它转变为谋求工人利益的群众组织。他联络了原来职工同人会中的一些先进工人，于 1920 年 12 月底秘密建立了新的工会组织，邓培任会长，王麟书任秘书。他们清除了原来职工同人会中的工头和一部分员司，打破了工人中的同乡帮派观念。通过秘密串连，把一批比较有觉悟的工人重新吸收为会员。每十个会员编为一个"十人团"，作为工会的基层组织。"十人团"选出一个"十代表"，各场房设总代表 2—4 人。在邓培领导下，秘密工会在工人群众中进行了广泛的宣传和组织工作。邓培领导建立的京奉铁路唐山制造厂工会，是中国早期建立的现代产业工会之一。后来很长一段时间它是唐山工会运动的核心，也是京奉铁路工会运动的起点。

邓培在北京共产党小组的教育帮助下，共产主义觉悟迅速提高。北京共产党小组的同志认为，邓培"对政治很关心，对参加党有认识，对他讲共产党，讲十月革命，接受较快；他为人诚实直爽，肯于牺牲个人利益，在工人中有威信；他思想进步，为我们提供了许多材料，并愿意为工人革命事业贡献自己的力量"。[①]

邓培经常去北京接受工作任务。李大钊和邓中夏曾经接见过他。李大钊非常关怀邓培这个普通工人政治上的成长，对他分析了国内形势和革命任务，论述斗争的策略，使邓培得到了许多教益。

创建唐山地方党、团组织

1921 年上半年，北京共产党小组向邓培提出在唐山建立社会主义青年团的任务，同时派北京大学旁听生、社会主义青年团团员李树彝常驻唐山，指导

---

① 罗章龙：《谈谈唐山建党与早期工人运动》，载《唐山革命史资料汇编》第 2 辑。

工会工作和协助邓培进行建团工作。当年五月间，上海、北京等地的社会主义青年团，由于组织不纯和内部意见分歧都宣告解散。但邓培在北京共产党小组领导下，继续进行建团工作。他和李树彝参照原北京社会主义青年团章程，自订了唐山社会主义青年团章程。不久，在唐山制造厂的工人和练习生中，发展了阮章、梁鹏万、许作彬、陈洪、陆振轩等五人为团员，加上邓培和李树彝共七个团员，于 1921 年 7 月 6 日建立了唐山社会主义青年团[①]，由李树彝担任代理书记。唐山是全国建团较早的地区之一，到 1921 年 11 月，张太雷受中国共产党和少共国际的委托，重新组建中国社会主义青年团以后，唐山社会主义青年团便加入为地方组织。唐山社会主义青年团的建立，为唐山地方党组织的产生打下了基础。

1921 年 7 月中国共产党成立以后，为了组织和领导工人运动，在上海成立了中国劳动组合书记部（这是中华全国总工会的前身）。当年 9 月，中共中央在上海召开中央扩大会议，讨论发展工人运动的问题，邓培作为北方工人代表出席了这次会议[②]。会后，北京等地成立了劳动组合书记部分部，邓培是北方劳动组合书记部的成员之一[③]。

1921 年秋，中共北京地委批准邓培由社会主义青年团员转为共产党员。1921 年下半年，共产国际按照列宁的指示，决定召开远东各国共产党及民族革命团体第一次代表大会（又称远东民族大会），邀请中国共产党、国民党和其他民族团体派代表参加。中共北京地委指派邓培作为中国产业工人的代表参加了中国代表团。10 月下旬，邓培以回广东探家为名，向厂方请了 3 个月假，和社会主义青年团的代表梁鹏万一起离开唐山，由满洲里越过边界，经过赤塔，于 11 月初到达西伯利亚的重要城市、共产国际远东局所在地伊尔库茨克。11 月 12 日，共产国际远东局在这里召开了筹备会议。原计划正式大会也在这里召开，但后来决定改在莫斯科召开。一直等到 1921 年底，代表们才接到去莫斯科的通知。在伊尔库茨克期间，邓培和中国代表团的其他成员应邀参加了当地的苏维埃大会，又非常兴奋地参加了"共产主义义务星期六"的劳动，到

---

① 李树彝 1922 年 3 月 27 日给上海青年团总部代理中央机关的信。

② 罗章龙：《亢斋春晓，北方风云》，载《天津文史资料选辑》第 17 辑。

③ 罗章龙：《谈中国劳动组合书记部北方分部》，载《北方地区工人运动资料选编（1921—1923）》。

森林里搬运木材，或是到车站附近清扫积雪。他目睹世界上第一个社会主义国家所发生的翻天覆地的变化，从那里看到了中国革命的希望和未来。

1922年初，中国代表团到达莫斯科。1月21日，远东民族大会在莫斯科正式开幕。大会期间，邓培听取了共产国际关于国际形势的报告、关于共产主义者对民族和殖民地问题的立场以及共产主义者和民族革命政党合作问题的报告，还有远东各国代表的报告。邓培代表中国产业工人在大会上报告了"中国的工会、铁路和冶金工人罢工情况"[①]。一天晚上，革命导师列宁在克里姆林宫接见了中国代表团的三位代表和朝鲜的一位代表，邓培是其中之一。接见共用了两个多小时，列宁非常关怀地指出了中国无产阶级无限光明的前途，勉励中国无产阶级团结其他革命群众，推动中国革命前进。在中国代表团告辞的时候，列宁亲切地用双手紧握着邓培的手说："铁路工人运动是很重要的，在俄国革命中，铁路工人起过重大作用；在未来的中国革命中，他们也一定会起同样的或者更重大的作用。"邓培听到翻译后，心情非常激动，一时说不出话来。这次接见使邓培受到莫大的教育和鼓舞，大大提高了他的共产主义觉悟。这是他一生中重要的经历之一。

2月2日，远东民族大会在彼得格勒（列宁格勒）举行闭幕式，通过大会宣言。宣言号召远东各国人民联合起来，反对华盛顿强盗会议和"四国条约"，并宣布"将我们远东受压迫群众不可破分的联盟确立在共产党国际旗帜之下"。当时，中国代表团中的一部分国民党代表和无政府主义者，不承认共产国际的领导，对共产国际的号召表示保留或反对。邓培和中国共产党的其他代表一道，批评了他们的错误。邓培表示坚决拥护大会通过的宣言，拥护"全世界无产者和被压迫民族联合起来"这个著名的口号，拥护共产国际的领导，充分表达了中国无产阶级的原则立场。

1922年3月，邓培带着列宁的教导，告别了苏维埃大地，经过许多曲折，才回到唐山。远东民族大会的精神，通过邓培的宣传，深入到唐山工人的心中。邓培热情地对工人们说："我们一定要争得解放。我们要战胜压迫我们的人，来建设一个公平的制度，我们要将土地和工厂从不劳动而食的人手中收

---

① ［苏］C. A. 达林：《中国回忆录》，第39页。

回，将权力握在我们——工人和农民的手里。"①

邓培从苏俄回国后，根据1921年11月中共中央向全党各地区发出的关于建立与发展党团、工会组织及宣传教育工作的通告精神，进一步加强了宣传群众和组织群众工作，发展壮大了唐山的工会组织，并着手建立唐山地方的党组织。

邓培回国后不久，加入北京大学马克思学说研究会，为通讯会员②。他每到月终即赴京参加讲演会，有时周末赴京参加讨论会。每次归来，都把许多振聋发聩、鼓舞人心的革命道理带给唐山工人群众。

在邓培参加远东民族大会期间，李树彝根据事先与邓培商定的意见，于1921年12月在中新街4号创建了唐山工人图书馆。邓培回国后，担任工人图书馆干事会的主任干事。工人图书馆不仅陈列各种报刊供工人群众阅览，也是党领导下的一个公开的工人群众组织。工人图书馆的章程规定："本馆以增高工人知识，联络工人感情为宗旨。"工人图书馆吸收工人为会员，入会时须有会员2人以上介绍，经干事会认可，再填具志愿书才能入会。会员如果违犯章程和纪律，"得取消会员资格"，会员每月交会费两角③。工人图书馆的会员实际上也就是秘密工会的会员。工人图书馆每半月召开一次馆务会议，全体会员参加。邓培和李树彝利用馆务会议，向会员宣传马克思列宁主义。他们从过去讲到未来，从中国讲到外国，讲十月革命，讲罢工，讲《工人周刊》，讲《先驱》……常常讲到深夜。革命真理好像潮水，涌进了工人的心坎。而工人们的心里正是春潮澎湃，在准备着未来的斗争。唐山工人图书馆是中国最早建立的工人图书馆之一，它在北方早期工人运动中，有一定的影响。

在唐山工人图书馆建立后不久，邓培又举办了铁路工人补习夜校和大同社，分别吸收唐山制造厂和开滦煤矿工人参加学习。他派社会主义青年团员阮章和陈洪分别担任两处教员。除教文化课外，也讲《先驱》和《工人周刊》等革命书刊上的文章。参加学习的工人，很快提高了觉悟，成为工会的会员，有

---

① 中共唐山机车车辆工厂委员会宣传部，南开大学历史系1966级编著:《八十春秋》，河北人民出版社1963年版。

② 罗章龙:《回忆五四运动和北京大学马克思学说研究会》，载《文史资料选辑》第61辑。

③《工人周刊》第28号。

的还加入了社会主义青年团。

1922 年 4 月，邓培在青年团员和工会积极分子中发展阮章、王麟书、李华添、许作彬等人入党，并根据一大党纲关于"凡有党员 5 人以上的地方，应成立委员会"的规定，在京奉铁路唐山制造厂智字 5 条的醉月楼上建立中国共产党唐山地方委员会，邓培任书记，阮章任组织委员，梁鹏万任宣传委员，隶属中共北京地委。

1922 年 8 月，根据中共二大党章关于一个地方有两个以上支部，可推举三人组成地方执行委员会的规定，经中共北京地委批准，中共唐山地方执行委员会（以下简称中共唐山地委）正式成立，下设中共京奉铁路唐山制造厂支部和中共开滦唐山矿支部。邓培任书记，阮章任组织委员，田玉珍[①]任宣传委员。在中共唐山地委成立以后，唐山的工人运动进入了新的阶段。

唐山工人运动的杰出组织者

自 1922 年 1 月至 1923 年 2 月，中国工人阶级在中国共产党的领导下，掀起了第一次工运高潮。中共唐山地委和邓培在中共北京区委和全国劳动组合书记部的领导下，积极组织唐山工人进行罢工斗争，在唐山也出现了工运高潮。

1922 年 8 月，北洋军阀吴佩孚政府为了欺骗人民，在北京召开"国会"，酝酿制定"宪法"。中国劳动组合书记部利用这个机会发动了劳动立法运动，提出了《劳动法大纲》19 条，内容包括承认工人集会结社、同盟罢工、8 小时工作制、劳动保险等自由和权利，要求北京"国会"通过这个法案，并号召全国工人投入劳动立法运动。在中共唐山地委和邓培的领导下，京奉铁路唐山制造厂与开滦煤矿、启新洋灰公司、华新纱厂的工人首先起来响应。[②]他们组织了唐山劳动立法大同盟，举行了大规模的游行示威。9 月 3 日，唐山制造厂工会以全厂工人的名义在天津《益世报》上发表了宣言，宣言指出："劳动立法是关系我们生死关头的一桩事，是关系我们子子孙孙利害的一桩事。我们亲爱

---

① 田玉珍，1901 年生，山西运城人，1921 年夏考入交通大学唐山学校（1922 年 7 月更名为交通部唐山大学）。

② 邓中夏：《中国职工运动简史》。

的指导者——劳动组合书记部所拟的《劳动法大纲》既得了一部分表同情的议员先生的赞同，我们当这个时候，更应加倍努力去奋斗，一面作劳动组合书记部的后盾，一面长表同情议员先生的气焰，势必达到劳动法已列入宪法，劳动法已完全采纳劳动组合书记部所拟定的劳动法案了，那我们才能休止。"[①] 后来《劳动法大纲》虽然没有被军阀操纵下的"国会"通过，但 19 条内容已深入工人心中，成为以后罢工斗争中的纲领。

由于劳动立法运动的推动，北方工人的斗争更加高涨。在长辛店等地工人罢工的鼓舞下，京奉铁路唐山制造厂工人积极酝酿斗争。1922 年 9 月 13 日，邓培代表全厂工人，向厂方提出了改善生活待遇的五条要求，限厂方在 3 日内答复。

9 月 15 日下午，邓培在厂内组织示威活动。全厂工人齐集工厂门口，人群中设演说台，工人代表登台演说，"尽情将工人苦处反复发挥，声泪俱下，掌声震天，三呼'劳工万岁'而散。"[②] 工人表示，厂方若不答应条件，就要举行罢工。

厂方为了消弭罢工，指使工头于某找到邓培和王麟书进行收买活动。于某狡猾地说："我们处长说啦，加薪的条件可以答应，但其他条件你们就不要坚持了。我们处长很想跟你二位交个朋友，厂方交际费很多，你们可以随便花。吃饭可以到养正轩饭馆立账。"邓培非常鄙视这些言行，当即驳斥说："条件是大家提出来的，我们两人不能答应减少。我们是大家的代表，要为大家办事。既不吃你们的饭，又不用你们的钱。"于某继续厚颜无耻地说："只要你们和我们处长交上朋友，今后的好处可就多啦！当个像我这样的工头是没有问题的。"邓培坚决地回答说："我们工人人穷志不穷。我们两人不想做官，也不想发财。告诉你们处长，赶快死了这条心吧！"厂方感到无可奈何。

厂方迫于当时全国罢工的形势，于 9 月底贴出布告，答应了工人的部分要求，工人不满意。邓培一面带领工人代表继续找厂方交涉，一面积极准备罢工。在中国劳动组合书记部特派员彭礼和等同志的帮助下，起草了罢工宣言，

①《益世报》1922 年 9 月 3 日。
②《晨报》1922 年 9 月 19 日。

研究了罢工的组织领导和工人的生活等方面问题。邓培沉着、坚定，虽不多说话，但很有主见，计划安排大多出自他那里。

到了 10 月 12 日，厂方仍拒不答应工人的要求。这一天传来了京奉铁路山海关铁工厂（今山海关桥梁厂）罢工胜利的消息。为了接连不断打击军阀政府，中共唐山地委和劳动组合书记部决定唐山制造厂于 10 月 13 日举行罢工。

10 月 12 日晚，中共唐山地委在扇面街 5 号召开了工厂各场、房代表和工会积极分子参加的紧急会议。邓培说："我们工人没有吃，没有穿，又没有地位，但团结起来就有力量。最好的办法就是不让机器转！"

会议通过了罢工宣言，成立了罢工委员会，选举邓培、王麟书、刘玉堂等 25 人为委员，邓培为委员长。罢工委员会下设组织、宣传、文书、总务、财务、护厂、外交、募捐八股，有 32 名工会积极分子担任各股干事。罢工委员会以工会"十人团"为骨干，组织了 1000 多人的纠察队，任务是纠察外奸、保护工厂、维持罢工秩序。又组织调查队和守望队，任务分别是调查厂方、路局、军警的行动和保护工人家属。

10 月 13 日，唐山制造厂 3000 名工人在邓培领导下宣布罢工。凌晨 5 时，工人纠察队就在工厂门口布岗。扇面街 5 号罢工事务所的门口挂起了带有锤子和镰刀图案的红旗，在金色的阳光下迎风招展。饱受压迫的工人，个个扬眉吐气。

工人罢工以后，邓培派罢工委员会委员刘玉堂向厂方递交了罢工宣言。除 9 月 13 日所提五条要求外，又补充了六条要求，其中有"铁路当局应当承认职工会有代表工人的权限"以及"以后厂中雇用和开除工人须经过职工委员会通过"等内容①。这两条内容，具有明显的政治色彩，从而把这次罢工从经济斗争引向政治斗争，使斗争达到了新的水平。

工人的罢工行动使反动当局吓破了胆。京奉铁路局在接到厂方报告后，当天就贴出布告，诬蔑工人是"破坏工厂"和"扰乱治安"的"暴民"，如不赶快复工，就要"拘拿惩办"。直隶全省警察处立即派出 300 名军警分驻开平、唐山待命。10 月 14 日，驻防滦县的陆军第十五师师长彭寿莘奉命从芦台调出

---

① 上海《民国日报》1922 年 10 月 16 日。

一营军队，由第十三混成旅旅长董政国率领，在当天晚上到达工厂。他们荷枪实弹，气势汹汹地叫嚷着要进厂发电照明。几百名士兵一窝蜂地拥到工厂门口，和纠察队对峙起来，情况非常紧张。邓培在罢工事务所和罢工委员会的委员们一起分析了当时的情况，他说："我们参加斗争，必须要有敢死队的决心。告诉工人群众，要沉住气。长辛店工人罢工之所以能够取得胜利，重要的一条就是不怕武力压迫。"董政国带着十几个卫兵，气急败坏地来到了罢工事务所，邓培勇敢沉着地迎击挑战。董政国蛮横地威逼邓培立即下令复工，邓培坚决予以拒绝。他严词驳斥了京奉路局和董政国对工人的诬蔑。他说："吴大帅（指吴佩孚）'保护劳工'，通电全国，国人皆知。工人兄弟生活痛苦，要求改善待遇，但厂方拒不答应，工人忍无可忍，才决定罢工。这完全是正义的举动。工人每天仍然按时到工厂门外集合，纪律严明，秋毫不犯。电力房停了电，各厂房锁了门，工厂大门口有工人纠察队日夜站岗保护。厂里机器设备没坏一件，材料不少一个螺丝。为什么要说我们是'破坏工厂'和'扰乱治安'的'暴民'？"邓培这一番话，使董政国由原告变成了被告。董政国张口结舌，无言以对。转而说："先复工吧，别的条件好商量。"邓培完全洞察其奸，立即斩钉截铁地说："工人要求先答应条件，后复工。"董政国一听又变了脸，指着邓培说："你一天一块多钱还不够花？为什么还领着罢工？"邓培理直气壮地说："大家选我当代表，我就要为大家办事。"董政国大怒，霍地从凳子上站起来，手摸盒子枪，大声吼道："你们这样做是造反！如果你不宣布复工，我的枪炮就要说话！"这时站在董政国身后的几个卫兵也张牙舞爪，向邓培围拢过来。室内的恐怖气氛更浓了。但是邓培毫不畏惧，仍然坦然地坐在那里，冲着董政国淡然一笑，然后慷慨陈词："时至今日，工人兄弟不过是为了能有碗饭吃罢了！为了争取起码的生存条件，工人宁死不屈！"这坚定的话语，字字铿锵，响彻夜空。董政国欲压服而不能，欲下手而不得，十分狼狈。邓培接着警告说："工厂的一切由我们工人纠察队负责。董旅长还是把队伍撤走为好，免得发生麻烦，双方都不好看。"董政国脸色阴沉，无可奈何地退出了罢工事务所。这一场舌战，邓培始终处于主动地位，在气势上完全压倒了对方，充分表现了中国工人阶级一往无前、万难不屈的革命英雄气概。

当局武力威胁失败后，被迫坐下来谈判。10月15日，京奉铁路局派庞士清等3人来工厂谈判。庞士清毫无答应工人要求的诚意，邓培也坚持不让步。庞士清进行了无耻的恫吓："如果谈判不成，我们将要采取办法！"邓培针锋相对地回答说："你们有办法，我们更有办法。如果你们不答应条件，我们就是不让机器转！再拖延下去就先停小快车，再停慢车，叫全京奉路的车轮不转！"庞士清又威胁说："你们罢工数日，生活怎么办？"邓培回答说："我们有唐山各厂矿工人兄弟的支援！有全国工人兄弟的支援！"庞士清又问："如果继续延长下去怎么办？"邓培很有信心地说："还有全国人民的支援！有南洋各国华侨兄弟的支援！"庞士清无话可说，只好答应把条件带回去研究研究。邓培警告说："你们拖延一天，我们就增加一个条件！"

厂方头目恼羞成怒，勾结唐山军警当局阴谋逮捕邓培。他们派出便衣特务，终日侦察邓培的行踪。邓培机智灵活，凭着共产党员的无比忠诚和勇敢，在群众的掩护帮助下，安全地躲过了各种危险。在罢工期间，邓培为了躲避搜捕，常常一夜搬几次住处。一天下午，警察去搜查邓培的家，邓培早有准备，这时正装着拉洋车工人，躺在同兴里胡同口停放的一辆洋车上睡觉呢。

唐山制造厂的罢工坚持了8天，厂方被迫让步，答应工人提出的大部分经济要求。罢工委员会决定10月21日复工，工人们燃放鞭炮，欢庆胜利。虽然厂方不承认工会，但工会还是公开成立了，会员很快增加到2000余人，党的组织也壮大了。这次罢工在中国工运史上留下了光辉的一页。罢工的胜利，充分显示了邓培的革命智慧和杰出的组织才能，罢工以后，邓培的名字在群众中广泛流传。

邓培领导京奉铁路唐山制造厂的罢工取得胜利以后，接着又在中共北京区委和劳动组合书记部的领导下，发动了开滦煤矿五矿工人同盟大罢工。

开滦煤矿是开平、滦州两个煤矿区的总称。开平煤矿创办于1877年，是我国最早用机器开采的煤矿，1900年被英帝国主义掠夺，滦州煤矿创办于1907年，1912年被英帝国主义吞并，然后成立了开滦矿务局。开滦煤矿工人长期处于英帝国主义的统治下，处境非常悲惨。中共唐山地委成立前后，邓培不断深入矿山，宣传群众和组织群众，发展李星昌等工人为党员。1922年9月间，邓培领导下的唐山制造厂工会写信给开滦煤矿机器房工人，鼓励他们起来斗争。林西矿工人首先响应，酝酿成立工会。唐山制造厂的工人开始罢工以后，邓培于 10 月 15 日代表中共唐山地委召集唐山各厂矿工人代表开会，对各厂矿的斗争作了部署。开滦五矿工人代表回矿以后，立即酝酿组织罢工。他们选出代表 8 人，在 10 月 16 日向开滦矿务局递交了请愿书，提出了改善生活待遇的六条要求。10 月 19 日，在劳动组合书记部和邓培的帮助下成立了开滦五矿工人俱乐部，办公地点设在唐山火车站附近的华宾楼。

　　10 月 22 日，邓培和劳动组合书记部特派员彭礼和等同志在开滦五矿"工人俱乐部"听取了各矿代表的意见之后，决定 10 月 23 日，五矿开始同盟罢工。会上成立了同盟罢工总指挥部，邓培是罢工总指挥部的主要领导成员之一。罢工总指挥部决定成立纠察部和调查部，任务是维持罢工秩序和调查奸细。

　　10 月 23 日清晨，林西、赵各庄、唐家庄、唐山四矿工人和秦皇岛经理处工人按照罢工总指挥部的命令进行罢工。（马家沟矿工人由于受到矿方便衣警察的严密监视，未能同时行动，延至 11 月 1 日参加同盟罢工。）各矿工人纠察队高举带有矿工标志的旗帜，威武雄壮地站在各交通要道，执行自己的任务。数万矿工斗志昂扬，罢工秩序井然。赵各庄矿的资本家惊呼："现实在赵各庄，实际上就是一个苏维埃政府。"① 开滦矿务局总矿师杜克茹承认："这个一致行动，说明各矿罢工者的组织是多么卓越。"②

　　工人罢工以后，邓培和劳动组合书记部的其他同志研究决定增加斗争要求。10 月 25 日，以五矿"工人俱乐部"名义向矿方提出了四条补充要求，其中有"矿务局应承认五矿工人俱乐部有代表工人之权限"和"以后局方雇用和革除工人，须通过工人俱乐部"等内容，这两条具有明显的政治色彩，从而也把这次罢工从经济斗争引向政治斗争。

　　开滦煤矿的同盟罢工比起京奉铁路唐山制造厂的罢工规模要大得多，情况也复杂得多。邓培和他的战友们领导广大矿工，及时采取各种正确的斗争策略，向帝国主义和军阀政府进行了坚决的斗争。

　　10 月 25 日，矿方英帝国主义分子从天津调来 100 多名印度雇佣兵乘车到

---

① 开滦档案复制卷 1·6 第一册，第 129 页。
② 开滦档案复制卷 1·6 第八册，第 20 页。

达古冶，企图去工人斗争最激烈的林西矿进行镇压。消息被京奉铁路唐山制造厂工会获悉，邓培立即派人送信给林西矿工人俱乐部，要求迅速组织力量，阻挠印度雇佣兵去林西。林西矿工人俱乐部当即决定以工人纠察队为骨干组织了敢死队，前往古冶火车站。他们英勇地躺在铁轨上阻挡兵车，战斗了两三个小时，终于粉碎了对方的阴谋。

10月26日上午，唐山矿工人到街头讲演示威，唐山警察局无理逮捕唐山矿的7名纠察队员。工人俱乐部的代表当即率领工人群众前往警察局，要求释放被捕工人。反动警察竟然向工人开枪，当场打死1人，打伤60多人，制造了"十·二六"惨案。惨案发生后，罢工总指挥部和邓培等同志召集矿工开会，议决向矿方提出三项要求：（一）此次被打死的工人，须按照西人被中国人打死的身价，同等赔偿；（二）受伤残废终身不能工作者，须永给全薪，养其终身，并须另给医疗费500元；（三）保安警察须立即撤退，并须向工人谢罪。[①]

在中共唐山地委成立前后，邓培曾深入启新洋灰公司开展工人运动，发展启新工人杜玉田入党，帮助启新工人建立了工人俱乐部。为了支援开滦工人的斗争，邓培派出共产党员到唐山启新洋灰公司发动罢工。10月28日，启新洋灰公司4600名工人在中共唐山地委和邓培的领导下，举行了声援开滦煤矿工人的同情罢工。他们一直坚持了20天，壮大了开滦罢工的声势，鼓舞了开滦工人的斗争意志。

10月30日，驻守芦台的第十三混成旅旅长董政国奉命乘车抵达唐山，提出要与工人代表谈判，企图胁迫工人复工。邓培派出工人代表顶住了他的威吓，向他递交了罢工宣言，坚持要求矿方答应工人的要求。

军警当局的恫吓失败以后，矿方就采取饥饿手段逼迫工人复工。10月30日，开滦矿务局总矿师杜克茹下令给各矿包工头，立即解散集体伙食，致许多工人无处就餐。邓培和罢工总指挥部的同志们决定把全国各地工会和群众团体的捐款分发给各矿工人俱乐部开办粥场，每日两餐，工人免费就餐。邓培又发动唐山制造厂工人到唐山矿附近帮助埋锅造饭，开办粥场。这项工作对罢工的

---

① 《晨报》1922年11月3日。

坚持有很大的意义。供应几万工人吃饭，这是件十分繁重的工作，由于邓培等同志的精心组织安排，供食工作进行得比较顺利。

11月1日，直隶全省警察处长兼天津警察厅长杨以德来到唐山，策划镇压。11月4日晚，杨以德命令保安队占据了开滦五矿工人俱乐部，逮捕了北方劳动组合书记部特派员彭礼和。11月5日清晨，反动警察搜查和封禁了京奉铁路唐山制造厂职工会和启新洋灰公司工人俱乐部。各厂矿的工会干部受到监视，邓培受到警方的通缉。

杨以德破坏罢工的罪恶行径，引起了邓培和开滦矿工的极大愤慨。罢工总指挥部决定选派开滦和启新的10名工人组成请愿团，由邓培率领赴京弹劾杨以德。工人代表把请愿书交给国务院，要求"将杨以德即予褫职，并治以杀人抢劫之罪"。[1] 后来军阀政府虽然没有答应工人要求，但请愿团的行动在全国产生了巨大的影响，杨以德在国会中受到了一些有正义感的议员的谴责。

这时，工人的罢工已坚持将近20天，生活发生困难。邓培发动京奉铁路唐山制造厂工会会员每人献出了3天的工资支援矿工。11月12日，邓培又派唐山制造厂职工会委员王麟书和开滦工人代表董宏献到交通部唐山大学报告情况，要求唐山大学学生起来支援矿工兄弟。唐山大学学生会当天议决成立"唐山大学学生赈工会"，写出传单说："我不替矿工伸冤，谁替矿工伸冤？我不为矿工后援，谁为矿工后援？"[2] 他们在11月13日举行罢课，结队上街向唐山商界进行募捐。后来又组织了20个募捐小分队，分赴天津、北京、长辛店、京绥路一带，以及上海、汉口，劝募捐款，联络各校学生声援，给了开滦矿工很大鼓舞。

工人罢工坚持20多天，使矿方经济上受到重大损失。11月15日，开滦矿务局和直隶全省警察处分别贴出布告，提出两项退让条件：工人月工资在百元以下者一律增加百分之十，罢工期间发给7日工资。这两项条件距离工人罢工前后提出的要求相差太多，但各矿一部分工人领袖迫于工人生活困难就忍痛决定复工。至11月19日，五矿和秦皇岛经理处工人先后复了工。

---

① 《晨报》1922 年 11 月 11 日。
② 开滦档案复制卷 1·6 第一册，第 68 页。

开滦五矿大罢工虽然遭到挫折，但是它的意义非常重大。它沉重打击了帝国主义，揭露了封建军阀政府，动员了全国人民。"是中国第一次罢工高潮中最重要的罢工之一"[①]，把全国第一次工运高潮推向了高峰。几万矿工在中共唐山地委和劳动组合书记部的领导下，冒险犯难，流血牺牲，与帝国主义和反动军警进行了英勇的斗争，共坚持达 25 日之久，表现了中国工人阶级伟大的青春力量，又一次显示了邓培杰出的组织才能。

开滦罢工结束以后，军警当局继续通缉邓培，因此他不得不暂时离开唐山隐蔽起来。等到风声稍微平稳一些，就冒着生命危险回到唐山，坚持斗争。在群众的保护下，反动当局始终未能抓到邓培。开滦矿务局总矿师杜克茹在 12 月 23 日致总经理杨嘉立的一封信中无可奈何地供认："著名的罢工首领，铁路罢工的领导者与开滦罢工的实际组织者邓培……已安然地回到唐山做他的旧工作。"[②]

京奉铁路职工总会的创始人

开滦煤矿罢工结束后，邓培根据中国劳动组合书记部要求在最短时间内成立各铁路总工会的意见，积极筹建京奉铁路总工会。在 1922 年 10 月京奉铁路唐山制造厂罢工期间，曾经得到锦州、沟帮子、皇姑屯和营口等地铁路工人捐款支援，罢工胜利后，邓培派出工人代表前往上述各站致谢，同时联络各站工人成立工会。厂方为了分化工人，在罢工胜利后，把一部分积极分子调到沟帮子、皇姑屯、营口等地做工，邓培要求他们去后发动当地铁路工人，尽快建立工会组织。沟帮子、营口等地铁路工人也派出代表到唐山制造厂学习工会工作经验。在唐山制造厂职工会的影响和帮助下，京奉铁路自北京前门、丰台、天津、山海关至沟帮子、皇姑屯，以及营口支线很快都建立了基层工会。1922年 12 月，邓培召集各地工会代表到唐山开会，秘密成立了京奉铁路职工总会。总会设在唐山制造厂，各地铁路工会称为分会，邓培被选为总会委员长。

---

① 邓中夏:《中国职工运动简史》。
② 开滦档案复制卷 1·6 第五册，第 30 页。

京奉铁路职工总会成立以后，积极支援全国各线路工人的斗争。1923年2月4日，京汉铁路工人因在郑州成立总工会，遭到军阀政府镇压，举行总同盟罢工。邓培闻讯后，当即以京奉铁路职工总会名义通电全国，表示声援。同时致电京汉铁路全线工友说："诸君首先奋起，反抗祸国军阀，力争自由，同人不胜感佩。务望坚持到底，以达完满之自由，至必要时，同人誓与诸君一致行动。"[1] 后来发生"二七"惨案，邓培决定发动京奉铁路工人举行同情罢工。但因经费问题一时未能解决，打算等待几天支领年终花红后再行发动。不料计划被铁路局看出，直隶全省警察处派出大批军警监视工人，邓培等工人领袖不能自由行动一步。又过数日，已近阴历年，铁路局提前把工人放了年假，而京汉铁路工人又忍痛复工，致使同情罢工的壮举未能实现。为了抗议军阀暴行，邓培领导唐山制造厂工人实行怠工。2月16日，邓培在唐山秘密召集了京奉铁路代表会议，向军阀政府提出惩办凶手、恢复京汉铁路总工会、不得干涉工人集会结社、不得无故逮捕工人和不准无故解雇工人等六项要求，并决定召开"二七"被难烈士追悼大会。会后，唐山制造厂工会捐助京汉铁路遇难工友抚恤金200元。

"二七"惨案以后，军警当局颁布了许多镇压工人运动的命令，疯狂镇压工人斗争，全国出现了白色恐怖的局面，工人运动暂转低潮。在这样困难的形势下，邓培仍然不屈不挠，坚持斗争。

唐山的党、团组织和唐山制造厂工会仍然秘密存在，党、团员和工会骨干分子定期集会，组织群众的工作仍然秘密进行。为了发展革命力量，邓培领导建立了党的外围组织同志会，发展唐山制造厂的工人参加。邓培把《工人周刊》等革命刊物秘密借给同志会的会员阅读，使越来越多的群众团结在秘密工会的周围。齐景林等几个先进工人加入了党的组织，使党的队伍壮大了。

1923年6月以后，邓培派唐山制造厂工会委员刘玉堂等2人赴山海关帮助开展工人运动。刘玉堂在山海关南老仓街租了三间民房，开办了工人业余补习学校，向工人宣传革命思想，达三个月之久，很有成效。1923年11月召开的中共三届一中全会上，《中央局报告》中指出：京奉路"唐山、山海关、天

---

[1]《晨报》1923年2月7日。

津、丰台等工会还秘密存在，这四处尤以唐山和山海关更好"。[①] 充分肯定了唐山和山海关两地的工会工作。

邓培多次派人到京奉铁路关外主要车站开展工人运动。1924 年初，他又亲自到沟帮子、皇姑屯和营口等地指导工会工作和开展建党工作。不久以后，沟帮子建立了党支部，营口建立了党小组。在那里的地方党委建立以前，沟帮子和营口等地党的基层组织受中共唐山地委领导。

这个时期，由于邓培的辛勤工作，交通部唐山大学的革命力量也有了很大的发展。唐山大学的学生运动一直受到邓培关怀。1922 年 3 月，唐山社会主义青年团曾发展唐山大学学生周树梧为团员。4 月，经王仲一介绍，邓培又发展唐山大学学生田玉珍为团员。唐山大学的许多青年知识分子，长期苦于找不到正确的人生道路。一些人的思想很活跃，但也十分混杂，马克思主义的、无政府主义的、工团主义的、基尔特社会主义的……兼容并蓄，像是茫茫大海中的孤帆，找不到哪一家之说可以作为指航的灯塔。就在这时，邓培给他们指出了方向。1923 年秋，邓培通过田玉珍和唐山大学的几个学生建立了联系。邓培为人正直，待人亲切诚恳，有一定的马列主义理论水平和很强的组织能力，因此赢得了唐山大学青年知识分子的尊敬。邓培领导他们组织了读书会（不久改名为社会科学研究会），通过学习讨论马克思列宁主义著作，端正了对待人生的态度，走上了革命的道路。1924 年 1 月，邓培领导社会主义青年团组织，首先发展熊士平、冯亮功等 4 人为团员，同时建立了唐山大学团支部。到 1924 年 4 月，团员发展到 22 人。同时又在团员中发展候补党员 2 人。唐山大学的党员在校内代卖书报，举办壁报，宣传反帝反封建思想，又为开滦煤矿、京奉铁路唐山制造厂的工人和石庄的农民举办平民夜校，教授文化知识，同时宣传革命思想，都取得了很大成绩。

在革命低潮时期，唐山地方和京奉铁路原有的革命力量不仅保存下来，而且得到了壮大发展，这是邓培的一个历史功绩。

---

① 中央档案馆编：《中共中央政治报告选辑（1922—1926）》，第 11 页。

肩负领导全国铁路总工会的重任

1922 年 11 月间，开滦五矿同盟罢工后期，全国各铁路工会代表曾于北京集会，除计议援助开滦矿工外，决定筹备成立全国铁路总工会。邓培积极参加此项筹备工作。

1923 年 6 月，中国共产党在广州召开第三次全国代表大会，邓培作为北方区的代表出席了这次大会。他在会上报告了北京、唐山地区的铁路工人运动状况，并与出席大会的何孟雄、冯菊坡、项英、刘尔崧等工人运动活动家一起讨论起草了《劳动运动决议案》，获得大会通过。大会选举中央执行委员会，邓培当选为候补委员[①]。

三大通过的《劳动运动决议案》，进一步提出筹建全国铁路总工会的任务，邓培为贯彻三大决议作出了不懈的努力。

1924 年 2 月 7 日，在二七惨案一周年之际，全国铁路工人代表大会在北京秘密召开。邓培代表京奉铁路职工总会出席了这次大会，大会正式宣告全国铁路总工会成立，选举产生执行委员会，邓培当选为委员长[②]。

邓培领导全国铁路总工会制订了一个全国铁路组织计划：（1）使已经组织好了的各路工会团结更加严密，各路工会被封禁的，设法恢复，还没有组织的，从速成立团体。（2）死伤被捕失业诸工友，总工会当力图救济。各路工会互相关系，总工会当力谋密切。从前各路罢工已要求之条件，当力争实行。（3）加入万国运输联合会，实现全世界工人联合之目的。（4）所有救国救民以及反抗军阀官僚之横暴和外人之侵略等国民运动，当视能力所及，参加而促进之[③]。

全国铁路总工会成立后，各线路的工人运动都有了一定的发展。但 5 月间，由于军阀政府的破坏，铁总北京秘密会所被抄封，北京、武汉等地一批工人领袖被捕，铁路工人运动再次受到挫折。

1924 年 10 月冯玉祥发动北京政变，开始倾向革命，这种情况为工人运动

---

① 共产国际档案资料：《中国共产党第三次全国代表大会》；徐梅坤的回忆材料。

② 孙云鹏 1960 年的回忆材料；李斌 1960 年的回忆材料。

③ 参见《全国铁路总工会成立宣言》，载《新民国》杂志第 1 卷第 4 期。

的复兴提供了便利条件。邓培利用这个时机，领导全国铁路总工会，进行援救二七惨案以来被捕入狱的工会领袖的工作。在李大钊的支持帮助下，争取到国民军的同情，使一批铁路工会的负责人，如全国铁路总工会副委员长孙云鹏、京汉铁路总工会副委员长史文彬、正定铁路分工会委员长康景星等人恢复了自由。

同时，邓培又领导全国铁路总工会进行恢复二七惨案以来各铁路失业工人工作的斗争。

第二次直奉战争期间，京奉铁路局借口材料缺乏，无法生产，陆续裁减唐山制造厂工人2000多名。被裁工人犹如高楼失脚，江心翻船，谋生无望，痛苦异常。1924年11月，邓培利用北京政变后的有利形势，领导被裁工人进行复工斗争。他在唐山扶轮小学召开了被裁工人大会，选派代表4人，去天津京奉路局请愿。11月19日，全体失业工人在报纸上发表了宣言，得到了各界人民的同情，也争取了国民军的同情。经过请愿代表的坚持斗争，京奉路局终于答应了复工要求。复工斗争是北方工人运动在二七惨案之后，经过短期消沉开始复兴的表征。邓培领导的复工斗争取得胜利，提高了党在群众中的威信。

在全国铁路总工会和邓培的领导下，全国各线铁路的工人运动重新发展起来。至1925年初，京汉、正太、陇海、胶济、京奉、京绥各路工会全部恢复或部分恢复，基本达到二七惨案以前的局面。1925年1月11日，中国共产党在上海召开第四次全国代表大会，邓培因故未能出席会议，邓培向中共北京区委推荐中共唐山地委委员阮章出席了大会。会上邓培再次当选为中央执行委员会候补委员[①]。1月22日，中央执行委员会举行第一次会议，进行分工，邓培担任中共中央驻唐山代表，并继续兼任中共唐山地委书记。

接着，全国铁路总工会于1925年2月7日在郑州召开了第二次代表大会。邓培出席并主持了这次大会，邓培等18人当选为全国铁路总工会执行委员会委员，邓培继续担任委员长。不久，中共北方区委成立，邓培担任区委委员[②]。

这时，全国正在兴起国民会议运动，遭到北京政府段祺瑞的反对，他悍然

---

① 1925年1月24日中共中央总书记通告第一号。

② 彭健华：《我所了解的北京和北方区党组织的一些情况》，载《北京党史资料通讯》1982年第2期。

召开了由各地军阀头目和政客组成的御用会议——"善后会议"。为了对抗"善后会议",中国共产党和国民党左派于 1925 年 3 月 1 日在北京召开了国民会议促成会全国代表大会。邓培代表全国铁路总工会参加了大会。大会揭露了"善后会议"的反人民性质,传播了革命思想,对于引导群众进一步参加民族民主革命,起了积极作用。

4 月,邓培前往广州,代表全国铁路总工会与中华海员工人联合会、汉冶萍总工会、广州工人代表会的负责人一起参加了第二次全国劳动大会的筹备工作。5 月 1 日,第二次全国劳动大会在广州召开,邓培是大会主席团成员。大会选举产生了中华全国总工会执行委员会,邓培当选为执行委员[①]。

第二次全国劳动大会闭幕以后,邓培暂留广州,代表全国铁路总工会检查了粤汉、广九、广三等铁路的工会工作。

这时,驻粤滇军总司令杨希闵和桂军总司令刘震寰,在帝国主义支持下发动叛乱,阴谋推翻广东革命政府。5 月间,叛军威逼广州。6 月,广州危急,广州革命政府被迫从珠江北岸迁到南岸。在这紧急关头,邓培和杨殷、刘尔崧等同志领导粤汉、广九、广三、潮汕(潮州至汕头)、新宁(江门至台山,原名宁阳铁路)等线铁路工人,坚决支持广东革命政府,声讨杨、刘叛乱。他们领导铁路工人举行罢工,拆下机车的主要部件藏起,使叛军的军事运输完全瘫痪。当广东革命政府决定撤回东征军主力讨伐杨、刘时,邓培等同志又组织各线路工人很快把机车组装好,将各地回师的东征军迅速接运广州。邓培等同志又挑选了一批强干的工人组成宣传队和侦察队,每天凌晨潜水过江,到北岸市区散发传单,张贴标语,侦察叛军布防情况,及时报告给参加平叛的东征军。在人民群众的支持下,东征军于 6 月 12 日迅速平定了罪恶的杨、刘叛乱,使广东革命政府转危为安。

在平定杨、刘叛乱时,全国正掀起五卅反帝运动高潮。由于唐山反帝斗争的需要,邓培日夜兼程,于 6 月中旬赶回唐山,组织工人罢工、学生罢课、商人罢市,召开反帝群众大会,举行游行示威,进行抵制英、日货的斗争,声势非常浩大。

---

① 中华全国总工会中国职工运动史研究室编:《中国历次全国劳动大会文献》,第 31 页。

党的四大以后，邓培的革命工作非常繁忙。1925年9月，上级党组织决定调他到北京专任全国铁路总工会的领导工作，不再兼任中共唐山地委书记的职务。邓培在京奉路唐山制造厂工作了将近25年，他那坚毅的革命精神和崇高的革命品质，赢得了唐山工人的衷心爱戴。

1926年2月7日，全国铁路总工会在天津召开第三次代表大会。邓培出席并主持了大会，邓培代表执行委员会向大会作了工作报告。大会选举邓培等13人为全国铁路总工会执行委员会委员，邓培继续担任委员长。他在铁总委员长的岗位上南北奔波，呕心沥血，不知疲倦，为中国铁路工人运动的发展作出了杰出贡献。

推动广东铁路工人运动发展

鉴于广东已成为国民革命的根据地，为了加强对广东铁路工人运动的领导，全国铁路总工会决定建立铁总广东办事处。1926年3月，邓培被派往广州筹建广东办事处。

1926年5月1日，第三次全国劳动大会在广州召开，邓培率领全国铁路总工会代表团出席了大会，并再次当选为中华全国总工会执行委员[1]。

邓培为建立铁总广东办事处进行了艰苦的工作。当时，广东境内有粤汉、广九、广三、潮汕、新宁（即宁阳铁路）5条铁路。各路没有统一的工会组织，工会与职员分裂。邓培和杨殷奔走各线路之间，号召大家联合起来。经过一段时间以后，粤汉、广九、广三3条铁路总工会在邓培和杨殷领导下建立起来，但是，潮汕、新宁两条铁路仍然被国民党右派马超俊操纵的广东机器工会把持。1926年5月15日，铁总广东办事处正式宣告成立，邓培担任办事处主任[2]，杨殷担任顾问。

5月16日，邓培主持召开了铁总广东办事处第一次全省代表大会。他在会上作了全国铁路工人运动情况的报告。大会通过了《致全国铁路工友书》，

---

[1] 中华全国总工会职工运动史研究室编：《中国历次全国劳动大会文献》，第125页。
[2] 李甫：《回忆广州铁路工人的革命斗争》，载《广州文史资料选辑》第25辑。

表示铁总广东办事处与全国铁路工人一道，进行反帝反军阀的斗争。

铁总广东办事处成立以后，在邓培领导下，主要做了以下几方面工作：

（一）支持北伐战争。1926年7月，广东革命政府正式出师北伐。邓培领导广东铁路工人全力支援北伐战争。他亲自组织粤汉铁路工人，加速运送北伐军和军用物资到两湖前线。又根据全国总工会的要求，从粤汉、广九、广三等铁路抽调司机、司旗（即挂钩）、工务（即路面）等人员组成北伐铁路交通队，随军北上，冒着溽暑炎热，翻越崇山峻岭，协助修路，恢复交通，对于北伐军的胜利进军，起了巨大作用。国民政府对于广东铁路工人所作的贡献，曾写信给全国总工会予以表扬。

（二）维护铁路工人的正当权益。铁总广东办事处成立后，关心铁路工人的生命安全和生活待遇的改善，支持各线工人的经济斗争。粤汉、广九、广三等铁路路面工人工资太低，由于铁总广东办事处和邓培的支持，分别向各线路局提出了增资要求，取得了胜利。广九铁路原有章程，工人每年加薪一次。1926年8月，工人应该加薪，但至9月仍未实行，工人非常愤慨。9月22日，邓培以铁总广东办事处名义致函广九铁路局长姚观顺，要求3天之内答应工人要求。9月23日，该路工人300多人到国民党中央党部请愿，要求将姚观顺撤职。事后，邓培派代表去国民党中央党部工人部交涉，但工人要求仍未得到满足，于是邓培组织广九铁路工人于9月26日举行罢工。由于这时正当北伐，邓培决定军车、公用专车照常行驶，只限客车、货车停开。粤汉、广三两路工会闻讯后，分别派出纠察队进驻大沙头待命，并发表宣言誓为后盾。国民政府建设厅迫于形势，答应了工人的加薪要求，并令姚观顺辞职，广九铁路工人取得完全胜利。邓培遂于9月27日下午下令复工，工人举行盛大游行，庆祝胜利。

（三）保卫广东铁路工会。铁总广东办事处的成立，对于保卫广东铁路工会，打击反动工会，起了巨大作用。国民革命军出师北伐以后，广州的国民党右派势力抬头，压制工人运动。国民党右派势力操纵的广东总工会、广东机器工会经常向我党领导的工会挑衅。为了迎击反动势力的进攻，邓培和杨殷于1926年7月领导粤汉、广九、广三铁路工人建立了武装纠察队，每天巡逻放哨，保卫工会。

1926 年秋，新宁铁路广大工人不满广东机器工会控制，在广东办事处帮助下酝酿建立新宁铁路总工会。广东机器工会的头子李德谦闻讯后，勾结当地土匪头子陈式容等"四大寇"，从广州运去了反动武装"体育队"，破坏新宁铁路总工会的筹备工作，并蛮横地开除了二三百名工人。邓培接到新宁铁路工人的报告后，当即与中共广东区委和省港罢工委员会商定，派铁总广东办事处顾问杨殷率领粤汉、广九、广三三路工人纠察队和省港罢工委员会纠察队以及广州工人代表会的工人武装，共五六百人，乘船前往新宁铁路进行斗争。经过两天激烈战斗，终于击溃了反动武装，生俘了陈式容等"四大寇"。根据群众要求，当即召开公审大会，处死了作恶多端的"四大寇"，群众额手称庆。新宁铁路总工会在邓培和杨殷的主持下，终于正式宣告成立，被开除的工人也恢复了工作。这是广东铁路工人运动的一个重大胜利。事后，广东机器工会竟向广东法院控告铁总广东办事处杀人，邓培等同志置之不理，他们也无可奈何。

1927 年元旦，在国民党右派指使下，广东机器工会派出反动武装的"体育队"五六十人，突然袭击粤汉铁路总工会。邓培和杨殷领导工人纠察队进行英勇反击，粉碎了他们的阴谋。第二天，广东机器工会又派反动武装包围了广三铁路总工会，邓培率领粤汉铁路工人纠察队配合广三铁路工人进行反击，终于打退了反动武装的进攻。不久，广东机器工会指挥下的反动武装，再次袭击了粤汉铁路总工会，又被邓培和杨殷领导的工人纠察队击退。经过几次战斗的洗礼，各铁路工会进一步得到巩固和发展，巍然屹立在珠江岸边。

支持广州各业工人的斗争。震惊中外的省港大罢工，到 1926 年 8 月，已坚持了一年多，英帝国主义仍无诚意答应工人要求。7 月间，中共广东区委在文明路广东大学（今中山大学）操场举行反帝大会，邓培领导铁总广东办事处积极发动粤汉、广九、广三等铁路工人参加，表示坚决支持省港罢工委员会提出的斗争要求。8 月，中共广东区委决定举行"援助省港罢工周"，邓培发动各线路工人积极捐款，并亲自率领铁路工人代表团到省港罢工委员会献旗慰问，他对省港罢工委员会领导人苏兆征表示，坚决支持省港工人斗争到底。邓培与广州市工人代表会建立了经常性的联系，对于广州制弹厂工人、邮电工人、人力车工人以及其他各业工人的斗争都给予大力支持。1927 年 2 月，邓培率领广东五条铁路的代表去上海，后又到达汉口，参加全国铁路总工会第四次代表大会。2月16日代表大会开幕，邓培被推选为主席团成员。会后继续担任全国铁路总工会的领导工作。

临危不惧　壮烈牺牲

1927年4月，正当生气勃勃的北伐战争胜利发展的时候，隐藏在革命队伍中的国民党右派蒋介石在上海发动了四一二反革命政变，大批屠杀共产党人和革命群众。这时广东新军阀也蠢蠢欲动，形势十分紧急。4月13日晚，邓培和杨殷根据中共广东区委的指示，召集了铁路系统的党员干部紧急会议，部署应变对策。决定各路工人立即行动，烧毁机车锅炉，拆除路轨，破坏反革命军队的运输。为了保存力量，又安排了各线路党员的转移计划。在那危急的日子里，邓培不顾个人安危，四出奔走，贯彻应变措施。

4月15日，和蒋介石订有密约的广东新军阀公开叛变。他们在广州调集了大批反动军警，疯狂搜捕共产党员和工会领导人。这时邓培住在广州小市街华光庙全国铁总广东办事处。15日清晨，他来到办公室，准备把党的文件妥善清理和焚烧后转移。工作未完，铁总广东办事处就被国民党反动军队包围。几个荷枪实弹的士兵闯进了办公室。邓培仍然坐在经常主持会议的席位上，面无惧色，厉声痛斥国民党反动派可耻的背叛行为。几个国民党兵把邓培捆绑起来，装入麻袋，押往南关戏院。第二天转到广州河南南石头监狱。

在狱中，反动当局要邓培供出全国铁路系统的共产党员和工会干部名单。先是用金钱引诱，后是进行严刑拷打。但是引诱不能使他动摇，酷刑不能使他屈服。他被打得遍体鳞伤，仍然严守党的机密。他英勇地回答："你们听着，共产党员是不怕死的，你们用尽所有酷刑，我都不怕。我宁死也不投降，这就是我最后的回答！"反动当局无可奈何，于4月22日夜间秘密将邓培杀害[①]，时年44周岁。

邓培牺牲的消息传到唐山以后，唐山工人和唐山大学的学生，不顾白色恐怖，秘密进行了悼念活动。

---

① 见《醒狮周报》第146—147期，第19页，1927年9月3日出版。

1927年6月23日，第四次全国劳动大会通过的《会务决议案》中指出："第二届执行委员李森、何耀全、邓培、刘国裳、缪卓民诸同志被反革命所杀，大会誓愿为诸烈士复仇，继续其精神奋斗。"[①]6月27日，中国共产党中央委员会致第四次全国劳动大会的信中写道："本党李大钊等同志们在北京之死难，汪寿华等同志们在上海之死难，邓培、李森、刘尔崧等同志在广州之死难，杨昭植等同志们在湖南之死难，其惨烈当为中国工人阶级及本党永远不忘之事。"[②]

邓培的一生，是革命的一生，战斗的一生，光荣的一生。他在党的培养教育下，从一个普通工人成长为中国铁路工人运动的优秀活动家。他的名字将永远铭刻在中国工人阶级的心中，他的革命功绩，永垂青史，光照千秋！

（来源：中共唐山市委党史研究室编：《唐山革命人物》（上），2021年6月，第28—55页）

---

① 《中国劳动年鉴》，1928年12月出版。

② 《向导》周报第200期，1927年7月8日出版。

机智勇敢为革命献身

——回忆邓培同志在南厂的活动

唐山机车车辆工厂党史征集小组

邓培同志是我们工厂的早期工人运动领袖，也是唐山地区党组织的创始人。他曾担任过京奉铁路唐山制造厂（俗称"南厂"，即今"唐山机车车辆工厂"）工会委员长、中共唐山地委第一任书记、中华全国铁路总工会第一任委员长、中华全国总工会执行委员、第三届和第四届中共中央候补委员等职务。于 1927 年 4 月 15 日在广州被国民党反动派逮捕，22 日殉难，时年 44 岁。

邓培，字少山，1883 年 4 月 8 日出生在广东省三水县瀎东乡石湖洲邓关村的一个穷苦家庭里。他小时在私塾只念了四年书，后因交不起学费而辍学。由于生活所迫，他十四岁时就只身北上，来到他们同乡开办的天津德泰机械厂当学徒。在人吃人的金钱社会里，哪管你是同乡、亲朋，邓培同样受到了工厂老板和工头的打骂与虐待，在他这颗年轻的心灵里，印上了阶级仇恨的烙印。三年学徒期满后，他考入津榆铁路唐山修车厂（即南厂），在北机器房（相当于车间）当了旋床工。

邓培从小聪明好学，很快成了一名技术熟练、手艺精湛的技工。他省吃俭用，用省下来的钱买书，每天晚上他都坚持在小油灯下看书。他平易近人，和蔼可亲。所以，厂里的工人都说邓培是一个有技术、有见识，又热心帮助别人的好青年，大伙都很尊敬他，谁家里有了事，总愿意去找他，请他出主意，想办法。这样一来，邓培在工人中就有了较高的威信。

早期的南厂充满着苦难，在英帝国主义和清王朝、北洋军阀的统治下，工厂成为典型的半殖民地半封建性质的企业。英帝国主义窃取了工厂管理大权后，从厂务经理、总工程师、总绘图员到监工等重要职务都由英国人把持着，主宰着工厂的命运，中国官员只能担任副职。工厂门口由印度兵站岗，以后又由英国兵站岗，公文、图纸都用英文书写，厂内有多种多样的有利于资本家的剥削制度。可想而知，在这种环境里，工人们只能过着充满辛酸血泪的苦难生活。工人们渴望改变这种现实，他们希望有一天工人们能够得到幸福，更盼望国家的富强。

辛亥革命前后，革命先驱者孙中山先生曾经两次来唐山，邓培以同乡的关系，组织工人用极大的热情来欢迎，并发动工人为孙中山捐助了革命经费。邓培还和一些广东同乡参加了同盟会，投入了革命的洪流。但辛亥革命后，中国依然是破旧不堪，军阀混战，工人不得安生，使邓培等一些热血青年大失所望，这时邓培向大家提出一个问题，他说："大头子们天生就该骑在咱们脖子上拉屎吗？咱们做工的天生就该受苦吗？"

俄国十月革命一声炮响，震散了乌云见晴天。马列主义传到了中国，邓培的心亮了，他高兴地把自己从各处得来的好消息，告诉了工人弟兄。他说："我们要和俄国工人一样，大伙拧成一股劲跟大头子干！"1919年五四运动爆发，邓培的劲头更足了，他在工人中宣传北京学生的爱国运动，揭露帝国主义侵略中国和北洋军阀的卖国罪行。南厂工人听说帝国主义列强想要瓜分中国，大伙气愤极了。6月12日，唐山市各界人民在车站广场举行群众大会，南厂副厂长孙洪哲不准工人参加大会，工人们急了，向厂方提出了抗议。下午3点，工人们再也忍不住心中的怒火，一齐罢工出厂。但市里的群众大会已经结束，工人们便和唐山工业专门学校（即唐山交大）的学生们一起，分散到各处进行宣传讲演。

6月24日，唐山各界人民在车站广场举行第二次集会，邓培带领全厂3000名工人前去参加。当浩浩荡荡的工人队伍走到厂门口时，帝国主义的走狗孙洪哲又出来阻挡，孙说："这乃国家大事，与你们做工的有啥关系？"邓培当即理直气壮地说："国家兴亡，匹夫有责！我们工人是国民的一分子，不能袖手旁观！"别看邓培说的话不多，可字字重千斤，气得孙洪哲没办法。他威胁工人说："你们去开会，我不给你们开工钱。"没等孙洪哲把话说完，邓培挺起胸膛大声说："我们工人为的是救国，不光是挣钱！"这时候工人们也齐声说:"工钱我们可以不要,但亡国亡种的大事我们可不能不管!"大家群情激愤,在邓培的带领下一齐拥出了大门,直奔会场。这是南厂工人第一次取得了同厂方进行大规模斗争的胜利,工人们不仅认识到团结起来的力量,同时也感到邓培确实是一个出色的工人领袖,大家的心里都有了一个念头:跟着邓培走。

五四爱国运动,使邓培受到了革命斗争的锻炼,使他懂得了一个真理:只有把工人组织起来,斗争才能胜利。为了把大家组织起来,邓培费了好多心血。自"五四"游行以后,邓培的机床旁,每天都围了很多工人,他们问长问短,邓培就因势利导,宣传革命道理。有一天,当邓培问道:"帝国主义从咱们中国抢去原料,做成东西,回来再大价卖给咱们,咱们能买它们的东西吗?"大伙齐声说:"不买!"邓培笑着说:"光咱们几个人不买还不行,咱们要让大伙都不买。"工人们问:"用啥法让大伙都不买呢?"邓培看时机已经成熟,就说:"这不难,咱们十个人为一队,给大家去宣传,这个队就叫'爱国十人团',大伙看行不?"工人们异口同声地说:"行!老邓,只要你在前头领,我们大伙一定跟你走!"就这样,邓培以各场房(车间)为单位组成了二十几个"爱国十人团",全厂组成了一个"同人联合会",工人为基本群众,也有一部分工头和员司(职员)参加,大家推选邓培为总干事。这个组织在当时的宣传讲演、散发传单、抵制日货等爱国活动中,起到了很大作用。7月间,南厂的"同人联合会",加入了"唐山市六界联合会"。

真正使邓培走向革命的道路,还是1920年3月在李大钊同志领导下北京大学"马克思学说研究会"成立以后。"研究会"派罗章龙来到唐山调查产业工人的生活情况时,与邓培见了面,建立了联系。从此,邓培明白了许多事情,大伙都说邓培讲的道道我们爱听,都是我们工人的心里话。特别是每星期一的早晨,工人们都不约而同地围在邓培的机器旁,听他讲新闻。邓培告诉大家:"别看咱们都是穷人,除了两手啥也没有,可咱们工人的两只手能造机器,能挖煤,能开火车,整个世界都是劳动人民创造的。可是我们整天拼命干活,却得不到温饱,我们创造的财富都叫帝国主义、资本家、把头们剥夺了。现在俄国革命成功了,工人、农民成了国家的主人,工厂归工人管理,俄国革命给咱们指出道来了。"工人们的心里也亮了,大伙都羡慕邓培,他哪来的这么多本事啊？原来，求知好学的邓培，经常利用星期日秘密去北京，会见李大钊、邓中夏等同志，学习新知识，探讨新问题，回来时还带回一些进步书刊、报纸和新闻来。就在这一年的"五一"国际劳动节那一天，邓培在南厂集合了几百名工人举行了纪念活动，会上，他就散发了从北京带来的《五一劳工宣言》。这次集会，是我厂和唐山工人阶级第一次纪念自己的节日。

北京共产党小组成立后，小组成员张国焘和天津社会主义青年团成员谌小岑一同来到唐山，他们找邓培研究如何把唐山煤矿工人组织起来的问题，邓培根据自己的亲身体会和组织工人斗争的经验，提出了自己的看法。他认为：唐山的工人运动，应该首先成立铁路制造厂工会，第二步是组织启新水泥厂工会，然后才能进行组织煤矿工人的工作，因为铁路工人的基础好，纪律严，团结紧。邓培的见解，得到北京共产党小组的支持，并派北京大学旁听生、社会主义青年团员李树彝来唐山，以职工业余学校教员的身份，协助邓培组织工会。

1921年春，一个崭新的体现着阶级自觉的近代产业工会诞生了。邓培改组了原有的"同人联合会"，清除了工头、员司，清除了吃里爬外的坏人，制定了严格的规章和纪律。并在扇面街五号召开了工会成立大会，邓培在会上对大家说："咱们要打破同乡观念，不分南方人、北方人，都是一同受苦的兄弟。咱们的工会不能要工头、狗腿子参加，因为他们和我们走的不是一条道。我们工人要想成功地进行反抗斗争，必须团结起来，成为什么也攻不破的堡垒。"他说："工会就是这样的组织，今天工会正式成立了，我们大家要爱护它，支持它。"在这次大会上，宣布了工会委员会的选举结果，共选出邓培、王麟书、刘玉堂、崔保罗等九人为委员，邓培被推选为委员长。工会组织的建立，为工人撑了腰，工头、监工们再也不敢任意打骂工人了。

邓培的共产主义信念越来越坚定，邓培在工人中的威信越来越高，邓培的领导才能也越来越显示出来了。李大钊等同志对邓培的工作非常赞赏，于1921年春，经罗章龙介绍，邓培参加了北京共产党小组，成为唐山最早的共产党员。

邓培的生活十分简朴，他不大爱穿新衣服，不抽烟，不喝酒，把平时节省下来的钱都买了书。他利用工余时间自修语文、数学和英文，还买了很多进步书刊，经常学习到深夜。每天下班以后，在他的家中经常有工友来串门，他们就在一起看书、学习，谈论各种问题。邓培意识到，应该为工人创办一个学习知识的场所。于是他就和几个进步青年商量此事，经过一段时间的筹备，于1921年12月18日，由阮章、李树彝、王麟书等31人发起，在《工人周刊》上发表了"唐山工人图书馆启事"，并于1922年1月，正式成立了"唐山工人图书馆"。接着，在图书馆旁边又创办了一个工人夜校，由阮章、李树彝担任教员。从此，图书馆和夜校不仅成为工人学习知识、传播马列主义、联络工人感情的场所，而且是共产党和工会发展组织及开展活动的秘密联络地点。

图书馆和夜校搞得很火热，工人们很高兴，都说工会为工人办了一件大好事。但工人们很长时间没有见到邓培了，大家心里真是闷得慌。原来，邓培受中共北京区委指派，作为中国铁路工人的代表去苏联参加共产国际召开的远东各国共产党及民族团体第一次代表大会去了。他于1921年冬，以回原籍探亲为理由，向厂方请了假。这次大会是1922年1月在莫斯科召开的，因当时条件所限，路上消耗了很长时间。邓培在大会上发了言，介绍了中国工会、铁路和冶金工人斗争情况，受到大会赞誉。在会议期间，邓培同张秋白、张国焘一起去克里姆林宫，受到了伟大导师列宁的接见，当列宁同志紧紧握住邓培的手时，邓培感到无限的光荣。邓培成为中国工人中最早见到世界无产阶级革命领袖的人。大会以后，邓培随同中国代表团一起在苏联参观访问，受到了苏联工人的热情接待，使他亲眼看到了苏联人民革命的胜利成果。

严冬过去，春天来了，阳春三月，邓培怀着激动、喜悦的心情回到了唐山。由于假期已过，厂方想阻挠他复工，但考虑到邓培的技术高，在群众中又有威信，只好准许他复工上班。当邓培回到厂房时，工友们立刻把他围了起来，问寒问暖，问这问那，邓培向大家讲了许多新鲜事，有俄国工人斗争的，有俄国工人生活的，使大家听得几乎入了迷。邓培说："将来我们也能和俄国工人一样，自由自在地干活，下了班舒舒坦坦地休息，再也没人打骂我们。不过，这不是一件容易的事，我们要向俄国工人学习，团结起来进行斗争。"这时的晚上，在邓培家里也格外热闹了，小油灯挑得格外亮，他向几个贴心的工友介绍了去苏联参加会议的情况和苏联人民在共产党领导下进行革命斗争与建设国家的情况，使大家认识到，只有共产党才能救中国。经过邓培的宣传鼓动，厂内有些先进青年工人渴望早日加入党的组织。于是按照北京区委的要求，邓培先后发展了阮章、王麟书、许作彬、刘玉堂、李华添等人参加了中国共产党，在南厂成立了党的地方委员会，邓培任书记，受北京区委领导。这就是唐山地区最早成立的党组织。在党的二大以后的 8 月间，改称中共唐山地方执行委员会，仍由邓培任书记。

党组织的建立，使工人运动从经济斗争转向政治斗争，从单纯地要求改善生活待遇，转而要求承认工会，提高工人阶级的政治地位。特别是邓培组织南厂、开滦、启新、华新等厂矿成立了"唐山劳动立法大同盟"，举行了响应中国劳动组合书记部号召，要求"国会"通过《劳动立法大纲》的示威游行以后，使唐山的工人群众受到了一次锻炼，《劳动立法大纲》的内容，也就成为唐山工人后来举行罢工斗争的纲领。

有压迫就有反抗，有剥削就要斗争。在帝国主义、北洋军阀统治下的南厂工人，过着暗无天日的苦难生活。帝国主义的掠夺，频繁的军阀战争，经济被破坏，物价在飞涨，再加上监工的压迫，把头的盘剥，工人实在忍无可忍了。经过邓培同志长期帮助教育的南厂工人，发出了怒吼："我们要吃饭，我们要自由，我们要团结起来斗争……"

1922 年 9 月 13 日，邓培根据大家的意见，代表工人向厂方提出了改善生活待遇的五项要求，并限在本月内答复。但厂方对工人的要求置之不理，邓培几次到厂方催问，厂方副经理孙洪哲推说已把工人要求转呈到天津路局了。邓培又亲自去天津路局追问，这才知道是厂方把工人的要求给扣压了。工人们听了这个消息后，非常气愤，便选出邓培、王麟书等人为代表，找到机务处处长兼厂务经理英国人詹莫森、副经理孙洪哲去说理。狡猾的詹莫森妄图收买工人代表，他便指使工头于亮对邓培和王麟书说："加薪条件可以答应，但其他条件你们不要坚持了，我们处长很想跟你们几位交朋友，厂方交际费很多，你们可以随便用，吃饭可以到养正轩饭店立账。"面对厂方的拉拢引诱，邓培义正词严地说："条件是大家提出的，我们几人做不了主，我们是大家选的代表，就要为大家办事，既不能吃你们的饭，也不能用你们的钱。"于亮说："几位还是要三思而后行啊！只要你们和处长交上朋友，今后的好处可就多啦！"邓培和王麟书坚定地回答："你们赶快死了心吧，我们不想升官，也不想发财！"厂方老板看收买代表不成，被迫在 10 月上旬答应了一部分条件，企图敷衍了事。已经有了斗争经验的南厂工人，怎肯受厂方的欺骗，他们开始酝酿罢工了。

邓培以党和工会的名义，首先召集了各厂房代表开会。在会上，邓培讲了长辛店、山海关等铁路工人的斗争情况，讲了全国各地罢工的胜利消息，他说："厂方根本不想答应我们的要求，咱们最好的办法就是不让机器转。"他鼓励大家说："只要我们团结起来进行斗争，就能胜利！"代表们也坚定地说："对！咱们要像长辛店和山海关的工人一样，罢工！"经过鼓动，大家情绪激昂，都表示："一定听从邓培的决定。"会后，代表们把会议内容秘密地传给工人群众，一场罢工斗争即将开始。

一场大的战争，能显示出将军的指挥才能；一场群众斗争，同样能看出指挥者的智慧。特别是在当时的条件下，面对着凶狠的帝国主义，狡猾的封建把头，觉悟还不很高的群众，更显示出邓培同志的领导才干、正确的指挥和周密的安排，邓培不愧是一位工人运动的领袖。且看罢工的准备阶段：

罢工前夕，邓培接待了中国劳动组合书记部主任邓中夏和派驻山海关的工会代表王尽美同志，以及其他领导同志，同他们交谈了准备情况；邓培接待了长辛店和山海关工会派来的代表，向他们学习了罢工斗争的经验；10 月 10日，以庆祝"双十节"为名，中共唐山地委组织工人和学生举行了一次盛大的提灯游行，邓培提着一个写有"引导"二字的大灯笼，雄赳赳地走在队伍的最前列，显示了工人与学生团结战斗的力量；经济上的准备也很重要，工人身贫如洗，一天不做工就没饭吃，邓培就责成专人，把工会会费、各地工会的捐款，集中起来使用，并组织力量，再募捐一部分钱；工会派出代表，分赴京奉铁路沿线各处工会进行联系，准备在必要时实行全线同盟大罢工；罢工时使用的旗帜，纠察队用的木棍、臂章、胸章等东西，也秘密做了准备；罢工的组织领导问题也都作了研究。邓培决定：如果原来五项要求不全部答复，就再提出新的条件，直到圆满答复为止。

厂方根本不想答应工人的要求，也没把工人放在眼里，半个多月过去了，仍无一点音信，工人再也不能忍让下去了，于是，党和工会便决定组织罢工。

10 月 12 日晚，在扇面街五号召开了各场房代表和积极分子紧急会议，讨论罢工事宜。会上通过了罢工宣言，成立了罢工委员会，推选邓培为委员长。

随后，罢工委员会决定，以"十人团"为骨干，组织 50 个纠察队，任命了 50 名队长，由刘玉堂任总队长。罢工委员会还组织了调查队（负责了解各处情况，侦察坏人的破坏行为，并到邮局和电报局查问外来电报和信件，防止军政当局扣留各地工人支援罢工的来信和汇款）、守望队（负责保护工人家属的安全），并设立了组织、宣传、文书、总务、财务、护厂、外交、募捐等股，挑选 32 名积极分子担任各股干事。同时，制定了罢工委员会的组织原则和纪律，确定了派往天津、沟帮子、京汉路等地的联络人员。邓培当即决定：参加紧急会议的人员在当晚分头秘密通知工人，于次日举行罢工。

10 月 13 日晨，南厂 3000 多名工人宣布罢工。工人们把场房各门锁好，由厂房代表率领走出工厂大门。饱受压迫的奴隶们昂起了头，挺直了腰，浩浩荡荡，威风凛凛，吓得英国统治者詹莫森等人手忙脚乱。孙洪哲正在家中吃早饭，从窗口瞥见工人出厂的雄姿，饭碗顿时失手落地，惊呼："出乎意料。"英国人撒克敦追到厂门口，对着工人吼叫。狗腿子于善敏也到工人中阻拦。但是谁能阻挡得住呢？山洪已经暴发，暴风雨已经来临，管你什么洋人大官，一切的阻挠都是枉然，愤怒的人群像潮水一样涌向厂外。

工会门口挂起了有锤子镰刀的红旗，像节日一样，人们出出进进，来来往往，纠察队、守望队、调查队的队员们行动起来了，工人扬眉吐气，正式的战斗就这样开始了。

罢工委员会代表刘玉堂向厂方递交了罢工宣言，共两份，一份是中文，一份是英文，并在原来五项要求的基础上，又加上六条有关承认工会、劳保福利等内容的要求，要厂方一并答复，如拖延一天就加一条。罢工委员会还向北京军阀政府吴佩孚、京奉路局局长水均韶发出五封快邮代电，说明工人的正义要求。同时又向津浦、京汉、京绥、京奉等铁路工会发出 20 封快邮代电，报告罢工情况，以求声援。罢工委员会还把罢工宣言寄给各地报纸发表，争取全国人民的同情。

罢工委员会很忙碌，厂方统治者也没有闲着，他们急忙给天津京奉路局和北京政府吴佩孚打电报，要求派兵镇压。接着，天津警察厅派出 300 名军警分驻开平、唐山待命。

罢工第二天，派往丰台的工人代表罗占先在完成任务返唐时被捕，消息传来后工人更加愤怒。邓培因势利导，立即召集全厂工人大会，向大家宣布说："我们的罗代表被捕了，厂方对我们的要求也不答复，怎么办？"大家异口同声地说："坚持罢工！"会上大家一致决议，在原来提出的 11 条要求外，再加一条："立即释放罗占先代表，不将罗占先释放就没有谈判的余地。"

当天晚上，蓟榆镇署邦统董富礼带领一营军队来到工厂。他们诬指工人"破坏工厂"，要把军队开进厂去。工人纠察队严词以对，说明工厂设备丝毫没有损失。接着他们又叫喊着要进厂发电照明，并威胁说："谁敢阻挡，就要开枪！"这时工人纠察队又毫不示弱地说："没有罢工委员会的命令，任何人不准进厂。"在工人的威严抗议下，反动军队只好缩回车厢里。董富礼又来到罢工事务所，以武力威逼邓培下令复工，却遭到邓培同志的坚决拒绝。邓培勇敢地揭露了工厂统治者压迫剥削工人的罪恶后，又利用军阀吴佩孚制伪宪法提出的"保护劳工"等欺骗口号，回击敌人公开镇压工人运动的罪恶行径，他沉着地说："吴大帅保护劳工，通电全国，国人皆知，工人兄弟生活痛苦，要求改善待遇，但厂方拒不答应，工人忍无可忍，才决定罢工，这完全是正义的举动。工人每天仍然按时到工厂门外集合，纪律严明，秋毫无犯，电力房停了电，各场房锁了门，工厂门口有工人纠察队日夜站岗保护，厂里机器设备一点儿没有损坏，为什么说我们是'破坏生产''扰乱治安'呢？"邓培的一番话，说得董富礼无言以对，他转而面带奸笑地说："先复工吧，别的条件好商量。"邓培当即斩钉截铁地说："工人要求先答应条件，然后才能复工。"董富礼一听又变了脸，对邓培说："你一天一块多钱还不够用，为什么领着罢工？"邓培说："大家选我当代表，我就要为大家办事！"董富礼气得大声吼叫："你们这样闹是造反，如果你不宣布复工，我的枪炮就要说话！"这时，站在董富礼身后的几个卫兵也张牙舞爪起来，屋内的恐怖气氛增加了。但邓培毫无惧色，冲着董富礼淡然一笑地说："工人兄弟只不过是为了能有碗饭吃罢了，说不上什么造反，要人头拿去！"停了一会儿，邓培说："工厂的一切都由纠察队负责，用不着你们来，你们还是把队伍撤走为好，免得发生麻烦，双方都不好看。"董富礼威胁无效，又害怕引起更大反抗把斗争面扩大，便灰溜溜地退出了罢工事务所，第二天就把队伍撤走了。

武力威胁失败后，厂方被迫坐下来谈判。罢工第三天，京奉路局派庞士清等3人来到工厂，同邓培等7名工人代表举行了谈判。谈判中，邓培同庞士清进行了针锋相对的斗争。他们看到工人代表不让步，就进行无耻的恫吓。庞士清威胁说："如果谈判不成，我们将要采取办法。"邓培坚定地说："你们有办法，我们更有办法。如果你们不答应条件，我们就是不让车轮转。如果再拖延下去，我们就叫全京奉路的车轮不转。"庞士清追问："工人弟兄罢工数日，生活怎么办？有困难吧！"邓培胸有成竹地回答说："这你就不必操心了，我们有唐山各厂矿几万工人弟兄的支援，有全国工人兄弟的支援，有南洋各国华侨兄弟的支援，需要罢多长时间就罢多长时间！"一场舌战，邓培同志以大无畏的英雄气概，击败了老奸巨猾的说客，庞士清只好答应把条件带回去再商量商量。

邓培同志是有远见的，他已经估计到罢工会给工人的生活带来更大的困难，厂方也会借机来破坏罢工。所以在罢工前就做好了充分准备，把财物集中起来使用，还写信、派人到各地求援。罢工开始后，就陆续收到四面八方寄来的捐款。有开滦煤矿、启新洋灰公司等本市厂矿工人的捐款和食物，有长辛店、山海关、秦皇岛、郑州、济南等地铁路工人和香港海员工人寄来的大批捐款，还有新加坡总工会等海外华侨寄来的巨额捐款。罢工委员会及时地把各地捐款发给工人，还发动工人同舟共济，互相帮助。邓培同志和党团员骨干发扬了舍己为人的精神，帮助大家过难关，稳定了工人和家属们的情绪。尽管狗腿子们造谣捣乱，声称"关厂""开除工人""不开工就要全饿死"，甚至采取分化瓦解等手段，但都没有动摇工人的罢工决心。

世界上什么东西都可以收买到，只要有钱就行，但共产党员的意志是任何人也收买不去的。孙洪哲指使他的爪牙对邓培说："如果你下令复工，厂方可以给你涨工钱，也可以叫你当工头。"邓培听后气愤地说："我是工人，不想当工头，要涨工钱，你们就给大家涨。告诉你们的总管，我邓培人穷志不穷，金钱不能收买我。"他还马上在群众中揭露了厂方这个收买的阴谋。

厂方的招数被邓培个个击破，他们恼羞成怒，便勾结军警，派出特务，侦察邓培的行踪，要逮捕邓培。有一次，邓培和王麟书正在屋内商量工作，突然进来几个贼头贼脑的人，说是要找邓培。王麟书忙挺身回答说："邓培不在唐山，去天津了。"这时站在旁边的邓培，急中生智，立刻提起一把水壶，装作出去打水的样子走出门去，特务被瞒过去了。第二天，便衣特务去搜查邓培的家，也扑了空。原来邓培早就料到这一手，这时，邓培正躺在同兴里胡同停放着的一辆洋车上装作睡觉呢。在罢工期间，邓培为了躲避特务的搜捕，常常一夜之间变换几个地方，有时甚至在街头的大席棚里过夜。

有一天，邓培正要去王麟书的家中，在路上发现后边有人跟踪他，就机智地拐进了王麟书家对门的一家扎纸铺里，进门后马上脱去外衣，蹲在墙角装成正在糊纸马的样子。一会儿，特务追进来就问："刚才进来的人哪儿去了？"邓培若无其事地回答说："从后门走了！快追还可以追上"。特务听后便去追，但当然是追不上的，便又回到扎纸铺里问邓培叫什么名字，邓培假说叫"孙信"。这时特务见邓培像个"老实人"，便想让他给送情报，监视对门王麟书家罢工头头们的活动。邓培灵机一动便问："我怎样去见你们？"特务随手从身上掏出一张名片，在背面写上"孙信有事，随便出入"8个字。邓培将计就计，收下了名片。以后在一次搜查工会时，邓培就利用这张名片转移出来。

邓培的机智勇敢和领导才能，使厂方统治者不得不佩服。罢工坚持到第八天，天津路局在经济上已遭到了不少的损失，他们害怕罢工延长下去经济损失会更大，同时又担心罢工斗争会扩大到全路，所以只好让步，被迫答应了工人提出的大部分条件。

10月20日，罢工委员会代表和厂方代表签订了协议，21日正式复工，为时8天的大罢工胜利结束了。这次南厂罢工的胜利，不仅对唐山工人运动的兴起起了推动作用，而且对天津、丰台、沟帮子、山海关等京奉铁路沿线的工人也是一个很大的鼓舞。各地派代表来南厂学习组织工会和开展斗争的经验，邓培热情地接待了他们。随后，京奉路沿线工会组织便相继建立起来，在1923年1月，邓培召集京奉路各地工会代表到唐山开会，秘密成立了京奉路总工会，邓培被选为委员长。

南厂罢工结束后，邓培的胸怀更广阔了，他没有满足于本厂工人的胜利，而是想到了全市、全路、全国被压迫人民的利益。他不仅要组织南厂工人进行斗争，还要领导全唐山市、全国铁路工人进行斗争。1922年10月下旬，邓培以劳动组合书记部派驻唐山地区指导员和中共唐山地委书记的身份，参与领导了开滦五矿工人同盟大罢工和启新洋灰公司工人的罢工，进一步掀起了唐山工人运动的高潮。1923 年京汉路"二七"惨案发生后，邓培曾组织南厂工人声援京汉路工人的斗争，并发动唐山工人为被难工友捐助恤金 200 元。在革命处于低潮时期，在邓培领导下的南厂工会仍然秘密存在，并借工厂往关外各站调人之机，邓培派出党员和工会骨干刘玉堂、王麟书、欧阳强、邓福林、罗占先等人，到山海关、沟帮子、营口、沈阳、锦州、哈尔滨等铁路站、厂发展组织，开展斗争。这批由邓培亲自培养起来的骨干，后来在东北各地都担任了领导职务，而且做出了很大贡献。1924 年南厂统治者借口材料缺乏大批裁减工人，邓培又领导被裁工人开展了反裁员斗争，结果使被裁的 2000 多名工人全部复了工。所有这一切，都深深地印在南厂老工人们的心里。

1924 年 2 月 7 日，全国铁路总工会在北京秘密成立了，邓培被选为全国铁路总工会委员长。到 1925 年秋天，因革命的需要，上级调邓培同志到北京专做全国铁路总工会的领导工作，从此，邓培便离开了唐山。他在南厂工作了 20 多年，和工友们结下了深厚的阶级情谊，大家都依恋难舍。邓培同志一心为革命，一心为工友办事的崇高精神，是永远值得我们学习的。

邓培同志，我们永远怀念你！

1983 年 12 月 8 日

（来源：1984 年 6 月《唐山党史资料通讯》第 5 期）

回忆父亲邓培和我们在唐山的情况

邓国英　张炳驹

　　父亲邓培的一生，是革命的一生。他从 14 岁起就当了童工，在天津德泰机器厂当学徒，18 岁考入京奉铁路唐山制造厂（俗称南厂）当了技术工匠；后来在辛亥革命、五四运动的影响下逐步走上了革命的道路，成为唐山的第一名共产党员和工人运动领袖。去年（1983 年——编者注）是我父亲诞辰 100 周年，回顾过去，我们无限怀念养育我们姐妹兄弟长大成人的革命父亲。

　　我们的老家是广东省三水县望东乡石湖洲邓关村，父亲邓培在 1908 年把我母亲从南方接到了北方，在唐山安了新家。我家搬来唐山后，就一直住在离南厂东面不远的印度房西头条胡同一号，这处房子是我父亲从一位上海籍的妇女那里租来的（每月租金 2 元），上房有东西屋两间，中间一间是过道房，大门两边各有一间小厢房，院内还有两棵槐树，是一个独门独院。我们这个家，后来就成了父亲从事秘密革命活动的场所。那时父亲与同志们时常在家里开会，大都是在工厂下班吃晚饭前后的时间里来人商量事情。现在我记得很清楚，那时曾来过我们家的人，除有南厂、开滦工人外，还有交通大学的学生邹文速（即邹元昌）、田村亭（即田玉珍）、熊式平、冯亮功等人，还有上面来的地下工作人员刘清扬（一位放足的中年妇女）、彭振纲、何孟雄、黄钟瑞等人，这些人都在我们家里同父亲一起开过会。有时父亲在家里开会，为了安全还让我弟弟国强守在门口，或爬到院内槐树上观察外面的动静，为他们瞭望放哨。

　　父亲邓培是一个性情爽快而又乐观的人，他为人正直，见义勇为。他幼年因家里穷没能读几年书，进工厂后深感没文化之苦，所以坚持自修，最爱好看书学习。早年他还利用业余时间在附近的一个英文补习班里学英文，这个英文补习班的地址是在我们住的印度房子东北边一处用石头垒起来的房子里，当时人们都管它叫"石头房"。父亲很聪明，学的英文既能说又能写。我记得有一位和我们同住在一条胡同的工人死了，父亲曾在一天的深夜里，用英文代他的家属写了一份申请书，向资方要求发给抚恤费，因为那时南厂、开滦都由洋人管，办事都得用英文。我父亲还时常唱英文歌，显得很活跃。由于他勤奋好学，很快在厂内成为一名技术高超的工人，因而他在厂子里的威信也就越来越高了。

父亲邓培是一个一心为革命、无私又无畏的人。自他从事革命活动后，白天上班做工，下班后就忙于工会和党的工作，很少有时间顾家务事。我们兄弟姐妹共7个人，我是行二，于1910年生，最小的七妹国华于1921年冬生（过去我说是1920年冬，是算错了），当时7个孩子主要是靠母亲来抚养。就在我七妹刚刚出生，母亲还在有病的时候，父亲接受了党的派遣去莫斯科参加东方民族大会，便毅然离开家庭远涉出国。过几个月父亲回来后为了照顾病重的母亲和婴儿七妹，只好请邻居的大妈带着她自己的孩子到我们家里住，帮助我们料理家务。这时，我父亲又投入了更加繁忙的革命工作。他在从苏联秘密回国的途中，沿途丢掉了一些苏联朋友送给的纪念品，机警地躲避了车上军警的搜查，待他回到唐山家里时，只剩下一个柳条包，里边装着吃的、用的和旧衣服，还有苏联同志送给的一个望远镜，这就是唯一的一件纪念品。这个望远镜后来保存在我弟弟国强那里，可惜在抗战时他把东西转移到农村老家后，遭到一场火灾被烧毁了。

父亲那时在外边进行的革命活动，对我们孩子们是保密的。例如，他从来就未对我讲过他入党的事。过去我从一些回忆材料中，得知父亲是在莫斯科参加东方民族大会时在那里被吸收为第三国际东方局中国支部的党员，可是，又有材料说父亲是第一次党代表大会五十多位党员之一。那时，父亲还特别注意对子女的教育和督促学习，家庭生活虽然很苦，但他省吃俭用，攒钱供我们姐弟上学。我和我大姐邓国珍是在1924年前后考入天津直隶省立第一女子师范学校的。在天津读书期间，我参加了团组织，经常在学校的更衣室内开团会，研究工作，开展活动。但后来被人发现向学校告密了，到1926年的冬季，我和三个团员同学一起被教务主任送回了唐山，实际上是被校方开除了，当时离毕业还有两年（五年制）。

我父亲邓培为了革命从不计较个人的得失。他在 1925 年秋被调到北京专任全国铁路总工会委员长的秘密工作时，便欣然放弃了他在南厂每月可拿五六十元工资的职业，离开了唐山，去北京后又去广州从事地下的革命工作。父亲离开唐山后，母亲正患膝盖骨关节炎，领着我弟妹四人在家里。那时，党组织每月给些生活费，后来组织上经费也困难，有时每月只能给 5 元钱，所以家里的生活也就越来越艰苦了。1926 年冬季我在天津被校方开除回家后，我便给在广州的父亲去了一封信，说我要去广州找工作，但没有把被校方开除的事情告诉他。他在给我的回信中表示不同意我去广州，而要我在天津继续上学，并说："你不要来广州，我工作很忙，你若来广州时，我也可能不在这。"当时，我没有听父亲的话，接信后便自己拿定主意，于 1927 年 3 月间去了广州。结果到广州后，我没有找到父亲，听人说他到郑州开会去了。我只好暂时住在离唐时一位同乡介绍的他姑妈的家里。后来托人介绍我到广州市第四十九小学教书，上班不久，就听同乡们传来了父亲在 4 月 15 日被捕的消息。当时我立即去公安局查询，没有查到下落。接着我又到离广州很远的一个关押犯人的地方去找，但查遍了犯人名册也没找到我父亲的名字。后来，在我心急火燎、日夜担心的日子里，又听说父亲已被反动派秘密杀害，他在敌人的屠刀面前，横眉冷对，宁死不屈，为革命献出了自己的生命。

父亲邓培壮烈牺牲后，我们一家人悲痛万分。从此，家庭生活的担子就由我担当了起来，每月把二三十元的工资寄给家里。后来，我同张炳驹结了婚，他是广东的同乡，我与他的妹妹张艳兰（现名张启凡）是同学。1925 年唐山人民抗议"五卅"惨案举行游行示威活动时，我们几个在天津上学的女学生，在父亲邓培和唐山团地委书记彭振纲的领导下，组织妇女协会，在唐山交大礼堂里以妇女协会的名义开了个游艺会，演出了《终身大事》等几幕话剧，主要是宣传妇女求解放的思想。这个剧就是由张炳驹做导演，由张艳兰当主角的，受到了群众的好评。这次在交大演出，收获很大，为支援上海的失业工人募捐几百元。张炳驹当时在天津直隶高等工业学校上学，是 1925 年由彭振纲介绍在唐山入党的，毕业后被分配到广东石井兵工厂工作。我们在 1928 年把家从唐山迁到广州，就在这一年中，我母亲因病在广州逝世了。我们离开唐山后，有一位同我们住在一条胡同的王老太太搬进了我们原来的房子。王老太太有几个儿子，有一个名叫王玉路，过去他穿着青蓝布的大褂子，常到我家来，也是搞党的地下工作的。1950年我见过他，他那时在沈阳工作。王老太太对革命很有贡献，曾多次掩护与接待过上边派来的地下工作人员。

我父亲邓培在唐山的故居，新中国成立后在1951年由唐山市总工会的负责人刘立国同志主持进行了重建，我们曾先后两次回唐山看望过父亲的故居。头一次是在1950年因炳驹被调往抚顺工作路过唐山时，我们下车到老家看了看。第二次是在1956年，趁我弟弟邓国兴从兰州出差到北京的机会，我和妹妹邓国芬同弟弟一块到唐山老家又看了看，我们三人还在经过修建的父亲故居大门口照了张相片。

注：邓国英是邓培烈士的二女儿，时年74岁。

张炳驹是邓培烈士的二女婿，时年80岁。

（来源：1984年6月《唐山党史资料通讯》第5期，邓国英、张炳驹回忆，常华军访问整理）

邓培同志在唐山南厂的二三事

河北省总工会

有事找邓培商量

1901 年，邓培同志来到唐山南厂。他整天省吃俭用，从不浪费，省下一点钱就买书。劳动一天的邓培，晚上回家后就在小油灯下看书。时间不长，厂里工人都知道他是一个有技术、有见识、头脑清楚的青年。工人们尊敬地称他老邓。谁家里有了事，总愿意去找他，请他出主意想办法。

那时候，工人们的生活真比黄连还要苦。大包活工头骑在工人头上，一手遮天，看谁不随心就把谁赶出厂。工人们都提心吊胆，担心自己的命运。邓培时常对大家说："大头子们天生就该骑在咱们脖子上拉屎吗？咱们做工的天生就该受苦吗？"

俄国十月革命的炮声，给中国带来了马列主义。邓培的心亮了。他把自己所知道的全告诉给穷哥们。邓培常说："要和俄国工人一样，咱们大伙拧成一股劲跟他们干。"从这以后，邓培便成了大伙的知心朋友。

1919 年，北京爆发了五四运动。南厂工人听说帝国主义强盗们要瓜分中国，气愤极了。6 月 12 日，唐山市各界人民在车站广场举行群众大会，南厂厂长孙洪哲不让工人参加。下午一开工，工人们再也忍不住心头的怒火，把工具扔下不干了。这时，南半厂由刘美智带领要冲出厂去，当走到厂门口查工处时，北半厂的工人也来了。邓培代表工人和厂长交涉。孙洪哲说："这乃国家大事，与你们做工的有啥关系？"邓培理直气壮地回答说："国家兴亡，人人有责。"孙洪哲气愤地说:"你们去吧,今天不给你们工资!"邓培没等他说完,就挺起胸脯大声地说:"我们要的是国家,不是为了钱!"说完,就带领大家冲出厂门,奔去参加大会。

大会之后,邓培领导南厂工人游行示威。虽然这是工人们第一次走上大街,但队伍非常整齐。一路上红旗招展,口号震天。当队伍走到日本洋行门口时,工人劲头更大,吓得日本人紧闭大门,不敢露面。

跟着邓培走

五四运动以后,每天早晨开工前,在邓培的机床周围总是围满了人,听邓培讲革命道理。这天,当邓培说道:"帝国主义从咱中国抢去原料,做成东西,回来再大价卖给咱们,咱们能买他们的东西吗?"大家齐声说:"不买!"邓培笑着说:"光咱们几个人不买还不行,咱们要让大伙都不买。"几个工友疑惑地说:"咱们使啥法子让大伙都不买呢?"邓培说:"这不难,我们分十个人一队,给大家去宣传,另外还有交通大学的学生和我们一块去。我们这个队的名称就叫'爱国十人团'。弟兄们,你们看这样干行吗?"邓培刚说完,工友们异口同声地说:"老邓,只要你在前头领,我们大伙一定跟你走!"

邓培通过"同人联合会",在全厂组织起20多个"爱国十人团"。从这以后,大街小巷和附近的村庄,到处都有"爱国十人团"和交大学生们讲演、散发传单。日本商店门口贴满了红红绿绿的传单,日本洋货再也不吃香了。

出了一口气

回到了星期天,大街车水马龙,人流不息,都向火车站广场流去。"爱国十人团"和交大学生,一共组织了十几个检查组,把日本商店里的日本货都搜出来了。一车一车的鸦片烟、香烟、毛巾、布匹、绸缎等,都运到了车站广场上,堆得如同小山一样。邓培登上高台,向着广大群众大声喊道:"日本人不但占领了咱们的国土山东,而且又运来这么多的东洋货剥削咱们,想挤垮咱们中国货。乡亲们,我们买不买日本货?"群众异口同声地回答:"不买!""这一堆日本货是我们今天检查出来的，大家说该怎么办？"群众愤恨地吼道："全都烧了"！

熊熊的烈火，燃烧在车站广场。鼓掌声、欢呼声响彻云霄。大家高兴地说："可出了一口气！"

紧接着，各界联合集股在粮食大街成立了"国货公司"。南厂工人在邓培率领下，纷纷入股。有的工人生活很困难，几个人凑一股，也要为提倡国货出份力量。

星期一早晨，工人和往常一样按时进厂上班。可是谁也没干活，大家都知道监工和把头们这时都还睡懒觉。邓培的车床前早已围满了人。他小声地跟大家说："别看咱们都是穷人，除了两手啥也没有，可咱们工人的两只手能造机器、能挖煤、能开火车，整个世界都是劳动人民创造的。然而我们整天拼命干活，却得不到温饱，我们创造的财富都叫帝国主义、资本家、把头们剥夺了。现在俄国革命成功了，工人、农民成了国家的主人，工厂归工人管理。俄国革命为咱们指出道来了。"从此，每天早晨，邓培都跟工友们讲一阵，每逢星期一讲得更多。慢慢地大家就知道了，老邓总是星期日去北京，从北京带回革命的书报来，带回大家喜欢听的新闻来。

拨开乌云见曙光

1920 年冬天，工人们长时间没看见邓培，心里真是闷得慌。大家天天盼着邓培回来。

冬天过去了，邓培回来了。当他刚到厂房，工人立刻把他围起来，问寒问暖，问这问那。接着，邓培跟大家讲了许多新鲜事，有俄国工人斗争的，有俄国工人生活的，大家听得入了迷。最后，邓培对大家说："将来我们也能和俄国工人一样，自由自在地干活，下了班舒舒坦坦地休息，再也没人打骂我们。不过，这不是一件容易的事，我们要向俄国工人学习，团结起来进行斗争。"

晚上，邓培家里的小油灯显得格外亮。邓培在向几个贴心的工友介绍这次出门的情形："我从这里坐火车到东北，没有火车就步行，出了国境就是苏联了，就是我们平时说的俄国，一直到莫斯科。在那里开了大会，见到了伟大的革命导师列宁，学到了很多东西。要想争人权、争自由，必须所有的工人都团结起来斗争……"邓培还讲了苏联共产党如何领导苏联人民推翻沙皇，列宁如何关心中国和国革建共产党等等。小油灯整整亮了一夜，但人们谁也没感到困倦。因为在他们心里，烈火在燃烧，眼前漆黑的长夜快要过去，东方已经出现曙光。

注：根据张国焘《我的回忆》和缪楚黄《远东各国共产党及民族革命团体第一次代表大会》所述，该大会是 1922 年 1 月召开，邓培出发时间似应是 1921 年冬天——编者。

唐山工人阶级的光荣

——记京奉路唐山制造厂工人邓培、梁鹏万参加远东民族大会

王树信

　　苏俄召开的远东民族大会，即远东各国共产党及民族革命团体第一次代表大会。这是远东各国民族解放运动史上的一次重要的会议，也是中国共产党正式成立后国共两党和各人民团体首次参加的大型国际会议。参加这次会议的有中国、朝鲜、日本、蒙古等远东各国的代表共约 150 名，美、印、匈等国共产党代表也应邀参加会议。[①] 其中，中国代表有表决权的为 39 人。在中国的 39 名代表中，有知识分子 20 人、工人 9 人、农民 9 人，其他 1 人。[②] 在以李大钊为首的北京党组织的安排下，京奉铁路唐山制造厂工人邓培和梁鹏万，分别以北方产业工人代表和唐山社会主义青年团代表的身份参加了中国代表团，在 9 名工人代表中占去了两名，这确是唐山工人阶级的光荣。

　　邓培和梁鹏万秘密接受了参加远东民族大会的任务后，于 1921 年 10 月下旬，以回广东探亲为名，向厂方请准三个月的假，去北京由罗章龙介绍见到李大钊，由李大钊发给旅费并指示出国日期。[③] 随同张国焘、高尚德等北方的代表一起，从北京坐火车，由满洲里越过边界，于 11 月初到达共产国际远东书记处所在地伊尔库茨克。

　　原定在华盛顿会议召开的同一天，即 1921 年 11 月 12 日在伊尔库茨克召

---

① [苏] C. A. 达林：《中国回忆录》。

② 马贵凡：《关于远东各国共产党及民族革命团体第一次代表大会的几个问题》，载中共中央党史研究室《党史通讯》1985 年第 3 期。

③ 袁兰祥 1960 年 12 月 14 日致广州烈士编写组的信；北京铁路局公安处（特工）档案梁鹏万自述。

开的这次代表大会，由于多数代表未能按期赶到而决定延期举行。到 12 月底，当大部分代表陆续抵达伊尔库茨克后，考虑到便于列宁和共产国际就近指导等原因，大会又改在莫斯科举行。因此，中国代表团在伊尔库茨克停留了将近两个月。在此等待开会期间，邓培和梁鹏万同中国代表团的其他成员一起，应邀列席了当地召开的苏维埃大会，参加了"共产主义义务星物六"的劳动，亲眼看到了世界上第一个社会主义国家所发生的巨大变化。

12 月 10 日，中国代表团负责人张国焘和张太雷，组织中国代表团中的共产主义者，讨论《中国共产党宣言》。这个文件是由英文译成中文的，张太雷在译者说明中说："这个宣言是中国共产党在去年 11 月间决定的。这个宣言的内容不过是关于共产主义原则的一部分，因此没有对外发表，不过以此为收纳党员之标准。""我很希望诸位同志把这个宣言仔细研究一番，因为每一个共产主义者都得更注意这种重要的文件——共产党宣言。"① 作为社会主义青年团团员的邓培和梁鹏万，当时被吸收在"共产主义者组"参加了讨论。

这个文件的内容包括三个部分。第一部分是讲"共产主义理想"，主要讲了三个方面：一是"对于经济方面的见解"。指出："共产主义者主张将生产工具——机器工厂、原料、土地、交通机关等——收归社会共有。"二是"对于政治方面的见解"。指出："共产主义者主张废除政权，如同现在所有的国家机关和政府，是当然不能存在的。"三是"对于社会方面的见解"。指出："共产主义者要使社会上只有一个阶级（就是没有阶级）——就是劳动群众的阶级。"这三个方面，概括起来就是说要建立一个没有经济剥削、没有政治压迫、消灭私有制、消灭阶级的共产主义社会，这就是共产主义者的理想。

第二部分是讲"共产主义者的目的"。指出："共产主义者的目的是要按照共产主义者的理想创造一个新的社会。""要使我们的理想社会有实现之可能，第一步就得铲除现在的资本制度。要铲除资本制度，只有用强力打倒资本家的国家。"

第三部分是讲"阶级斗争的最近状况"，着重讲了三个问题："第一，阶级斗争必然要导致无产阶级专改。第二，只有实行无产阶级专政，才能巩固无产

---

①《中国共产党第一次全国代表大会前后资料选编（一）》，第 1 页。

阶级的胜利，实现共产主义。第三，无产阶级专政的历史任务是一面继续用强力与资本主义的剩余势力作战，一面要用革命的办法选出许多共产主义的建设法，这种建设法是由无产阶级选出来的代表——最有阶级觉悟和革命精神的无产阶级中之一部分——所制定的"。[①]

毫无疑问，通过《中国共产党宣言》这个文件的学习和讨论，邓培和梁鹏万同其他党团员一样，受到了一次极为系统而又深刻的共产主义思想教育，在阶级觉悟上有了迅速地提高。

1922 年初，中国、朝鲜、蒙古和日本等国的代表乘坐一辆专车，大约走了 9 天的时间，从伊尔库茨克到达世界革命的大本营莫斯科。在巍峨雄伟的莫斯科车站上，远道而来的代表们受到了当地革命人民隆重而热烈的欢迎。邓培和梁鹏万同各国代表一起，在莫斯科的招待所下榻后，便由招待员带领到各处去参观。他们先后参观了克里姆林宫的历代帝王的陈迹，参观了革命的及其他的各种博物馆，参观了革命时代的地下工作纪念处所。他们还应邀在莫斯科大剧院观看了大场面的歌剧和出席了各种欢迎会。所到之处，无不受到当地群众的热烈欢迎。

1922 年 1 月 21 日，远东各国共产党和民族革命团体第一次代表大会在莫斯科克里姆林宫斯维尔德洛夫大厅隆重开幕。共产国际执委会主席季诺维也夫宣布开会，推举列宁、托洛茨基、片山潜、季诺维也夫及斯大林五人为名誉主席。共产国际东方部部长萨伐洛夫，美、印、匈等国的共产党代表和远东各国的主要代表共 16 人被推为大会主席。

大会首先由季诺维也夫作了《关于国际形势和华盛顿会议结果》的报告，随后据此通过了《华盛顿会议的结果及远东形势》的决议。

大会的第二项议程是听取远东各国代表团关于本国形势的报告。这些报告介绍了远东各国的阶级关系、工运、农运、学运以及妇女状况等，内容丰富生动，引起了与会者的极大兴趣。

中国代表团被安排在大会上发言的有三个人。一是张国焘，他作了关于中国形势的报告，讲了中国的无产阶级、土地关系、农民状况以及学生运动和

[①]《中国共产党第一次全国代表大会前后资料选编（一）》，第1页。

罢工运动等情况。二是邓培，他报告了中国的工会、铁路和冶金工人罢工的情况。三是于树德，他在大会上作了中国经济问题的报告，介绍了外国资本把持中国工业的情况。后来根据大会的决定，中国代表又获得再作两个报告的机会，于是，由国民党代表张秋白介绍了本党和孙中山南方政府的情况，由女代表黄碧魂讲了中国妇女的状况。①

大会的第三项议程是，由共产国际东方部部长萨伐洛夫作了题为《共产党人在民族殖民地问题上的立场及其与民族革命政党的合作》的报告。

大会最后的一项议程是通过《远东各国共产党及民族革命团体第一次大会宣言》。大会宣言中提出："日美英法的强盗们正抢夺着四百兆人民的中国，以中国人民的血和泪来造成他们生活的甜适。""我们要自己做我们自己命运的主人了，我们再不是别人嘴上的肉，不再供帝国主义者们任意宰割了。""我们要的是平等、自由和独立。""我们要对英美日法和其他的世界强盗们宣布一个'死生以之'的战争，我们要对剥削中国的中国军阀宣战。"宣言中强调："我们定要得着解放。我们要战胜压迫我们的人们，来建设一个公平劳动的制度；我们要将土地从不劳而食的人们手中收归，将权力握在我们——工人和农人，自己手里。"宣言再次提出了"全世界的无产阶级和被压迫的人们联合起来呵"的号召。②

列宁因病未能出席大会，却始终关心着大会的进行。在会议期间，列宁专门接见了中国共产党代表张国焘、中国国民党代表张秋白和中国产业工人代表邓培。这是一次伟大的接见，这是邓培这位唐山工人的代表同世界无产阶级革命领袖列宁的亲切会面，这是他终生难忘的光荣而又欢乐的时刻。

对于列宁的这次接见，邓培回国后曾向罗章龙作了详述，并在唐山工人中秘密地作过传达。邓培的徒弟袁兰祥在 1960 年 12 月 14 日致《广州烈士传》编写组的信中回忆说："据邓烈士对我谈，这次会议，虽不是列宁的主持，但由于列宁对中国革命的重视，特别接见了中国代表。在会见时，经介绍邓是直接参加生产的铁路工人时，曾特别热烈地作较长时间的握手，并问了他一些有

① [苏]C. A. 达林：《中国回忆录》。
②《共产国际与中国革命资料选辑（1919—1924）》，第 140 页。

关他生活的话。"

远东民族大会的闭幕式是在列宁格勒举行的。邓培和梁鹏万跟随中国代表团从莫斯科坐着用木材作燃料的专车，花了一天一夜的时间于 2 月 2 日到达列宁格勒，下车后，即赴大剧院参加了闭幕式。随后，他们在列宁格勒这座英雄的城市里，进行了参观访问活动。他们亲身进入了富有历史意义的俄国沙皇的冬宫和十月革命纪念地——斯摩罗大厦，当年十月革命武装起义时，俄共指挥暴动的总部就设在这里。

唐山工人阶级的代表、社会主义青年团团员邓培和梁鹏万，在赴俄参加大会期间，学习了《中国共产党宣言》，听取了许许多多革命形势的报告，目睹了十月革命后苏维埃社会主义联盟共和国所发生的翻天覆地的变化。尤其邓培亲自受到世界无产阶级革命领袖列宁的接见，他们二人都得到极大的启示和鼓舞，大大提高了自己的政治觉悟。

1922 年 2 月中旬，中国代表团开始分批起程回国。邓培和梁鹏万同伙伴们一起，告别了莫斯科，乘车去满洲里。他们在火车上化装成商人模样，躲过了军警的检查。于 3 月初秘密回到唐山。邓培回来后，首先在唐山社会主义青年团的例会上传达了远东民族大会的精神；然后去北京向罗章龙和北京党组织汇报了赴俄开会的详细情况。北京党组织对他的汇报很满意，随即指示他在唐山开展建立党组织的工作。梁鹏万回唐山后，由于超假过多被厂方解雇，经北京党组织介绍于 4 月 7 日离开唐山去上海劳动组合书记部工作。

（唐山市总工会工运史志研究室编，1991 年 6 月印刷，市文准字第 31 号）

工人运动先驱　共产党人楷模

——纪念邓培烈士诞辰 130 周年

中共唐山市委党史研究室

　　邓培是中国共产党创建时期的党员、今河北省内第一名工人共产党员，中共唐山地方组织的创始人，中国工人运动的先驱。邓培，字少山，1883 年 4 月 8 日生，广东省三水县（今佛山市三水县）人。历任中共唐山地方委员会书记，中共唐山地方执行委员会委员长，中共北方区委委员，中共第三、第四届中央执行委员会候补委员，全国铁路总工会委员长，中华全国总工会副委员长等职。1927 年 4 月 22 日在广州牺牲。邓培同志为中国人民的解放事业英勇奋斗了一生。他耿耿忠心，耀如赤日；铮铮铁骨，强似苍松。他的英名存幽燕、浩气贯南粤。他为中国的革命事业，特别是早期铁路工人运动做出了杰出贡献。

一、忠心报国为民，以天下为己任，投身五四爱国运动

　　邓培所处的时代，是半封建半殖民地的旧中国，山河破碎，国困民贫，灾难深重。"空山已无歌哭之地，天涯不容漂泊之人"（李大钊语）。因此挽国家于将倾，救万民于水火，成为革命志士仁人关心的主题。邓培出身于贫苦农民家庭，2 岁丧父，14 岁时沦落天津当徒工，17 岁到唐山铁路工厂（1907 年后改名为京奉铁路唐山制造厂，今唐山轨道客车有限公司）做工。在富权阶级的残酷剥削和压迫下，他在苦难中抗争，在求索中奋进。他关心国家民族的命运，以报国为民为己任，立志要变革旧社会，谋求国家的独立和富强。清朝末

年，他参加了孙中山领导的同盟会，为同盟会募集革命经费。辛亥革命后，他为两个儿子分别起名"国强"和"国兴"，表达了他对国家强盛和民族振兴的殷切期望之情。

1919 年五四爱国运动的爆发，使沉闷的唐山立刻沸腾起来，也牵动了祖国赤子邓培的心。邓培带领京奉铁路唐山制造厂工人，并联合开滦煤矿工人，冲破中外企业主和唐山资产阶级代表人物的阻挠，以独立的姿态，与上海、长辛店工人一道，举行了中国历史上的第一次政治罢工，参加了全国人民反帝国主义斗争，表现了中国工人阶级新的觉醒。在工人大会上，他明确提出："国家兴亡，匹夫有责。"他满腔热情地率领工人参加反帝集会和游行示威，发表讲演，声讨帝国主义的侵略罪行。他在唐山工人中建立了爱国组织——"同人联合会"和"救国十人团"，并被唐山各界联合会推为代表赴京参加直隶省请愿团，向北京政府请愿，声讨山东军阀马良镇压爱国群众的暴行。他奔走呼号，抵制日货，很快在唐山工人中成为很有影响的领袖人物。

二、勇于担当使命，创建中共唐山地方组织，是革命的先锋

五四运动以后，邓培于 1920 年 4 月与李大钊领导的北京大学马克思学说研究会建立联系，后在北京共产党小组和李大钊、罗章龙、邓中夏等早期共产主义者的帮助下，逐步接受马克思主义，确立了对共产主义的信仰。1921 年 7 月，邓培在唐山与北京社会主义青年团员李树彝共同发起建立了唐山社会主义青年团。同年秋，经中共北京区委批准，邓培由社会主义青年团员转为中国共产党党员。

1922 年 1 月，共产国际在苏俄莫斯科召开远东各国共产党及民族革命团体第一次代表大会（又称远东民族代表大会），中共北京区委和李大钊派邓培作为中国产业工人的代表参加中国代表团赴苏开会。在远东民族代表大会上，邓培代表中国产业工人报告了中国的工会、铁路和冶金工人罢工情况。会议期间，邓培和中国代表团的另外两位代表受到革命导师列宁的接见，亲耳聆听列宁的革命教诲。这是邓培一生中最重要的经历。苏俄之行，使他对共产主义的认识有了新的升华，进一步坚定了共产主义信仰，更加积极地投入变革旧社会

和实现共产主义理想的伟大斗争中。

归国后，根据中共北京区委的指示，邓培在唐山工人和交通大学学生中发展了几名先进分子为中共党员。1922年春，邓培领导创建了中共唐山地方委员会，这是今河北省内最早的党组织。邓培还先后领导建立了唐山工人图书馆、铁路工人补习夜校、林西矿工余补习社和唐山矿大同社，传播马克思主义，使马克思主义与工人运动相结合，收到了很好的效果。不久邓培又发展了一批党员，同年秋领导建立了中共唐山地方执行委员会，并担任委员长。中共唐山地方组织的建立，是唐山近代革命历史上的重要里程碑。从此，唐山人民的革命事业有了坚强的领导核心，有了正确的前进方向。在党的领导下，唐山的革命运动掀开了新的篇章。

三、一心谋求解放，领导罢工斗争，是唐山工人运动的杰出领导人

唐山是中国近代工业的摇篮，产业工人集中，富有斗争传统。在中国第一次工人运动高潮中，在中共北京区委的领导下，以邓培为主要领导的唐山地方党组织，卓有成效地领导了唐山的工人运动，使唐山成为中国北方近代工人运动的发源地之一。1922年8月，唐山工人在全国最先投入劳动立法运动，京奉铁路唐山制造厂、开滦煤矿、启新洋灰公司和华新纺织厂的工人组织了唐山劳动立法大同盟，发表宣言，并举行游行示威，矛头直指北京军阀政府。从10月中旬至11月中旬，唐山铁路、煤矿、水泥、纺织等行业近5万名产业工人，为了争取经济和政治权利，实现跨产业联合罢工。10月13日，京奉铁路唐山制造厂3000名工人举行了8天的大罢工。10月23日，开滦五矿3.7万名工人同盟罢工，坚持奋战25天之久。10月28日，启新洋灰公司8000名工人举行了20天的罢工。同时，华新纺织厂工人也举行罢工，与开滦矿工并肩战斗。罢工工人喊出了"过去是牛马，现在要做人"的悲壮口号。面对反动军警的残暴镇压和破坏瓦解，邓培领导各厂矿工人英勇抗争，出现了气壮山河的斗争场面，挫败了英国资本家的阴谋。罢工时间之长，参加人数之多，在中国工运史上是不多见的。在全国第一次工运高潮中，罢工人数逾30万，而唐山的罢工人数占全国罢工人数的1/7以上。唐山的产业工人联合罢工，沉重地打击

了帝国主义和封建军阀势力，推动全国工运高潮"达到最高峰"（邓中夏语），并受到共产国际和赤色职工国际的赞扬。这是邓培对中国革命事业的卓越贡献。毛泽东同志在《中国社会各阶级的分析》一文中，曾经热情地赞扬过工人阶级"特别能战斗"的精神，在邓培的身上集中体现了这种"特别能战斗"的精神。这种精神已经成为中国工人阶级世代相传的精神财富。

在以后的年月，邓培又在唐山、广州等地领导过多次工人运动，打击了反动统治，为革命事业作出贡献。

四、努力团结奋斗，担任工会组织领导人，是中国工会运动的优秀组织家

为了完成工人阶级的历史使命，邓培站在中国工会运动的前列，团结和组织广大工人群众参加革命斗争。他从团结和组织京奉铁路唐山制造厂的工人起，到团结和组织唐山各产业的工人、全国铁路工人，直至担任中华全国总工会领导人。他是中国工会运动的先驱和优秀组织家。

1920年，北京共产党小组和天津社会主义青年团建立以后，曾先后派人到唐山与邓培讨论组织唐山产业工人的问题。在北京共产主义小组的直接指导下，邓培于1920年底，将他在五四运动中领导建立的爱国组织——京奉铁路唐山制造厂同人联合会，改组为由产业工人组成，谋求工人利益，体现工人阶级自觉的近代产业工会组织，邓培担任工会委员长。这是唐山地区建立的第一个产业工会，也是中国北方最早建立的近代产业工会之一。京奉铁路唐山制造厂同人联合会与长辛店工人俱乐部都是在中国北方很有影响的工会组织。

京奉铁路唐山制造厂工会成立以后，很快与开滦煤矿和启新洋灰公司工人建立了密切联系。1922年10月间，开滦煤矿和启新洋灰公司工人在邓培的领导下，陆续建立了工会组织，从而使唐山近5万产业工人实现了阶级的联合，这是中国工会运动史上辉煌的篇章。

1922年11月，全国劳动组合书记部召集全国各铁路代表会议，决定于最短期间成立各路总工会，然后成立全国铁路总工会。会后，邓培派人深入京奉铁路沿线各站组织工人，各站很快都建立了基层工会。1922年12月，邓培召

集各站工会代表到唐山开会，秘密成立了京奉铁路职工总会，邓培被选为委员长。

1924 年 2 月 7 日，全国铁路工人第一次代表大会在北京秘密召开。邓培出席了这次大会，并在会上报告了北方铁路工人运动的状况，总结了经验教训。大会选举邓培为全国铁路总工会委员长。以后，邓培于 1925—1927 年先后参加了全国铁路工人第二次、第三次、第四次代表大会，并一直担任全国铁路总工会的领导工作。他在全国铁路工人中享有崇高的威望。

1925 年 5 月，第二次全国劳动大会在广州召开，邓培代表全国铁路总工会出席了大会，并被推为大会主席团成员。大会决定建立全国统一的工会领导机关——中华全国总工会，邓培当选为执行委员会副执行委员长。会后，邓培在中华全国总工会的旗帜下，团结全国工人，共同奋斗，作出了新的贡献。

1925 年 10 月，中共北京组织决定让邓培脱离生产，离开唐山，到北京专任全国铁路总工会的领导工作。1926 年 3 月，为了加强对广东铁路工人运动的领导，又派他前往广州，建立全国铁总广东办事处，邓培担任主任。在邓培组织下，粤汉、广九和广三三条铁路的工人很快团结起来，建立了总工会，此后广东省的铁路工人运动取得了许多新的成就。

1926 年 5 月，邓培又率领全国铁路总工会代表团出席第三次全国劳动大会，再次当选为中华全国总工会委员会执行委员。

在多年的革命斗争中，邓培从一个普通工人成长为中华全国总工会的领导人，走过了一条不平凡的奋进之路，在中国产业工人队伍中树起了一面红旗。邓培是中国工人阶级的优秀代表，共产党人的楷模。

1927 年 4 月，蒋介石在上海发动了"四·一二"反革命政变。4 月 15 日，广东新军阀公开叛变，疯狂搜捕共产党员和工会领导人。邓培在全国铁总广东办事处不幸被捕入狱。面对金钱引诱和严刑拷打，邓培毫不畏惧，严守秘密，表现了中国共产党人宁死不屈的革命气节。4 月 22 日夜间，邓培被秘密杀害，时年 44 岁。邓培同志大义捐躯，千古流芳！

对邓培的牺牲，中国工人阶级表示了深切的悼念。1927 年 6 月 27 日，中共中央致第四次全国劳动大会信中写道："本党李大钊等同志们在北京之死难，汪寿华等同志们在上海之死难，邓培、李森、刘尔崧等同志们在广州之死难，杨昭植等同志们在湖南之死难，其惨烈当为中国工人阶级及本党永远不忘之事。"

值此邓培诞辰 130 周年之际，我们纪念邓培同志，就要回顾他开创传业的英雄事迹，学习他的革命精神和优秀品质。

我们要学习邓培同志报国为民的担当精神。邓培是中国工人阶级的先锋战士。面对苦难深重、危机四伏的旧中国，他表现出忧国忧民的赤子之心，苦苦寻求民族解放之路。他刚健自强，有变革中国社会的政治远见和实现共产主义的崇高理想。他关心国家民族的命运，以天下为己任，把救国救民作为自己履行国民职责的任务，作为自己终生奋斗的事业，不惜代价，善始善终。我们纪念邓培同志，就要学习他报国为民的担当精神，像他一样以报效祖国为神圣职责，把强烈的爱党爱国情怀和对事业的无比忠诚落实到行动中，在本职岗位上顾全大局、勇挑重担，在急难险重任务面前敢于决断、敢于担当，以满腔热血全身心地投入工作中，努力开创工作事业新局面。

我们要学习邓培同志敢为人先的开创精神。邓培同志是继李大钊之后，在唐山革命斗争中产生的又一位杰出的人物。他对唐山的民主革命事业和中国的工人运动作出了许多开创性的贡献。他先后领导创建了唐山社会主义青年团、唐山工人图书馆、唐山和河北省第一个党的地方基层组织——中共唐山地方委员会、京奉铁路职工总会、中华全国铁路总工会，他是唐山和河北省的第一名共产党员，是中国第一个作为产业工人代表参加远东民族代表大会并受到革命导师列宁的接见。面对当今改革发展中的新问题，我们要继承和发扬革命前辈的开创精神，要知难而进、迎难而上，只要有利于事业发展，只要符合群众意愿，就要大胆闯、大胆试，敢于冒险，敢于开创，才能实现在全省率先突破、率先发展，才能无愧于党和人民的重托，交出满意答卷。

我们要学习邓培同志"特别能战斗"的奋斗精神。邓培为了实现崇高理想，脚踏实地，披荆斩棘，为了中国人民的解放事业英勇奋斗了一生。他领导唐山工人掀起了波澜壮阔、震惊中外的工农革命运动，有力地打击了反动势力，被毛泽东称为"特别能战斗"。面对复杂多变的革命形势，他沉着勇敢、巧妙应对。面对反动当局的威胁，他据理言辩，临危不惧。面对艰难困苦的斗争环境，他知难而进、一往无前，生命不息、奋斗不止。他勇往直前、"特别能战斗"的奋斗精神，将永远激励唐山人民在革命和建设中前赴后继、浴血奋战。我们学习纪念邓培同志，就要像他那样，以壮士断腕的勇气、敢为人先的气魄，直面困难、应对挑战，在诱惑面前不变色，在威胁面前不退缩，始终保持"雨打风吹全无畏，霜凌雪压色愈浓"的奋斗精神，当好党和人民的忠诚卫士，谱写革命事业新篇章。

我们要学习邓培同志大公无私的奉献精神。为了中华民族的解放事业，邓培同志日夜操劳，呕心沥血。他清正廉洁，大公无私。他胸怀宽广，善纳群言。他坚持原则，严于律己。他生活俭朴，清正廉洁。在一切困难和危险的时刻，他敢于挺身，勇于牺牲。1927年，面对"四·一二"反革命政变的白色恐怖，邓培临危不惧，只身来到办公室清理、焚毁党的文件，不幸被捕。狱中的他严守党的秘密，宁死不屈，将闪光的青春和满腔热血献给了中国人民的解放事业，这就是一名共产党人所追求的人生价值。我们纪念邓培同志，就应该学习他这种大公无私的奉献精神，立党为公、执政为民，时刻为党为人民谋利益，自觉抵制各种腐朽思想的侵蚀，真正做到权为民所用、情为民所系、利为民所谋，永葆共产党人的先进性。

今天，我们虽然听不到连天炮火的轰鸣，感受不到敌人的酷刑和囚牢的阴霾，但革命先烈以鲜血和生命熔铸的报国为民、敢为人先、"特别能战斗"、无私奉献的精神，永远是我们宝贵的精神财富，是我们贯彻落实党的十八大精神、全面建成小康社会、解决改革发展道路上各种难题最强大的精神动力。行动是最好的纪念。让我们继承和发扬先烈的革命传统，肩负起新的时代赋予的神圣使命，解放思想，攻坚克难，为建设具有实力、活力、魅力的沿海强市、美丽唐山，实现中华民族伟大复兴的"中国梦"而努力奋斗！

（《唐山劳动日报》2013年4月）

前辈风范　山高水长

张振岭

4月，是唐山近代史上最不平凡的月份。91年前的4月，唐山诞生了河北省的第一个共产党组织，85年前的4月，亲手缔造和创建唐山党组织的李大钊和邓培都壮烈牺牲了。今天是邓培诞辰130周年纪念日，回首往事，邓培带领唐山人民开创伟业的事迹历历在目、英勇斗争的精神历久弥新。同时，这段历史资政育人的意义也愈发现实。

以邓培为突出代表的唐山工人阶级担当了革命主力军

唐山是近代发展起来的工业城市。20世纪初，唐山的工人总数约45000人，为北方最多的地区之一。这些工人无房无地，完全靠出卖劳动力为生。如此的经济地位决定了他们是最革命的阶级。1910年前，在浩荡的社会变革潮流中，全国各地出现了很多党派，这些组织虽有积极的一面，但它们的政治主张并没有代表人民的意志。所以，它们大都在1913年前自生自灭了。1919年，当无产阶级革命运动在中国兴起的时候，唐山工人阶级的先进分子邓培首先接受了马克思主义，是他带领唐山的工人兄弟登上了政治舞台，并迅速成长为革命的主力军。

唐山工人阶级成为革命主力军有以下几个节点。一是1919年6月24日。这天，邓培带领南厂3000名工人罢工参加公民大会，明确表示："国家兴亡，匹夫有责，爱国是我们的责任"，"我们工人为的是救国，不光是挣钱！"等。以这次活动为标志，在北方其他劳苦大众还在忍受压迫的时候，以邓培为代表的唐山的工人阶级率先觉醒并登上了政治舞台，这是数千年来北方被压迫阶级的第一次政治觉醒，意义十分重大。二是 1921 年 5 月 1 日。此日，在邓培的组织之下，南厂几百名工人利用休息时间召开了纪念五一大会。会上，邓培讲道：我们亲爱的劳工朋友啊，今天是五月一日，自从今天起，有工大家做，有饭大家吃，凡不做工而吃饭的官僚、政客、资本家等一律驱逐，不准他们剥削我们，我们的劳工朋友啊，快快起来！最后，工人们齐声高呼"五月一日万岁！""劳工万岁！"等口号。这是燕赵大地上第一次出现的纪念五一劳动节的活动，表明唐山工人阶级有了明确的革命方向。三是 1921 年 12 月。本月，邓培对原来建立的"职工同仁会"进行了组织整顿和思想整顿，确立了增强团结、唤醒觉悟、领导反压迫反剥削的宗旨，清除了原来会中的一些工头、员司、警务人员，发展了一些工人入会，建立了河北省的第一个工会组织，标志着唐山无产阶级要联合起来为本阶级的利益而斗争。四是 1922 年 9、10 月份。是时，邓培等领导了以开滦五矿同盟为代表的唐山产业工人大罢工，该项活动先后有 3 万多工人参与，历时 20 多天，是全国著名的工人大罢工之一。

以邓培为主要领导的唐山党组织构筑了坚强战斗堡垒

唐山的中共党组织建立于 1922 年春，书记是邓培。据考证，中共唐山地方党组织不仅是河北省的第一个党组织，而且是华北、东北、西北各省的第一个党组织。那么，这个组织及其成员的表现如何呢？

第一，他们的理想信念十分坚定。那时，领导人的理论水平并不高，但内心十分忠诚。他们说"我们要战胜压迫我们的人，我们要把土地和工厂从不劳而食人的手中夺回来，建立一个公平的制度"，"要想国家富强，就必须打倒军阀政府，人民当家作主"，"我们一定要跟着共产党闹革命，消灭剥削阶级，建立人民当家作主的社会"等。1922 年初，邓培对侄子讲，"现在中国的有钱人吃喝拍吹，作威作福，穷人没饭吃，我们要打倒压迫者，不要胆小怕事，要敢于斗争，如果唐山待不下去了，就把名字改一下，到别处参加革命等"。

第二，出色地完成了中央和中共北方区委部署的各项任务。二大期间，党的主要任务是开展工人运动，唐山的工人罢工轰轰烈烈，走在了全国的前列；

三大期间，党号召开展国共合作，很快，邓培创建了唐山国民党党部并全面进行了国共合作；四大期间，党要求掌握革命的领导权，继续发动工农革命斗争，唐山迅速复兴了工农革命运动等。此外，地委和一些党员还冒着开除党籍的风险抵制了"左"倾现象。

第三，在艰难困苦中坚守阵地、坚持斗争。国共合作中，唐山党组织的处境略好一些，国共合作破裂后，国民党和地方军阀猖狂绞杀共产党，党员们面临着断头流血的危险。据资料显示，1925年到1927年，全国的党组织均遭到了严重的破坏，其中于1927年4月李大钊遇难，北方区委不能正常工作，河北党员数量由高峰时的2670人锐减到1204人，并有许多地方党组织解体。但是，唐山的党组织在十分困难的处境中坚持工作、坚持斗争，它们倒下了再起来，冲散了再相聚，即便暂时与上级失去联系也毫不动摇。据统计，1927年前唐山的党团书记换了13任，党员保持在120人左右，1928年至抗战前市委书记换了17任，原因是环境险恶，斗争复杂。但是，党组织没有消失一天，活动也从未间断，这种情况是不多的。

第四，产生了较大影响。大革命前后，上级对唐山党组织的工作给予了较高的评价，如1927年顺直省委的工作报告称唐山的活动远胜各地，1928年中央局报告说唐山等地的工会还秘密存在，尤以唐山更好等。周恩来、蔡和森、邓中夏等领导都对唐山的工作给予了充分的肯定。由于唐山党组织战斗堡垒作用发挥得好，1927年10月后，中央从唐山选拔了许多同志调任重要岗位，如邓培任全国铁路总工会委员长、中华全国总工会执行副委员长，阮章到锦州开辟党团工作，李树彝到山东、湖南领导工农运动，刘玉堂、王麟书到哈尔滨、北满领导革命运动等。其中，1923年，邓培派唐山的共产党员欧阳强到京奉路东北段开展工作，建立了辽宁省的第一个党组织，即中共沟帮子支部。

无须赘述，上述可以使我们清楚地看到，中共唐山地方委员会是一座坚强的战斗堡垒。

以邓培为卓越分子的唐山共产党人展现了非凡精神风貌

在那不同寻常的岁月里，邓培和唐山的共产党员们创造了辉煌的战斗业绩，同时也铸就了有鲜明特色的"唐山精神"。我感到，他们的精神可由"敢为人先""特别能战斗""勇于牺牲"等几个部分组成。

事实说明，几个"红色的第一"不是轻而易举的事件，是在"敢为人先"精神支配下的行动。大规模、长时间的工人运动没有"特别能战斗"的精神作支撑不可能出现。尤其是在"勇于牺牲"方面，邓培及前辈们做到了完全彻底。那时，入党就意味着牺牲，但他们毫不畏惧。1923年，当敌人大肆搜捕共产党员的危险时刻，邓培将很多党的骨干转移到外地，自己留下坚持斗争。1927年4月，他在广州被捕。面对敌人"供出一个干部赏100元，说出一个党员赏200元"的威逼引诱，他答道："你们让我招出名单，这是绝对办不到的"，"你们用尽酷刑我都不怕，宁死也不投降，这就是我的最后回答"。22日夜，敌人把他秘密杀害了，邓培时年44岁。李树彝，唐山最早的团组织负责人，被捕后敌人砍断他的四肢，割掉他的舌头，但这位钢铁男儿始终没有暴露党的秘密，最后终因流血过多而牺牲，年仅32岁。可以说，邓培和他战友们的精神是唐山红色文化与革命精神之源。前辈风范，山高水长。回顾这段非凡的历史，我们有无限的感念之情与光荣、自豪之感。榜样的力量是无穷的，邓培等前辈们是我们的一面镜子，我们要以他们为楷模，从他们身上吸取营养，建立高尚的精神家园，做出闪亮的工作业绩，让前辈们开创的事业薪火相传，越燃越旺。

（《唐山劳动日报》2013年4月）

学习邓培同志，"争第一、创唯一"

宗玉田

邓培同志（1883—1927），广东省三水县人，1921 年秋加入中国共产党。1922 年后历任中共唐山地方委员会书记，中共唐山地方执行委员会书记，中共北京区委委员，中国劳动组合书记部北京分部领导成员，京奉铁路总工会委员长，全国铁路总工会执行委员会委员长，中共中央驻唐山特派代表兼中共唐山地委书记等。1927 年 4 月 22 日被国民党反动派杀害，时年 44 岁。邓培同志是伟大的共产主义战士，是中国共产党创建时期的党员，是中国工人运动的先驱和优秀活动家、中共唐山地方党组织的创始人和早期领导人。邓培同志"英名存幽燕，浩气贯南粤"，对唐山的民主革命和中国工人运动作出了许多开创性贡献。继承和弘扬邓培精神，有助于唐山的党员干部不忘初心、牢记使命，牢记嘱托、砥砺奋进，"争第一、创唯一"，确保实现"双战双赢"，在新时代全面建设现代化经济强省、美丽河北中担重任、挑大梁。

一、邓培同志在中共唐山党史上创造了多个"第一"，为唐山党组织的建立、发展作出了不可磨灭的丰功伟绩

邓培同志一生的革命历史，早已成为唐山党史、河北党史、中国工人运动史的重要组成部分；其血染的风采早已成为我们永恒的记忆。

——成为唐山和河北省第一名工人共产党员。李大钊是邓培的引路人。1921 年 7 月，中国共产党一大在上海召开，宣告了中国共产党成立。邓培随

即向北京党组织提出入党要求。同年秋，经李大钊、罗章龙介绍，邓培加入中国共产党，成为唐山和河北省的第一名工人共产党员。

——创建了唐山社会主义青年团并担任第一任书记。1921年3月，北京社会主义青年团员李树彝来唐山开展活动，发展邓培为唐山第一名青年团员。1921年7月6日，正式成立唐山社会主义青年团；1922年4月16日，成立了委员会，邓培被选举为第一任书记。

——创建河北省第一个党的地方党组织。邓培是中共唐山地方党组织的创始人。1922年4月，经中共北京区委批准，以邓培为书记的中共唐山地方委员会在唐山智字5条胡同的醉月楼成立，从此唐山的革命事业有了坚强的领导核心。这是河北省成立最早的地方党组织。

——创建唐山工人图书馆并担任第一任主任干事。在中国劳动组合书记部北方分部的领导下，邓培和李树彝于1921年10月着手创建唐山工人图书馆，同年12月开馆，成为团结、教育工人群众的基地，使马克思主义与工人运动进行了有机结合。1922年3月，邓培从苏俄返回唐山后，进一步加强了对唐山工人图书馆的领导，建立了干事会并担任第一任主任干事。

——第一个作为中国产业工人代表参加远东民族代表大会并受到列宁的接见。1921年10月，中共北京区委和李大钊同志决定派邓培作为中国产业工人的代表参加共产国际在莫斯科召开的远东各国共产党及民族革命团体第一次代表大会。1922年1月，邓培在会议期间受到了革命导师列宁的接见，亲耳聆听了列宁的教诲，大大提升了革命觉悟。

——创建了中共唐山第一个地方执行委员会并担任第一任委员长。1922年8月，根据中共二大通过的党章规定，中共北京区委指示，原来的中共唐山地方委员会改建为唐山制造厂支部和开滦矿务局支部，在这两个支部的基础上建立了中共唐山地方执行委员会，邓培任委员长（1925年后改称书记）。

——领导京奉铁路唐山制造厂、开滦矿务局、启新洋灰公司工人举行联合罢工，形成了唐山第一次工人运动高潮。1922年，邓培先后领导京奉铁路唐山制造厂工人罢工、指挥开滦煤矿工人同盟大罢工、率领启新洋灰公司工人罢工……形成了唐山第一次工运高潮。1922年8月，邓培领导唐山工人在全国最先进行劳动立法运动，并举行了游行示威，沉重地打击了帝国主义和封建军阀势力，推动了全国工运高潮的到来。

——邓培是中共中央领导机构成员中的第一批工人党员。1923年6月，邓培作为北京区的党员代表出席中共三大，在会上报告了北京、唐山地区的铁路工人运动情况，当选为中央执行委员会候补委员。中共中央领导机构自三大开始有工人同志参加。1925年1月，中共四大召开，邓培虽然没有参加会议，仍然当选为候补委员。会后，邓培为中共中央驻唐山的代表，继续担任中共唐山地委书记。

二、邓培同志的开拓创新、敢为人先、敢于斗争精神是唐山"争第一、创唯一"的动力之源

邓培同志的革命精神始终都在激励唐山的党员干部、工农群众、青年学生团结奋斗、凝心聚力、攻坚克难、奋勇向前，唐山今天的成就依然有烈士们的光芒。就学习邓培，唐山的老领导曾嘱咐："我们要学习他勤奋好学，自强不息，勇于进取的精神；学习他一心为公，关心集体，关心他人，肯于牺牲个人利益的献身精神；学习他反帝爱国，不屈不挠，坚定地为共产主义事业英勇奋斗的革命精神。"从唐山高质量发展的角度，我们认为邓培革命精神中最为宝贵的是开拓创新、敢为人先、敢于斗争，这正是我们在新时代"争第一、创唯一"的动力之源。

古人讲，取法其上得其中，取法其中得其下。迈入新时代，区域竞争更加激烈，如果没有争一流的魄力、高占位的理念、高标杆的标准、高水平的业绩，就难以占到先机、赢得主动，更难以实现"走在前列、当好排头"。今天的唐山，具有经济实力强、资源丰富、天然良港、民间资本丰厚、文化底蕴深厚等比较优势，这就是我们争一流的底气、创一流的潜力、成一流的动力。面对"前有标兵、后有追兵"的竞争态势，面对"不进则退，慢进也是退"的激烈角逐，要锻造高素质干部队伍，落实"五个聚焦、五个重用、五个不用"选人用人机制，激励党员干部担当作为，坚持"争第一、创唯一"工作标准，倡

行"严实细快久"工作作风，严格落实"五个一"工作机制。全市上下要紧紧围绕市委决策部署，把"争第一、创唯一"的标准贯穿始终，以时不我待的奔跑状态，奋发有为的赶考姿态，奋力开创唐山高质量发展新篇章。而要做到"争第一、创唯一"，就必须提振争先进位的锐气，必须保持真抓实干的韧劲，必须拿出攻坚突破的魄力。这就更要求我们在新时代赓续红色血脉，向邓培同志等老一辈革命家学习。

三、唐山的党员干部要自觉以邓培同志为榜样，坚持自我革命，适应高质量发展中"争第一、创唯一"的要求

"时代是出卷人，我们是答卷人，人民是阅卷人。"努力在新的赶考路上交出"三个努力建成"优异答卷，务必不忘初心、牢记使命，牢记嘱托、担当实干。回顾过去、站在当下、展望未来，没有哪一个目标是唾手可得的，也没有哪一项任务不需要通过努力奋斗就可实现。在"两个一百年"历史交汇点，我们踏上了实现第二个百年奋斗目标的新的赶考之路，这就要求唐山的党员干部向邓培同志那样时刻保持进取精神，开拓创新、敢为人先、敢于斗争。

在现实社会中，一些党员干部缺乏坚定的信仰、缺乏参与"三个努力建成"建设的动力和斗志，甚至精神空虚、安于现状、不思进取。这就更加彰显向邓培等革命先烈学习的必要性和紧迫性，加强对新时代党员干部的教育引导、监督制约时刻不能放松。广大党员干部一定要摒弃"坐井观天、偏安一隅"的观念，以一流的目标定位引领航向；一定要摒弃"过得去、还凑合"的思想，以一流的工作标准激流勇进；一定要摒弃"小成即安、小进即满"的状态，以一流的业绩勇立潮头。全市各行各业的党员干部都要竞相打造发展亮点、工作亮点、服务亮点，把一流的业绩体现到发展质量、效益、结构优化、人民生活改善的"进"，争取更多的发展指标实现位次前移，争取更多的发展成果惠及人民，争取更多的改革发展品牌在全省、全国叫响。广大党员干部要认清唐山这座城市所处的历史方位，从唐山工人运动的辉煌历史中汲取奋进力量，实现更多第一、创出更多唯一。努力在新的赶考路上交出"三个努力

建成"优异答卷，要锚定目标矢志奋斗。大道至简，实干为要。邓培同志的想干、敢干、实干精神也值得我们学习。宏伟蓝图已经绘就，目标能否如期实现，关键在抓落实。广大党员干部一要坚持政治站位抓落实，二要全面对标对表抓落实，三要弘扬优良作风抓落实。

（《唐山劳动日报》2022 年 2 月 24 日，作者单位：中共唐山市委党史研究室）

邓培与李大钊，伟大建党精神的
重要开创者和实践者

王砚红

李大钊（1889 年 10 月—1927 年 4 月）是中国共产主义运动的先驱、伟大的马克思主义者、杰出的无产阶级革命家、中国共产党的主要创始人。而邓培（1883 年 4 月—1927 年 4 月）是伟大的共产主义战士，是中国共产党创建时期的党员，是中国工人运动的先驱和优秀活动家、中共唐山地方党组织的创始人和早期领导人。他们因唐山结缘，对唐山地区的建党和党建都作出了突出贡献，都是伟大建党精神的重要开创者和实践者，都是坚持真理、坚守理想的楷模，践行初心、担当使命的楷模，不怕牺牲、英勇斗争的楷模，对党忠诚、不负人民的楷模，为民族独立和人民解放、国家富强和人民幸福建立了不朽功勋。他们的革命思想、崇高精神、伟大人格值得我们永远学习。特别是在全面建设社会主义现代化国家、全面推进中华民族伟大复兴的新征程中，唐山的党员干部更要以他们为榜样，忠诚于党和人民，解放思想，奋发进取，为打造更多更好的中国式现代化唐山场景而团结奋斗。

一、李大钊是邓培进行革命工作的引路人，邓培创造了唐山党史多个"第一"

这两个革命家生前共同战斗了六年（1921—1927 年），在邓培身上洋溢着李大钊的革命思想，在李大钊的故土留下了邓培英勇战斗的足迹。由于唐山的革命条件、党内分工领导区域和独特的家乡情怀等因素，李大钊始终关注并引导唐山地区的建党工作和革命运动。李大钊于 1920 年 3 月在北京大学成立了马克思学说研究会，参会的革命知识分子开始把视线萦注于劳工运动，到工人同志中寻求革命的依靠力量。罗章龙在李大钊的安排下来唐山开辟革命据点，吸收京奉铁路唐山制造厂工人邓培为研究会在唐山的直接联系人。之后邓培迅速成长为工人和革命运动的骨干及带头人，成为唐山和河北省第一名工人共产党员，1921 年秋，经李大钊、罗章龙介绍，邓培加入中国共产党；创建了唐山社会主义青年团并担任第一任书记，1921 年 7 月 6 日，正式成立唐山社会主义青年团，邓培被选举为第一任书记；创建河北省第一个党的地方党组织，邓培是中共唐山地方党组织的创始人，1922 年 4 月，经中共北京区委批准，以邓培为书记的中共唐山地方委员会在唐山智字五条胡同的醉月楼成立；创建唐山工人图书馆并担任第一任主任干事，邓培于 1921 年 10 月着手创建唐山工人图书馆并担任第一任主任干事；第一个作为中国产业工人代表参加远东民族代表大会并受到列宁的接见，1921 年 10 月，中共北京区委和李大钊同志决定派邓培作为中国产业工人的代表参加共产国际在莫斯科召开的远东各国共产党及民族革命团体第一次代表大会，邓培在会议期间受到了革命导师列宁的接见；创建了中共唐山第一个地方执行委员会并担任第一任委员长，1922 年 8 月，根据中共二大通过的党章规定，中共北京区委指示，原来的中共唐山地方委员会改建为唐山制造厂支部和开滦矿务局支部，在这两个支部的基础上建立了中共唐山地方执行委员会，邓培任委员长（1925 年后改称书记）；邓培于 1922 年先后领导京奉铁路唐山制造厂工人罢工、指挥开滦煤矿工人同盟大罢工、率领启新洋灰公司工人罢工，形成了唐山第一次工运高潮；邓培是中共中央领导机构成员中的第一批工人党员，1923 年 6 月，邓培作为北京区的党员代表出席中共三大，当选为中央执行委员会候补委员。1925 年 1 月，中共四大召开，邓培虽然没有参加会议，仍然当选为候补委员。会后，邓培为中共中央驻唐山的代表，继续担任中共唐山地委书记。1925 年 10 月，上级党组织决定邓培脱离唐山生产岗位，调到北京专任全国铁路总工会的领导工作，不再兼任唐山地委书记和京奉铁路总工会委员长。邓培和李大钊于 1927 年 4 月先后遇难，6 月 27 日中共中央致第四次全国劳动大会信中写道："本党李大钊等同志们在北京之死难……邓培、李森、刘尔崧等同志们在广州之死难……其惨烈当为中国工人阶级及本党永远不忘之事。"

二、邓培与李大钊是伟大建党精神的开拓者和实践者

习近平总书记在庆祝中国共产党成立 100 周年大会上指出："一百年前，中国共产党的先驱们创建了中国共产党，形成了坚持真理、坚守理想，践行初心、担当使命，不怕牺牲、英勇斗争，对党忠诚、不负人民的伟大建党精神，这是中国共产党的精神之源。"伟大建党精神，在中国共产党人探索救国救民真理的努力中生根发芽，在马克思主义同工人运动的结合中苗壮成长，在中国共产党领导人民进行革命、建设、改革的实践中发展成熟，在中国特色社会主义进入新时代的征程中闪耀光芒。作为开拓者和实践者，李大钊和邓培的身上始终焕发出伟大建党精神的风采。

其一，他们是坚持真理、坚守理想的楷模。李大钊一生追求真理、坚持真理。他说过："人生最高之理想，在求达于真理。"他在找到马克思主义这个科学真理之后，既坚持真理，又从实际出发，以科学的态度对待马克思主义。邓培从一个普通的农家子弟、铁路工人成长为坚定的共产主义战士，是他积极向上、追求真理的结果。其二，他们是践行初心、担当使命的楷模。李大钊是坚守初心、为民造福的表率，他投身革命的出发点就是为中国人民谋幸福、为中华民族谋复兴，他深切懂得人民的期盼和心愿，在十月革命后独具慧眼，比同时代人更早看到这个革命的胜利乃是"庶民的胜利"。邓培像许多爱国志士一样，非常关心国家命运、民族危亡、人民幸福，辛亥革命后为两个儿子起名国强、国兴，表达了对国家强盛和民族振兴的盼望之情。其三，他们是不怕牺牲、英勇斗争的楷模。面对中华民族的内忧外患，李大钊同志表现出忧国忧民的赤子之心，一直站在革命斗争最前沿。他说过："牺牲永是成功的代价"，"高尚的生活，常在壮烈的牺牲中"。当面对生与死考验的时候，他从容地选择了为他认定的主义和事业献出生命。邓培于 1927 年 4 月 15 日在全国铁路总工会广东办事处不幸被捕。面对敌人的威逼利诱，邓培十分坚定地对敌人说："你们听着，共产党员是不怕死的，你们用尽所有酷刑，我都不怕。我宁死也不投降，这就是我最后的回答！"邓培始终严守党的机密，宁死不屈。其四，

他们是对党忠诚、不负人民的楷模。李大钊在确立马克思主义信仰后再也没有动摇过，真正做到了"勇往奋进以赴之""断头流血以从之""瘁精瘁力以成之"。不幸被捕后，面对各种酷刑，他严守党的秘密，承担所有责任，竭力掩护和解救同时被捕的同志。他从容就死，表现出对共产党人初心使命的顽强坚守、对党的事业的无比忠诚。邓培是中国工人阶级的杰出代表，是早期铁路工人运动的优秀活动家，为了民族振兴和新中国建立抛头颅、洒热血，用绝对的忠诚参与铸造了中华人民共和国的历史。

三、弘扬伟大建党精神推进唐山现代化建设

学习党史，就是以史鉴今、资政育人；学习先烈，主要是继承遗志、鼓舞斗志。李大钊、邓培的革命精神始终激励、鼓舞着唐山地区的党员干部"坚持真理、坚守理想，践行初心、担当使命，不怕牺牲、英勇斗争，对党忠诚、不负人民"。在革命、建设、改革事业中，唐山的党员干部在李大钊、邓培等革命先烈的鞭策下、在伟大建党精神的鼓舞下，战胜了诸多艰难险阻，取得了诸多丰功伟绩。中国特色社会主义进入了新时代，新的征程、新的"赶考"要求党员干部必须有新的精气神，伟大建党精神就是标准。

习近平总书记在党的二十大报告中强调，从现在起，中国共产党的中心任务就是团结带领全国各族人民全面建成社会主义现代化强国、实现第二个百年奋斗目标，以中国式现代化全面推进中华民族伟大复兴。全面学习、把握、落实党的二十大精神，打造更多更好的中国式现代化唐山场景是摆在唐山党员干部面前的中心任务。为此，唐山党员干部就要做到：一是缅怀先烈，传承好红色基因。红色基因是中国共产党人的生命密码，记录了李大钊、邓培等中国共产党人筚路蓝缕的来时之路，蕴含着马克思主义政党的性质宗旨，是中国共产党领导的伟大事业不断走向胜利的力量源泉。真正的共产党人血脉中始终流淌着红色基因：坚持真理、坚守理想，践行初心、担当使命，不怕牺牲、英勇斗争，对党忠诚、不负人民。中华民族伟大复兴正处于关键历史阶段，要沿着革命前辈的足迹继续前行，把红色江山世世代代传下去，就必须让红色基因成为强大发展动力。二是领会精神，风雨无阻向前行。习近平总书记号召全党继续

弘扬光荣传统、赓续红色血脉，永远把伟大建党精神继承下去、发扬光大，在全党全社会激扬起继往开来、不懈奋斗的精神力量。推进中国式现代化是一项前无古人的开创性事业，必然会遇到各种可以预料和难以预料的艰难险阻、风险挑战甚至惊涛骇浪，必须强化忧患意识，居安思危、未雨绸缪，敢于斗争、善于斗争，通过顽强斗争打开事业发展的新天地。三是履职尽责，撸起袖子加油干。"铁肩担道义，妙手著文章。"李大钊的担当精神既是他高尚道德情操和伟大人格力量的凝聚，也是激励中国共产党人不畏艰难、不怕牺牲，英勇奋斗、勇敢前行的精神动力。习近平总书记指出："在实现中华民族伟大复兴的新征程上，应对重大挑战、抵御重大风险、克服重大阻力、解决重大矛盾，迫切需要迎难而上、挺身而出的担当精神。""只要我们党永远同人民站在一起，大家撸起袖子加油干，我们就一定能够走好我们这一代人的长征路。"党员干部对理想信念最完美的表达，莫过于朝着既定目标"撸起袖子加油干"，要始终不忘初心、牢记使命，把责任与使命切实扛在肩上、记在心间、落实到行动中。四是从严治党，传承好优良作风。全面从严治党既是我们党赢得胜利的宝贵历史经验，也是全面建设社会主义现代化国家、全面推进中华民族伟大复兴的根本保障。中国特色社会主义进入新时代，要求党员干部的精神状态、思维方式、行为方式、工作方式、作风形象等都要适应新变化，素质能力都要有新提升。进入新时代，全面从严治党取得显著成效，党内正气在上升，党风在好转，社会风气在上扬。面对新时代新要求，我们党的执政能力和领导水平、党的建设状况总体是适应的。但也要清醒看到，党内存在的思想不纯、组织不纯、作风不纯等突出问题尚未得到根本解决，一些老问题反弹回潮的因素依然存在，实践中还出现了一些新情况新问题。全面从严治党永远在路上，我们必须赓续好优良作风，弘扬伟大建党精神，为激扬新气象凝聚奋进力量。

（《唐山劳动日报》2023 年 3 月 30 日第 5 版，作者单位：中共唐山市委党校）

工运先驱邓培的开创性贡献及其历史主动精神探赜

李　阁

摘要：马克思主义高度重视无产阶级的历史地位和作用，高度肯定无产阶级先锋队的历史主动精神。邓培作为中国工人运动的先驱，为中国工人运动做出了许多开创性贡献，他的思想和行动彰显了中国共产党人的历史主动精神。邓培具有坚定的马克思主义信仰，用马克思主义指导领导工人运动的实践，彰显尊重历史规律的科学精神；邓培对无产阶级地位具有清晰认知和科学判断，彰显尊重人民的主体精神；邓培勇挑革命重担，对党和工人阶级的历史任务有着清醒的认知，彰显清醒自觉的主动精神；邓培投身革命工作有着务实巧妙的工作方法，彰显未雨绸缪的预见精神；邓培大义凛然、不惧牺牲，彰显勇毅前行的担当精神。

关键词：邓培；工人运动；先驱；历史主动

今年是邓培同志诞辰 140 周年。邓培是河北省内第一个工人共产党员，是唐山地方党组织的早期领导人。邓培是广东三水县人，正是这个不是唐山人的唐山人，对唐山的革命斗争和工人运动做出了许多开创性的贡献，在唐山这片土地上成长为领导中国工人运动的杰出人物。

历史主动精神强调作为历史主体的人秉持历史思维、历史意识、历史自觉，在充分认识历史及其演进规律基础上积极合理地运用规律，进而在推动"经验认知"向"规律认知"不断升华的过程中自觉能动地改造社会历史的能力与特质。① 从发生学的角度来讲，历史主动精神这一全新政治话语指中国共产党、中国人民的历史主动精神，其主语表征具有集合性，而较少谈及单独个体的历史主动精神。不过，通过个体思想、行为、事迹的研究能够以小见大，管窥其所在阶级、政党的精神状态，因此具有例证的意义。

中国共产党历史主动精神生成的客观物质条件是无产阶级这一阶级基础和人民群众这一条件，除此之外，促使客观物质条件发挥作用的主观条件缺一不可，那就是无产阶级的阶级意识觉醒和人民群众精神上的主动。邓培在认识历史、创造历史的精神状态和精神品质方面具有突出特点。他对自身所处阶级地位、历史任务、使命担当的清晰认知及科学判定的自觉意识和积极品质彰显无产阶级，尤其是共产党员的历史主动精神，对今天具有相当大的启示意义。

一、由自发主动到历史主动：邓培成为中国工人运动的先驱

按照马克思列宁主义的观点，历史主动精神首先是对自身的本质力量、历史使命以及要求政治上占统治地位的自觉性和自主性。邓培在对工人阶级历史地位、历史使命的认识有一个从自发到自觉的过程，最终成为中国工人运动的先驱。

（一）清醒自觉的主动精神

"主动"作为与"被动"相对应的概念，是指人的主体性的积极表现。历史主动，一方面是在认识论层面对自身主体力量的自我认知和肯定，另一方面是在方法论层面对自身主体力量的发挥即行动上的积极作为。在邓培身上，最先显现端倪的是方法论上的积极作为。

1. 贫苦出身，却有自发的主动意识

邓培出身于贫苦农民家庭，1901 年 18 岁的邓培考入唐山京奉铁路唐山机厂当机匠。邓培的技术能力和品行为人使他在工友中颇有威信。邓培很早展现出的与众不同之处，是他不仅富有正义感，而且思想更为积极。他在唐山的铁

---

① 侯衍社、吕明洋：《"历史主动精神"概念溯源及其演进逻辑》，《北京行政学院学报》2022 年第 6 期。

路工厂上班，在这个英帝国主义控制的工厂里，工人们受着帝国主义和封建官僚的双重压迫。面对工人辛苦劳动却吃不饱穿不暖、处处受压迫的现实，邓培发出疑问、进行思索。他发自内心向往一个合理的新社会，尽管此时他还无从知晓穷苦人受压迫的根源，但这种对不合理制度的质疑、对新社会的向往已经显示他自觉的主动性，由其生发出自发的主动意识。

邓培曾经参加过孙中山发起的同盟会，算是老同盟会员。孙中山曾经两次到唐山，第一次是在邓培入厂前，因此邓培是从广东同乡那里听说孙中山到唐山的情况，是从广东同乡和工人们的口中感受孙中山对工人要关心国家命运、改变痛苦处境的号召。但这已经足以在邓培心中播下革命的种子。之后，在辛亥革命进入高潮之际，当孙中山派人到唐山工人中发展同盟会员的时候，邓培和其他十几个工人积极响应，接受了孙中山提出的"驱除鞑虏，恢复中华，建立民国，平均地权"的资产阶级民主革命纲领。邓培不仅加入孙中山领导的同盟会，并且在铁路工人中秘密筹措经费，支援辛亥革命。之后，孙中山第二次到唐山时，邓培和唐山人民用巨大的热情欢迎孙中山这位伟大的革命民主主义战士。邓培和工人们都为将要实行的民主共和而欢呼雀跃、激动不已。然而，以后的事实，无疑使邓培感到失望和忧虑。他再次深陷迷茫，同时，也意识到必须寻找另外的道路。

辛亥革命后，唐山工界也有组织起来的政党，如唐山工党和华民工党，邓培均参与其中并且是核心成员。这些政党拥护孙中山"实业兴国"思想，但由于同资产阶级、小资产阶级有着勾连的复杂关系，尤其是由于缺乏科学理论的指导和组织的不纯粹，政党力量单薄，政党内部有分歧、外部受攻击，因此逃不掉分裂和宣告解散的命运。这样两次的挫折和失败，让邓培受到深刻教育，为他以后从事工人运动积累了经验教训。他对工人生存出路的寻找仍不停歇。让邓培认识到工人力量的机会很快就到来了。

2. 五四历练，接近先进思想

唐山的学生虽然不多，但是唐山有几万产业工人，是一支非常重要的斗争力量。五四运动由早期的学生为主发展到更多民众参与进来，尤其是工人阶级开始登上历史舞台。在李大钊"把知识阶级与劳动阶级打成一片"思想影响下，到北京参加了五四运动的唐山工专（西南交通大学的前身）的学生接受了北京大学学生的建议，回到唐山后与邓培取得联系，商量一起组织唐山爱国运动的问题。邓培对此热情支持，并且以此为契机，逐渐靠近了最先进的主义和最进步的思想。

还没有接触马克思主义的邓培，已经开始意识到工人阶级肩负的国家和民族的责任，他说："'二十一条'要叫咱们亡国灭种，咱们工人不能不管！"在工人中颇有威信的邓培组织建立同人联合会（又称职工同人会），组织"救国十人团"（又称爱国十人团），将以往只会议论纷纷的、只会三五成群聊一聊的松散的工人们团结在一起，干着跟国家和民族大事相关的大事。这一时期，邓培领导唐山工人举行的政治罢工，具有与以往经济罢工不同的意义。一是没有提自身经济要求，而把斗争目标设定为挽救国家和民族危亡；二是出于工人自愿，由工人独立发动；三是参与人数多、规模大、行动和目标一致的情况前所未有。邓培在唐山六界联合会（绅、商、学、工、农、教六界）成立大会上，与各界代表一起，通电巴黎中国专使："拒绝签字，举国同钦，请坚持到底，勿为强大所怯，吾民愿为后盾。"[1] 五四时期，邓培参与反帝爱国运动的立场鲜明，斗争英勇，表现了很高的政治觉悟和卓越的组织才能，因此成为全厂工人中很有威望的核心人物。邓培在这个过程中所展现出来的历史自觉意识和行动，契合工人阶级在反帝救国斗争中迫切要求联合和组织起来的愿望，为马克思列宁主义与工人运动相结合提供了条件，为以后中国共产党创建革命的工会组织，乃至为工运干部储备均奠定了基础。此时此刻，邓培与马克思主义的相遇也呼之欲出了。

3. 接受进步思想，日渐觉醒

邓培接受马克思主义与中国共产主义运动的先驱李大钊有着渊源。邓培是北京马克思学说研究会在唐山的直接联系人。通过接触李大钊和邓中夏等人，邓培得以阅读进步书刊，逐渐靠近和接受马克思主义。1920年的"五一"国际劳动节，邓培按照北大马克思学说研究会的要求，在工人中宣传和组织纪念活动，这是马克思列宁主义与唐山的工人运动相结合的一次实践。这些宣传材料，这次纪念活动，对邓培以及他身边的工人群众的教育作用是巨大的。在这

---

[1] 王士立：《邓培传》，中国文史出版社2014年版，第16页。

之后，北京大学马克思学说研究会的代表就经常到唐山，他们和邓培之间的谈话就不仅限于爱国，而是逐渐谈到了阶级。当邓培从"北京来的先生"那里，从他接触到的《共产党宣言》《新青年》《共产党》等进步书刊杂志上，越来越多地了解到俄国十月革命、剩余价值学说和阶级斗争理论的时候，他之前的很多困惑被解开，他开始明白了工人贫困的根源，开始认识工人实现解放的道路，逐步树立起了对共产主义的信仰。

1920 年 12 月，李大钊发展邓培成为社会主义青年团团员、北京共产党小组成员。邓培在北京共产主义小组的指导帮助下，于 1920 年底建立了唐山第一个工会组织、中国北方第一个产业工会——京奉铁路唐山制造厂工会。虽然邓培是在成为北京大学马克思学说研究会在唐山的直接联系人之后才开始真正接触和认识马克思列宁主义，并逐步信仰马克思主义的，但其实邓培很早就知道列宁的名字。早在五四运动前，一个从俄国回到唐山制造厂的华工，曾经向他讲起 1905 年俄国革命的经过和列宁的事迹。五四运动后，另外一些从欧洲返回的华工又宣传了欧洲各国工人斗争和社会主义运动，以及十月革命后俄国的情况，这些见闻开阔了邓培的眼界，对邓培的觉醒起了促进作用。

（二）马克思主义赋能其在领导工人运动中的开创性贡献

马克思主义看来，历史主动精神除了具备"方法论"上的积极作为之外，还要有"认识论"上的唯物史观。这种历史观要在推动历史发展合规律性和合目的性的高度统一的前提下，遵从坚持客观规律与发挥主观能动性的高度统一。这要求不断深化对历史规律的认识，积极发挥主观能动性。邓培在接受马克思主义之后，逐渐成为坚定的共产党员，用马克思主义指导领导工人运动的实践，彰显尊重历史规律的科学精神。

1. 加入共产党，工作有了新起点

党的一大召开后，已经在唐山社会主义青年团担任书记的邓培十分兴奋，积极提交了入党申请，成为唐山、同时也是河北省第一个共产党员。这是邓培革命事业的新起点。

十月革命的一声炮响为中国送来了马克思列宁主义，"自从中国人学会了马克思列宁主义以后，中国人在精神上就由被动转入主动"[1]。加入了中国共产党的邓培更加有了主心骨，思想进一步成熟，积极投身工人运动，为党的早期工运写下了浓墨重彩的一笔。

2. 参加远东共产党大会，经受精神洗礼

1922 年 1 月，邓培作为中国代表团中仅有的一位产业工人代表，到莫斯科参加远东各国共产党及民族革命团体第一次代表大会，并作题为《中国工会、铁路和冶金工人罢工的情况》的报告。邓培在俄国停留三个多月，会议期间受到列宁接见，这使得他对共产主义的认识进一步清晰和深刻，革命信念进一步坚定。他把大会通过的《远东各国共产党及民族革命团体第一次代表大会宣言》中"全世界无产阶级和被压迫民族联合起来"的思想传达给工人兄弟。他对马克思列宁主义的信仰也在远赴莫斯科的这次洗礼中愈加巩固和坚定。

二、由精神主动到实践主动：以务实巧妙的工作方法投身革命洪流

以马克思列宁主义观点来看，历史主动精神不仅仅是主观能动性的发挥，更要有历史规律支配下切实的行动，具体表现为革命的能力、毅力和坚定性。邓培不仅有着个人主体意识，而且伴随他对马克思主义的亲近和接受，对工人阶级，乃至人民主体的认识越来越深刻。

（一）以人民群众为历史创造者的主体意识

1. 重视民众力量，启发民众智慧

"五四"前后，在与李大钊的接触中，邓培受到很大教益和影响，尤其认同和接受了李大钊要多办劳工教育的观点和主张。邓培从北京回到唐山后，在唐山制造厂的工人和工业专门学校的学生中积极开展工作，进行爱国主义教育，呼吁反对卖国条约，发动反帝反封建的斗争。中国共产党成立后，邓培组织创办了唐山工人图书馆、林西矿工余补习班和大同社，促进工人群众学习文化知识，团结教育了工人群众。

---

①《毛泽东选集》（第 4 卷），人民出版社 1991 年版，第 1516 页。

2. 领导工人运动，经受革命淬炼

1922 年 7 月，邓培和唐山地委领导下的唐山工会率先响应中国劳动组合书记部提出的以要求承认工人集会结社权、同盟罢工权、八小时工作制为主要内容的《劳动法大纲》。虽然北洋军阀政府操纵下的国会并没有通过这个大纲，但这次劳动立法运动的意义仍然是巨大的。一方面，这次劳动立法运动是中国共产党领导的劳动组合书记部同北洋军阀政府进行合法斗争的一次成功尝试；另一方面，这次劳动立法运动使得工人得到锻炼，革命斗争情绪高涨，推动了罢工高潮的到来。此外，由于党组织在劳动立法运动中的广泛宣传，《劳动法大纲》深入人心，成为后来罢工斗争的纲领。历史主动精神贯穿人的认识和实践活动过程的始终，并逐步彰显。

1922 年 10 月，邓培领导京奉铁路唐山制造厂 3000 名工人举行了长达 8 天的罢工，顶住了厂方武力压迫，粉碎厂方分化瓦解工人的图谋，拒绝了厂方的利益引诱，最终迫使唐山警察局和京奉路局派人出面谈判，达成 9 条复工协议，罢工以取得胜利告终。这次罢工不仅直接改善了工人的待遇，更为深远的意义在于锻炼和教育了广大工人群众。这次罢工"激动了每个工人的心胸，数千年麻痹自卑的劳动者到此时的确逐渐觉醒起来了"。[1] 毛泽东称赞工业无产阶级"特别能战斗"。[2] 京奉铁路唐山制造厂罢工的胜利，与中国共产党的正确领导和邓培杰出的组织才能是分不开的。邓培领导这次罢工，一是在罢工前对工人进行充分思想教育工作；二是建立严密的罢工组织和骨干队伍；三是运用灵活的斗争策略。其中，邓培领导下的全体共产党员和干部，始终站在斗争的最前列，不动摇、不背叛、不分裂，自觉地、勇敢地、奋不顾身地维护着全体工人的利益，这是罢工斗争取得胜利的一个重要原因。[3] 之后，邓培参与领导了比京奉铁路、唐山制造厂罢工规模大得多、情况也复杂得多的开滦煤矿同盟罢工。这次大罢工是第一次全国工运高潮中的一朵灿烂之花，展现了中国无产阶级伟大的斗争力量，中国共产党的领导作用和邓培的名字，在工人群众中广泛流传。

---

① 《中国职工运动简史》，人民出版社 1953 年版，第 29 页。
② 《毛泽东选集》（第 1 卷），人民出版社 1991 年版，第 8 页。
③ 王士立：《邓培传》，中国文史出版社 2014 年版，第 95 页。

邓培领导的开滦五矿大罢工，尽管未能达到罢工的既定目标，遭到挫折，但是这次罢工的政治意义重大，不但沉重打击了帝国主义和军阀政府，更教育了工人阶级，动员了全国人民，认清了反动阶级的真面目，促进了工人阶级的新觉醒，在中国工运史上占有重要地位。通过开滦五矿工人罢工，留下值得汲取的教训。比如，罢工领导机构没能广泛发动市郊和邻县的农民支持，因此至少缺失了粮食方面的支援，当然也没有发动农民进行协同斗争。[①] 可见，由于党尚处于幼年时期，对工农联盟这个法宝还没有真正认识。不过，这些革命斗争的教训和经验一样，也是无产阶级及其政党的宝贵财富。邓培在一定程度上认识到在工人运动中团结和发动各界社会力量，尤其是学生的必要性。他通过联系和影响唐山大学的进步学生，使斗争坚持到底。起初是邓培派人发动唐山大学学生声援工人罢工斗争，后来邓培发动工人声援唐山大学学生。工人与学生结成联盟，共同战斗，这是 1922 年唐山工运高潮中的一条宝贵经验。唐山大学的学生在这些斗争中，思想觉悟有了提高，逐渐由"科学救国"的幻想转向"革命救国"的理想。

（二）未雨绸缪的预见精神

马克思列宁主义认为，历史主动精神的要件之一，是在坚持思想和精神独立性基础上，能够按照客观规律与实际情况改造社会历史、从事创造性和创新性活动。邓培投身革命工作有着务实巧妙的工作方法，彰显未雨绸缪的预见精神。

1. 灵活机动的头脑，工作卓有成效

邓培领导工会团结教育群众的工作，十分讲究工作方法。通常是个别谈心、散发传单和组织工人群众学习革命刊物等几种形式。邓培要求工会的会员广泛与群众交朋友。每个会员交 3—5 个工人，工会代表和委员还要再多交些工人朋友，如此计算，二三百名会员和数十名代表、委员就可以联系带动 1500 人左右，几近工厂半数工人，这就是一股巨大的斗争力量。

革命的发生不但需要形势上的客观条件，而且离不开革命群众的主观准

[①] 阎永增、陈珺：《试析 1922 年开滦五矿同盟罢工失败的主观原因》，《唐山师范学院学报》2004 年第 1 期。

备。邓培对此有着清醒的认识。邓培领导创办的工人图书馆、工余补习班和工人补习夜校等形式体现了以邓培为代表的共产党人的政治智慧。一方面，这些以读书学习为名头的文化机构和组织，用文化的外在形式掩护其政治宗旨，更容易具备合法存在的可能。另一方面，这些文化形式，大多是听课、娱乐、阅读书刊，很具有亲和力，容易联络群众，使群众在不知不觉中接受马克思列宁主义的宣传教育，提高觉悟。此外，通过这样集中的活动，也容易在工人群众中发现和培养骨干，为发展工会和党团组织培育后备力量。青年团和工会组织被敌人有所察觉和怀疑之时，邓培灵活机动的工作方法又发挥作用。比如，通过频繁变换工会开会地点和时间，通过让大儿子爬树放哨，通过伪装成学习班和野游，与敌人展开巧妙周旋。

1924 年 1 月国民党的一大召开之后，在国共第一次合作的形势下，唐山国民党区党部公开挂出牌子。在国民党的旗帜名头掩护之下，我党得以公开组织工、农、学生运动。在这个过程中，共产党的组织得到扩大，常常是先从群众中发展国民党员，然后再在国民党员中发展左派分子加入共产党或青年团。共产党的活动经费也增加了新的来源。①

2. 重视思想工作，启发工人阶级觉悟

罢工之时，与厂方相持之际，邓培启发工人觉悟，他教育那些没有吃、没有穿、没有地位的工人"团结起来就有力量"，与厂方作斗争的最好办法也是唯一办法就是"不让机器转"。②

开滦五矿工人罢工进行得十分艰难，涉及人数多，情况更复杂，矿方对付工人罢工的手段更为老到。邓培带领工人顶住厂方武力压迫，有理有据地进行罢工。罢工之时，工人每天仍然按时到工厂门外集合，工人纠察队日夜站岗守护电力房和场房，保证厂里的机器设备一件不坏，一个螺丝不少，工人们用纪律严明、秋毫不犯的行动，堵住了厂方对工人"破坏工厂"和"扰乱治安"的污蔑。邓培带领工人罢工目的明确，方法得当，起到震慑厂方的效果。除此之外，邓培还组织工人粉碎了厂方分化瓦解罢工队伍的诡计，严厉制裁个别工人

---

① 王士立：《邓培传》，中国文史出版社 2014 年版，第 161 页。
② 王士立：《邓培传》，中国文史出版社 2014 年版，第 84 页。

的背叛行为。

工人与矿发生冲突之时，双方发生搏斗，当场打死工人 6 人，打伤 57 人。这场喋血惨案，让人们看清了帝国主义和封建军阀对工人群众血腥镇压的真面目，触及了阶级斗争的本质，警醒了世人。情况紧急，邓培非常重视利用舆论工具作为对敌斗争的武器。他以京奉铁路唐山制造厂职工会的名义，发出致全国各团体、各工团通电，呼吁各团体"迅速予以援助！"[1]之后，全国多个工人团体纷纷在报上发表通电、告同胞书或声援电，以抗议反动军警镇压罢工的暴行，同时，各地工人及各界人士在经济上积极援助开滦罢工工人。李大钊主持的中共北京区委和共产国际也通过发表揭露文章和经费支持的方式支援开滦五矿工人罢工。

三、勇毅前行的担当精神：身先士卒，不惧牺牲

历史主动精神不仅仅体现在主动性和切实行动，还内蕴无私无畏、勇于牺牲、一往无前的英雄主义精神。邓培领导工人运动身先士卒，面对敌人利诱威逼，不惧牺牲，彰显了勇毅前行的担当精神。

（一）始终与工人阶级站在一起，肩负重任

1922 年 10 月，邓培领导京奉铁路唐山制造厂 3000 名工人罢工时，京奉铁路当局武力威胁和拉拢分化两种手段并用。他们通过工头于亮传话给邓培，允诺只要邓培下令复工，可以当工头，可以有大笔的交际费随便花。邓培不为所动，严词拒绝。罢工中，厂方收买带头工人是惯用伎俩。厂方派人直接找邓培，用"涨工钱""当工头"收买邓培。邓培以"不想当工头"和"给大家涨工钱"回复厂方，并且在工人中揭露了厂方的阴谋。邓培这样的光明磊落，在工人中愈发赢得拥护，树立了威信，成为工人群众可信赖的领导者和贴心人。

1925 年 9 月，上级党组织决定让邓培脱离生产，不再兼任中共唐山地委书记和京奉铁路总工会委员长，调到北京专任全国铁路总工会的领导工作，从

---

[1] 《新民意报》1922 年 11 月 1 日。

这时起，邓培成为职业革命家，经常往来于粤汉、京汉、津浦、京绥诸线，积极开展铁路工人运动。

（二）战斗到最后一刻，英勇牺牲

1926 年 3 月，因革命形势发展的需要，邓培被调到广州，筹建全国铁路总工会广东办事处。

1927 年，"四·一二"反革命政变后，反动派疯狂搜捕共产党人和工会领导人。4 月 15 日清晨，邓培在办公室不幸被捕。面对敌人的威逼利诱，他拒绝出卖同志；他痛斥敌人的金钱利诱和收买；他留给敌人的话是"宁死也不投降"。[①]1927 年 4 月 22 日夜间，邓培被敌人秘密杀害，时年 44 岁。

（纪念邓培诞辰 140 周年图文资料征集投稿，作者单位：唐山师范学院马克思主义学院）

---

① 广州市民政局历史档案：《广州铁路工人赖先声回忆录》。

邓培与唐山早期工人运动

庞桧存

邓培（1883—1927），广东三水县（今三水县）人。1900—1925年在京奉铁路唐山制造厂（今唐山机车车辆厂）做工。邓培是唐山地区较早接受和传播马克思主义的先进工人，也是唐山地区党团组织和工会组织的主要创始人。1921年秋，中共北京区委批准邓培转为正式党员，他也成为河北省第一个共产党员。[①] 纵观邓培波澜壮阔的革命生涯，他的革命活动主要集中在唐山，以京奉铁路唐山制造厂为基地，联合开滦煤矿、启新洋灰公司等行业工人阶级组织工人运动，冲击帝国主义和北洋军阀政府的统治秩序，为中国早期的工人运动做出了重要贡献。

所谓早期工人运动，在本文中主要是指1917—1923年这段历史时期唐山工人阶级开展的罢工斗争运动。俄国十月革命后，马克思主义传入中国，这一时期的中国工人运动开始受到马克思主义影响，工人运动水平提高，表现在工人阶级正处在由要求改善经济条件的自在阶级逐渐向争取政治地位的自为阶级转变的历史时期，还没有真正走向成熟，因而称为"早期工人运动"。回顾唐山工人运动历史，邓培领导下的唐山早期工人运动取得了巨大成就，为第一次国内工人运动高潮到来做出了贡献。那么，推动唐山早期工人运动取得巨大成就的密码在哪里？邓培接受马克思主义，并将马克思主义作为革命信仰的过程是什么呢？这些问题的阐释是深入研究邓培和唐山早期工人运动的需要，也是研究马克思主义与工人运动结合的需要，对于推进中国共产党思想建设有重要历史价值。

[①] 关于邓培入党的时间，唐山机车车辆厂厂史认为是在1922年春，王士立先生经过考证提出1921年秋的观点。本文采用王士立先生的观点。

一、20 世纪初的唐山工人阶级状况

唐山是中国北方工业重镇和近代工业摇篮。随着洋务运动兴起，一批近代工矿企业交通运输业在唐山创办，如开滦矿务局、京奉铁路唐山制造厂（今唐山机车车辆厂）、启新洋灰公司（今启新水泥厂）等，都是在全国有重要影响的大企业。唐山工人阶级就在这些企业中诞生了，到1919年五四运动时期，唐山已有近代产业工人近3万人，人数比较集中，以后进一步发展壮大，1922年时，开滦矿务局有工人3.7万余人，京奉铁路唐山制造厂有工人3000余人，启新洋灰公司有工人约8000人，这一年华新纺织厂又建成投产，有工人400余人，唐山全镇共有产业工人近5万人，约占全镇人口1/3以上。[①]

近代中国是半殖民地半封建社会，帝国主义和封建势力把持着国家统治权。独特社会性质决定了唐山近代工矿企业都是由他们掌握。开平煤矿由李鸿章派唐廷枢创办，在辛亥革命时期被英国攫取了控制权。启新洋灰公司是袁世凯亲信周学熙直接创办的。因此，唐山工人阶级深受帝国主义、本国统治者和各色封建势力的压迫与剥削，生活异常悲惨，阶级仇恨深，革命性强。资本家通过降低工人工资和延长工作时间的方式攫取更多利润，如开滦煤矿，1918—1928年，井下采煤工人每日工资只有0.28—0.42元，比井下运煤的骡马饲费每日0.35—0.50元还低。1919年3月，李大钊愤怒地说道："这个炭坑，仿佛是一座地狱。这些工人仿佛是一群饿鬼。工人的生活尚不如骡马的生活；工人的生命，尚不如骡马的生命。"[②]更有甚者，工人的生命安全根本没有保障，英国资本家实行"以人换煤"的策略，1918—1921年，平均三天死亡一人，仅1920年10月唐山矿发生的瓦斯大爆炸，死亡工人就达450余人。总之，唐山的无产阶级人数众多，分布集中，革命性强，成为社会变革的领导力量。

---

① 王士立：《论中共唐山地方组织建立的历史条件》，《唐山师范学院学报》2005年第1期。
② 李大钊：《唐山煤矿的工人生活》（第12号），《每周评论》1919年3月。

二、邓培探索救国救民的道路

邓培 14 岁跟舅父到天津当学徒，3 年后考入北洋官铁路局唐山修理厂（1907 年改名为京奉铁路唐山制造厂）做了旋床工。邓培天资聪颖，加上勤奋努力，技术水平大增，成为全厂公认的手艺高超工匠。在长期工厂工作中，邓培对工人阶级的苦难感同身受，加深了对封建剥削制度的痛恨。他常常愤愤不平地对一起受苦受难的阶级兄弟说："为什么咱们工人就该受压迫，吃不饱，穿不暖呢？难道那些总管、监工天生就该享福！"[①] 当时，京奉铁路唐山制造厂的工人有四分之一来自广东，由于共同地域文化影响，粤籍工人组成"广东帮"。邓培为人忠厚，敢于仗义执言，在同乡群体中有很高威信，逐渐成为"广东帮"的首领。

孙中山先生的民主革命思想对邓培探索革命道路产生了重要影响。孙中山先生曾于 1894 年 7 月同陆皓东来到唐山，孙先生住在唐山孙家巷，得到孙姓族人的热情接待。孙先生在广东会馆会见了广东籍各界人士，对工人的处境表达了深切同情，并参观了煤矿和铁路工厂。孙先生的唐山之行，宣传了革命思想，播下了革命种子。在辛亥革命高潮时期，京奉铁路唐山制造厂的几十名广东籍工人，如邓培、许作宾等人先后加入同盟会，还为同盟会的革命活动募捐一笔经费。

民国初年，全国掀起了组织工人团体潮流，邓玉云（邓培）、冯志尧等在唐山发起组织了唐山工党。《唐山工党宣言书并简章》中提道："然则，国之强也，强以兵；兵之养也，养以商；商之战也，战以工；则工与国家之关系亦重矣哉！""我大总统孙中山先生见及此也，故其宣言曰：我将使中华民国为二十世纪工商业最盛之邦，以放大异彩于世界。"对于党员的条件，"凡属工界同志，年在 16 岁以上，有实业者，均得入党员。如界外同志，赞成本党者或富于工学知识之人，能补助本党者，均推为名誉赞成员。"[②] 很明显，唐山工党指导思想是孙中山先生的民生社会主义理论，注重发展工商业生产，改善工人

---

① 《中国工人运动的先驱邓培》，《唐山文史资料》（第 18 辑）。
② 《唐山工党宣言书并简章》，《大公报》1912 年 5 月 3 日。

的经济生活和待遇。由于时代和阶级局限性，唐山工党的实际效果有限，从组织形式看，只能是工会组织。不久，由于唐山工党成员的意见分歧，邓培等粤人另组华民工党，加入该党并担任理事。邓培通过华民工党团结了一部分工人群众，维护了工人的一部分权益，但由于组织不纯，力量弱小，仅存在一年时间。由于缺乏科学指导思想，邓培的革命探索活动屡屡受挫，正确的革命道路在哪里，他仍在苦苦探索中。

（一）邓培接受并信仰马克思主义

五四运动爆发后，唐山工业专门学校（后改为唐山交通大学）的学生首先行动起来，并联系邓培商讨共同斗争。为声援学生罢课，6月上旬，邓培在唐山制造厂发起成立同人联合会、救国十人团，组织示威游行，反对帝国主义侵略。他还积极组织开滦煤矿和启新洋灰公司的工人参加，这是唐山工人的第一次政治罢工。总之，邓培领导的工人运动为斗争胜利做出了重要贡献，凸显了工人阶级革命性和斗争性，为革命发展提供了新思路。

五四运动后，一批先进的知识分子开始重视工人阶级作用，并深入工人阶级中，用马克思主义武装工人阶级，使其斗争由自发阶段上升到自觉阶段。正如李立三所言："在五四运动以前，几乎没有认识群众力量。到了五四运动以后，一般进步青年，便受了这个浪潮的冲击，认识国民革命前途，必须唤起广大群众来参加，尤其是工人群众。"[1]

五四运动后，李大钊曾亲自到唐山进行过社会调查，访问了唐山工业专门学校和开滦煤矿，与邓培等工人进行了交流。1920年3月，李大钊指导成立了北京大学马克思学说研究会，将唐山确定为开展马克思主义思想宣传工作的重点。作为研究会的骨干成员，罗章龙受命来到唐山组织工人运动。如何开展工作，寻找靠得住的先进工人呢？罗章龙首先联系当地学校学生，进行社会调查，了解更多情况。"我们和当地唐山大学（原北洋路矿学校）的同学有过联系，我记得第一次去找线索，是我和两个北京的学生到唐山大学的。通过这次及其后的多次调查，使我们对唐山的情况有了比较充分的感性认识。"[2]在第一

---

[1] 唐山市总工会办公室工运史研究组：《唐山工运史资料汇辑》（第一辑），1985年。
[2] 罗章龙：《椿园载记》，生活·读书·新知三联书店1984年版，第189—190页。

次社会调查中，罗章龙也获取了邓培的线索，"我第一次到唐山时，在街上碰到了一个广东人，他是个木工。我们就攀谈起来，从他谈话中知道唐山有个广东会馆，有些势力，一部分广东籍工人技术较高，也有文化。……后来，我到南口去联系工作，又遇到一位广东籍工人，我和他提起唐山的事。他说：你们想到唐山去吗？京奉铁路唐山制造厂有我的一个朋友，叫邓培，也是广东人，和我一起做过工，我可以给你们介绍一下。"[1] 在北京南口广东工人的联络下，罗章龙与邓培约定于当年 4 月 25 日在邓培家中会面，双方相谈甚欢，表达了相见恨晚之情。从此，邓培的家就成了北京大学马克思学说研究会在唐山的联络点，也成为唐山早期工人运动策源地之一。

1920 年，中国工人第一次纪念五一劳动节。在李大钊指导下，邓培组织京奉铁路唐山制造厂、开滦煤矿等企业工人召开了纪念大会。这次大会是使马克思主义与唐山工人运动相结合的一个里程碑。[2] 大会介绍了五一国际劳动节的来历和各国无产阶级为争取 8 小时工作制所进行的斗争，宣读了李大钊起草的《五月一日北京劳工宣言》。内容如下：

> 我们亲爱的劳工朋友啊！今天是五月一日，是美国工党同盟罢工争得"每天八小时"的纪念日。全球的工人到了这一天，都是相率罢工，举行示威运动。但是我国的工人，还有很多不知道今天是什么日子。所以我们来告诉各位：自从今天起，有工大家做，有饭大家吃。凡不做工而吃饭的官僚、政客、资本家、牧师、僧侣、道士、盗贼、乞丐、娼妓、游民，一律驱逐，不准许他们留在我们的社会来剥削我们。所以我们大家都要联合起来，把所有一切的土地、田园、工厂、机器、物资，统统取回到我们手里，这时候谁还敢来压制我们呢！我们劳工的朋友啊！快快起来，休业一天，大大地庆祝一下！
>
> 五月一日万岁！[3]

---

① 王士立：《中国工人运动的先驱邓培》，《唐山文史资料》(第 18 辑)，1994 年。
② 王士立：《论中共唐山地方党组织建立的历史条件》，《唐山师范学院学报》2005 年第 1 期。
③《五月一日北京劳工宣言》，《民国日报》1920 年 5 月 5 日。

宣言指出要消灭剥削阶级，消灭剥削制度，实现土地、田园、工厂等生产资料公有，回应了工人阶级最关注的问题，提出"有工大家做，有饭大家吃"。这次纪念大会使唐山工人阶级受到了深刻的马克思学说教育，为工人阶级解放指明了道路，会场上回荡着"劳工万岁""五一万岁""资本家的末日"的口号。

为进一步提高邓培等工人骨干的马克思主义理论水平，北京大学马克思学说研究会经常派代表来到唐山宣传革命理论。他们用通俗易懂的语言解释工人阶级遭受剥削和压迫的根源在于资本主义剥削制度，鼓励工人阶级联合起来，打倒万恶的剥削制度，实现自身解放。同时，北京共产主义者还把《共产党宣言》《新青年》《每周评论》《劳动周刊》《工人周刊》等进步书籍发给邓培等人，他们在如饥似渴的阅读和思考当中，反思自己过去的革命道路，坚定了用马克思主义改造中国社会的理想，树立了马克思主义信仰，促进了唐山无产阶级实现从自在阶级向自为阶级转变。

当然，邓培接受马克思主义学说途径还包括欧洲归国华工宣传。有一位华工陈友茹经常跟邓培讲述推翻沙俄的二月革命和列宁事迹。"一战"期间，英国资本家骗卖开滦煤矿工人到俄国煤矿做工，他们亲身经历了俄国十月革命，目睹了俄国发生的翻天覆地变化。1920年，这些工人陆续归国，他们把在苏俄的见闻讲给工友们听，介绍苏维埃政权和列宁，宣传无产阶级革命思想。受十月革命鼓舞，邓培发出"我看中国早晚非这样不可"的感叹。

（二）唐山党团组织的建立和工人运动的新发展

1921年3月，李大钊派遣北京社会主义青年团员李树彝常驻唐山，公开身份是唐山职工学校（北洋政府创办）教员。李树彝的主要任务是改造工会组织，协助邓培创建社会主义青年团，为创建唐山地区党组织做准备。李树彝在教学中很注意传播革命思想，授课方式切合工人实际，取得了非常好的效果。1921年7月6日，唐山社会主义青年团正式成立，第一批团员7人，分别是邓培、李树彝、阮章、梁鹏万、许作斌、陈洪和陆振轩，成员中除李树彝外，均为京奉铁路唐山制造厂的工人或练习生，成为全国最早建立的17个地方团组织之一。①唐山社会主义青年团员都确立了马克思主义信仰,具备了无产阶级觉悟,思想高度统一。唐山最早一批党员都是从社会主义青年团员转化来的。

为了传播革命思想,组织工人运动,邓培创立了唐山工人图书馆、铁路工人补习学校和大同社。唐山工人图书馆创办于 1921 年底,由邓培担任主任干事,李树彝主持日常工作。工人图书馆除了公开陈列的报纸和普通书刊外,还秘密藏有马克思、恩格斯和列宁著作以及《新青年》《向导》等革命杂志。他们还利用馆务会机会向会员宣传马克思主义。"他们从过去讲到未来,从中国讲到外国,讲十月革命,讲罢工,讲列宁,讲李大钊……讲呀,讲呀,常常讲到深夜。"铁路工人补习学校组织工人学习语文、数学、英文等基础的文化知识,而且以通俗易懂的语言向工人讲授革命道理,使工人在内心深处对马克思主义理论产生认同。唐山工人图书馆等工人学习组织传播了马克思主义理论,促进了马克思主义与唐山早期工人运动结合,一批先进分子成了各厂矿工会领导人和工人运动中坚力量。

1921 年秋,中共北京区委批准邓培由社会主义青年团员转为中共正式党员,并委派邓培和梁鹏万作为代表赴苏俄出席远东民族大会。苏俄之行使邓培目睹了苏俄无产阶级革命成就,更加坚定了他走马克思主义道路的信心。1922 年 3 月,邓培回到唐山,积极落实北京党组织在唐山发展党员,建立地方党组织指示。1922 年 4 月,经中共北京区委批准,中共唐山地方委员会成立,邓培任书记,这是河北最早建立的党组织。1922 年 8 月,根据中共北京区委的指示,成立了中共唐山地方执行委员会,下辖京奉铁路唐山制造厂支部和开滦矿务局支部,邓培被推举为委员长。

1922 年,中国出现了第一次工运高潮。邓培充分利用唐山有利的革命形势,于当年 8 月领导唐山工人最先投入全国劳动立法运动,组成唐山劳动立法大同盟,矛头直指北洋军阀政府。从 10 月中旬到 11 月中旬,唐山地委领导了京奉铁路唐山制造厂大罢工、开滦五矿同盟大罢工、启新洋灰公司和华新纺织厂工人罢工等多起工人运动,其中,开滦五矿同盟大罢工具有极大政治意义,

---

① 王士立:《中国工运历史英烈传:铁骨丹心邓培》,中国工人出版社 2016 年版,第 53 页。

邓中夏评价说：“这次开滦五大煤矿的罢工是中国第一次工运高潮中‘最重要的罢工之一个’，是当时众多工人大罢工中的最高峰。”[①]这次罢工标志着唐山早期的工人运动进入了自觉的有组织的政治斗争和经济斗争的新阶段，唐山工人阶级实现了从自在阶级到自为阶级的跨越。

开滦五矿同盟大罢工是由中共北京区委和唐山地委领导的政治运动，无产阶级领导是 1922 年开滦大罢工最鲜明的特质，也是工人运动走向成熟的标志。大罢工开始前，罗章龙、邓培等在开滦煤矿工人中进行广泛宣传和组织工作，启迪了工人群众的觉悟。1922 年 9 月下旬，开滦五矿工人俱乐部成立，实际上成了工人运动领导机构。鉴于形势严峻，罗章龙、邓培等正式成立罢工领导机构——开滦五矿同盟罢工委员会，罢工的最高组织是党团，对外仍以五矿工人俱乐部名义进行活动，为有效应对罢工中的问题提供了坚强组织保障。正如毛泽东同志所说：“罢工指挥部工作的同志，所有中共党员和青年团员都无一例外地参加战斗。”[②]

在党组织领导下，罢工委员会提出鲜明奋斗目标。工人在罢工过程中提出了“打倒资本主义”“要求经济解放”等革命口号。开滦五矿俱乐部向矿方提出的复工条件也明确包括矿局应承认俱乐部有权代表全体工人，有权决定工人录用和开除的政治要求。由于英帝国主义和北洋军阀政府的强大势力，这些政治要求没有得到实现，但反映了广大工人心声，代表工人运动发展趋势，成为唐山早期工人运动走向成熟的标志。

在复杂斗争形势下，罢工委员会制定了灵活机动革命策略。邓培领导唐山各厂矿工人互相支援，结成同盟，还积极争取唐山青年学生和各界人士支持。采取适当对策战胜了军警武力镇压，粉碎了厂矿方面分化瓦解罢工队伍阴谋。在工人运动遭受挫折情况下，能够认清形势，及时退却，在资方答应部分条件后忍痛复工，保存了革命力量。[③]

1925 年 9 月，邓培因工作需要调离唐山，到北京专门负责全国铁路总工会工作。1927 年 4 月，广东新军阀将邓培秘密杀害，时年 44 岁。邓培领导唐

---

① 《邓中夏文集》，人民出版社 1983 年版。
② 毛泽东：《中国社会各阶级分析》，《毛泽东选集》（第 1 卷），人民出版社 1991 年版。
③ 闫永增：《邓培与唐山工人运动》，《中国劳动关系学院学报》2007 年第 2 期。

山工人运动功绩在中国工人运动史上留下了浓墨重彩一笔，也将永远受到中国人民的怀念和崇敬。

（三）唐山早期工人运动对马克思主义中国化的启示

人民群众是实践的主体，是历史的创造者。人民群众的实践活动要取得成功，必须要发挥科学理论指导作用。在探索拯救劳苦大众的道路上，邓培先后接受了孙中山先生的三民主义思想和资产阶级民主宪政思潮，参与组建中华工党。但这一时期工人运动目标集中在改善经济待遇，结果多是被资本家用各种手段分化，工人运动不能对资本家和反动势力构成强大冲击。五四运动后，邓培成为唐山地区传播马克思主义的先锋和骨干。1921年到1922年，唐山地区的工会组织和党团组织先后建立，推动了国内第一次工人运动高潮的到来。邓培组织唐山劳动立法大同盟，领导震惊中外的开滦五矿同盟大罢工，显示了工人阶级的伟大力量。唐山工人阶级运动已经从自发斗争转变为自为斗争，马克思主义指导是其鲜明特色。

鉴于以往的历史经验，现阶段我们在推进马克思主义中国化过程中，要坚持理论与实践相结合，发挥马克思主义理论在全面建设小康社会实践中的指导作用，用马克思主义的立场、观点和方法解决工作中的各种问题。在马克思主义中国化的过程中，理论工作者要用通俗易懂、接地气方式向人民群众宣传马克思主义理论，要关注人民群众使用马克思主义理论解决实际问题的效果，注重人民群众的参与和实践，把人民群众创造的好做法加以总结和推广。只有当人民群众认识到了马克思主义的实践价值，才能从内心接受它，形成马克思主义中国化的场景。

（纪念邓培诞辰140周年图文资料征集投稿，作者简介：唐山市迁西县高级实验中学）

第二章

邓培与唐山早期工人运动史料汇编

唐山工人阶级的形成和自发斗争

伴随着清政府官办、官督商办企业和民族资本企业的创办，在工业重镇唐山诞生了第一代产业工人。他们与先进的生产方式相联系，是近代大工业的产物，也是中国无产阶级的重要组成部分。

1878 年，开平矿务局创办时，雇用了 250 名工人，这是唐山最早的一批产业工人。这些工人大部分来自当地农村，农闲时来矿做工，农忙时回家种地。后来，随着矿山的扩建和铁路、水泥产业的开发，工人来源除了当地的一部分外，还有相当一部分是从河北南部、山东、河南、福建、广东等地招雇的。唐山工人阶级队伍逐步形成并扩大，人员也相对稳定下来。到 1894 年，开平煤矿工人稳定在 4000 人左右，约占当时中国采煤业工人总数的 50%。辛亥革命前后，唐山近代产业工人共有 1.4 万多人，主要分布在三大企业中：开滦有 1.1 万人，京奉铁路唐山制造厂有 2200 多人，启新洋灰公司约有 1500 人。

唐山工人阶级从产生之初，就在政治上、经济上深受帝国主义、封建主义、官僚资本主义的三重压迫和剥削，很少有人身自由，更没有政治上的民主权利。清朝光绪年间制定的《刑律》《结社集会律》都严禁工人集会、结社和罢工。对"聚众威胁者"要处以罚款、笞刑或坐牢。《大清矿务章程》进一步规定："借端罢工要挟者"，要交"地方官惩办"。清政府还允许企业私设公堂，直接镇压工人的反抗。例如，李鸿章批准开平煤矿有权设立刑具，对工人判刑。北洋军阀统治时期，加剧了对人民的政治压迫和经济掠夺。北洋政府颁布施行的《暂行新刑律》《治安警察法》等法令，规定凡警察认为是"扰乱安宁秩序""妨害善良风俗"的"秘密结社""屋外集合""粘贴文书图画""散布朗读"等,都在取缔之列。特别是对"同盟罢工之诱惑煽动"等,警察有权立即取缔并严厉镇压。清政府和北洋军阀剥夺了工人自由和民主的权利,帝国主义更是把工人当作随意驱使的奴隶。在开平煤矿和京奉铁路唐山制造厂,英国资本家雇用大量印度士兵,收买和豢养一批流氓、打手、密探,制定一系列极端苛刻的规章制度,对工人进行黑暗的统治和残酷的压迫。

唐山各厂矿,尤其是开滦英国资本家,还通过封建把头包工制对工人进行剥削和压迫。这种包工制度是半殖民地半封建社会条件下,资本主义与封建主义相结合的产物。唐山的几大厂矿都把工人分为两种:少数技术性强的,由厂矿资本家直接管理,称为"里工";大部分出卖简单劳动力的普通工人,则由各级包工头管理,称为"外工"。资本家把生产任务包给包工头,按完成情况支付价款。包工头充当资本家的爪牙,替资本家招雇、管理外工。资本家出于经济和政治上的利益,十分热衷实行包工制。他们可以与包工头讨价还价,用低廉的价格雇用大量"外工"去从事危险和笨重的手工劳动,以省去购买昂贵机器设备的巨额资金,还可以通过包工头监视工人行动,分裂工人队伍,并在不影响榨取工人剩余价值的同时,避免与工人的直接冲突。包工头则在获取包工利润的同时,还利用手中招雇、解聘、发放工资的权力,通过克扣工人工资、奖金、加班费,随意勾工罚款、勒索伙食费,放高利贷等名目繁多的手段,大量榨取工人的血汗。包工头还经常随意凌辱和打骂工人,对工人实行极其野蛮的封建统治。包工制度下的一线工人,多数在劳动条件极其恶劣的环境下从事手工劳动,劳动强度大、时间长,工资水平低,生活状况悲惨。开滦矿工们在没有可靠安全设施和防护措施的井下,进行高强度、超负荷的体力劳动,承受着冒顶、透水以及瓦斯爆炸等各种事故不断发生的危险。就是在这样的条件下,工人为了维持生活,常常打连班劳动,即下一次井连做两个班(16小时),加上往返巷道的时间,每天劳动18—19个小时。

低下的政治地位、残酷的剥削压迫、恶劣的劳动条件、非人的生活待遇,迫使唐山工人为生存而拼命斗争,为解放而坚决革命。反抗最初以原始的、自发的、零星的斗争方式进行,后来逐步发展成为自发的小规模集体斗争。1882年7月,开平矿务局在投产的第二年爆发了唐山工运史上第一次集体罢工斗争。罢工的根本原因是官督商办企业中无产阶级与官僚资产阶级之间深刻的阶级矛盾。引发罢工的直接原因是工资制度不合理，"外工"与"里工"的等级差别悬殊。从南方雇来的工匠月工资35—50元，而占工人总数60%以上的井下工人，月工资仅为3.5—8元，还要受包工头的盘剥，根本无法维持最低的生活要求。加之井下工伤事故严重，仅从1878年建井起，4年中就发生6起恶性事故，死亡12人，矿方却视人命如草芥。井下工人还动辄受到打骂和刑讯，由此引起了工人的强烈不满和反抗，要求提高工资，改善待遇。这次罢工虽然在清政府的镇压下失败了，但是它开创了中国煤矿工人罢工的先例，标志着唐山工人阶级已经意识到集体力量和团结斗争的重要性。1891年4月，天津铁路公司所属的开平铁路工人中，发生了群众性的反抗洋人压迫的斗争。受雇于铁路公司的英国技师经常任意侮辱中国工人，激起了中国工人的愤怒。4月9日，一名英国技师对中国技工寻衅滋事。工人向公司督办报告未受理睬。100多名愤怒的工人便用木棍、石块追打肇事的英国人，迫使铁路和煤矿的英国雇员集体逃往天津。结果李鸿章在英国领事的压力下，下令逮捕了5名领头工人，致使工人斗争失败。开平铁路工人的这次斗争虽然被镇压下去了，但是他们不畏强暴、敢于斗争的精神，却成为激励工人斗志的榜样。

1905年，清朝预备立宪时，唐山居民开始组织地方自治，旅居唐山的广东籍工人首先成立了"粤人自治会""自治研究社""阅报工会"，后来又组织了"广东会馆"。其他工人相继效仿组织了山东帮、河北帮、河南帮等同乡会。这是唐山工人的早期组织。它们受封建意识和农民小生产的思想观念影响较深，地域观念和帮会思想严重，缺乏阶级和民主意识。

辛亥革命爆发后，广大工人民主意识开始觉醒，产生组织工人团体的愿望和要求。1912年4月，邓培等发起成立唐山工党，其成员达700多人，主要是京奉铁路唐山制造厂、开滦矿务总局、启新洋灰公司的技术工人。1912年5月3日的《大公报》上，刊登了《唐山工党宣言书》及《唐山工党简章》。邓培当时用的名字是邓玉云，居冯志尧、林森湖、田文炳、邓伯坚、孙伟芳、董赞庭等七位发起人之首。

《唐山工党宣言书》表达了对孙中山"实业兴国"思想的拥护，提出"国之强也，强以兵；兵之养也，养以商；商之战也，战以工"。强调"振兴工艺"与国家强盛之间的密切关系。《唐山工党简章》宣布其宗旨是：

（一）开通工人知识；（二）促进工业发达；（三）扶植工人生计；（四）改良工人习惯；（五）提倡工人尚武；（六）主持工界参政，尤宜以爱护同群、融合畛域、联络工人感情为宗旨。

《唐山工党简章》对党员的要求是：

凡属工界同志，年在十六岁以上、有实业者，均得入党员。如界外同志，赞成本党者或富于工学知识之人，能辅助本党者，均推为名誉成员。

唐山工党成立后不久，便加入在上海成立的中华民国工党，成为其中强有力的支部之一。唐山工党曾组织"公益社"，为工人开办阅报社、夜校，组织演讲队等。8 月，唐山工党内部发生意见分歧，京奉铁路唐山制造厂的党员脱离中华民国工党，另组旅唐粤人工界团体会，后改称华民工党，并发行《华民工党》日刊，经常揭露英国资本家和包工头剥削压迫工人的罪行。邓培参加了华民工党，担任理事。唐山工党和华民工党都不是工人阶级真正意义上自己的组织，它们虽然在一定程度上关心工人的经济权益，但政治纲领和阶级界限模糊，不可能领导工人获得政治上的民主权利，其经济利益许诺也不过是一纸空文，因此对广大工人缺乏吸引力。这两个组织仅存在一年多的时间便先后解散。

1912 年 9 月 22 日，辞去大总统职务、担任中华民国铁路总监的孙中山为筹划全国铁路建设，在黄兴、宋教仁、胡汉民、王宠惠等人的陪同下到唐山考察工业和交通。孙中山先后参观了京奉铁路唐山制造厂和唐山铁路学校，并发表讲话。他说："国民革命需要两路大军，一路进行武装斗争，建立平等、自由的中国；一路学习世界科学技术，改变祖国贫穷落后的面貌。"孙中山在唐山期间，还从华民工党中挑选邓培、许作彬等骨干，吸收为同盟会会员。孙中山此行对唐山工人革命运动的发展起到了鼓舞和推动作用。1914 年 11 月 3 日，开滦林西矿工人齐聚工厂大门，拒绝下井，要求增加工作日和提高工资待遇。罢工坚持 3 天，达到预期目的。1917 年，因包工头无理开除了 100 多名工人并降低工人工资，京奉铁路唐山制造厂爆发机车修械所工人反对包工制的斗争。由于工人团结一致，坚持斗争，厂方被迫在该所取消包工制，被开除的工人也一并改为"里工"，继续上班。这次斗争显示了唐山工人团结起来的力量。

投身五四爱国运动洪流

1919 年的五四爱国运动，是为了反对帝国主义列强在巴黎和会上损害中国主权、反对北京政府的卖国政策而爆发的。唐山人民在这次运动中表现出极大的革命热忱，形成了以青年学生为先锋、工人阶级为主力军、各界群众广泛参与的反帝爱国联合阵线，猛烈冲击中外反动势力，对全国反帝爱国斗争起到积极的推动作用。

工人阶级登上政治舞台和爱国联合阵线的形成

学生的爱国行动在唐山工人中引起了强烈的反响，京奉铁路唐山制造厂工人邓培首先发起反帝爱国斗争，其他厂矿工人也纷纷加入反帝爱国运动行列。在唐山学生代表访问北京大学时，北京大学学生会负责人黄日葵、罗章龙等建议唐山的学生要与唐山的工人联合起来一致行动，得到了唐山学生代表的赞同。学生代表回到唐山以后，很快与邓培以及开滦煤矿的工人建立联系。在共同的斗争目标下，工人阶级和爱国学生联合起来，一起把唐山反帝爱国运动推向高潮。

6 月上旬，邓培发起成立工人爱国组织京奉铁路唐山制造厂职工同人联合会（又称职工同人会）。同人联合会设总干事一人，下分评议、总务两部。邓培被大家推选为总干事，负责领导工作。在同人联合会领导下，邓培又组织了救国十人团。其宗旨是提倡国货，振兴实业，节省靡费，推进反帝爱国事业。救国十人团参加者多是工人中的积极分子，其组织形式是：每十人编为一团，推举一人为"团代表"；每十团公推一名代表，称"十代表"。在邓培领导下，团结组织起来的唐山制造厂工人，投身反帝爱国斗争的热情很高。同时，邓培又到开滦唐山矿工人中进行联络，帮助开滦工人成立了救国"十人团"和职工同人联合会。随着五四爱国运动的深入发展，邓培被推举为唐山工界代表，成为唐山工人公认的领袖人物。唐山工人阶级的广泛动员，有力地支援了学生的爱国行动。唐山工人爱国组织的建立，表明唐山工人阶级已经摆脱了资产阶级追随者的地位。

6月3日，北京政府出动军警镇压，逮捕大批爱国学生，激起了全国人民更大的愤怒。从上海开始的工人罢工、学生罢课、商人罢市的"三罢"斗争席卷全国。"三罢"斗争的消息传到唐山以后，唐山各界特别是工人阶级迅速行动起来，开始以崭新的风貌登上政治舞台。6月11日，唐山商界开始罢市，要求政府惩办卖国贼，保护爱国学生。6月12日，为庆祝曹汝霖、章宗祥、陆宗舆三个亲日派卖国贼被免职的胜利，唐山工业专门学校的学生发起召开公民大会。会址定在唐山火车站广场，到会群众共有3万多人。

唐山召开第一次公民大会

唐山特别通信云：自昨晚（十一日）唐山宣布罢市后，遂有今晨（十二日）公民大会之议。今晨六时，即由工业学校发出召集公民大会传单数千张，会址定车站旁旷地。九时到者已千余人。当由该校救国团干事长李君与在场凤有声望人物接洽一切，并拟推唐山本地年尊者为临时主席，然当以不问世事坚辞后，乃公举郭友三君为临时主席。秩序单由该校拟就，征求各界同意。于十一句钟始摇铃开会，除各界代表外，其余与会者约有万人。当时由临时主席报告一切，次由学生代表、工界代表、商界代表、农民以及一切公民共三十二人演说，言词莫不激昂慷慨，听者动容。其中尤以张佐廷、徐佐臣、张敬之、甘庆葵、李如白、马如郇、刘振坤、裴庆邦、李中襄诸先生，或有所建议，或有所解释与人民之关系，救亡之策略，官吏之腐败专制，东邻之强暴无行，发挥尤为淋漓尽致。于是听者翕然慨然，或鼓掌，或举手，或高呼，或流涕，种种爱国热忱发现之形状，诚非吾笔所能达也。而各人演说之结语，辄以保持治安，毋滋乱事，致贻人羞为言，听者皆首肯者。再初矿务局工人闻今晨开公民大会，莫不欲来与会，但外国矿师不许，后乃自矿务局北门潜出，整队而到者千余人，均头戴中国草帽，上书勿忘国耻诸字样，一见国旗即脱帽欢呼，会场中人复鼓掌表示欢迎之意，一时人声直沸天矣。其后有商界董事数十人结队莅场，后又有南厂工人团、电灯公司工人以及各小学。故当十二时至一时之顷，全场无虑三万人，当由商团、军警协同该校纠察队极力维持，会场秩序毫无凌乱。当场议决通电政府：（一）要求外交不让步。（二）保护学生不加干涉。（三）惩办国贼。电报稿（略）。散会时复向国旗行三鞠躬礼，并呼万岁，呼声震天，民气觉益壮矣，直至午后三时始散。栅腹工人二三千人亦自南厂停工出厂，要求复开公民大会。后由该校学生及张佐廷先生维持演讲，并劝其暂勿罢工，致生乱事。彼辈则谓其后倘管理者对于吾辈爱国举动有所取缔，或唐山商界不能坚持到底，则必罢工云云。

（天津《益世报》一九一九年六月十六日第六版）

会上选举商界代表郭友三[①]为大会临时主席，学、工、商、农各界代表 32 人登台讲演，愤怒声讨日本帝国主义的强盗行径，控诉封建军阀的黑暗统治，号召大家勿忘国耻，力争国权，不达目的决不罢休。大会决议通电政府：要求外交不让步；保护学生不加干涉；惩办国贼。这次公民大会的召开，标志着唐山各界反帝爱国联合阵线的形成。6 月 13 日，北京政府慑于全国人民的威力，颁布保护爱国学生的命令。6 月 14 日，唐山商会鉴于罢市目的已经达到，便宣布开市，并于 6 月 16 日举行游行，庆祝五四爱国斗争的第一个胜利。

罢免曹汝霖、陆宗舆、章宗祥的职务，实现了五四运动的一个直接目标，但山东问题并没有解决。6 月 24 日，为阻止北京政府在巴黎和约上签字，在邓培等工人和学、商界代表的联合组织下，唐山各界群众万人在火车站广场举行第二次公民大会。大会通过致中国驻巴黎专使、北京政府和全国人民的三项

---

① 郭友三（1893—1919），名蛟，字文会，号友三。唐山镇（今唐山市）郭大里人。先后就读于永平府中学和天津成美中学，因照顾祖母生活，辍学返唐，协助其父经营药店，素有爱国思想，热心公益事业。

电文，并决定组织唐山绅、商、学、工、农、教六界联合会。

唐山召开第二次公民大会

自山东代表赴京以来，唐山民气日益激昂，于是有开第二次公民大会之议。当于六月二十二号假余庆堂开筹备会，记者以唐山路校学生资格旁听，绅商工学教界到者近二十人。乃由张佐庭先生主席报告第二次公民大会宗旨及目的，略谓："前次公民大会发生仓猝，工农多有未及至者，此次应预先筹备，使手续更为完全，则各界人心自易坚固。此次大会惟一之目的，即在不签巴黎和约。诚以不签约而失山东，则日本有抢夺之嫌，后世子孙犹有恢复之一日。签字而失山东，则是吾国甘心丧地，自无争回之理由可言矣。"云云。当场一致认为斯举为必要，于是议定发电报三通：

（一）致巴黎陆、王两使；

（二）致北京政府；

（三）致全国公民。

此以签约期迫因定今日（二十四日）上午十点钟前在车站前开第二次公民大会。当由该筹备会支配一切，通知各乡村镇、各界公民，并备传单、广告多种，沿街乡散贴。今晨十点，记者因以本校救国团发刊部干事资格与会，会场一切施备颇佳，并有同兴饭店主人安聘卿先生捐汽水一大箱，冰其凝数桶及一切茶水，非常周备。至十一点钟，到者已逾万人，乃由临时主席刘锡嘏先生报告开会宗旨，并略陈签约与不签约之利害后果，乃问众："签不签？"则皆举手，同声大呼曰"不签！不签！"乃向国旗行三鞠躬礼，礼毕三呼万岁后，乃由各界代表公民（士、农、工、商、教皆有）演说，多有令懦立贪廉之概。犹自可喜者，童子界中卢成名君，才可十年岁，演说词尤为动听。女界中有同仁小学刘女士（刘锡嘏先生女孙公子）演说亦颇镇静可听，毫无儿女气。嗣后又有陆子春先生，衣裳褴褛（褛）不堪，登台自言受吗啡之害，以至一穷至此，今已发愤戒绝。现身说法，声壮情凄，尤足感人。当一句钟时，到场人数最多（南厂工人亦全体皆至，各村正副到者六十余人，各学校莅临者七八，女界近五百人，全场实数逾四万人），乃宣布三通电文，由临时主席解释，再由郭友三先重申其意，众皆曰可。乃于一点半钟拍电后，犹接续演讲至四句钟。乃由当场临时职员提议，组织一绅、商、学、工、农、教六界联合会，会属永久性质，征求众意，皆曰必要，鼓掌欢呼赞成之。暂拟各界推举代表二人以上，于六月二十七日在永盛茶园开成立会，届时续报。四点半散会，会场秩序由本校纠察队协同军警、商团维持，毫无凌乱。而唐山此次大会之一团，自决心与良心至足钦感。

（天津《益世报》一九一九年六月二十七日第六版）

会后，唐山代表 2 人赴北京，于 6 月 27 日参加了北京、天津、山东等地代表的联合请愿。同日，上海各界集会，唐山等地代表应邀出席，并发表演说，一致反对在和约上签字。由于全国人民的坚决反对，参加巴黎和会的中国代表最终拒绝在和约上签字。但是，北京政府为了迎合日本帝国主义，竟然秘密电令在巴黎的中国代表补签对德和约，再次遭到全国人民的强烈反对，唐山的拒签和约运动也再掀波澜。

6 月 29 日，唐山绅、商、学、工、农、教六界代表在永盛茶园召开会议，筹备建立唐山各界联合会。7 月 6 日，各界代表 115 人，列席人员 30 多人，在广东会馆开会，讨论通过了《唐山各界联合会章程》，正式成立唐山各界联合会。该章程规定唐山各界联合会的宗旨是：进行卫国事业，拥护人民自由，实行地方自治，提倡对外精神。唐山各界联合会设评议和总务两部，评议部定议，总务部执行。全体会时，两部部长轮流担任主席。会议投票选举商界代表郭友三、刘锡瑕分别担任评议部长和总务部长，工界代表邓培和梁鹏万等人当选为评议部评议员。唐山各界联合会的成立，标志着唐山反帝爱国联合阵线在组织上的完成。

唐山成立各界联合会

唐山各界代表前在永盛茶园开各界代表会时，结果举出本会章程起草人六人，并拟于七月六号开正式成立会，会址定广东会馆，六号之先于星期二、四、六三日，即由各界发起人讨论一切办法。故届时会场秩序颇井井有条，十句钟时计各界代表到会者百十五人，旁听者三十余人。当由众推张佐庭为临时主席，讨论起草员所拟之草章。惟于宗旨及组织两条，颇加讨论，费时颇久，结果悉依原案。章程既修定（章程附后），乃用票选总务、评议两部正副部长，结果刘锡嘏当选为总务部正部长，张佐庭为副。郭友三当选为评议部正部长，刘硕忱为副。嗣又由众推选八股股员，及由各界自推评议员四人。诸职员既定，当场又议定七号开两部联席会一次，并议决发电报一通，致巴黎专使，电曰："拒绝签字，举国同钦，请坚到底，勿为强大所却，吾民愿为后盾"。时已五时半遂散会。

（天津《益世报》一九一九年七月十日第六版）

此后，唐山城乡普遍建立各界联合会、救国会、乡农爱国会等群众爱国组织。7月11日，为造成反对补签对德和约的更大声势，唐山各界联合会开会决定，派刘锡嘏、赵海波、高霭轩、陆庭俊4人为全权代表，联络天津各界，赴北京请愿，要求政府担保不补签对德和约。7月22日，刘锡嘏等人与天津代表王醉生、卢剑秋等到北京总统府请愿，递交《唐山天津各界联合会代表反对补签和约上总统书》。拒签和约的斗争，使全国各阶层民众结成以工人阶级为主体的反帝爱国联合阵线。北京政府终因惧怕民众的力量，未在和约上签字。这在近百年来中国始争终让、几成惯例的外交史上，是一个空前的胜利，也是五四运动再次取得的重大胜利。

许元启：《五四前后回忆》

"曙光在前……"

（1）当年这个学校的情况，好像是一个寺院，陈旧，保守，呆板……

第一次曙光的照临，是一个上海学生带了一册《新青年》的《灵学特刊》。他签注了许多触目的字，故意的撩在阅报室内，来引起同学们的注视。这个学校像寺院一样，新文化思潮是从一册讨论"鬼神的有无"来引起大众的注意的。这是在"五四"前的九个月。

从此，这位同学经常地按时不断地使一期期的《新青年》出现在图书馆的阅报室内。在刊物上有不同的意见注写下来。

渐渐地，白话文、旧礼教、科学方法、社会主义、人生观……也引起少数同学的讨论。以后，更广泛的为青年们所爱好。《新潮》也继续出版了，也有人做起白话诗……

（2）一个第一次出现在图书馆里的墙报叫《新报周刊》，是用手写的。里面有对学校的建议、小品文、白话文、科学问答等。经过同学们的建议和批评，图书馆扩大了地方，管理制度也逐渐得到了改善。

这是在"五四"前的一个月。

（3）当时是每天下午到阅报室去阅读时事。五四运动的消息，是在望日五日下午看到的，引起了很多同学的兴奋。到五点钟，图书馆前面阶级上，就有各班同学谈论着。坐候当时在外测量的三年级同学的归来。

三年级同学来到了，全班同学就坐在石阶上讨论，决定组织起来，派代表赴天津、北京联系。

（4）一张北京学生会的《救国报》寄到了，同学们参考了京津的情况，开始组织学生会，分成评议会、执行部二个机构。各班都有代表参加。

一个组织编印唐山的《救国报》，第一期用石印出版，轮流手写的。内容有外交、政论等。在当时很受大家欢迎。我们仍延用"救国"二字作报名，并希望各地学生会，都用这一报名，表示目标一致。

（5）全校青年同学，在热烈愤慨的情绪下，开始向外宣传。几十批的同学组织起来，到街头、工厂去宣传演讲抵制日货和组织群众。

（6）在群众热烈支持和拥护下，在当时校门和车站间的大操场上（当时这一段是一个平地，作美帝驻军的操场和打高尔夫球用），开了一个盛大的群众大会，有工人、学生、商人代表讲话。

（7）学生会派代表和当时南厂总管争辩的结果，南厂工人全体参加了这个大会。

（8）在大会上，通过了宣言、通电，并推代表进京请愿；并决定成立唐山各界联合会，由各单位推选代表组织，地点设在商会内。学生会推执行部部长出席。主要任务是宣传和检查日货，抵制日货，要求废除二十一条卖国条约。

（9）开滦矿局的矿工们，也冲破了英帝国主义者的阻挡，走出了矿场。因为到得迟，会已散。后走的同学见大队矿工远远来临，极端兴奋的回校招呼。同学们临时又在广场上，重新开会讲话，获得矿工同志们热烈的拥护。同学们开始体会到劳动人民对祖国的热爱。

（10）学运面进行。校召幽联合会的代表大会。出席的有山海关到塘沽一带的生代表，会上推举了代表，参加北京提议在上海召开的第一次全国学生联合会。

（11）泛印。每期从一千份增加到二千份。一部分销售本地，一部分销售各大城市和学校。

（12）为着宣传的深入，群众组织了下乡宣传队，出发到附近各地去，并为着宣传的普遍，开始和钱玄同联系采用注音字母拼音，在《救国报》第七期发表"平民教育"以后，又具体的介绍利用注音字母，向工农传播的办法，在学校里出现了许多注音字母专家（同学），很快在唐山成立了注音字母传习所。招收识字班，每日一小时，两星期毕业。毕业时，在街上教堂内举行毕业典礼，发文凭，鼓励劳动人民学习文化。最多的时候，有二十七个传习所，大部分教员已由劳动人民自己担任教学，转辗传播。

（13）为着深入传播，学生会又编印注音字母读物。计出有"文几"及"注音字母故事"二种。这个注音字母〔传习所〕在南厂方面有了若干收获。后长辛店方面也曾一度有同学去介绍给机厂工人同志们。

（14）进京请愿的唐山各界代表，在天安门前被殴打，回唐后身死。激起全体人民的愤怒，一致要求政府惩凶。为了纪念烈士，开了一个追悼会，同时募捐建立纪念碑。纪念碑建立在去新立街的进口马路上。一九三六年尚见存在，胜利后已不复见。

（15）各界代表对完全抵制日货及焚毁日货事，意见分歧。经学生会代表说服教育后，商会代表完全接受建议。检查日货、抵制日货，始得顺利进行。

（16）在全国学生联合会上，提出提议推行"平民教育"
务须以工农为对象，并介绍唐山推广注音字母经验。

（17）一九一九年暑期中《救国报》继续发行，销路更广。暑假后，图书馆阅报室内，壁报渐多，新思想更加扩展，且能结合行动，印行期刊。有《科学的唐山》，出过六期。

（18）《救国报》因攻击反动政府，文章锐利，天津警察厅下令禁止邮递，乃改托火车司机转递。各地刊物，商请交换的及销售亦渐多。《湘江评论》毛主席亦曾来明信片，商讨交换推销，并提出指示。《救国报》在本市，劳动人民读者渐多。但在发行约十个月后，在津印刷所被杨匪以德（警察厅长）查获，才停止发行。

（19）一部分同学开始访问工人，在南厂先进工人邓培、梁鹏万二人的介绍下，同学们访问工人寓所（特别是矿工宿舍），潜下矿井，探视矿工工作情况（记得在旧历除夕去的）。《新青年》劳动节纪念号曾有两篇记载。

（20）各方对于工人运动逐渐重视，研究系、新交通系都派人来唐山联络工人。南厂工人在辛亥革命后，曾一度组织工会，当时虽然没有成功，但认识到必须有工人自己的组织。同学们也以不受政客操纵，鼓励工人，于是南厂工人开始组织自己的工会。

（21）学校因更换校长，新校长骆通，过去腐化，为全校师生所反对，派代表反对，不成，师生决定一致行动，全体撤离学校，以待取消成命。当时，开滦有一小型罢工，有同学前往访问。更换校长事，因同学坚决团结一致，获得最后胜利。

（22）同学有向北大张国焘处取得共产党的宣言等刊物传播。

（23）亦有向上海访问陈独秀者，但在校无具体组织。

（24）1922年，开滦大罢工，在校同学停课募捐应援，为校长俞文鼎压制，闹成学潮，学校被解散。同学代表五人被逮捕，解至天津。上海同学发起募捐，并在《民国日报》付刊，发行《唐山潮声》，应援工潮。曾有同学投稿主张工人武装自卫，因邵力子抽出，未经刊出。《唐山潮声》以后发行应援学测。此事又经多月，始将校长撤换，重新开课，学生代表亦释放。

（《唐院快报》No. 66，1952年6月6日）

吕季方的回忆

"五四"以前学生只知道读书，谈不上政治，当时唐院的课程在全国来讲是比较紧的，尤其是严〔严家骆（音周），教高等数学微积分〕、罗两位老先生的功课最紧。同学根本不关心政治，十月革命当时只是报上看到，不知道什么是社会主义，什么是马列主义，思想上没有什么反映。同学到阅报室看看报纸，有上海《申报》《新闻报》《北京日报》等，当时看《新青年》《新潮》的只是少数比较进步的同学（"人社"的几个人看的），对同学影响最大的是《新青年》。"五四"以前学生与南厂工人的关系就很密切。南厂厂长孙鸿哲很反动，不让学生和工人接触。我们与邓培联系，到厂里了解工人情况，说明我们对一些问题的看法，是通过私人方式去的。与开滦煤矿、洋灰厂联系少一些。

五四运动消息从北京传来后，当时几个思想比较进步的同学召开学生全体大会，说明运动意义，组织捐款作为运动经费（有一个安徽同学一下子拿出5元钱）。在会上成立学生会，推出会长李中襄、副会长吕季方，还有陆庭俊。这是唐院第一届学生会，整个五四运动都是学生会领导的。会上决定派代表李中襄、吕季方和陆庭俊先到天津、后到北京参加天安门请愿。

蓟榆学生联合会是在北京请愿回来后，先到芦台—山海关—滦县—昌黎等几个中等学校去宣传，我到山海关、滦县去过，动员他们参加运动，组织学生联合会。在此基础上成立蓟榆学生联合会。开会，当时滦州中学、山海关中学、芦台中学、昌黎中学都分别有人参加，其中以昌黎搞得比较好。我们在唐山市组织宣传队和纠察队。宣传队一方面卖《救国报》；另一方面组织各队拿了旗子去进行宣传，说明日本的侵略，卖国的"二一条"，明学生为何要搞运动等，是同学单独搞的。纠察队主要是检查日货，与南厂组织"救国十人团"，订公约，保证自己不卖日货等。同学白天黑夜守着车站，检查日货，哪一家商店如卖日货，就劝他封起来；他们不封就由我们封。有时得到通知、消息就去车站、商号检查。（同学进行宣传和检查日货主要利用下午课余时间，或没课时间，不停课，晚上回来还要编写《救国报》）。也烧毁过日货，当时激于义愤，爱国热情很高，警察也不好干涉。我还记得我们一再不让卖，还要卖的，就游街。开国货公司，东西主要是从天津来的，很多东西是欺骗人的，把日货商标换了，改成国货。"五四"高潮时到开滦、启新和农村宣传运动意义，最终宣传不卖日货。

《救国报》是"五四"以后搞的，主要宣传对象是唐山市民，由同学拿到车站、街头去卖，每次客车来都去卖，甚至随火车走一段卖。《救国报》宣传日本如何欺侮中国，我们应该如何对待等。印的份数有几百份，许元启、葛天回、朱泰信、吴国柄晚上写稿。《救国报》经费也是自己捐的，因为报纸只卖一个铜板。

注音字母传习所是吴敬恒号召办起来的，我们先学，然后教人。主要帮助文盲，下午晚上到附近乡下帮助青年农民，几个月也就结束了。

"人社"是在五四运动期间成立的，主要是科学救国，当时认为国家落后，科学不发达，一切都受帝国主义控制，大家毕业分散到各地后都要好好工作，把工作搞好，不做坏事，互相勉励，互相督促，"科学"救国。参加"人社"的先是十个人，并排有号头，抽签定的，许元启为1号，何元武为2号，吕季方为6号。后有些表现比较积极的，征求他意见，愿加入的就入社，共发展到二十六七人。"人社"的活动有：开开会，出科学技术方面的刊物，出了十几期；翻译科学知识，有一本"物理"同学拆开来翻译，我也分到一半，但后来没有进行；开会交换科学知识。但毕业后流于形式，虽抗战时在重庆召开过两次会，但只是形式，没有意义。

"五四"积极分子有：许元启、吴鸿照、朱泰信、李中襄、陆廷俊、陈广源、裴庆帮等。"五四"期间许元启与邓培关系较好，还有吴鸿照、陆廷俊与邓培也有联系。

通过五四运动，推动同学更好注意国家政治问题，激发了他们的爱国主义热情，对帝国主义认识更深刻，对帝国主义仇恨了。总之，五四运动对推动学生关心政治方面有所帮助，在唐山地区来讲，通过五四运动，学生与工人的联系进一步密切，同学们对工人受压迫和工人生活的疾苦，了解的更多一些了。孙鸿哲害怕同学去也在这一方面，怕揭工厂底，怕学生对工人发生影响。

在唐山地区，五四运动是学生和工人一起搞的。没有工人的支持，工作中通风报信（指检日货言），学生是搞不起来的。

（见西南交大《校史资料》卷四）

马汝邺的回忆

"五四"时，交大学生会长是李中襄，副会长是何允武。在我院罢课后，天津成立了各界联合会，唐山仿效天津也成立了各界联合会，我院参加的代表有陆廷俊、朱皆平、许元启、马汝邺、王耕畲。陆廷俊、郭友三曾代表唐山赴京请愿。

唐山各界联合会，主要是抵制日货，商店货物须经该会检查，方准出售。

为参加全国学联，我院学生会将蓟县、唐山、滦县、山海关等地的学生会组织成了蓟榆学生联合会，并以此名义参加全国学联。我院加入全国学联后，曾派代表（吕季方、陆廷俊、何允武）赴沪开过会。

在"五四"之后，我校成立了学生自治会，此后又发行了《救国报》。

（见西南交大《校史资料》卷二十三）

五四运动在唐山

唐山机车车辆工厂利材车间老工人王彦文

五四运动到今年整整四十周年了。回忆四十年前我亲身经历过的这场爱国运动斗争，还历历如在眼前。

四十年前，我们的工厂叫京奉铁路唐山制造厂，我在厂里北机器房做旋床工匠。那时候，工厂名义上是中国政府官办的，实际上大权都掌握在英帝国主义者的手里，他们把中国工人根本不当人看，称我们为"工花子"。当时工人的生活简直像牛马一样，受尽了帝国主义、中国的官僚和包工头们"三座大山"重重的残酷压迫和剥削。

1919 年，在巴黎和会上传出了中国军阀政府外交失败的消息。5 月 4 日这一天，北京的青年学生首先举行了游行大示威，反对帝国主义和卖国贼。接着这个伟大的爱国运动，像一阵狂风由北京吹遍了全国，形成了全国工、学、商各界反帝爱国的大风暴。此后，在上海、沪宁铁路沿线、长辛店等地先后闹起了罢工和游行。我们工厂的工人，听到这些消息后，再也止不住胸中的怒火，每天三五成群地议论，要起来反对帝国主义、反对政府卖国。当时，我们车间里有个旋床工匠邓培同志，他从 1917 年俄国十月革命胜利后，就受到了很大的鼓舞和影响。在五四运动期间，他积极地向工人进行宣传，常向我们说"大家必须团结起来进行斗争，才能取得胜利"。工人们听了他的话，起来斗争的情绪就更高了。再加上工人们听到了唐山到北京请愿的郭友三代表被反动政府和日寇殴打受伤的消息，更加激起了人们的怒火和愤恨。

当年 6 月间，唐山人民第一次大规模的反帝国主义反封建的斗争开始了。在车站附近的广场上，集聚了数千人，举行了抗议帝国主义强盗行为的群众性示威大会。我们工厂的工人，在邓培同志的领导下，出动了 2000 多名的工人队伍参加了这次斗争。大会后举行了示威游行。在游行中，我们工厂的队伍最整齐，人人手中拿着一面小纸旗，写着口号，连一些工人戴的蘑菇式的草帽上，也写着"抵制日货"等标语。游行队伍穿过了唐山的几条主要街道，一路上，气势雄壮，斗志昂扬，接连不断地举臂高呼"千钧一发，睡狮苏醒""打倒日本帝国主义""取消二十一条""打倒卖国贼""拒绝和约签字""誓死收回青岛"等口号，喊声震动天地。游行队伍经过日本洋行（商店）门前的时候，人们的情绪更高，喊声更大。平日耀武扬威的日本帝国主义者，在这股强大的巨流面前，吓得像老鼠一样，紧闭"洞门"连面都不敢露了。当时，站满在沿途街道上的市民群众，都以喜悦和骄傲的心情，目送着一列列的队伍。我们参加斗争的每个工人，也深深地感到了团结起来的巨大力量。这次游行由上午九时到下午一时结束，历时四个小时。反帝反封建的爱国运动的怒潮，波及唐山的每个角落。

在全国人民的压力下，军阀政府被迫撤掉了卖国贼章宗祥、陆宗舆、曹汝霖三人的职务，并且拒绝在和约上签字，"五四"爱国运动获得了伟大的胜利。

从1919年五四运动开始，到1920年春天，我们工厂工人和唐山青年学生还一起进行了声势浩大的"抵制日货"的斗争。

"抵制日货"的斗争，我厂工人也是在邓培同志领导下进行的。当时的主要活动是：工厂组成了"爱国十人团"（每十人为一团）和交通大学（今唐山铁道学院）的学生一起，组成宣传队，到大街小巷去粘贴标语、散发传单和讲解"抵制日货"的意义，口号是"商店不卖日货、市民不买日货"。我们除在市内宣传外，还经常扛着一面大红旗，跑到附近郊区去讲演。此外，还利用礼拜天休息的时间，由几百个工人和学生组成的调查队，到唐山各商店搜查日货。我们对第一次查出卖日货的商贩，先提出警告，第二次再检查出来，就把全部的货物没收，集中运到车站附近的广场上，当着广大市民群众的面，宣布这些日货的"死刑"——一一地把它们烧掉。

日本的商贩们，对我们"抵制日货"的斗争，也没有善罢甘休。有时他们带着很多不值钱的日货，如毛巾、肥皂等，到大街上大喊大叫："白给、白送。"然后像撒传单一样把日货乱扔一气。起初，有的市民还去捡，狡猾的"日商"就大笑地说"只要不要钱，中国人还是要日货"。后来，我们宣传队的人，就向广大市民进行教育，提出"白给也不要，要日货是可耻"的口号。结果，他们的最后这一花招，也被我们给破了，再想要也要不出去了。

在我们"抵制日货"的宣传中，也常听到一些老乡们的反映。他们说："不买日货，谁都愿意。可是常认不清是不是日货，很容易叫奸商们给钻了空子。"为了更好地提倡国货和便利群众购买国货，在1919年秋季，由唐山工、学、商各界集股在粮市大街（今建国路）二十五号开设了国货公司，专卖国货。所有股份都是自愿加入的。当时我厂工人虽然挣的工资少、生活很苦，但大家也踊跃地入了股，生活上实在困难的就几个人合着凑一股。国货公司的营业受工、学、商各界监督，我在当时还为公司做货品的推销人。国货公司从开市的那天起，生意就很兴隆，整个五间大门面，常常挤满买东西的顾客。

工人、学生不断广泛深入地宣传，市民们受到了一次深刻的反帝爱国的教育，大家不再买日货使用了。

"五四"爱国运动的斗争，使我们工人觉悟到谁是我们的敌人；懂得了团结起来进行斗争就会取得斗争胜利的道理。同时也锻炼了工人阶级的队伍和培养了工人阶级的大批优秀的代表人物。像工人邓培同志，就是在运动中成长起来的全厂工人所爱戴的领袖。在1920年，中国建立起共产主义小组后不久，邓培同志在李大钊、邓中夏等同志的教育帮助下，就团结在共产主义小组的周围了。1921年7月，中国共产党诞生了，邓培同志很快地就加入了党的队伍，成了我厂第一名工人共产党员。从这以后，我们厂在党和邓培同志的领导下，先后成立了职工会和工人业余阅报室，成为组织我们工人进行斗争和共产主义教育的场所。到1922年9月，进一步地领导我们全厂工人举行了一次历时八天的大罢工，这是唐山地区的工人阶级在党的领导下第一次大规模的政治斗争。严厉地打击了帝国主义、官僚和封建包工把头，取得罢工的胜利。

（原载《工人日报》1959 年 5 月 3 日第四版）

罗占先的回忆

一九一九年五四运动时期，唐山市在邓培同志领导下就有过活动。南厂工人举行集会反对凡尔赛和约，厂长（英籍）曾阻止工人开会。邓培理直气壮地向厂长交涉说："我们开会反对凡尔赛和约是中国人的事，你们外国人不要管。"就在这期间，我们去火车站后边李中和房子前面空场上，进行了盛大集会。参加的有路矿学校（铁道学院）学生、商界代表、南厂工人等。会上邓培讲话，还有路矿学校学生、商界代表讲话，内容是反对凡尔赛和约，反对帝国主义侵略，废除不平等条约等。会上还通过向外发的电报，会后还举行了示威。

五四运动不久，邓培就叫我们十人中选一个代表，组织十人团。十人团也没有什么形式，谁与谁接近就组织在一起。我这一团除我一人是天津人外，其他均是广东人。

（见唐山革命史档案第九卷）

齐景林的回忆

五四运动，当南厂工人参加五四游行到厂北门口集合时，副厂长孙洪哲见到工人们都停止工作了，他就跑到厂门口问："你们不上工，跑到这来干什么？"工人说："是为了反对卖国二十一条约，去游行示威。"孙洪哲说："这是国家大事，你们管不了，这件事由官家去办。"工人们根本不理睬他，他就用威胁的口吻说："你们不上工，就不给工资。"这时，邓培同志在大家面前对孙洪哲说："我们要国家，可以不要工资。"有许多人异口同声地说："对，对，我们要国家，可以不要工资。"一下子就把孙洪哲顶回去了，随着南厂的队伍就走出去了。

五四运动后不久，南厂就组织了"爱国十人团"，进行抵制日货，反对卖国条约等宣传活动。"十人团"，就是以十个人为一个团体组织起来，其中选出一名团长，这是南厂初期工人运动的基层组织。但是"十人团"不一定就是十个人一团，有多也有少，主要是根据各单位具体情况，大单位也许是十多个人一团，小单位也许只七个人为一团，不论人多少，统称"救国十人团"。当时不仅在工人中有"十人团"，在小职员中也有"十人团"。这个组织是后来组织工会和1922年大罢工的组织基础。

（见唐山革命史档案第九卷）

五四运动的延续和新文化运动的深入开展

拒签和约斗争的胜利，标志着五四运动达到了直接目的，但是各地反帝反封建的爱国斗争并没有就此终止，唐山各界群众与全国人民一起开展了声讨"马良祸鲁"和声援"闽案"斗争，并且由此掀起抵制日货、反对日本侵略的斗争高潮。

7月25日，为镇压山东人民揭露亲日卖国贼的斗争，北京政府无理宣布山东全省戒严。8月5日，济南镇守使马良又下令枪杀坚决抵制日货的爱国商人、回教救国后援会会长马云亭等3人。消息传出后，全国各地纷纷展开要求取消山东戒严、惩办马良的请愿斗争。8月23日，唐山各界联合会派出第一批代表张敬之、刘硕忱赴北京，与山东、北京、天津等地代表一起，进行联合请愿斗争。总统徐世昌不但拒绝接见，而且把包括瞿秋白、刘清扬、张敬之在内的全体代表拘禁起来。8月24日，唐山各界联合会加派部叔垣、郭友三为代表再赴北京请愿。8月26日，唐山各界联合会召开紧急会议，又推举高蔼轩、陆沉、吕亚侯、邓培4人为第三批赴京请愿代表。8月27日，全国各地请愿代表公推郭友三等6人与北京政府公府顾问唐在章、国务院秘书胡鄂公等人谈判。谈判进行3小时，毫无结果。8月28日，北京政府决定强行解散请愿队伍，先是诈称总统要在西苑门接见请愿代表，然后派军警将郭友三等12名被全国各地公推出来的代表挟持到天安门，邓培等其他请愿代表和学生也被军警挟持驱赶至天安门围困起来。晚8时，北京政府调遣军队开到天安门，声言要逮捕请愿总指挥、天津学生联合会副会长马骏。郭友三等人奋不顾身掩护马骏突围，野蛮的军警大打出手，结果马骏被捕，数百人受伤。唐山各界联合会获悉后，立即向全国各人民团体发通电，强烈谴责北京政府的暴行，又与北京、天津等地各界联合会一起上书北京政府，要求惩办马良和制造天安门惨案的凶手。北京政府在全国汹涌的爱国运动压力下，不得已于 8 月 30 日将两次逮捕的代表全部释放。在声讨"马良祸鲁"的请愿斗争中，唐山代表不辞辛苦，不畏强暴，发挥了重要作用，以致天津《益世报》称"唐山成绩超越京津以上"。

郭友三在掩护马骏突围时被军警打成重伤，回到唐山后于 9 月 10 日不幸逝世。郭友三是新民主主义革命时期，唐山第一位为国捐躯的烈士。9 月 21 日，唐山各界联合会在新立街绅商国民学校为郭友三举行追悼大会。为纪念这位爱国烈士，唐山各界人士还捐款为其立碑。9 月 22 日，天津各界群众万余人在南开学校操场举行追悼会，马千里担任大会主席，唐山代表部叔垣介绍了郭友三的生平事迹，天津女界代表邓文淑（邓颖超）号召各界群众"继郭君之志，再接再厉进行，结合团体，打破政府黑暗之阴谋"。

唐山各界人民为"马良祸鲁"事件所展开的斗争

［说明］1919 年 7 月底 8 月初，山东相继发生全省戒严和山东镇守使马良逮捕请愿学生、枪杀回教救国会会长马云亭等 3 人的事件。消息传来后，唐山各界人民异常愤怒，上电政府，散发传单，连续选派 3 批代表进京参加各地请愿活动。这一部分主要辑录了当时唐山开展斗争的历史资料中涉及邓培烈士的有关史料。

唐山各界联合会为山东戒严上政府电

北京大总统国务院钧鉴：阅公报命令，有据山东张督军以莠民乱政准其宣布戒严，又有山东沈省长免去本职，读之不胜骇然。溯厥原因，皆由卖国者与日本私订各种密约，以致外交失败，人民痛国之将亡，群起挽救。近因安福邦横揽政权，破坏和局，阻碍组阁，为全国唾骂，讳无可讳，而其机关昌言报馆，又复捏造公电，妄肆攻讦，激动鲁民公忿，将其主笔送交省长究办，举动文明，何得评为扰乱，藉口戒严。不思明令既下，武装军队四出搜捕，索去商人六名，判决死刑。鲁人何罪，罹此浩劫！沈省长保护民权，为法律所规定，尤不能因此免职。伏恳大总统宸衷独断，迅赐收回成命，立饬张督军解除戒严，将沈省长调回原任，一面解散安福俱乐部，以免狐鼠凭藉，而压乱萌。否则大狱将兴，巨变立至，更有甚于罢课罢市者矣！涕泣呼吁，伏维垂鉴。唐山各界联合会叩。

（天津《益世报》一九一九年八月七日第六版）

唐山各界联合会请罢免马良电

北京大总统、国务院钧鉴：近日鲁省师长马良蹂躏民权，残杀无辜，丧心媚外，罪无可逭，务恳迅赐明令将其免职查办，以谢天下。唐山联合会叩。真。

（天津《益世报》一九一九年八月十四日第六版）

唐山各界联合会召集紧急会议
选派第三批请愿代表

唐山人民为北京政府拘捕各地代表事，异常忿懑，该地各界联合会派第二次代表赴京，已志前报。兹又于二十六日召集紧急会议，议决先预备第三次赴京代表四人，作第二次代表声援。当选者为高蔼轩、陆沉、吕亚侯、邓少山四君。又派张起祥、孙梦文、杨如山、崔静轩、李德馨、杨春元、王从龙、谭润生、谢锡三等九君，于明日动身赴京奉一带临近各地各界联合会，促速派第二次赴京代表，并预备第三次代表云云。

（天津《益世报》一九一九年八月二十九日第三版）

唐山各界联合会第三批请愿代表邓培等赴京

唐山各界联合会第三次赴京代表出发报告云：唐山各界联合会预备第三次代表赴京事，已志前报。昨接在京第二次代表快邮称，请愿尚未遂。因于昨晚开评议会，议决第三次赴京代表立刻首途。昨夜三点，吕亚侯、邓少山两代表已搭车赴京。其高蔼轩、陆沉两代表，于今日（二十八日）下午首途。随后犹将开紧急会议，再预备第四次赴京代表，人数当在二十左右云。

（天津《益世报》一九一九年八月三十日第二版）

1919 年底，作为全国性的五四反帝爱国运动已经进入尾声，而唐山人民为声援"闽案"，抗议唐山反动当局的镇压，仍进行着颇具声势的斗争。11 月 6 日，日本帝国主义制造福州惨案[①]。福州学生联合会向全国各地的各界联合会、学生联合会发电求援。唐山各界联合会、学生联合会迅速致电表示声援。12 月 23 日，唐山各界联合会在火车站广场召开第三次国民大会，强烈抗议日本帝国主义枪杀福州同胞的强盗行径，大会由刘锡嘏主持。唐山各界民众两万多人参加了大会。大会发表宣言和致大总统电文，郑重宣布："我唐山人民亦即于是日起，与东邻断绝一切贸易上社交上之关系。"会后举行了大规模的游行示威。

唐山人民声援福州人民的斗争

[说明] 1919 年 11 月 16 日，日本驻福州领署的警察和侨居福州的日本浪人数十名，在福州桥南持械寻衅，殴打抵制日货的学生，击伤学生多人，打死 1 人，造成"福州惨案"。消息传来后，唐山人民进一步开展了商店不卖日货、市民不买日货的活动，召开了第三次国民大会，强烈抗议日本帝国主义枪杀福州爱国同胞，烧毁日货，在全唐山又一次掀起了抵制日货斗争的高潮。这一部分主要选录了唐山召开第三次国民大会的历史资料。

唐山召开第三次国民大会抗议日本帝国主义枪杀福州爱国同胞

开会秩序

唐山国民大会于本月二十三号开会，各界到会者约两万余人，刘锡嘏主席，其会场秩序系由商团、军警和南工业学校纠察队维持，自

[①] 1919 年 11 月间，福州学生为提倡国货和抵制日货，经常到各商店调查，并时常焚毁日货。当时在福州的日本人对此极为仇视，一再挑起事端，寻机报复。11 月 16 日，日本人组织的"商品保护队"持械寻衅，故意与学生发生冲突，结果打伤学生 7 人，打死 1 人，并伤市民多人，造成震动全国的"福州惨案"。

始至终毫无紊乱。开会秩序：（一）向国旗行礼。（二）宣布要求条件（条件和天津北京同）及宣言书。（三）国民讲演。

讲演动人

演讲之人很多，男人女子都有，演讲词气都是激昂奋发，大有气吞三岛之概。其中尤以卢成名君演讲最动人。听闻卢君年才十三四岁，演讲语句同仇敌忾，爱国纯出自然，毫无矫饰，略谓：

请诸位注意，日本人诡计多端，他现在虽然闹着福州事，恐怕在那一方面又进行办山东问题。请大家不要忘记青岛，诸位不要以为亡国奴好做，亡国奴不但是生前受罪，死后到地下见我们以前诸烈士，他们是拿热血和头颅换来这中华民国，我们有什么脸面去见他们。说到这里，卢君痛哭，下面听见之人，也多半落泪。后来演说之人甚多，都是激昂慷慨，动人闻听。又有工厂二人某某两君，演说时提议烧唐山各界联合会所查日货，大家都赞成。最后演说是工校学生裴君，又提议要烧日货。当即请主席表决，结果是烧。

焚毁日货

先是唐山各界联合会自成立以来，调查日货甚多，会中有人主张给予贫民，奈此种货贫民多不合用，所以就有人提议烧。今既大众决定，所以就把所有日货搬到烧货地方，由唐山各界联合会总务部长（即主席）先点着火。在烧的时候，那不卖日货（不买日货）声和围观拍掌称快声，震动天地。

游行次序

烧货以后，就由报告员报告整队游行街市，次序是：（一）商团；（二）同业会；（三）广东女界爱国会；（四）同仁女校；（五）神商学校；（六）国民学校；（七）回民学校；（八）扶轮学校；（九）西缸窑国民学校；（十）同仁学校；（十一）矿务局工人；（十二）南厂工人；（十三）工业学校；（十四）各界国民。游行路线是由新立街经粮市街、广东街，末到广东会馆，大家排住高呼中华民国三声、抵制日货三声方散，散时已经四点三十分。至街上各家门口悬挂有小旗子及五色旗，旗子均书热心爱国等语，点缀通衢，颇足令人感动。

（天津《益世报》一九一九年十二月二十八日第十版）

唐山国民大会宣言

唐山国民大会为福州事谨宣言于世曰：我辈乃黄帝之胄裔，沐四千年之文明，和平是望，大同是期。徒以年来奸人乘运国政不纲，丧地失权，吞声忍泣。迄于今日东邻暴厉恣睢，迫我签亡国灭种之约，逼我割文明发祥之区，我同胞是以忍无可忍，欲以经济绝交之手段，促其觉悟于万一，共维东亚之和平，藉增人类之幸福。乃东邻漫无悔祸之心，反深侵略之意，一再迫我中央，辱我人民。近日复又在福州，由该国领事组织有武备之团体，惨杀我学生、警察多人，虽屡次抗议，迄无要领，似此目无友邦，肆行无忌，与蹂躏人道之德意志何异？我当轴暗弱，不敢先发，然我神明之胄裔，终不忍坐沦于军国主义之下。此次集会，聊示我辈之决心，藉得世人之同情，共祛除人道正义之蟊贼，以奠世界之和平，世界幸甚！中国幸甚！我唐山人民亦即于是日起与东邻断绝一切贸易上社交上之关系，不至东邻有确实觉悟而渝此誓者，共起逐之。

（天津《益世报》一九一九年十二月二十八日第十版）

唐山国民大会致北京大总统电

北京大总统钧鉴：福州日侨无故滋事，惨杀我同胞，侮辱我国体，政府交涉迄无要领，日本官民骄恣尤甚，此若可忍，孰不可忍？尚望我大总统速按北京国民大会议决条件，续行严重交涉，此愤不伸，何以国为，倘有不虞，愿与同尽。临电不胜悲愤之至。唐山国民大会叩。

（天津《益世报》一九一九年十二月二十八日第十版）

1920年1月，日本政府提出山东问题中日直接交涉，妄图其继承德国在山东的权利合法化。北京政府态度软弱，有意退让，引起了全国人民的强烈反对。这时，唐山的爱国运动遭到反动当局的镇压。3月16日，设在广东会馆的唐山各界联合会事务所被唐山警察局和天津警察厅保安队查封。3月28日，唐山工业专门学校学生自治会主办的《救国报》被勒令停刊，改名《爱国报》出版一期后又被勒令停刊。这些都给唐山爱国运动带来一定困难。4月20日，唐山工业专门学校学生响应全国学生联合会号召开始罢课，要求北京政府驳回日本的通牒。学生的爱国活动屡遭军警阻挠，但他们并没有退缩，一直坚持斗争。5月22日，在全国人民的反对下，北京政府被迫回绝了日本山东问题直接交涉的要求，学生的斗争最终获得胜利。

唐山警察局呈报取缔联合会

直隶全省警务处昨接唐山警察局长丁其慰呈报云：呈为唐山前各界联合会事务所借用广东会馆房间业经该馆拒绝不再借用等情仰祈鉴核指令事。窃查前奉处长令饬，凡私人集会结社一体严行取缔各等因，业经呈复并通令各区队一体遵照办理在案。兹于本年三月十三日据中区分局巡官王云绮呈称：窃据派赴广东会馆巡警许凤山、吴仲元等报称，本日晚八点半钟，有张敬之、邓培、邓鹤年、马如炳、秦姓等五人入广东会馆前各界联合会事务所内谈话，警等及保安队随即入室监视。张敬之等闲谈一刻钟时间即行散去等情，据此理合呈报等情。又于本月十四日据该区呈称：本日晚九钟有广东人十二名在会馆内开同乡会，内有吴述三、黄玉生、周芹墀、邓鹤年等，所议之事系不再借与各界联合会房间会议，理合呈报等情。又于十六日据该区呈称：昨广东会馆内合唐山各界联合会因奉令派警到会同天津保安队严厉取缔，已于本日将该联合会室内所有物件全行搬移寄存于唐山粮市街通俗图书馆内，该图书馆房仅一间，且系临街之房，谅不能秘密开会。所有前该联合会机关已完全消灭。除仍派警探随时侦查外，理合呈报等情前来。据此，除指令仰仍派警分赴广东会馆及图书馆等处严重监视，并呈报省长外，理合具文呈请处长鉴核，指令施行。闻杨处长已据情呈报省长矣。

（天津《大公报》一九二○年三月二十二日）

　　五四运动既是一次反帝爱国运动，又是一个提倡民主与科学的新文化运动。受新思潮的影响，唐山出版了进步刊物，出现了进步社团。五四运动初期，由唐山工业专门学校学生联合会主办的《救国报》，成为唐山历史上最早用白话文编写的革命报刊。《救国报》还与外地建立了报刊交换和互为代售的关系。1919 年七八月间，毛泽东就曾从长沙寄来明信片，表示愿以其主办的《湘江评论》与《救国报》互相代为销售。《救国报》共发行 10 个月，出版 37 期。五四运动后期，唐山青年知识分子已经积极投身到探索如何改革社会的热潮中。唐山工业专门学校学生许元启、何允武、李中襄等 10 人发起成立"人社"，提出科学救国的主张。1920 年 3 月 1 日，"人社"创办半月刊《科学的唐山》，以此为阵地，宣传科学救国主张，普及科学知识等，这是唐山最早的科普读物。该刊出版虽不到 10 期，但在唐山民众中发挥了一定的科学启蒙作用。

　　唐山五四运动规模大、声势强，持续时间长，取得的成绩突出，是全国最为先进的地区之一。唐山五四运动的显著特点是工人阶级表现出巨大的力量，"以中国历史上第一次的政治罢工参加了全国人民反帝国主义斗争，帮助斗争迅速地得到了胜利"[①]。在中国新民主主义革命的伟大开端中，唐山工人阶级写下了光辉的一页。

---

① 胡乔木：《中国共产党的三十年》，人民出版社 2008 年 9 月第 1 版，第 5 页。

创建唐山党、团组织

马克思主义在唐山的传播

李大钊是中国第一个传播马克思主义并主张向俄国十月革命学习的先进分子。早在五四运动前夕，李大钊就开始关注家乡唐山工人阶级的状况。1919年3月9日，他在《每周评论》上发表了《唐山煤厂的工人生活》一文，深刻揭露了开滦英国资本家剥削工人的封建把头包工制，对苦难中的煤矿工人表示了极大的同情与关注，同时也表现出要用无产阶级革命理论指导唐山工运的意向。文章分析了以往唐山工人自发斗争失败的原因，为今后工人斗争指出了方向：联合起来，提出正确的斗争要求，在真正代表工人利益的组织的领导下，进行有意识、自觉的罢工。7月下旬至9月初，李大钊深入到唐山开展社会调查。他访问了唐山工业专门学校，并和京奉铁路唐山制造厂工人邓培等谈话。他又去开滦林西矿进行调查，和矿工王瑞来、李景春等人交谈，赞扬工人的勇敢精神，向工人灌输无产阶级的革命思想。1920年初，李大钊在与陈独秀及共产国际代表一起酝酿创立中国共产党时就曾表示，在北方"先组织北京小组，再向天津和唐山等城市发展"。

在李大钊的影响和带动下，北京的一些进步知识分子相继来到唐山进行社会调查。北京大学学生、新潮社成员罗家伦在唐山工业专门学校教员吴稚晖的协助下，深入到京奉铁路唐山制造厂和开滦煤矿了解工人生活，写成《唐山游记》一文，回北京后以"志希"为笔名，在北京《晨报》上连载。文章以大量事实披露了开滦煤矿工人的悲惨生活，抨击开滦的封建包工制度是一种"极黑暗极不人道"的"猪仔制度"。受李大钊指导的北京大学平民教育讲演团，利用学校放春假的机会，分批到唐山的工厂、农村讲演。北京高等师范学校的部分师生也来到唐山开展社会调查，获得了大量关于唐山社会和工人生活状况的第一手资料。这些调查活动，为以后北京进步知识分子来唐山传播马克思主义，确定唐山为开展工运的重点地区，提供了线索和依据。

1920年3月，李大钊在北京大学团结一批具有初步共产主义思想的知识分子，秘密成立北京大学马克思学说研究会[①]，为建立共产党组织做思想和干部上的准备。此后，李大钊陆续派遣研究会的主要成员罗章龙、张国焘、邓中夏、何孟雄、朱务善、高尚德（高君宇）、张太雷、李树彝、谌小岑等到唐山，传播马克思主义，开展工人运动。4月25日，罗章龙和两名同学来到唐山开展社会调查。他们与唐山工业专门学校学生许元启等人一起，在京奉铁路唐山制造厂工人邓培、开滦工人董恩的协助下，参观工厂和矿山，并深入到工人住宅区，广泛接触工人及其家属，了解唐山工人的劳动和生活状况。事后，写出两篇题为《唐山劳动状况》的长篇调查报告，刊登在5月1日出版的《新青年》7卷6号上。研究会通过这次社会调查活动，对唐山工人阶级的历史和现状有了进一步的了解和认识，并在邓培家中设立联络点，与唐山工人正式建立联系。

唐山劳动状况（二）

许元启

一、绪言

唐山是一个北方最大的劳动区域，运输、制造和矿工遂形成很重要很惹眼的东西。究竟内容怎样，暂先把制造工和矿工先说说。其实，唐山大的工厂还有启新洋灰公司等等，但因时间关系不能有详细精确的调查，所以不如略去。里面的材料是根据于吾们唐山工业专门学校学生救国团调查部的报告，择要节录。

[①] 1921年11月17日，在《北京大学日刊》上登出成立启事，对外公开。该会历时六七年，到1925年底仍在进行活动，在宣传马克思主义，提高青年觉悟，为党培养干部等方面做出了重要贡献。

二、唐山制造厂

组织唐山的制造厂是属于京奉铁路机务处下，一共有两分厂——机车厂和客货车厂，这两个下又分二十个小厂……

三、唐山煤矿

……

四、工人团体

讲到工人的团体，就先讲唐山工人的大概情形。唐山工人的总数只以京奉路制造厂、矿局和启新洋灰公司三大厂而论已有6000人。以生活和工资而论，制造厂是较高。以知识程度论也以制造厂较好。所以团结的力量和要求，以制造厂较大。讲到矿工方面，他们一天做十六点钟的工，拿三吊六的工钱，不要说求常识的机会都没有，就是他们互相作正当的谈话的机会都没有。他们不知道什么叫团体，更不知，也不敢有团结的要求。对于这班苦工，想叫他们立刻自己独立团结简直没希望，只好像胡适之说的"从上面做下去"，然后再从下面做上来。至于那制造厂的里面粤籍的工人有五百三十六名，占全厂工人百分之二十四（四分之一），他们的程度又较好，所以对于活动方面他们好像是个中坚分子。

工党的发起和消灭。在前清预备立宪的时候，唐山的居民组织了一个地方自治会，当时旅居唐山的粤人（一千多人）对于省界的观念是很重的，所以也组织了唐山粤人自治会和自治研究社，到后来又建立了一个广东会馆。但是较有知识的工人都以为划清省界种种举动是极不应该的，并且在那时工头包工制的手下，若工人内再分界限是最危险的。所以当时的暗潮也很厉害。以后又有阅报公会，工人素关心时事的互相传观。辛亥革命起，工界表同情于革命的极多，有人悟工人无团体，不能谋工人的幸福，所以致力于组织工党的活动就发展起来，四月里，唐山工党就宣告成立，当时入党的有七百多人，唐山各厂工人大易入党。本来成立的时候，上海的中华民国工党已成立，此地本预备做支部的，但是到八月才正式地联合。同时制造厂里的司事，因不满意于唐山工党，另组织旅唐粤人工界团体会，后来又改组叫华民工党，总务设在唐山，而总事务所设在北京，他们的目的是想组成全国的工党。当时唐山工人入党的也不少。九月华民工党刊行日刊，但是他们时常用不大正当的手段来攻击个人和工厂，并和唐山工党时生意见，所以二年就解散。至于唐山工党无多时又产生公益社，对于工人的贡献是：（一）阅书报社；（二）工余夜课；（三）月刊；（四）演讲队。但是唐山工党到了二次革命也就无形解散了，公益社绵延至五年遂消灭。

同人联合会，这是"五四"后的产物。制造厂有机务处同人联合会，矿务局有矿务局同人联合会。更有阅报室，注音字母学校，发行《注音字母杂志》。但是在救国的题目下，这种组织不是纯粹工人的组织，所以不能发扬工人的精神，更不能专做谋工人幸福的事业。现在也有不少人觉悟到此想另组劳工团体，他们成功的快慢，就要看工人要求的决心。

五、结论

上面的报告，有许多缺少和不周到的地方。至于精确的程度怎样，我个人也不敢断定它是百分之百，因为我自己或者有调查不清楚，听错和笔误的地方，制造厂方面的报告大半从邓培君处来的；矿务局的报告大半是从董恩君和矿工刘某君处来的，这几人都很热心的。

从上面的报告，可得很多研究的资料。以我个人所观察的和发生的问题：

（一）工党失败的原因是工人依赖他人，没拥护工党的决心，并且因没充分的金钱，不能发展谋工人幸福的事以坚工人的信仰和团结力。现在应该从何处着手才能组成强有力的团体？

（二）对于矿工的救济是一件更要紧的事。增加工资和减少工作时间只给他们浪费和消极的娱乐——戕身——的机会。所以最好从改良待遇上起。但是这种要求改良待遇又怎样做起？

（《新青年》第七卷第六号一九二〇年五月一日出版）

在对唐山进行社会调查的基础上，北京大学马克思学说研究会以及后来成立的北京早期共产党组织①开始派代表来唐山，有针对性地在工人中进行马克思主义的宣传教育活动。

他们经常用通俗的语言向邓培等解释马克思主义的剩余价值学说和阶级斗争的理论，宣传无产阶级革命和无产阶级专政的思想，介绍俄国十月革命的情况，使其逐步树立起共产主义信仰。他们把《共产党宣言》《新青年》《每周评论》《共产党》《劳动周刊》《工人周刊》《劳动音》等马克思主义著作和进步刊物，定期寄给邓培和唐山工人。邓培经常利用晚上的时间，以补习英语为名，把工厂中的一些进步工人召集到家中，组织他们秘密传阅革命书刊，学习革命理论，并通过这些先进分子把革命道理传播到工人群众中去。1920年5月，中国工人阶级第一次隆重纪念五一国际劳动节。北京大学马克思学说研究会领导了唐山的纪念活动。他们事先给邓培寄来李大钊撰写的《五一运动史》和其他宣传品。5月1日，唐山工人未能休假，但京奉铁路唐山制造厂、开滦煤矿等几个大厂矿的数百名工人利用休息时间举行纪念会。会上宣读了《五月一日北京劳工宣言》。这篇宣言提出了无产阶级革命的奋斗目标和工人阶级翻身求解放的道路，使广大工人认识到自身的阶级地位和历史使命。

五月一日北京劳工宣言

我们亲爱的劳工朋友们！今天是五月一日，是美国工党同盟罢工争得"每天八小时"的纪念日，全球的工人到了这一天，都是相率罢工，举行示威运动。但是我国的工人，还有很多不知道今天是什么日子。所以我们来告诉各位：自从今天起，有工大家做，有饭大家吃，凡不做工而吃饭的官僚、政客、资本家、牧师、僧尼、道

---

① 1920年10月，北京的共产党早期组织"共产党小组"在北京大学图书馆李大钊的办公室成立。1920年11月，北京共产党小组举行会议，决定将北京共产党小组命名为中国共产党北京支部。到中共一大召开前，中国共产党建立的地方组织名称不统一，1936年以后出版的党史著作把一大前成立的党组织，统称为共产主义小组。现在学界多称之为中国共产党早期组织。党的创建和大革命时期，唐山党组织直属北京党组织，北京党组织沿革如下：1920.10，北京共产党小组；1920.11—1921.07，中国共产党北京支部；1921.08—1923.06，中共北京地方委员会（简称中共北京地委）；1923.07—1925.10，中共北京区执行委员会兼北京地方执行委员会（简称北京区委兼北京地委）；1925.10—1927.04，中共北方区执行委员会（简称中共北方区委）。

士、盗贼、乞丐、娼妓、游民，一律驱逐，不准他们留在我们的社
会里来剥削我们。所以我们大家都要联络起来，把所有一切的土地、
田园、工厂、机器、物资，通通取回到我们手里，这时候谁还敢
来压制我们呢？我们劳工的朋友啊！快快起来，休业一天，大大的
（地）庆祝一下！

五月一日万岁！劳工万岁！

（北洋军阀政府档案）

马克思主义在唐山传播的另一条途径是驻天津的共产国际联络员、俄共
（布）党员和张太雷领导的天津社会主义青年团。民国初年，唐山与天津同属
直隶省。五四运动中，唐山人民与天津人民曾联合开展反帝爱国运动，联系密
切。唐山无产阶级一直受到天津的早期共产主义者张太雷等人的关注。1920
年11月，在李大钊指导下，由张太雷组建的天津社会主义青年团刚一成立，
就委派团员谌小岑到唐山与邓培等产业工人建立联系，讨论如何组织工人运动
和建立工会的问题。谌小岑从唐山回到天津后，写了一份报告给第三国际驻中
国文化联络员、俄共（布）党员鲍立维。其后，谌小岑按期把天津社会主义青
年团编辑出版的《劳报》（后来改名《来报》）寄给邓培，再由邓培分发到工人
中去。该报以报道十月革命后俄国的政治经济变革和宣传马克思主义为己任，
同时刊登反映长辛店、南口、唐山等地工人生活和斗争的文章。12月，谌小
岑陪同中共北京支部成员、北京大学哲学系学生张国焘到唐山，与邓培等人讨
论决定在基础较好的京奉铁路唐山制造厂建立工会组织。1921年1月，邓培
对五四运动中成立的京奉铁路唐山制造厂职工同人联合会进行改组和整顿，清
除工头和员司，纯洁队伍，严格规章，将其转变为谋求工人利益的工人群众组
织。整顿后，仍沿用京奉铁路唐山制造厂职工同人联合会的名称，以后改称京
奉铁路机务处职工会，也称京奉铁路唐山制造厂工会。2月，工会成立大会在
南厂路扇面街5号秘密召开，选举邓培、陈文海、王麟书、梁鹏万、许作彬、
刘玉堂、李福庆、崔宝罗、罗占先9人为委员，邓培任委员长。工会的建立，
标志着唐山工人阶级在马克思主义影响和教育下，开始步入有组织地开展斗争
的新阶段。

谌小岑谈首先在南厂组织工会

1920 年冬，李大钊叫我到天津同张太雷建立天津社会主义青年团，然后再到唐山去。我到天津后，第三国际派到天津的代表鲍来温叫我先到唐山去一下，这是 1920 年 11 月初。他指定我到唐山会见三个人：一个是南厂的邓培；一个是交大的学生；一个是铁路工人。我去唐山那天恰恰是礼拜天，南厂停工，邓培领我参观了一下南厂。因为我五四运动以前曾经到过唐山，看见煤矿工人生活艰苦，所以我对邓培说，你们做唐山工人运动，应该做煤矿工人运动。邓培说不行，他说煤矿工人是很多、很苦，但是成分很复杂，要先做铁路工人运动，然后做启新洋灰工人的工作，把这两个工人的工作组织起来了，然后再进一步做煤矿工人的工作。当时我很佩服他这个见解，因为我与铁路工人有接触，认为他这个见解很对。我们的谈话，决定先在南厂组织工会。这是我第一次到唐山去的结果。我从唐山回到天津，11 月 9 号天津 SY 正式成立了，张太雷任书记。先办一个报纸，名叫《劳报》。这是一个真正宣传马克思主义和工人运动的刊物。

1920 年 12 月底，不记得是二十几号，张国焘到了天津，要我陪同他到唐山去。我们还是第一个找到邓培，在他家里谈的，他介绍了两个工人，一个叫王麟书，还有一个工人不记得名字了。这次我们专门谈了把唐山工人运动重点放在南厂。这一次谈话，进一步明确先在南厂成立工会。

1921 年 2 月，《来报》被封，我回到了北京。以后唐山工人运动都是张国焘、中国劳动组合书记部和邓培领导，后来又到上海去了，唐山的情况就不清楚了，

（摘自 1986 年 5 月王树信、王士立等访问谌小岑谈话记录）

罗章龙谈南厂早期工会

问：您在《载记》中说："唐山工人俱乐部已经组织完善了，邓培是俱乐部的负责人，后来又办起了唐山铁路工人图书馆。"这个唐山

工人俱乐部是什么时间建立的？是 1921 年上半年还是下半年？是在长辛店工会成立以前后？"

答：工人俱乐部和工会是一个东西，是口头上说法不同。唐山工会我印象里与长店工会同时都有，同时存在，但不是同一天，前后不久，但不能肯定是哪个日子。

（摘自 1986 年 5 月王树信、王士立等访问罗章龙谈话记录）

邓伯长回忆南厂早期工会

……到 1922 年 4 月，直奉大战又起，奉军每日总有兵车进关，我们每天看天津《大公报》，主要的是看战事。有一天我同王麟书在一块看报纸，报上说奉军开到了津浦马厂。这时邓培到南机器房来，他看见我们正看报，就站到我们一处也看起报来。他对王麟书说："王师傅，中国连年打内战，何时才能太平呢？"王麟书说："我看中国早晚非这样不可……"邓培说："你说得对，可是中国哪找像列宁这样的人来领导呢？"王麟书说："你别那样看吧！孙中山不是把清朝推倒了吗？中国的能人是很多的，早晚会出来的。"由这天起，邓培经常找王麟书谈话，由王麟书又介绍出崔保罗来。这时王麟书只知道厂内就是他们三个人，有一个小组织。在邓培团结刘玉堂和李福庆时，也没有说还有别人。邓培费了半年工夫才组织了一个工会的人数，在九月邓培通知大家，在老车站庆合园楼上请客，大家才见了面。由这一天起才算公开。有了事开筹备会，王麟书的书记，崔保罗的分队，刘玉堂的外交，李福庆的宣传，邓培为会长，以后要求福利……

（摘自访问邓伯长记录，见《南厂卷》）

1922 年开滦罢工失败后，铁路工厂工会被封，迁到宝善里十九号邓伯长家秘密工作。

（摘自访问邓伯长记录）

吕文贵回忆南厂早期工会

我 1917 年入厂，1921 年加入邓培领导的秘密工会，22 年罢工时被选为油漆房工人代表，在工会负责交际工作。

1921 年，海员来信谈成立工会，邓培即向大家宣传成立工会为工人谋福利。在 1921 年 5 月，邓培在暗中组织成立了工会，那时有 40 个会员，暗中进行活动，开会没一定的地点，在各会员家找地方开会。到 1921 年冬季，在今合作社后面成立了会馆，这才有了工会开会的地方。

后来在新立街三条胡同成立了图书馆，会员每天晚饭后即到此听信，有事商讨，没事就看看书报。除 40 个会员有目的地到那里看报外，也有一般的工人。这时图书馆是公开的，但工会的活动仍是秘密的。

1922 年罢工以后，南厂把吕文贵、刘小刚、孙照刚、武照和、张印源、陈三、李长有、武焕清、朱俊、田学臣等 14 名工人调皇姑屯。这些人都是工会会员，临行前邓培说："到那里后组织工会，等以后从北京到奉天都成立工会，我们就可以联合起来。"

（摘自 1959 年 2 月 2 日访问吕文贵记录）

王玉亭回忆南厂早期工会

在五四运动以后，我们就开始成立工会，由邓培同志领导，他让我们多团结一些工人参加工会。我介绍的第一个参加工会的人就是罗占先。那时候我们经常开会，都是到外地去，如，开平、洼里等地，每个人都带着琴、二胡子和一些吃的东西，有人来了就吃、唱，没人了就开会研究如何给工人谋福利。我们的工会在唐山来说是最早的工会。

（摘自 1959 年 6 月 8 日访问王玉亭记录）

齐景林回忆南厂早期工会

五四运动后不久，南厂就组织"十人团"，进行抵制日货，反对卖国条约等宣传活动。这个组织是后来组织工会的基础。

1922 年南厂罢工胜利后，加入工会的人多了，会费也多了，加之罢工胜利后每个工人捐献了一天的工资，工会活动费就充足了。工会正式挂起了牌子，当时叫"京奉铁路唐山制造厂职工会"。开滦罢工失败后被查封，但工会仍秘密存在。

（摘自访问齐景林记录）

1921年中国共产党成立时，南厂就有工会组织。南厂工会起源于"五四"爱国运动；"五四"浪潮渐低后即在"救国十人团"的基础上组成了京奉路唐山制造厂职工会，组织者是邓培。

（见齐景林给南厂党委宣传部的信）

梁鹏云回忆南厂工会

1921年末唐山有了劳动组合书记部的组织，团体在已有的基础上，再次吸收一批积极分子。各场都有参加，南场有崔宝罗，打铁房有高珍，木场有王玉亭、李玉，油漆房有陈文海、刘玉琪，木场有杨玉甫，还有扫地的张玉然，生铁房有李华添、李福庆，北机械房有徐炳恒、孙宝仲，北打铁房有程观榜，搞车楼有李德有。工会组织起来了，先在邓培家里开会，后在扇面街5号，以后又搬到惠中旅馆。

（摘自访问梁鹏云记录，见南厂党史办档案）

《八十春秋》记南厂工会建立

1920年冬，北京共产主义小组的代表到了唐山，和邓培等同志讨论了组织工会问题。邓培同志立即对原来的职工同人会进行整顿。1921年春，一个崭新的体现着阶级自觉的近代产业工会诞生了。

新的工会规定为无产阶级的组织，只有工人才能加入工会，工头、员司、警务段的人，都不能加入。工人入会不分籍贯，不分工种。

新的工会建立了严密的组织，订出了严格的规章。工会的基层组织是十人团，每十个人编为一组，有一个代表；各场房根据工人多少，有总代表二至四人不等。由于当时工会处于秘密状态，不便召开全体会，所规定场房总代表会为工会的最高权力机关，在这个会议上讨论工作，选举工会领导机构——工会委员会。工会委员会设委员长一人，下分秘书、财务、宣传、外交四股，协助委员长处理日常事务。工会内部实行民主集中制，一般会员服从代表、总代表、委员长领导。保守工会秘密是一条铁的纪律。

开始，工会的名字还叫职工同人会，以后改称京奉铁路机务处职工会，也叫京奉铁路唐山工会。

工会的成立大会在扇面街五号秘密召开。出席代表三十多人，都是工会骨干分子。在会上，邓培同志首先讲了成立工会的意义。他指出，工人要想成功地进行反抗斗争，必须团结起来，成为什么也攻不破的堡垒。工会就是这样的组织。他还说，咱们要打破同乡观念，不分南方人、北方人，都是一同受苦的兄弟。在会上大家选举了邓培、阮章、王麟书、许作彬等九人为工会委员，并推邓培为委员长。唐山制造厂工会是党在北方领导建立的最早的工会之一

[摘自《八十春秋》(南厂史)]

注：在编写《八十春秋》时，曾召开多次老工人座谈会，但会议记录未保存下来，故原始材料不详。

1921年3月，北京政府交通部在唐山开办职工学校，吸收铁路工人学习文化。李大钊领导的中共北京支部借交通部在北京招聘教员的机会，派北京大学旁听生、社会主义青年团员李树彝到该校应聘担任数理教员。李树彝的秘密任务是常驻唐山，利用学校这一公开阵地，指导和协助邓培进行革命宣传和组织工作。中共北京支部把这所官办的职工学校变成了对唐山工人进行马克思主义教育的阵地。

罗章龙回忆李树彝来唐

唐山办过工人夜校，教员是李树彝。我派他去唐山办夜校时是团员，后来是党员。他是北大的旁听生，原是北京工读互助团成员，后来加入马克思主义研究会。他自愿放弃上学去唐山当教员，他是湖南人，懂广东语，联系广东人方便。以后他就常住(驻)唐山，地点是

广东街。他表面上教工人文化，实际上主要目的不是识教字，而是唐山工会的组织者。如帮助邓培写文件、文告，也帮助工人写写信、读读报。当时他是以北京劳动组合书记部名义派去的，但不是公开的。1921 年后他经常往返北京唐山之间，1922 年以后，才离开唐山。

（摘自 1961 年罗章龙访问录，原件存冀东革命史档案）

注：李树彝是交通部筹办铁路职工学校招聘教员时应聘来唐山的。据南厂保存的"京奉铁路唐山职工学校一周年纪念日摄影"所标注的时间推算，铁路职工学校始建于 1921 年 3 月。这个时间也就是北京共产主义小组派驻唐山的很早的工作人员李树彝来唐的时间。唐山工人夜校同时成立。

齐景林回忆工人夜校

当时，交通系的叶恭绰为了收买人心，提倡铁路系统办业余学校。南厂就在扶轮小学办了一个业余学校，但入学的人不多。1921 年李树彝到唐山来时，就是在交通系的"职工业余学校"当校员。职工业余学校有三四个教员，李树彝可能教数理，籍此机会，他就讲猴子变人等通俗的社会发展史。他与我们相处关系很好，他与刘玉堂是好朋友。这时，邓培便和我们大家研究，决定借这个机会找个地方也办一所夜校。后来在新立街南头合乐馆找到房子办起了夜校，教员是李树彝。不久，他回北京去了。阮章是李树彝走后的教员，他教的是英语、算术。当时在夜校学习的人有梁鹏云、陈官榜等百十人。那时图书馆和夜校都受工人欢迎，起到了团结教育工人的作用。

（摘自访问齐景林记录，见唐山革命史档案）

这一时期，马克思主义在唐山传播还有一个特殊的途径，就是大批归国华工对俄国十月革命和国际工人运动的介绍宣传。第一次世界大战期间，英、法、美、俄等国家与中国北洋军阀政府签订条约，从华北等地招募 23 万契约华工到欧洲战地做工，以弥补人力不足。俄国招募华工最多，仅 1916 年 9 月，就从开滦煤矿招募 663 名矿工，主要被分配在乌克兰的沙合达、巨亚大、格别达列等煤矿井下做工。当时正是俄国发生巨大变革的时代，华工们亲身经历了十月革命，有的加入了俄国的工会组织，有的参加了红军，还有的当面聆听过列宁动员群众进行革命斗争的演讲。1920 年前后，这些华工陆续回到唐山。尽管北洋政府极力封锁俄国革命的消息，但终究禁止不了归国华工传播十月革命的真实情况。他们向工友和乡邻们生动形象地讲述在俄国的所见所闻，介绍俄国工人罢工斗争的策略和经验，介绍十月革命前后工人生活的变化，宣传欧洲各国无产阶级革命思潮和社会主义运动情况。经这些归国华工的介绍，唐山工人深受鼓舞，激发了他们的斗争热情。1920 年五六月间，开滦各矿发生了大规模的罢工斗争。在查找这次罢工的原因时，英国的资本家认为从法国、俄国回来的大批工人带来了很激进的思想，近乎布尔什维主义。这说明由归国华工带来的革命思想，在唐山工人中产生了重大影响，已构成对反动统治者的一种威胁力量。

马克思主义在唐山通过多种途径迅速而广泛地传播，为唐山的先进分子探索和选择正确的改造社会的道路，为唐山早期共产主义者的成长奠定了思想基础。

唐山党、团组织的建立　唐山社会主义青年团的建立

经过五四运动洗礼和马克思主义启蒙的唐山先进青年和工人阶级，是新民主主义革命运动在唐山赖以兴起、发展的一支重要力量，是中国共产党和社会主义青年团在唐山发展成员、建立组织的基础。

1920 年 11 月，北京社会主义青年团成立后，积极发挥党的助手和预备学校作用，组织进步青年学习宣传马克思主义，发展大中学生和工人团员。1921年 3 月，北京社会主义青年团团员李树彝常驻唐山，除了宣传马克思主义以外，还担负着指导工会工作和发展社会主义青年团的任务。4 月，中共北京支部成员、北京社会主义青年团书记张国焘和团员李实到唐山筹备组织纪念"五一"劳动节活动，其间与李树彝、邓培研究了唐山建立团组织的问题，进一步推动了唐山的建团工作。5 月，北京、上海的社会主义青年团在发展团员过程中，因审查不够严格，造成团员成分复杂、组织涣散。为纯洁队伍，两地

团组织一度解散。在这种情况下，李树彝原定建立唐山团组织作为北京团组织隶属组织的计划无法实施。为此，李树彝在请示中共北京支部同意后，决定单独建立唐山社会主义青年团。

1921 年 7 月 6 日，唐山社会主义青年团正式建立[①]。第一批团员有 7 人，他们是李树彝、邓培、阮章、梁鹏万、许作彬、陈洪和陆振轩。因没有建立团的委员会，由李树彝任代理书记。除李树彝外，这些团员都是京奉铁路唐山制造厂广东籍的工人或练习生。当时，制造厂广东籍工人约占工人总数的四分之一，他们都具有一定的文化水平和革命要求。邓培最初发展团员时，首先利用同乡关系，从最了解情况和关系最密切的广东籍工人中选择对象，这样工作较易进行，但也反映了团组织初期发展中的局限性。后来团员的发展对象才趋于广泛。那时入团没有年龄限制，邓培 38 岁、许作彬 43 岁，而其他则是 20 岁左右的青年人。邓培等人在发展团员时注意政治质量，所有团员都确立了马克思主义的信仰，保证了团内思想统一。发展团员实行候补制，即首先把发展对象列为候补团员，经过一段时期考察，由团常会讨论批准，正式吸收为团员。初步建立起团的工作机构和组织生活制度。团内实行分股办事，设书记兼文牍、教育、宣传、调查、会计五股。所有团员都在股内工作，以发挥团员的作用。团常会每月一次，股常会不定期举行。团费由团员自愿捐献。

田玉珍等座谈唐山建团

唐山最早的团员是邓培、梁鹏万、阮章等人。在田玉珍未入团以前，未听说"交大"有团的组织。田玉珍 1922 年由王仲一介绍加入组织并由王仲一介绍和邓培相识。田玉珍在"交大"发展团组织，第一批入团的有熊式平、邹元昌、冯亮功等人，组成"交大"团支部。1923 年底又发展曾涌泉、武怀让（武湖景）入团。

"交大"建团后，活动不公开，开团的小组会时，都坐在教室的地板上，把油灯或蜡烛放在桌子底下。会议内容大体与党的会议内容相同。团员活动都是利用晚饭后到校外散步的时间由团员分头找同学

---

① 参见舒意（李树彝的化名）写给上海青年团总部代理中央机关的信。中共唐山市委党史办公室编：《唐山革命史资料汇编（第六辑）》，1987 年 7 月 6 日印刷，第 55 页。

聊聊。当时对于共产主义和无政府主义问题的看法在学生中间是有分歧的。冯亮功等人曾经倾向无政府主义。后来是结合进步书刊学习和利用校外散步的时间谈心，纠正了他的错误认识。他认识清楚后，吸收冯亮功入团。

后来，"交大"团组织掌握了"学生会"，以"学生会"名义组织了"读书会"，并不定期出"壁报"研究马克思主义，讨论共产主义与无政府主义等。当时"交大"政治空气很活跃，反动派为什么不干涉？现在估计因"交大"是工业学校，教员们都不太关心政治。1922年支援南厂和开滦的罢工，那是高年级同学搞起来的，当时活跃分子有方刚、马汝邮、李鸿宾等，他们还不是团员。后来"交大"常有些罢免教授、校长运动，都是学校团员在里面起领导作用的。

（摘自1961年唐山市党史座谈会记录）

邹元昌回忆唐山交大团组织

我是1921年入唐山交大的。我和同学冯亮功、武怀让、熊式平、田玉珍五个人很合得来，经常在一起买新书交换着看。田玉珍是1921年入交大前，就加入青年团的，大致是高君宇介绍入团的。1923年2月田玉珍介绍我和邓培相识，邓培见到我们以后就叫我们多读马克思主义著作。当时我们不知道哪一种社会主义是正确的，邓培告诉我们说：马克思主义是正确的。以后我们五人就一起读马克思主义的书。1923年邓培先发展我们五个人为青年团员，代号SY。交大青年团支部也在1923年成立的，书记是冯亮功。田玉珍虽是老团员，但不爱出风头，所以冯亮功当了书记。

那时田玉珍每隔一两天就到邓培家去汇报情况，有事就叫团员开会。开会多在晚上，有时在交大，有时和工人在一起，开会时门外有人把门，有时爬在大树上了（瞭）望。

1923年邓培叫我们五个人在交大组织读书会，吸收进步学生参加，大家出钱买马克思主义书籍。读书会里也常宣传打倒帝国主义和废除不平等条约。

（摘自1961年4月12日访问邹元昌记录，原件存南厂厂史档案）

唐山社会主义青年团一经建立，立刻肩负起领导唐山革命的重任，积极进行革命宣传，组织工人运动，发展革命组织。1921年11月，受中国共产党和少年共产国际的委托，张太雷重新组建中国社会主义青年团，各地团组织相继恢复。唐山社会主义青年团随即加入中国社会主义青年团，成为地方组织之一。1922年1月，湖南工人领袖黄爱、庞人铨被军阀赵恒惕杀害，唐山社会主义青年团当即发出讨赵通电。是月，为支援香港海关同盟罢工斗争，唐山社会主义青年团发动唐山铁路工人，联合其他地区铁路工人，成立海关罢工北方后援会，踊跃捐款，竭诚相助。

1922年4月，唐山社会主义青年团委员会正式成立，邓培任书记。由于唐山团组织坚强，工作出色，曾3次选派代表出席第一次至第三次全国团代会。

唐山社会主义青年团给代理团中央的信报告建团情况

上海青年团总部代理中央机关诸君：

函悉一切。派代表赴广出席，本团常会尚未议决，一因团员很少，一因旅费无着（由唐赴京的费用可以筹得）。究应派否，尚希速为示知。

今将本团的情形简报如下：

（一）本团成立于一九二一年七月六日。

（二）原有团员七人，八月间陈、陆两君赴法，本月加进一人，现有六人，尚有候补人六七名，拟下届常会正式加入。

（三）章程如京之旧章，稍有更改（新章尚未提出，候下届常会可决）

（四）无常费，自由认捐。

（五）分股办事，如书记兼文牍、教育、宣传、调查、会计五股。

（六）凡团员都得在一股办事。

（七）团常会每月一次，股常会无定。

上述是本团成立至今的情形。去冬本拟修改章程，组织委员会，广集同志，进行一切，旋因派去代表二人，剩余只三人，只得照旧代理执行。现二人已归，只开过一次常会，代表报告一切，改组事也曾提及，因无时间解决。现正在起草改章，候代理书记予京追悼会后即开会施行，时将情境报告不误。

应派代表赴广出席否，本团有上述困难，须俟诸君复知，再为取决，惟上次常会，各团员都赞成派人。

此上，即颂

春祺！

唐山青年团代理书记舒意上

廿七日

（原件存中央档案馆）

注："舒意"乃李树彝的化名。发信时间应为 1922 年 3 月 27 日。

唐山青年团向团中央报告团员名单

国昌兄：

四月五日来函收到了，敬悉一是。

此地派人赴广出席与否，须候本星期日开会表决，只是旅费一层，不知你那里办到了何程度，如旅费有着，定即派人前去。

兹将团员姓名……等项列后：

邓培，男，唐山制造厂机器匠，住印度房头条一号

阮章，男，唐山制造厂练习生，住电报局旁

梁鹏万，男，（已赴沪）唐山制造厂机器匠，住欧阳胡同

许作斌，男，唐山制造厂机器匠，住制造厂旁

周树梧，男，住校

陈洪，男，唐山制造厂练习生（已赴法）

陆振轩，唐山制造厂练习生（已赴法）

树彝，住梁家房一号

尚有候补团员六七人暂不录。

梁鹏万已于七日动身去沪谋生，希设法安插在沪。

此致

安好

弟彝上十日

（原件存中央档案馆）

注：国昌，即方国昌，施存统的化名，上海社会主义青年团书记。党中央委托上海青年团兼任临时团中央的职权，筹备中国社会主义青团第一次全国代表大会。"彝"即李树彝，发信日期应为1922年4月14日。

唐山青年团给团中央的信报告唐山代表是李树彝

国昌兄：

前接来函云向京方面领取三十元旅费，为唐山代表赴粤之用。兹接京复函，只付二十元，树彝曾函追寄，现蒙复函云"我们前收上海共计八十元，分给唐山、北京、张绥、长辛店四处代表，每一代表应给二十元"。

唐山代表是树彝先生，他去的时候不只旅费完全由我们向债主借来，一切困难，是不用说了，只希望你们能允再寄十元以上的款子为好，因为我们是借了廿元的。

梁鹏万家的费用，如何办法，请示知，再者梁鹏万的粤通讯处，亦请示知。劳动周刊，来的太少，实无法支配，敬祝

康健！

邓培阮章上

四月廿一日

（原件存中央档案馆）

注：发信日期为1922年4月21日。

唐山社会主义青年团是河北省现辖区最早建立的团组织之一，也是全国最

早建立的 17 个地方团组织之一。1921 年 5 月至 11 月，各地青年团组织处于停顿和解散时期，唐山社会主义青年团却异军突起，这是唐山青年运动的突出成就，也是李树彝、邓培这些唐山青年运动先驱的历史贡献。

邓培加入中国共产党

邓培是中国工人运动的先驱者之一，中国工人运动的优秀活动家。他是中国共产党创建时期的党员，中共唐山地方组织的创建人和早期领导者。

五四运动以后，邓培一直在北京大学马克思学说研究会和北京早期党组织领导下从事革命工作，得到北京共产主义者的热忱帮助。1921 年 8 月，中国劳动组合书记部①在北京设立北方分部，邓培和北方各地的工人运动领袖先后被吸收为北方分部的领导成员。9 月，中国共产党中央局②扩大会议在上海新闸路三元里召开，讨论发展工人运动的问题。会议听取了共产国际代表关于工人运动的报告和各地代表关于当地工人生活的报告，讨论制定了领导全国工人运动的工作计划。邓培作为北方产业工人代表列席了会议，思想水平大为提高，政治上迅速成熟起来。1921 年秋，中共北京地委批准邓培由社会主义青年团员转为共产党员③。

1960 年罗章龙关于邓培入党的谈话

关于邓培入党和唐山建立党组织的时间记不清了。较有把握的是这样：在召开远东各民族代表大会以前邓培不是党员，他是从苏联回

---

① 1921 年 8 月 11 日，中共中央局在上海成立中国劳动组合书记部，这是党领导工人运动的第一个公开机构。

② 党的一大考虑到党员数量少和地方组织尚不健全的情况，决定暂不成立中央执行委员会，只设立中央局作为中央的临时领导机构。

③ 关于邓培入党时间有多种说法，主要有：一是根据罗章龙回忆，有一大之前、党成立后到年底参加远东民族大会之前、1922 年春三个时间，载于中共唐山市委党史办公室编：《唐山革命史资料汇编（第六辑）》，1987 年 7 月 6 日印刷，第 32—39 页；二是 1922 年 3 月，载于中共河北省委党史研究室：《中国共产党河北历史》第一卷，中央文献出版社 2001 年版，第 53 页；三是 1920 年 12 月，载于《唐山机车车辆厂厂志（1881—1992）》，中国铁道出版社 1999 年版，第 2 页。本书根据唐山党史学界的研究成果，采用了 1921 年秋的说法。

来后经过一段时间才入党的，但时间也不会太长。另一个情况是：在1922年唐山大罢工以前就有党的组织，首先在京奉路建立，而且以南厂为最早，而唐山建党以前，邓培同志就是党员了，他是唐山最早的党员。

至于唐山第一批党员，除邓培外，梁鹏万、阮章、王麟书也是第一批党员。

（摘自1960年11月冀东革命史编写组张星北、王桂荣访问整理的记录）

1961年罗章龙关于邓培入党的谈话

1921年冬天，我们叫邓培当东方民族大会代表时，就打算吸收他入党了，以后我不断地将他的工作情况汇报给北京共产主义小组，1922年春，邓培从苏联回国后不久，就入党了。介绍人是我，因为我和他联系较多。他在东方民族大会上表现很好，唐山要建党，我就向李大钊说了他的情况，决定吸收他，把他找到北京，征求了他的意见。你们说他在苏联入党，我不知道，可能当时张国焘和他谈过入党的事，但党籍问题是在回国后才能解决的。

（摘自1961年4月15日南厂厂史组石忠、王士立访问整理的记录）

注：邓培是1922年参加莫斯科会议回国后入党的，这是罗老60年代初的一贯说法。

罗章龙《亢斋回忆录》谈邓培参加北京共产主义小组

北京共产主义组织开始有：李大钊、张国焘、罗章龙、刘仁静和李梅羹等，随后几个无政府主义者加入，但旋又退出了。后来加入的有：邓培、缪伯英、邓康、高尚德、史文彬等。

（原载1980年7月出版的《回忆李大钊》一书）

注：这是我们见到的罗老说邓培是北京共产主义小组成员的第一个材料。

罗章龙1982年6月1日给王士立同志的信

士立同志：

收到5·24惠函，藉悉一切，承询各点，答复如下：

①邓培是第二批加入中共北方小组的成员。

②1921年9月上海讨论工运会议，邓培是随同列席的。

③革博开滦罢工一文，也谈到邓培，可参阅。

你们所写唐山党史资料请赐寄一份参考。

专复顺致敬礼

罗仲言

1982年6月1日

注：罗章龙《亢斋回忆录》发表后，《八十春秋》（南厂史）主编王士立同志于1982年5月24日写信给罗老，就他改变说法，认定邓培是北京共产主义小组成员问题提出询问，这是罗老给王士立同志的复信。

1983年5月罗章龙谈唐山建党

唐山建党是从京奉铁路唐山制造厂开始的，我们在唐山工人中发展的第一名党员是南厂工人邓培。我是北大马克思学说研究会最早找邓培的，在五四运动以后，通过唐山交大学生和南口广东籍工人的介绍，我得知邓培是南厂广东籍工人的领袖，是个有名的人。在我们有了约定之后，我便于1920年4月的一天到唐山，在邓培家中同他见了面，当时在场的还有南厂工人阮章和梁鹏万。……从此北大马克思学说研究会便与邓培取得了联系。……后来北大马克思学说研究会还吸收邓培和梁鹏万入会为会员。

北京共产主义小组的成员，是分一批、二批、三批加入的，邓培是第二批参加的，时间是在1921年7月以前，因此，邓培应该算一大以前的党员。那时入党没有现在这么多框框，搞工人运动，要发展工人党员，我曾多次在北京小组内提出要吸收邓培入党。……但是，当时有的同志认为还应考察，我记得邓培入党，曾酝酿了半年之久。

（摘自 1983 年 5 月王树信、王士立、张亚兴访问罗章龙记录）

注：为进一步核定邓培入党时间，市委党史办公室全面研究了罗老提供的材料，拟定了一个详细的访问提纲，再次组织了对罗老的访问。这次访问除形成了一个经罗老审阅签字的正式文字材料外，还有一些提问插话材料，保存于访问记录中。现将其中有关插话附列于此：

问：邓培是以什么身份参加的党中央扩大会议的？

答：1921 年 9 月，参加上海党中央扩大会议时，邓培是北方代表，是党员。

问：广东省委党校何锦洲在《三水文史》上发表的《邓培传》，说邓培是 1921 年初加入北京共产主义小组的。我们写信问何锦洲是谁提供的材料？何锦洲回信说是您提供的，您是这样说过吗？

答：是这样说过。

问：邓培是什么时候加入北京马克思学说研究会的？

答：邓培是加入北京小组后加入马克思学说研究会的。

《椿园载记》谈邓培入党

一九二一年，经我提出，最后经过北京区委的讨论研究，决定发展邓培为中共党员，他是北方最早的一批工人党员之一。邓培入党后，唐山地区的工作进展更快了。这时，唐山工人俱乐部已经组织完善了，邓培是俱乐部的负责人，后来又办起了唐山铁路工人图书室，陈列有各种适于工人阅读的进步书刊，如《新青年》《工人周刊》《劳动周刊》等。随后，唐山的党组织也建立起来了。

（摘自罗章龙长篇回忆录《椿园载记》，生活·读书·新知三联书店 1984 年版）

1986 年王树信、王士立等访问罗章龙的对话

问：关于邓培入党的时间，您在过去几次谈话中曾有多种说法，

应以哪种说法为准？

答：邓培入党问题，还是以我书上讲的为准，《椿园载记》讲的是 1921 年吧！没有具体时间，是一月份还是十二月啊？我认为，邓培很早入党，这是没有问题的。是在共产主义小组成立以后，是没有问题的，因为北方的史文彬啊，邓培啊，他们都是同志啦，这个我脑子里记得比较清楚。那么邓培是不是莫斯科会议期间入党的，张国焘介绍的？我认为这个事不一定是这样的，因为派邓培去莫斯科开会，是一件很郑重的事，到那边去总是有条件的，已经是在党的人啦。至于有一种说法，在那里介绍入党的说法，那要看怎么说啦，他已是共产党员啦，所以这一句话是可有可无的。是不是因为这个问题就把它（指邓培入党时间）推后，不是这样，不可以推后。（王树信、王士立插话：那么是 1921 年的什么时间？"一大"以前，还是"一大"以后？）"一大"以前。至于那些不同的意见，我们暂时不去分析它，好不好！如果发现有很重要的文献，到那时再说。

问：1921 年 9 月中央扩大会议，您和邓培作为北方代表参加的，为什么文献上查不到这次会议？

答：劳动组合书记部各地设立分部，就是这次会议上决定的。邓培去参加会议，因为他是北方的工人，又是积极分子，又是党员啦。这是党内的会议，邓培能参加这个会议，是以党员的身份参加的。

（摘自 1986 年 5 月 5 日王树信、刘建才、王士立、么颐华、冯寿祥访问罗章龙的谈话记录）

注：罗章龙的《椿园载记》发表后，我们注意到罗老对邓培入党时间的谈话又有些变化，因此又组织开滦、南厂党史办的同志进行了这次访问。

罗章龙给中共唐山市委党史办公室的信

中共唐山市委党史办公室：

来函所询关于邓培同志入党的确切时间，由于年代久远，我已不能详忆，大致可作如下回答：

一、邓培入党是在一九二一年，是最早的一批工人党员，大约与史文彬同期。

二、如更详细些，大致在党成立后（七月）和年底他去参加远东民族大会之前。

三、他入党是由团转党还是直接入党或在次年转正等，已不能准确回忆了。

以上各节，仅供参考

此致

敬礼

罗章龙   1986.11.10

注：罗老的这封信是对 1986 年 9 月 20 日唐山市委党史办公室王树信给他的信的复信。为便于研究，现将王树信给罗老信的有关部分附列于后：

罗老：

您好！我们作为唐山革命史学工作者，衷心祝愿您这位在唐山建党历史上作过重大贡献的老前辈，健康长寿！

今年 5 月 5 日我们在访问您老时，您曾经说过，关于邓培入党时间问题，要以您在《椿园载记》中的说法为准，即"一九二一年经我提出，最后经过北京区委的讨论研究，决定发展邓培为中共党员，他是北方最早的一批工人党员之一"。对此，我当时曾提出：一九二一年，没有月份，是年初还是年末？是春还是秋？我们认为"最后经过北京区委的讨论研究"，这个时间应在一大召开以后，因为在一大前北京共产主义组织尚未建立区委，建立区委应是一大以后的事情。当时，您说具体时间暂时还照以前您说过的 1921 年春，等有文献资料时再定。

最近，我们收到北京市委党史研究室编印的《北京党史资料通讯》第 38 期，其中转载了张国焘 1921 年 7 月在一大会议上所作的《北京共产主义组织的报告》。这个文献原载《"一大"前后》（三）第 1—9 页，您老可能已看到了吧？为便于研究，现复印一份寄上供参考。

从《北京共产主义组织的报告》这个文献材料来看，我们考虑有以下几点值得研究：

第一，这个报告开头说的两句话："同志们，北京共产主义组织仅仅是在十个月以前才有的。此外加入这个年轻的组织的，只是为数不多的知识分子，他们多半缺乏革命经验。"这是不是就等于说在一大以前，北京共产主义组织的成员都是学生而没有工人？如果可以这样理解的话，那么邓培入党时间就应在一大以后，即1921年的7月份以后了。

我们记得您过去在唐山访问时曾经说过这样几种情况：

1.1921年9月您和邓培作为北方的代表去上海参加中央扩大会议，开始您说邓培那时还不是党员，是列席参加会议；后来您又说邓培是党员，是正式代表参加会议。

2.1921年10月在北京区委研究确定派邓培去苏联参加民族大会时，同时对邓培说了吸收他入党问题，他在出国之前已是预备党员了。

我们想请您根据《北京共产主义组织的报告》这个文献，再重新回忆邓培入党的具体时间是在一大之后的哪个月份？

第二，（略）

另外，据梁鹏万档案材料中记载：他是"在1921年5月经罗章龙和张国焘在唐山介绍加入社会主义青年团"的。请您回忆是否有这回事？如果确有这回事，那么当时是不是也同时介绍邓培加入了社会主义青年团？张国焘在《我的回忆》中说："唐山铁路工人中有邓培、梁鹏万两人参加北京小组，是较早的工人党员。"他的这个回忆是不是可能就是他介绍邓培、梁鹏万两人参加北京社会主义青年团之误？因为梁鹏万自己说他是1922年1月在莫斯科开会期间经张国焘介绍入党的，由此可以证明张国焘关于"邓培、梁鹏万两人参加北京小组"的回忆是不准确的。

以上情况，供您参考，希对上述问题给予指教为荷。

此致

敬礼

唐山市委党史办公室王树信

1986.09.20

朱务善回忆邓培

我和邓培同志是要好的朋友，邓培同志在1921年左右就搞工人运动。

我认识邓培大概是在1921年底，当时邓培同志就已经是党员。谁介绍邓培同志入党我不知道，工人运动最早的发源地在铁路。当时负责铁总工作的是张国焘、邓中夏、罗章龙、张昆第、陈为人，都在铁总工作过。

1920年秋天，北京就组织共产党，现在都叫"共产主义小组"。我记得1921年秋天就听到邓培同志这个名字，邓培原来是不是北方区委的成员我记不清了。唐山的工人运动是由邓培同志领导的。

唐山党的工作由邓培同志负责，所以邓培同志常到北京来商量工作，北方区对唐山工作也提出要求指示，邓培同志回去后就执行。唐山党在早期的组织名称我记得叫唐山支部。唐山支部向北方区有过工作报告，在北方区的会议上，我们也听过邓培同志汇报，研究过唐山支部的工作。唐山支部叫工人支部或大学支部也记不清。

（摘自访问朱务善记录，见唐山革命史档案第31卷）

王德周回忆邓培和唐山建党

1922年我就到唐山了。1922年南厂和开滦大罢工是党领导的。唐山建党比这次罢工要早些。

1919年"五四"以前，南厂有觉悟的工人有邓培、孙熙，开滦有只奎元，青年里边有阮章、梁鹏万。他们都是广东人。开滦还有一个先进工人叫王德山，他是在五四运动第二年与陈为人、彭礼和从苏联回国的，他是第三国际"外国语学校"的一名学生，以后送到苏联去学习。王德山始终下矿做党的宣传工作，只奎元做工会工作。邓培在五四运动中与北京学联取得联系，在共产党刚成立时，他就是党员。

（摘自 1960 年 6 月访问王德周记录，见唐山革命史档案第 28 卷）

袁兰祥回忆邓培入党

……邓培、梁鹏万一齐去苏联，出席第三国际召开的东方民族会议，列宁曾接见了邓培并和他谈了话。就在那时，邓培申请入党并被批准。那时党组织的名称叫第三国际东方局远东支部。他的入党介绍人，究竟是李大钊、邓中夏，还是陈独秀，我记不清楚了。

（摘自 1980 年 12 月袁兰祥给《广东烈士传》编写组的信。1961 年《冀东革命史》编写组访问袁兰祥记录，也有此记载。）

罗章龙回忆北京马克思学说研究会会员

马克思学说研究会先后发展的会员数字，说法不一。据我所知，曾前后统计过几次。第三次统计时有会员一百一十人；1922 年第四次统计时有一百五十人；1923 年"二七"前统计时有二百五十至三百人。解放后我找到一份记录有一百五十一人的名单。沧海遗珠，上述名单是不完全的。兹将名单附后：

梁鹏万　河北唐山京奉铁路工人

邓　培　广东香山京奉铁路工人

蔡　膀　山东北洋大学

李鸿斌　河北滦州唐山交通大学

许孝炎　江苏唐山交通大学

张剑鸣　河南唐山交通大学

许启元　江苏唐山交通大学

游　泳　福建唐山交通大学

董鸿猷　河北唐山开滦煤矿

这里值得一提的是，那时我们已注意在工人中发展会员在上述一百多人的名单中，就有二十五人是工人。……他们主要是长辛店、唐山、石家庄、郑州等大厂的工人。

注：经查蔡庸系唐山交通大学学生，故选列于此。

（摘自罗章龙《椿园载记》）

参加远东民族大会

为对抗帝国主义国家重新瓜分远东的华盛顿会议（1921年11月12日至1922年2月6日，召开了由美、英、日、法、意、比、荷、葡和中国9国参加的华盛顿会议，主要议题是限制军备和远东及太平洋问题。这次会议实质是1919年分赃的巴黎和会的继续和发展，被称为"强盗晚餐会"），列宁领导的共产国际决定召开远东各国共产党及民族革命团体第一次代表大会（又称远东民族大会），邀请中国共产党、中国国民党和其他民族革命团体派代表参加。少年共产国际书记处也要求中国社会主义青年团派代表出席会议。李大钊领导的中共北京地委决定派邓培和梁鹏万分别作为中国产业工人的代表和社会主义青年团的代表参加中国代表团。1921年10月下旬，邓培和梁鹏万以回广东老家探亲为名，向厂方请准3个月假，去北京通过罗章龙见到李大钊。李大钊发给路费，并指示出国日期。他们随同北方的其他代表从北京乘火车启程，途经奉天（今沈阳）、哈尔滨，由满洲里越过边界进入苏俄，历尽艰险，于11月初到达西伯利亚的重要城市、共产国际远东局所在地伊尔库茨克。这次大会原定与华盛顿会议同一天召开，但由于多数代表未能按期到达，因此决定延期举行。到12月底，当大部分代表陆续到达后，考虑到便于列宁和共产国际就近指导，又决定改在莫斯科召开，从而使大会具有更为重大的政治意义。

1922年1月21日，远东民族大会在莫斯科召开。出席这次会议的有中国、朝鲜、日本、蒙古、爪哇等远东各国代表148名。中国代表团由44名代表组成，张国焘任团长。大会期间，共举行了12次会议。代表们先后听取了季诺维也夫代表共产国际所作的《关于国际形势和华盛顿会议结果》的报告、远东各国代表团关于本国形势的报告和共产国际东方部部长萨发洛夫所作的《共产党人在民族殖民地问题上的立场及其与民族革命政党的合作》的报告。

共产国际的报告指出了远东各被压迫民族获得自由和独立的有效途径，系统地阐述了列宁关于民族殖民地革命的思想，回答了远东各国革命运动中一系列迫切需要解决的问题，使邓培受到了很大的教益和鼓舞。各国代表的报告，介绍了远东各国的阶级关系、工人运动、农民运动、学生运动以及妇女的状况等，使邓培学到了革命斗争经验。邓培代表中国产业工人在大会上报告了中国的工会、铁路和冶金工人罢工情况，受到了与会代表的重视。中国工人罢工的情况传到了国际社会，受到普遍关注。

列宁因病未能出席大会，但他始终关心大会的进展情况。会议期间，邓培和中国共产党代表张国焘、中国国民党代表张秋白、朝鲜代表金奎植一同受到列宁的接见。列宁非常关心中国革命，重视中国国共两党合作问题，对中国革命提出宝贵的指导意见。告别的时候，列宁紧握邓培的手用英语说："铁路工人运动是很重要的。在俄国革命中，铁路工人起过重大的作用；在未来的中国革命中，他们也一定会起同样的或者更大的作用。"[1]

罗章龙回忆派邓培、梁鹏万参加远东民族大会

东方民族大会，即远东各国共产党及民族革命团体第一次代表大会，是列宁在世时于莫斯科召开的。先是一九二一年十月，第三国际派出两名代表来到北京。他们到北京大学后直接找到了北京区委，说明召集东方民族大会的意义以及会议代表名额的分配问题。东方各国共去二百五十名左右的代表，中国代表为五十名，这些名额由中国南北各区按比例分配。关于北方代表的产生，由北京区委确定。经区委研究决定，北京区派出的党和工人代表有张国焘、邓培、张太雷、梁鹏万、高尚德、贺昌、李守常和我，后因我与守常有其他工作，没有启程。

各地代表确定后，分两路出发。北方的代表在北京集中，经满洲里进入苏俄。

这次会议自始至终是由第三国际主持的。当时列宁身体抱恙，没有经常出席会议。但在会议期间，列宁接见了中国代表，其中包括两

---

① 张国焘:《我的回忆》(第一册)，东方出版社1980年版，第199页。

名工人代表，一位就是唐山的邓培。中国工人代表见到了列宁是荣幸的。列宁在谈话中表达了对中国革命的关怀，鼓励中国工人阶级不断前进。邓培回国后向我详述了列宁接见时这一难忘的情景。

（摘自罗章龙《椿园载记》）

张国焘回忆莫斯科会议中的邓培

一九二一年十月中旬，我摒挡一切，准备去伊尔库茨克参加远东劳苦人民大会。一九二一年十一月初，我们到达伊尔库茨克。

参加远东劳苦人民大会的中国代表团包括了许多出色人物。……铁路工人代表以邓培为首，他是唐山老资格的广东籍机器工人，后来加入中共为党员……

我们这些代表本着各人所代表的团体与个人的主张自由活动。但为了料理代表们的共同事务，大家决议组织成为一个代表团，我被推举为代表团主席。

一九二二年一月二十一日，远东劳苦人民大会终于在一间不很宽敞的会议厅中开幕了……

开会后几天的一个晚上，施玛斯基偕同共产国际一位英文翻译爱芬（此人后来任斯大林秘书）邀请张秋白、邓培和我三位中国代表以及朝鲜代表金奎植一同去克里姆林宫。经过两次卫兵岗位的查询，由施玛斯基出示通行证件，向之说明来意后，我们的车子就停放在一座办公大厦的门口，约九点钟时，我们被引到一个小客厅里，施玛斯基这才说明此来是应列宁的约见……

告辞的时候，列宁以亲切的态度双手紧握邓培的手，用英语向我说："铁路工人运动是很重要的。在俄国革命中铁路工人起过重大的作用，在未来的中国革命中，他们也一定会起同样的或者更大作用。请你将我的意思说给他听。"邓培这个朴实的工人领袖，听了我的翻译后张口大笑，点头不已，作为对列宁盛意的回答。列宁睹此，也露出乐不可支的笑容。

这次谈话，因为翻译的费时，花去两小时以上的时间，谈话的内容都很简单。我们一行四人，对于这次晤谈都留下深刻的印象，尤其晤谈时那种友爱亲切的气象使大家事后称道不已。

（摘自张国焘《我的回忆》第一卷）

C. A. 达林记述邓培在莫斯科大会上发言

国际形势报告以后，大会听取了一些代表团关于远东各国形势的内容丰富而饶有兴味的报告……

关于中国形势的主要报告人是张国焘。他讲了中国的无产阶级、土地关系、农民状况，以及学生运动和罢工运动情况。另一个代表邓培谈到了中国的工会，铁路和冶金工人罢工的情况。第三位代表林敦介绍了外国资本把持中国工业的情况。

根据大会决定，中国代表又获得一次机会再作两个报告。国民党代表张秋白介绍了本党和孙中山南方政府的情况；最后，女代表黄璧魂讲了中国妇女状况。

（摘自苏联 C. A. 达林《中国回忆录》）

袁兰祥回忆列宁接见邓培

1921 年 11 月，邓培、梁鹏万一齐去苏联，出席第三国际召开的东方民族会议。据邓培烈士对我讲，这次会议虽不是列宁主持的，但由于列宁对中国革命的重视，特别接见了中国代表。在会见时，经介绍邓是直接参加生产的铁路工人时，曾特别热烈地作较长时间的握手。并问了他一些有关他生活的话，随后才由国际形势谈到中国革命问题。最后邓烈士谈了他的认识和表明了献身革命的态度，而被介绍参加了第三国际东方局中国支部。邓培、梁鹏万去苏联时，请了三个月的假，半年后，他们才回国。邓培由于在南厂资格较老，技术好，平时厂方认为邓培还遵守厂规，更主要的是在工人群众中有威信，厂方未开除邓培。梁鹏万因超假而被厂方开除。

（摘自 1961 年访问袁兰祥记录）

邓培这次赴苏俄，一共停留了 3 个多月，目睹了世界上第一个社会主义国家的巨大变化。1922 年 3 月初，邓培回到唐山。他首先在唐山社会主义青年团的会议上，传达了远东民族大会的精神，然后去北京向中共北京地委详细汇报赴苏俄开会情况。中共北京地委根据中共中央局通告精神，指示邓培在唐山发展党员，建立唐山地方组织。

建立中共唐山地方组织

中共一大之前，唐山已经出现党的组织。1921 年 6 月 10 日，张太雷[①]在《致共产国际第三次代表大会的书面报告》中提道："到今年 5 月 1 日，中国共产党已经有 7 个省级地方组织，它们是：1. 北京组织……2. 天津组织及其唐山站分部，该分部的成员是津浦路这个最大车站的铁路修配厂的工人。党特别重视唐山地区，因为它是中国的一个最大的工业中心，这里有：（1）拥有 2500 名工人的京奉铁路修配厂；（2）拥有 2000 名工人的启新洋灰厂；（3）拥有 14000 名工人的开滦矿业公司的矿井。在这个地区，现在我们党正力求通过开办工人学校、工人俱乐部和建立各产业工会发起组的办法来巩固自己的阵地。我们在这里除了共产主义组织外，还有两个小组，一个是五金工人小组，另一个是铁路工人小组，在它们周围，我们团结了相应的工会。"[②]

1921 年 9 月中共中央局扩大会议结束后，中共北京地委研究讨论了北方工运工作，选定北方铁路工人集中的长辛店、唐山、南口和丰台等地作为工作

[①] 张太雷（1898—1927），原籍江苏武进，生于常州。1915 年秋考入北京大学，同年冬转入天津北洋大学。1919 年参加五四运动。1920 年参加北京共产党早期组织，后组织天津社会主义青年团。1921 年 1 月赴苏俄任共产国际远东书记处中国科书记，6 月陪同共产国际代表马林和赤色职工国际代表尼克尔斯基到中国筹建中国共产党，同月出席在莫斯科召开的共产国际第三次代表大会。1925 年在中国社会主义青年团第三次全国代表大会上当选为团中央书记。1927 年 12 月参与领导广州起义，任广州苏维埃政府代理主席，12 日在战斗中牺牲。

[②] 中共中央党史研究室第一研究部编：《共产国际、联共（布）与中国革命文献资料选辑（1917—1925）》（2），北京图书馆出版社 1997 年版，第 176 页。张太雷的报告是中共一大前唐山有党组织的唯一证据。鉴于缺少旁证，史料依据不够充分，唐山党史学界对是否以此作为唐山建党的依据有不同意见，关于唐山站分部的负责人、组织沿革和活动情况有待新史料的发掘和进一步研究。由于相同的原因，《中国共产党天津历史》第一卷（2005 年版第 65 页）也没有将此作为天津建党的依据。

试点，提出在铁路、矿山城市建立党与团的组织。

罗章龙回忆中央九月扩大会议和北方工人运动任务

北方劳动组合书记部成立以后，北方工人运动有春云渐展之势，但面临许多新问题，人力与经验俱感不足。此时中央自上海来信，通知北方区派代表前往出席中央扩大会议，主要是讨论推动工人运动与产业工人区域建立党与团的组织等问题。

中央扩大会议是在一九二一年九月间召开的，这是陈独秀从广东回到上海担任中央书记后第一次召集的扩大会议。

上海中央负责人仅陈独秀、张国焘及国际代表等人，当时对于如何开展中国工人运动尚无经验，所以召开扩大会议的目的主要是讨论如何发展工人运动。出席这次会议的上海、北京、武汉、长沙、广州等处代表。北京方面为邓培与我，武汉为许白昊，上海为李震瀛、袁笃实，山东为王尽美，湖南为毛泽东，广东为冯菊坡等，合计有代表十多人。

代表住在上海新闸路三元里，会期五天。会上由国际代表作关于工人运动的报告，各地代表作当地工人生活问题报告。讨论后决定了一个工作计划，并调整北方书记部组织及确定北方分部范围、人选等问题。北方书记部仍由我负责。

在会议上，我与尽美向中央建议调尽美到北方区工作，中央赞成，但山东党组织不同意。后来各方继续商量，最后结果是山东书记部与北京合并，尽美调到北京，山东党组织由邓恩铭负责，北京区党委另派专人驻济南协助山东党委工作。一九二一年十月山东书记部正式合并于北方书记部。尽美到京后任书记部秘书兼京奉路工会特派员。

中央扩大会议结束后，我从上海回到北京，将扩大会议决议向中共北方区委报告后，即讨论具体措施。在讨论中大家说道，咱们当初曾从事工人群众中的组织宣传与教育工作，创办《工人周刊》，开办长辛店补习学校、劳动通讯社，并在南口、丰台、唐山等地开展工作，今后就从这些据点向前推进，努力工作，坚持勿懈自然会有成就。最后，决定了北方工运工作的初步方案。

（一）选定长辛店、唐山、南口和丰台四处作为工作点。因为上述四地是北方铁路工人集中的地区，且长辛店、南口靠近北京，丰台为交通枢纽站，唐山是靠近北京的最大煤矿。（二）在上述各地设立两个或三个工人补习学校，向工人灌输革命意识，讲述罢工斗争知识。（三）试行开辟工人斗争战线，设法争取参与领导北方区内重大的工人自发斗争。（四）加强党报《工人周刊》编辑阵容与发行工作。（五）在铁路、矿山城市建立党与团的组织。（六）北方劳动组合书记部制定合法斗争与直接行动的罢工斗争方案。（七）调查了解情况，决定对抗交通系斗争方案。（八）筹办工人运动讲习班，训练工会工作人员。（九）在工人集中地区筹办工人消费合作社，减少商人居间剥削。特别重要的是密切注意激发工人的斗争意志，有计划地推动与组织工人群众的经济斗争与政治斗争。并且对于任何自发斗争都要积极参加、引导和组织，使其获得成功，以扩大书记部的政治影响。

北方劳动组合书记部成员如下：罗章龙（主任）、王尽美（副主任兼秘书）、邓培（唐山大厂负责人）、史文彬（长辛店工会委员长）、孙云鹏（正太路工会会长）、王荷波（津浦工会委员长）、时奎元（开滦矿工会会长）、张汉清（京绥路工会会长）、傅书棠（胶济铁路负责人）、伦克忠（青岛四方纱厂负责人）、王符圣（陇海工会负责人）。特派员：京绥路：何孟雄、张汉清、王旭文、马净尘；京汉路：吴汝铭、凌楚蕃、项英；陇海路：游天洋、王忠秀、魏荣珊；京奉路：王瑞俊、王麟书、韩玉山；津浦路：王仲一、张振成、孙洪儒、李保成；胶济路：郭恒祥、李青山；道清路：童昌荣；淞沪路：佘立亚；正太路：袁子贞、刘明俨、贾纤青；粤汉北段：郭亮；株萍路：朱绍莲、李涤生；开滦五矿：李昌兴；天津市：安幸生、李培良；北京市：陈楚梗、萧明；唐山市：李树彝、彭礼和、吴先瑞；郑州市：汪平万；济南市：李味农、刘俊才；南满铁路：唐宏经（大连工学会）。（余从略）。

（摘自罗章龙《椿园载记》）

　　11 月，中央局通告各区，要求各区都要建立与发展党、团、工会组织，并作出议决："以全力组织全国铁道工会，上海、北京、武汉、长沙、济南、唐山、南京……诸同志都要尽力于此计划。"[①] 据此，中共北京地委、中国劳动组合书记部北方分部积极贯彻中央精神，指导和帮助唐山发动组织工人运动，推动建立中共地方组织。

　　1922 年 3 月初，在苏俄深受教育和鼓舞的邓培回到唐山，继续担任工会和团的领导职务。根据中共北京地委的指示，邓培抓紧发展党员，建立党组织。唐山社会主义青年团已经为中共唐山地方组织的建立打下了思想基础和组织基础，第一批团员就是党的预备队伍。除邓培在参加远东民族大会前转为党员外，梁鹏万也在参加远东民族大会期间由张国焘介绍转为党员。4 月，邓培在青年团员和工会积极分子中发展阮章、王麟书、李华添、许作彬[②] 等人入党，并根据一大党纲关于"凡有党员 5 人以上的地方，应成立委员会"的规定，在京奉铁路唐山制造厂智字 5 条的醉月楼上建立中国共产党唐山地方委员会，邓培任书记，阮章任组织委员，梁鹏万任宣传委员，隶属中共北京地委。

　　中共唐山地方委员会建立后，加强了宣传和组织工人群众的工作，吸收一批具有共产主义觉悟的先进分子入党。4 月，邓培发动开滦林西矿工人建立工余补习社，利用补习文化、学习技术的形式，帮助工人学习革命知识，团结工人积极分子。

朱金华回忆"工余补习社"

　　罢工前我们机厂组织了"工余补习社"，郭润航是正代表，我是付（副）代表。工余补习社任务是团结工人，研究如何改善工人生活。我们经过商议提出八个条件，后来到唐山和邓培研究，决定再增

---

① 中央档案馆编：《中共中央文件选集（1921—1925）》，中共中央党校出版社 1982 年版，第 10 页。
② 中共唐山市委组织部、中共唐山市委党史办公室、唐山市档案局编：《中国共产党河北省唐山市组织史资料（1921—1987）》，河北人民出版社出版发行（内部发行），1992 年 6 月第 1 版，第 43 页。关于唐山的第一批党员还有多种说法。比较有代表性的：一是《唐山近代史纲要》第 200 页，"唐山第一批党员是邓培、梁鹏万、李树彝、阮章、许作斌（彬）和田玉珍等 6 人"；二是《唐山革命史资料汇编（第二辑）》第 9 页，罗章龙谈唐山建党与早期工人运动，"邓培入党后，北京区委又先后吸收了南厂工人梁鹏万和阮章、王麟书等人入党，加上北京区委派去唐山工作的李树彝、彭礼和、吴先瑞等人，一共不到十个党员，组成了唐山地方委员会"。

加五条要求。我们去见矿师提出要求，还写五份请愿书寄给曹锟大总统，直隶省长，开平镇守使，总矿师杜克茹。等了十四天还不答复，我们就成立工会，开始罢工。

"工余补习社"是在邓培影响下办起来的。邓培常和我们谈话，说应实行三八制、休礼拜。开滦没有礼拜，工作十小时，不合理。还说世界上没有劳工是不行的。邓培叫我们团结起来，所以我们就成立了"工余补习社"。邓培当时有个秘书叫王麟书，是共产党员。

（摘自1958年南开大学历史系学生苗士进、许盛恒访问朱金华记录）

孙家耕回忆林西"工余补习社"

工余补习社在原来的天津馆对门，是两间筒子形平房，原是做买卖的小铺口，门向东开，房东是开滦工人芦炳正。这是我和郭润航、赵玉亭、朱金华等人发起成立的，接受南厂邓培同志的领导。

邓培和郭润航是同事的，通过郭润航的介绍，我们和邓培认识了，后来邓培来过两次。头一次，我们一起到老南门去喝茶聊天，第二次我们请邓培下馆子"吃公嘴"（意即大伙请一人）。开始时大家只是朋友关系，随便谈谈，后来邓培又叫我们组织起来。一方面是团结，一方面也可以学点什么。我们觉着工人们该有个集会的地方，同时也觉着小徒弟们在厂里学不到啥东西，应当叫他们在工余时间学点真正的技术。我们几个老工匠一合计，就成立了工余补习社。郭润航是在铣床上工作，赵玉亭在八号车场修车，我在平台画线，常在一起商量怎么个成立法。当时我是各车间的代理总管（叫我做正式总管我不当），我说话很顶事，我一发动，工余补习社就成立起来了。

到工余补习社来的大约几十人，都是井上各厂的，没有井下工人。这里每天晚上活动，工友们到这里来下棋、看报（大概有《大公报》《晚报》等），说说笑笑很有意思。还请了陈哲鑫、房隆胜、刘起云等几个老工匠，负责教给技术。开始到这里来的人只知道到这里学技术，或是玩一玩，后来我们通过工匠们常向工人讲："外国人欺负咱们，说明咱们是一盘散沙，咱们得争口气，团结起来，不受欺负。"每天大伙散了之后，我们几个人还不散，研究研究有啥情况，怎么组织工人，天天得到十一二点才能散。

工友们都把"社"当成"家"，有啥事大伙都这么说："社里见吧。"那回我到唐山南厂参加庆祝"双十节"回到家里，大伙都堵着门向我打听情况，我说："晚上到社里再商量吧。"晚上，我在社里向大家介绍了开会的情况，使大伙明白必须团结起来，等待罢工。

在社里活动的人，没有共产党员，邓培也没有作具体指导，只是后来把来信寄到社里。工余补习社是在1922年罢工前两个月成立的，没有人对社的活动阻拦过。罢工成立工会后，我们都到工会去了，工余补习社虽然没有正式宣布解散，但也未坚持下去，就这样结束了。

（摘自1961年11月访问孙家耕记录，原件存开滦党史办）

老工人回忆"工余补习社"

1922年直奉交战，物价上涨，棒子面由二分一斤涨到五分一斤，开滦煤由六元一吨涨到十六元一吨。工人卅年没有涨过工资……正在这时，工余补习社成立了。当时确定的任务是以传授技术为名，团结工人，扩大组织。工余补习社是由井上机器厂工人依据邓中夏（注：应为邓培）指示组织起来的。

（摘自《林西工运史资料汇编》，林字142号回忆录）

注：第一次直奉战争始于1922年4月，6月停战。

同时，邓培与交通大学唐山学校土木工程专业学生、共产党员田玉珍（1922年4月，经中共北京区委王仲一介绍入党）取得联系，安排他负责唐山党组织与上级党组织的书信、文件和刊物的转递工作。

田玉珍一九二二年四月入党

我于一九二一年暑假后考入唐山交通大学（以下简称交大）。一九二二年四月，王仲一同志由齐景林带领到交大来找我，他当即带我到印度房铁路宿舍邓培同志的家里和邓培相识，并介绍我参加了中国共产党。那时入党没有履行什么手续，经介绍人这样一谈，就算入党了，而且也没有候补期。王仲一原名王振一，我们原是太原第一中学的同学。一九二一年暑假一起到北京报考大学，我考上了交大，他报北大未考上，就在这个期间，王仲一经高君宇介绍参加了北京共产主义小组，随后在北京专门从事党的工作。

我入党时，在交大没有党员，也没有社会主义青年团员。王仲一当时交给我一个任务，叫我负责上级与唐山组织的通信转递工作。这个工作，我担任了一段时间，到一九二二年秋组织上在唐山市内有专人负责时，我才不担任这项工作了。

我入党后，过了一段时间，在一次小楼会议上，阮章叫我担任宣传工作，他强调宣传工作的重点，应放在发展交大团的组织方面。那时，由上海党中央寄来的党的机关刊物《向导》和团中央机关刊物《新青年》，以及上级来的材料、文件等，都直接寄给我，我将一部分交给阮章，一部分留在交大由我传给进步同学阅读。记得当时每期《向导》都是寄来一卷，有二三十份。

（摘自1988年11月23日访问田珍记录，见唐山革命史档案）

6月，邓培在开滦矿务总局附近租房成立大同社，性质与唐山工人图书馆相似，备有革命书刊，供工人阅读，办工人夜校，组织开滦工人学习文化和政治知识，培养工会骨干分子。从法国留学回来的社会主义青年团员陈洪担任教员。

"眼睛亮了"——记"大同社"

一九二二年二月，唐山工人图书馆成立了，到这来学习的工人，各厂矿都有，但多一半是南厂和开滦的。开滦工人中李星昌、刘长顺、只奎元等人最积极，学得最好。

图书馆成立几个月后，来学习的工人一天比一天多，邓培和劳动组合书记部研究后又成立了一个"大同社"。这是专门给开滦工人成立的，到这里来学习的全是开滦工人。

"大同社"的地址，在矿务局东隔壁，小广东街大院。这个大院里有两三间房子空着，工友们就凑钱租了下来，找了几张长桌子，找了几块木板，下面垫上砖就开学了。

"大同社"对外和唐山工人图书馆一样，都是学习知识，联络感情，实际上是教育工人，培养骨干和党联系工作的地方。

在社负责的有陈宏和李昂，邓培和书记部的同志也有时候来。陈宏和李昂都是上边派来的，穿长袍马褂，像教书先生。学习内容有报纸、《向导》《新青年》《劳动周刊》等。

李星昌、刘长顺等一些老学员，在邓培培养下参加了中国共产党。

开滦罢工前夕，"大同社"关门，学员各回原单位，做组织发动工作。"大同社"学员李星昌、刘长顺、只奎元等都被选为罢工委员会的代表，成了工人斗争领袖。

（录自六十年代初开滦党史编写组的遗稿，所据原始资料未详）

注：《开滦煤矿史》记载，开滦大同社成立于1922年6月。

是月，大同社骨干、开滦唐山矿工人李星昌、只奎元等经邓培、阮章介绍入党，建立中共开滦唐山矿支部。

1922年6月，在中国劳动组合书记部和邓培同志领导与组织下，对开滦工人进行革命教育的"大同社"在唐山广东街建立。同月，共产党小组正式成立，当时发展了李星昌等六名党员。

（摘自1959年开滦矿史编写组编写的《开滦煤矿史》）

注：据1961年"党史座谈会议记录"记载，当时开滦没有党组织。所提六名党员除李星昌外，其余均无充分材料。

开滦矿务局党史征集办公室：

接到七月三十一日惠函，敬悉一切，承询各点，奉答如下：

（一）只奎元和李星昌均系中共党员，在开滦罢工前即已入党，并成立小组，在罢工中又建立了工会党团，指挥罢工行动。

（二）当时北方对所有工人斗争，均由北方书记部领导，并由北方书记部直接派人到唐山领导铁路和开滦矿工的罢工斗争。

罗章龙 1982 年 8 月 4 日

注：据王德周回忆，只奎元当时并未入党。王德周是 1922 年继彭礼和之后，北方劳动组合书记部派驻唐山的特派员。

唐山矿党支部是由邓培帮助建立的，最早的党员是李星昌，他常和邓培联系。

（摘自袁兰祥回忆录，见冀东革命史档卷案）

……到 1922 年 10 月大罢工以前，交大和开滦都有了党的组织，交大支部负责人是董宏猷、许元启，开滦唐山矿支部负责人是李星昌、只奎元。

（摘自 1983 年 5 月王树信、王士立访问罗章龙记录）

7 月，邓培在新立街（今解放路）南端租房，开办铁路工人补习夜校，附属于唐山工人图书馆。经常参加夜校学习的有唐山制造厂的工人 100 多人，其中大部分是青年工人。阮章担任教员，李树彝和交通部唐山大学的进步学生也在夜校讲过课，帮助工人学习文化知识，进行革命思想教育。

1922 年 8 月，根据中共二大党章关于一个地方有两个以上支部，可推举三人组成地方执行委员会的规定，经中共北京地委批准，中共唐山地方执行委员会（以下简称中共唐山地委）正式成立，下设中共京奉铁路唐山制造厂支部[①]和中共开滦唐山矿支部。邓培任书记，阮章任组织委员，田玉珍任宣传委员。中共唐山地委的秘密活动地点在欧阳胡同一个二层小楼上（后改为礼字胡同 5 条 7 号），对外联络地点是中新街 4 号唐山工人图书馆。

[①]《中国共产党历史》第一卷（1921—1949）记载唐山制造厂支部成立于 1922 年 6 月底以前。唐山党史学界比较一致的看法是 1922 年 4 月在唐山制造厂建立党的委员会。参见中共中央党史研究室：《中国共产党历史》第一卷（1921—1949）上册，中共党史出版社 2011 年版，第 101 页。

中共唐山地方执行委员会的建立

邓培入党后，又发展了几个党员，大约是阮章、梁鹏万、王麟书等人。以后北京区委又派了几个人在唐山工作，如吴先瑞、李树彝、彭礼和等人，一共不到十个人，组成了唐山地委，邓培任书记。唐山罢工前就有了唐山地委，可能是1922年夏秋成立的。

（摘自1961年访问罗章龙记录，见《冀东革命史》卷37）

1922年8月份我就去了唐山，中共唐山地委也就是在这前后成立的。

（摘自1983年5月30日王树信、王士立访问罗章龙的谈话）

注:《椿园载记》称：罗章龙是八月二十七日长辛店罢工胜利后动身前往唐山的。

问：您过去说过，唐山建立了党的地方领导机构中共唐山地委，对此您还有印象吗？

答：我的想法是，唐山有开滦、铁路两个大的企业，这些工作因为上边要有个人管它们，所以要有委员会这个地方组织，支部是不够的了。

（摘自1986年5月王树信、王士立等访问罗章龙的对话）

……1922年7月中共二大以后，已发展为唐山铁路工厂和交大两个支部，成立了唐山地委组织，邓培任书记，阮章任组织，一个交大学生任宣传。

（摘自1960年12月14日袁兰祥谈话记录）

注：这个交大学生应为田玉珍。中共唐山地委是个简称，按1922年7月二大通过的党章规定，全称应为中共唐山地方执行委员会。

齐景林等座谈唐山早期党组织

唐山党最早的组织是支部，在1924年就已经是地委了。以后方改为市委的。开始党员开会在邓培家里（印度房子）。以后又在义字五条二号工人图书馆。1922年南厂罢工后，租用欧阳胡同的小楼成立了常设机构，有事接头、开会都在这里。

唐山成立党组织之后，1922年罢工以前，南厂工人中发展的党员有李福庆、王麟书、刘玉堂（即刘铁牛）许作斌、徐炳衡、黄德伦、王玉亭、李华添等人。这些人在罢工中成为强有力的骨干，以后又发展了容昌、邓开泰等人。

当时入党要有正式党员介绍，还举行入党宣誓。早期组织生活不很正规，有时开小组会，小组会的内容一般都是传达上级党组织的指示，阅读进步报纸和内部刊物，或讨论发展新党员对象与布置工作等。

1922年罢工斗争以后，唐山地委每个星期日在欧阳胡同小楼上开一次会，后来又改为两周一次会议。每次开会首先都是由阮章同志作报告，报告的内容大部分是讲当前形势，传达上级党的文件。邓培同志有时讲讲话。会上大家讨论当前形势、研究工作。

1922年大罢工前后，北京到唐山来的人比较多，其中有：张国焘、邓中夏、刘仁静、何孟雄、李振瀛（是1922年夏季来的，直到南厂十月罢工胜利后才离开唐山）、王仲一、吴先瑞、王尽美等人。张国焘和刘仁静都在欧阳胡同小楼上作过时间较长的报告，邓中夏也作过报告，但时间较短。吴先瑞是在南厂罢工以前，有各场代表参加一次酝酿、布置罢工斗争会议上，他以"远东日报"新闻记者身份讲过一次话。他在唐山待的时间较长。王尽美主要是在山海关桥梁厂罢工斗争期间，来唐山与邓培同志联系过工作。

（摘自1961年2月中共唐山市委党史研究室召开的党史座谈会议记录）

中共唐山地方组织的建立，是中共唐山历史上的重大事件，也是近代唐山革命历史上的重大事件，唐山人民的革命斗争从此有了更加有力的领导核心。中共唐山地方组织的创建，是在以李大钊为主要领导人的中共北京地委的领导下进行的。唐山工人阶级的发展壮大，为唐山地方党组织的建立奠定了阶级基础。马克思主义在唐山的广泛传播，与工人群众相结合，为唐山地方党组织的建立提供了思想基础。五四运动和工人运动，在唐山产业工人队伍中培养了一批具有革命思想的先进分子和有组织能力的领袖人物，这是唐山地方党组织建立的组织基础。唐山社会主义青年团的建立，更直接为中共唐山地方组织的建立做了组织上和干部上的准备。唐山地方党组织刚一诞生，就立即担负起团结带领唐山广大工人群众迎接国际无产阶级解放运动高潮和中国第一次工运高潮的重大历史使命。

创办唐山工人图书馆

唐山工人图书馆在北方的早期工人运动中有很大的影响。唐山工人图书馆组织和教育工人的成功经验，受到中共中央的重视，陈独秀在写给共产国际的报告中，提到了唐山铁路工人图书馆[①]。

1921 年 10 月，邓培在赴苏俄参加远东民族大会之前，与李树彝、阮章等人研究决定，先在唐山建立工人图书馆，帮助工人学习文化知识，同时灌输革命思想。他们一起议定了唐山工人图书馆的宗旨、组织管理和经费来源等问题，由李树彝整理成《唐山工人图书馆简章》《唐山图书馆干事会议简章》《唐山工人图书馆阅览规则》和《唐山工人图书馆借书规则》等规章。

唐山工人图书馆简章

（一）本馆以增高工人知识，联络工人感情为宗旨组织。

（二）本馆由热心工人教育和工人组织之人，为本馆会员。

（三）会员每半月开一次馆务会议。

（四）本馆遇有重大事故，经会员 10 人以上提议通过，本馆干事会得召集临时会议。

（五）本馆全体会员会议时，选举干事人员及会议重大事故。平时一切事故，由干事会议解决之。而各干事有执行会员会议及干事会议认可各条件之权。

（六）本馆设干事 5 人，并于 5 人中推定 2 人为正副主任干事，

---

① 中央档案馆编：《中共中央文件选集（1921—1925）》，中共中央党校出版社 1982 年版，第 31 页。

余 3 人为文牍、庶务、管理等职。

（七）凡入本馆为会员者，须有会员 2 人以上之介绍，经干事会认可，并得填具志愿书，方能入会。

（八）凡不守本馆章程、违犯本馆教条以上者，或借本馆名义在外招摇撞骗者，经干事会议证实，得取消会员资格。

（九）本馆经费分三种：

（1）特别捐（由热心工人教育者或赞成人捐助之）。

（2）会员每月会费贰角。

（3）经干事会议通过通知会员，得由干事人员，用本馆名义向各处募捐。

（十）本馆图书由图书馆专则规定之。

（十一）本简章自图书馆第一次会议议决实行之。

（十二）本简章有会员 10 人以上之提议，得于全体会员会议时修改之。

唐山工人图书馆干事会议简章

（一）干事员由全体会员会议选举之（复选法）。

（二）任期以 1 年为限，唯可连任。

（三）职责：

（1）正主任干事，管理全馆一切事务，有对内对外各种权限。

（2）副主任干事，帮助正主任干事，如遇正主任干事告假，得代执行正主任干事之职责。

（3）文牍兼书记，掌理本馆一切文件、布告及收发各种书、报、杂志，并于每月底造一报告。

（4）庶务兼会计，掌理本馆一切出入经费及购置、修缮等事，并于每月底造预算及报销各一份。

（5）管理兼指导，掌理本馆一切设备及整理并执行等事，并于每月底造一报告。

（四）会期每月一次。

（五）有召集临时会议之权。

（六）干事员之权利与会员相等，无物质之报酬。

（七）凡干事员有不尽责者，其他干事均有劝导之义务。如该干事员实不能负责或故意不负责者，得通告全体会员另选之。

（八）本简章由干事员3人以上之提议，得于干事会议修改之。

唐山工人图书馆阅览规则

（一）凡属工人皆可入览。

（二）所置书报等，不得毁坏，不得带出。

（三）凡入览，不得在览室高声谈笑。

（四）要阅何项书籍，可持阅书条写明自己姓名及职别并书名，交于管理人，由管理人交出。阅毕交还管理人。

（五）在阅室不得高声朗诵，不得任意玩笑。

唐山工人图书馆借书规则

（一）本馆会员才有借书权。

（二）本馆会员概发借书证，惟不准转借别人。

（三）本馆书籍单本者及新出版书，不能借出。

（四）本馆书籍借出不能过一星期，到期须亲自送还。

（五）会员借书务必加以保护，不准用笔或刀勾画剪裁，如有上项事故或遗失，须照原价赔偿。

（六）如有三次过期不还，得取消借书权。

（七）借书须将借书证交管理人收存，待把书交还，始得退还借书证。

（八）借书只许借一部。

10月下旬，邓培与李树彝、阮章就工人图书馆的租房、募集图书和捐款、发表启事、安排工作人员等问题进行了研究。此后，工人图书馆的筹备工作，便在李树彝和阮章的领导下继续进行。

12月18日，京奉铁路唐山制造厂工会委员阮章、王麟书联络工会积极分子，以包括邓培在内的31人名义，在《工人周刊》上发表启事，宣布唐山工人图书馆成立。启事内容如下：

> 我们工界朋友们：大多数因为家境贫穷的缘故，在小时候读书的机会很少，把各种自然智慧和能力几乎埋没了。所以除做工外，对于常识无暇来讨论。至于社会生活、人生乐趣那就不用说，概无机会来研究的。想起来我们一个完全的人，真同聋、哑、痴、盲一样，唉！真是伤心人啊！现在工业日益发达，机械日益昌明，社会愈进于文明。像我们工界朋友，如聋如哑如痴如盲，先前既缺少取得基础知识，无法应付环境。现在仍不能找到读书的所在，纵有千百个热心肠想读书，终久（究）是枉然的。像这样，我们怎能在这样竞争的社会上生存，怎能不受人家淘汰。
>
> 所以有一个顶好的法子补救这种困难才是。我们已经结合一些同志来筹划些钱，购买书设立一个图书馆，为的是凡我工人都可自由去阅览，这是我们工界最好求学的法子，也是工界的一颗夜光珠。
>
> 图书馆里应要的书报等等，我们竭力的（地）置办，如该出版部有赠送，我们便函请赠送，谅他们也很乐意的；如没有赠送的，我们就寄钱去买。无论如何，我们总使各种书报杂志，一一充满。这个图书馆的目的，是使凡工界朋友都能够享得这种增加知识的利益。开始的时候是小的，慢慢扩充起来，想我们工界朋友都能表同情，都能愿意保护这颗夜光珠，愿大家一齐起来啊！

李树彝又起草了两份募捐书款的《通启》，分别刊登在1922年1月23日出版的《觉悟》和1922年2月5日出版的《工人周刊》第28号上。并在《工人周刊》第28号上，全文刊登了《唐山工人图书馆简章》《唐山工人图书馆干事会议简章》《唐山工人图书馆阅览规则》和《唐山工人图书馆借书规则》。这样唐山工人图书馆，便在北方工人中出了名。各地工人和各界人士，常寄赠图书和捐款。

唐山工人图书馆募捐

（原载《觉悟》，1922 年 1 月 23 日出版）

热心人类幸福的朋友们：

你们抱着指导群众趋向光明路走去，你们抱着伟大的毅力来冲碎一切障碍物，你们的精神长此伸，长而且永远继续，你们创造出来的光明高耀于全社会。我们感受了你们的引力，我们并不敢多谈一声："多谢！"我们只能努力跟从你们大步的（地）走去。

但是少数人走得太没有兴味了，而大多数人向隅也未免不公平，所以，我们要组织一个工人图书馆，收集各种书报和杂志，以期同享，现在我们都是家无宿粮的可怜人们，起手动作总是缺乏秩序又缺少经费，正所谓心有余而力不足。虽承各地的热心朋友帮助，无奈车薪杯水，路遥力驹。我们处于这种情景之下，欲进不能，欲退也不甘愿，想你们闻之亦必生怜。

我们素来是对不起你们，现在我们正在意于对不起你们的中间说一个对不起。我们的意愿是如此，前途有如何的障碍，那是不管的。你们是我们的好老师，你们是我们的良友，谅你们都很愿帮助我们，使我们有成。如有书报和杂志赠送我们，那就是我们的大幸运了。

即此顺祝你们康健！

唐山工人图书馆

唐山工人图书馆通启

（原载《工人周刊》1922 年 2 月 5 日第 28 号）

工友们：你们看过那工人图书馆的缘起，谅来可以明白我们的意思了。但是我们还得再向诸位声明：你们也能想到自己没有求知识的地方，也没有什么书报给你们看，你们自己的经济又不充足，所以求知识一层总不能圆满解决的，这实在是痛苦得很。我们这个工人图书馆，就是每人出少许钱，可以得到许多书、报、杂志来看，并时有专人在那儿，任你们随意阅看，那是多么好呀！但是初创的时候，一切经费等项都很困难的，虽有各处的热心的工友们来帮助，总是力量很薄弱。所以我们希望你们有热心的牺牲，有点遂意的捐助，来维持这个凡是工人都有利益的工人图书馆！

唐山工人图书馆

　　唐山工人图书馆是一个在中国共产党领导下联系工人群众的组织，也是中国共产党创立时期成立的最早的工人图书馆之一。图书馆对外陈列着一般的报刊书籍供阅览，内部则藏有马克思、恩格斯、列宁的著作，还有上级和其他党、团、工会组织赠送的《新青年》《先驱》《工人周刊》《劳动周刊》等革命刊物，由工会组织工人秘密学习讨论。这里也是党组织和工会的秘密联络点。图书馆前屋是报刊阅览室，后屋便是党和工会秘密集会的场所，党、团员常来此以借阅书报为名汇报工作和领受任务。上海、北京劳动组合书记部的来信、文件都先寄到工人图书馆。有代表来唐山传达指示和布置任务，也到工人图书馆接头。反动军警虽然常来巡查，但由于阮章、李树彝等人的周密安排，他们没能发现这些秘密。

　　图书馆有一套严格的组织管理制度，建立了图书借阅规则，设立了干事会管理日常会务。加入图书馆的会员，要由两名会员介绍，填写志愿书，并经干事会议通过，方可入会。会员每月交纳会费两角，如违反规则，即取消会员资格。图书馆会员实为秘密工会的会员，建馆不到半年，会员就达200多名，其中大部分是京奉铁路唐山制造厂工人，后来也发展启新、开滦工人入会，为中共唐山地方组织的建立准备了充足可靠的后备力量。

田玉珍回忆唐山工人图书馆

　　这个时候，唐山有一个工人图书馆，在欧阳胡同的一个小楼上。这个小楼下边是个通道，实际上边只有一层房子，1960年我到唐山时，还看到过这个小楼。小楼名义上是图书馆，公开挂着牌子，实际上是党的一个集会的场所。小楼上一大间房子，里边一端摆着桌子，上边放着各种图书和刊物，另一端有一个小桌子当主席台，下边放着一排一排的板凳。我初次去小楼时，阮章对我说，这间建筑在车道涵洞顶上的小楼，很不容易租出去，咱们花了几元钱租了下来，办工人图书馆房东不会来干涉，这就便于我们开展工作。当我向小楼图书馆借书时，我说，收集这许多书籍很不容易吧？阮章说，这些书都是北京共产主义小组赠送的。阮章还特意关照我，到这里来时，如果有人问，就说是来看书的。小楼会议或者传达上级的指示，或者布置工作，参加会议的大部分是南厂工人，我记得有王麟书、许作斌、邓开泰、梁鹏万、梁鹏云等，还有两个开滦煤矿的，不记得名字了。交大参加会议的，在 1922 年底以前，只有我一个人。会议都是由阮章主持，邓培很少在这里露面。当时给邓培、阮章跑腿送信的是袁兰祥、齐景林，都是南厂工人，年纪不大，也参加会议。

（摘自 1982 年 11 月访问田玉珍记录）

程帝炳回忆工人图书馆

1921 年下半年，中央劳动组合书记部的李昂（李震瀛）、袁达石、吴先瑞等人（都是大学生）来到唐山，住在梁家房子，地址在永安路陆家街西段一家三间北正房。李昂等同志到唐山以后，首先找到邓培同志，因为邓培同志在工人中威信很高，在民国元年就当过华民工党的代表，又积极参加了五四运动。李昂对邓培的影响也很大，使邓培坚定地靠拢了共产党。以后邓培和李昂经常研究工人运动。同年 9 月，阮章从天津南开中学毕业，回到唐山入南厂在机械房当学徒，并与邓培取得了联系。时间不长，阮章等人成立了工人图书馆，地址在西新街二号。馆内挂有列宁照片。图书馆的委员有李昂、阮章、邓培、梁鹏万、李华天等。他们都不公开出面，公开出面的只有阮章。图书馆实际上是工会组织。图书馆的主要工作是：培养与训练罢工积极分子，组织工人读报和学习，宣传革命道理，讲解工人如何受压迫、受剥削等。图书馆还发过两本小册子。图书馆吸收会员，入会的会员每人每月交两毛钱会费，作为图书馆的经费，购买书籍和订阅报纸等。后来，图书馆还雇了一个人，每月 8 元左右，连房租等共需要20 元开支。这样经费就不够用了，所以积极分子们就把不足部分包了起来，尤其是邓培同志拿的会费更多。为了补足经费的不足，还号召过工人捐书籍、杂志等。

（摘自 1959 年 2 月访问程帝炳记录）

党史座谈会座谈唐山工人图书馆

马克思主义在唐山传播是从五四运动时期开始的。由北京来些大学生和先进工人邓培、梁鹏万、阮章等人接触，但那时范围还很小。唐山广泛深入地传播马克思主义，还是 1921—1922 年。1921 年春季交通系在唐山扶轮学校组织了工人夜校。讲课教员是李树彝（李树彝是我们党员），开始讲的课程是社会发展简史、猴子变人等。由于当时统治者，不懂社会科学，所以对于讲课的内容也无人过问。李树彝担任一段课程以后，就回北京去了，时间不长他又回唐山（1922 年春末夏初），在西中新街租房住下，组织了"工人图书馆"。以后图书馆迁址到义字五条二号。当时刘玉堂、王麟书、阮章、李福庆、齐景林等都在"工人图书馆"工作过。

"工人图书馆"内有十多种报纸，一部分杂志和很多小说。到"图书馆"来看报和阅读杂志、小说的人很多，不仅南厂工人常去，开滦工人也去。"图书馆"有些内部刊物，如《向导》《新青年》等都放在图书馆的后屋，专供党、团员和积极分子阅读。

办"图书馆"的活动经费，主要依靠从参加"图书馆"的会员会费中开支。参加"图书馆"的会员在当时约有 100 多名，每月缴纳会费 2 角。"图书馆"的管理员是李树彝从北京带来的一名叫何顺，他负责管理图书馆等一切工作。

自从建立"工人图书馆"之后，它不仅是唐山广泛宣传马克思主义的基地和团结教育工人的组织核心，同时还成为党组织的活动场所和联络机构。唐山党的领导核心和南厂党组织都经常在"图书馆"的后边屋内开会研究工作。从北京、上海来往的信扎（札）、文件都向"图书馆"投递（1922 年以前，外来的信件都是从北京寄到田玉珍手中，再送到邓培家中，大罢工以后信件是从上海来，先前送图书馆，后送小楼上），上级党组织派人到唐山来时，也在此与唐山党组织的领导人接头，以后才到欧阳胡同小楼上。

（摘自 1961 年召开的党史座谈会议记录）

唐山工人运动的第一次高潮

　　1922 年，素有"中华劳动纪元年"之称。从 1922 年 1 月香港海员罢工到 1923 年 2 月京汉铁路工人大罢工，全国出现了第一次工人运动高潮。在全国工运高潮的影响下，唐山自 8 月下旬至 11 月中旬，也爆发了第一次工人运动高潮，其中的开滦五矿①同盟大罢工是当年中国共产党领导的最大规模的一次罢工斗争。中国劳动组合书记部主任邓中夏称其为"全国罢工潮的最高峰"②。毛泽东在《中国社会各阶级的分析》一文中，盛赞京奉铁路和开滦工人阶级"特别能战斗"。③

唐山工人的劳动立法运动

　　1921 年 11 月至次年 2 月由美国发起举行华盛顿会议后，帝国主义列强都极力扩大各自在华的势力范围，从经济上、政治上加强对中国的掠夺和控制，由外国列强分别操纵的各派军阀之间的混战加剧，人民生活苦不堪言。1922 年 4 月 29 日，第一次直奉战争④爆发，唐山京奉铁路沿线地区深受其害，特别是产业工人本就艰难的生活雪上加霜，纷纷要求增加工资，改善生活待遇。5 月 1 日，中国劳动组合书记部在广州召开第一次全国劳动大会，邓培和邓汝

---

① 唐山矿、马家沟矿、林西矿、唐家庄矿、赵各庄矿。
② 邓中夏：《中国职工运动简史（1919—1926）》，人民出版社 1953 年版，第 23 页。
③《毛泽东选集》第一卷，人民出版社 1991 年版，第 8 页。
④ 1922 年 4 月 29 日至 6 月 27 日，以英美为后台的直系军阀和以日本为后台的奉系军阀，为争夺中央统治权而进行的一场祸国殃民的战争，最终奉军战败撤到关外，直系军阀控制北京政权。

铭分别代表京奉铁路工会和开滦煤矿工会参加了会议。会议提出"打倒帝国主义""打倒军阀"的政治口号，引导全国工人阶级开始走向团结的道路。

邓开泰回忆邓汝铭为一次"劳大"的代表

第一次全国劳动代表大会是在广州召开的，唐山开滦五矿代表是邓汝铭。

（摘自 1959 年访问邓开泰记录，见南厂党史办档案）

邓中夏回忆第一次全国劳动大会

中国共产党见当时罢工高潮之到来，认为有召集一次全国劳动大会的必要。于是用中国劳动组合书记部的名义发起召集。共产党召集此次大会的原则是这样的，不分何党何派，只要是工会便邀请其参加。一九二二年四月十日，便发出通告，一面登报，一面发公函，邀请全国各工会派代表到广州，于五月一日开会。通告上公布此次大会的目的有四：①纪念五一劳动节；②融合并联络全国劳动界之感情；③讨论改良生活的问题；④讨论各代表提案。

此次到会的代表共一百六十二人，代表十二个城市，百余工会，二十七万会员。代表当然以广州、香港两地为最多，因其近便，占全体百分之八十。其来自北方及长江一带的，据记忆所及，铁路方面有长辛店、江岸、陇海、粤汉北段各工会；矿山有开滦、安源各工会；城市方面有上海、武汉、长沙、济南、太原、江西等各处工会。……

（摘自邓中夏 1930 年 6 月著《中国职工运动简史》，第 68 页）

第一次全国劳动大会简况

今年五月一日，中国全国劳动者在广州开了个破天荒的劳动大会，听说此次大会召集时间极其匆促，其初不过由广州、上海、北方十余个工会，感受世界潮流，都觉的（得）有全国联络之必要，写信给中国劳动组合书记部，要求发函召集全国劳动大会。书记部发函之期，是在"五一"之前三星期；谁知此消息传出后，不论接到或未接到通告的工会，都大为欢欣，竞派代表与会。北京、天津、唐山、长辛店、山东、武汉、长沙、江西、南京、上海各处派代表赴粤者约三四十人，加上广州各工会代表，合计人三十余万，不可谓非我国劳动阶级一大觉悟。

此次大会，各省代表提出议案甚多。经审查结果，或归并，或注销，认为可以成立者只十余案。逐日付议，皆能仔细讨论。计议决共十案，分列于下：

（一）罢工援助案（中国劳动组合书记部代表李启汉提出）。

（二）八小时工作制案（提出人同上）。

（三）全国总工会组织原则案（长辛店京汉路工人俱乐部代表邓重远提出）。

（四）订定中国劳动歌及劳动旗帜案（唐山京奉路机务同人联合会代表李树彝，徐家棚粤汉路工人俱乐部代表吴海堂共提出）。

（五）湖南劳工会黄、庞二君被杀及香港罢工沙田海员被杀案（湖南劳工会代表张理全、中华海员工会联合总会代表苏兆征共提出）。

（六）组织全国人力车夫联合会案（汉口人力车夫总会代表彭大汉提出）。

（七）中国在相当期间内的劳动运动，只作经济运动，不与闻政治案（徐家棚粤汉路工人俱乐部代表吴海堂提出）。

（八）尊重劳动节及工虎案（中国劳动盟会沪总部代表谭竹轩提出）。

（九）规定第二次全国劳动大会案（广东中国机器总工会代表邓汉兴提出）。

（十）全国总工会未成立以前，请中国劳动组合书记部为全国通讯机关案（公众临时动议）。

以上十案，皆极重要。就中以"罢工援助"及"全国总工会组织原则"两案为尤有关系。闻并决定明年在汉口举行第二次大会云。

（原载1922年5月21日上海《新申报》，标题为"全国劳动大会之所闻"。）

6月，广东军阀陈炯明背叛孙中山，宣布取消南方护法军政府[①]，国会在广东难以立足。控制北京政权的直系军阀首领吴佩孚趁机进行欺骗宣传，一方面高喊"武力统一"；一方面鼓吹恢复国会，制定宪法，宣称"保护劳工"，以笼络人心，巩固其统治。中国共产党利用这个时机，由中国劳动组合书记部提出《劳动法大纲》，要求国会通过，并且动员全国工人广泛开展劳动立法运动。

在全国首先响应中国劳动组合书记部号召的是"唐山铁路、矿山、纱厂、洋灰厂各工会"[②]。8月下旬，中国劳动组合书记部主任邓中夏在领导京汉铁路长辛店工人罢工取得胜利之后赶到唐山，会同中共唐山地委书记邓培，以京奉铁路唐山制造厂为中心，进行宣传发动工作。唐山制造厂3000多名工人热烈拥护书记部的主张，通电全国报界、各工人团体、各界民众和国会参众两院，要求北京国会以劳动组合书记部所拟的19条《劳动法大纲》为最低限度条件，通过劳动法案。通电分别在北京《晨报》和天津《益世报》上全文刊发，对各地工人产生了积极影响，同时也引起各界人士的关注和同情。

唐山京奉路制造厂职工会通电
支持书记部的劳动法大纲

此次国会再开，工人关于劳动立法极为注意，自劳动组合书记部拟定劳动法大纲后，各地工人起而呼号接踵相结。顷唐山京奉路制造厂职工会亦为此事发出通电，并向参众两院议员提出要求，其原文如下：

致全国电：北京晨报、京报和工人周刊转全国各报馆、各工人团体、农人、兵士、学生会、各界同胞钧鉴：

国会议员是代表人民意思的，人民是求实现全民政治的，是希望每个人都得到同样权利的。这次国会制定宪法，看他们能不能本全

[①] 1917年7月，张勋复辟失败，皖系军阀段祺瑞重新上台，拒绝恢复《临时约法》和国会，企图进一步控制北京政府。孙中山在广州号召护法，受到国会议员拥护，纷纷离京南下。8月在广州召开会议，因到会议员不足法定人数，所以称为国会非常会议，会议决定成立军政府。

[②] 邓中夏：《中国职工运动简史（1919—1926）》，人民出版社1953年版，第78页。

民政治的精神，以适合我们人民的要求。如果他们仅制成保护一阶级——有产阶级的权利，谋少数人幸福的宪法，那就失掉了人民大多数的同情，社会必因此就纷乱起来，全国人民永远的幸福固属得不到，暂时的安乐也梦想不到，这是我们全国工团、农人、兵士、学生会各界同胞都要注意预防的一桩事。工友们！伙伴们！劳动立法是关系我们生死关头的一桩事，是关系我们子子孙孙利害的一桩事。我们亲爱的指导者劳动组合书记部所拟定的劳动法大纲，既得了一部分表同情的议员先生提出，我们当这个时候，更应加努力去奋斗，一面做劳动组合书记部的后盾，一面长表同情的议员先生的气焰，誓必达到劳动法已列入宪法了，劳动法已完全采纳劳动组合书记部所拟定的劳动法案了，那我们才能休止。不然，我们以后也不是人的生活了，变做了奴隶生活了，何必不当在这个时候，就相率来都，以求速死，倒还痛快。工友们！伙伴们！伟大的人间，光辉灿烂的世界，在在都是我们一锤一斧造成的，血与汗换来的，我们贡献社会的功劳，可说比天还要大，反得不着些小权利，尚要被寄生物——资本阶级——戏弄如猿猴，对待若奴隶，说来真堪痛心，实为社会之大不平等事。当这制定宪法的时候，我们除一面致电议员要求制定劳动法外，尚望各界人士以及报界诸公多多帮忙，多多指导，我们是感激到万分了。

唐山京奉路制造厂职工会三千余人启

致国会议员电：参众两院议员先生：自国会开幕以来，政局顿呈新鲜气象，要务首在制定国宪。近来各界人士纷纷对此问题活动，而我们劳动界自从劳动组合书记部提出劳动法案大纲以来，我们觉得非常重要，显系我们生死关头的问题。今持着我们十二分的诚意，郑重对着两院议员先生说几句粗鲁而关痛切的话，乞与鉴察。你们职在代表民意，理应变成群众的化身才对。我们劳动人数为最多，因此就有注意之必要。想本全民政治达到共同幸福起见，尤应当从我们劳动群众着想。我们劳动群众虽素来遭一班士夫所屏弃而不齿，但自念贡献社会功劳，也堪可夸说惟我独尊，世界上的文明，都是我们一锤一斧造成的，血汗换来的。假若没有我们劳动者，空间就会马上万机停息，变成了沙漠的地方，谁也都活不成了。……我们既有大功于社会，理应享受优良待遇。今反不然，尤其是我们中国劳动者，地位更属悲。处此重受两种压迫——外国资本家和本国资本家——之时，适逢国为不法之国，经忍贪婪的资本家尽情剥削，任凭无法的官僚故意欺凌，约法上虽许人民结社自由，而专对于劳动者剥夺殆尽。其余如时间之长，工资之贱，工厂设备之不卫生，种种悲惨状况，可说全地之所无，亘古今之所未有。所以年来工潮，明争暗斗，前波未平，彼波继起者，谓非无因。两院议员先生苟不速即审查国中劳动状况，察世界劳动的情形，及时制定劳动法，以和缓我们阶级的斗争。不然，恐怕我们将会要扰得社会上鸡犬不宁。劳动组合书记部所拟的劳动法案大纲，是我们最低限度的条件，务必要条条如愿以偿。我们要求制定劳动法，是要以法律来保护我们利益，不是以法律来限制我们的利益，这是要请两院议员先生千万注意的。倘此次制宪，我们尚不能得到法律上的良好保障，那我们也再不愿度这种奴隶生活了，将会相率来京，以求速死。特此电呈，敬请鉴核，并祝康健。唐山京奉路制造厂职工会三千余人启。

（原载 1922 年 9 月 1 日北京《晨报》第二版）

邓中夏深入各大厂矿，广泛了解工人的生活、斗争情况，会见工人代表，进行动员演讲，报告全国工人运动发展形势，号召唐山广大工人团结起来，为本阶级利益而斗争。唐山制造厂职工会积极行动，以《生死关头的一桩事》的醒目标题书写了一幅一丈见方的宣传告示，张贴在工厂门前，号召工友们行动起来，作劳动组合书记部的后援，开展游行示威活动。观者众多，影响很大。职工会还印制大量传单，散发到其他厂矿工人中，宣传劳动立法的重要意义。在邓中夏指导下，唐山广大工人要求参加劳动立法运动的呼声日渐高涨。8 月 30 日，为了使运动深入发展，唐山制造厂职工会召集各厂矿工人代表，召开唐山劳动立法大同盟筹备会议。会后几天的时间，各厂矿工人被广泛发动起来。9 月 3 日晚，唐山制造厂、开滦煤矿、启新洋灰公司、华新纺纱厂等工人代表近 50 人举行会议，宣布唐山劳动立法大同盟正式成立。大会推举 16 人组成执行委员会，推选唐山制造厂职工会委员刘玉堂为临时主席。随后，领导唐山各厂矿工人举行大规模的游行示威，把劳动立法运动推向高潮。

唐山工人组织劳动立法同盟

唐山通信：唐山这个地方的工人，素来在社会上很能容受潮流的，历年来对于国家发生了重大问题，往往总有一番表示。此次对于劳动立法运动尤觉得是切于他们己身关系的问题，更非热烈做做不可。自从劳动组合书记部拟定劳动法案大纲十九条后，他们看了条条是应得的权利。

唐山工界比较先进一点的制造厂职工会，马上他们三千多人就通电参众两院及全国，认劳动组合书记部所拟的十九条法案为最低限度的条件，若还不能如愿以偿，则相率来都，以求速死等的雄壮话。制造厂工人觉得仅限于一部分工人，矿务局、洋灰公司、纺纱厂几千工人尚没表示，未免不是缺点，因此，就发起唐山劳动立法运动大同盟，以图联合唐山所有工人结合一个大团体去奋斗。前日就在唐山各工厂中散布几十份传单，说明劳动立法之紧要，并在南厂门前贴着一张达方丈的传单，标题为《生死关头的一桩事》，观者人山人海，其文如下：

最亲爱的工友们、伙伴们，大家都知道国会正在那里制定宪法吗？大家又知道我们最亲爱的指导者——劳动组合书记部所拟的劳动法案大纲吗？伙伴们，大家要提醒，这个劳动法是关系我们生死关头的一桩事，有了这个劳动法，就能够得最大的幸福，没有这个劳动法，我们就会永久的（地）被铁锁练（链）锁着颈，过那压在第十八层的奴隶生活去了。因为如此，我们应当联合起来，团结起来，做劳动组合书记部的后援，努力向国会去争，要争得国会已将劳动法列入宪法了，劳动法已都采用劳动组合书记部所拟的劳动法案大纲了，那我们方才放心。如这个目的没达到，那我们将来也活不成了，就活也不是人的生活了。何必不就当这个时候，和国会斗他一个你死我活，在社会上扰他一个轰轰烈烈的示威运动啊！

　　他们这样活动起来，因此唐山各项工人对于劳动立法运动的呼声很高，就于八月三十日他们会集了制造厂车房、矿务局各处的觉悟工人，开了一次筹备会，筹备劳动立法运动大同盟的组合。不到三天工夫，各厂如荼如火的（地）活动起来，就于九月三号晚间开劳动立法运动大同盟的成立会，到会者近五十人，均系各厂的代表，代表大部分工人的意思，因会场太小，不能全体工人出席的缘故。他们的宗旨，是本齐民政治精神，要求适当劳动法列入宪法为宗旨。他们开会的程序极好，首先由大会推定了刘玉堂为临时主席。这位主席是一位很年轻的青年，办事素来是很热心的，最可钦佩的，就是他那几句祝词：庄严灿烂的世界，新奇闪耀的文明，在在都是我们劳动者一锤一斧造成的，血与汗换来的，我们贡献社会上的功劳，堪可夸说比天还要大。因此，我们应享受国家权利之必要。唐山为北方无产阶级大本营，久为四方工友们所瞻仰，偶有举动，足以风化社会上而悸当局。因此，我们具有实力要求国家权利之可能，当此国会制宪时候，我们努力去争到法律上的保障，开我们将来光明的道路，谋我们子子孙孙的幸福。

　　读完了祝词，鼓掌如雷，震动屋瓦。主席很爽直，很简明的（地）说这会经过情形，他说，这个劳动立法运动本不是犯法的事，是我们应做的事，我们不过稍稍活动，没到三天功（工）夫，就来了这样多的同志们，足见我们工人一片热忱。原来我们劳动者是创造世界的，谁也离不了我们，谁也都赖我们，我们因此应当在社会上得到相当幸福和权利。但我们要得到相当幸福和权利，必要自己起来努力去争。现在这样的政府，他们决不白给我们的。现虽有一部分表同情的议员先生提出了劳动法案，我们如果不在社会上活动，也不知道能否通过。劳动法案是关系我们自己切身的问题，我们也总该在社会上活动。现在工人不是从前工人了，需要团结了，要图团结的稳固，必要得到法律上的保障。所以我们此次要切实干，争得法律上的保障，这是关系我们子子孙孙的问题。主席说完了，就有五人自由演说，在座一齐鼓掌欢迎。次陈文海演说，他是职工会副会长，办事素来热心，所以甚给人望，不免谦让了一会，才说了几句，大意是劳动立法运动是要干的，且要迅速干，愈快愈好。继起就有他们工友王麟书演说，他说劳动组合书记部创造劳动立法运动这个名词，确实新颖得很，恐怕还有好多工友不知道意义。劳动就是我们工人，立法是要得法律上的保障。议员是人民的代表，是由各地方选出来的，是替我们人民制定法律的。议员先生能够代表我们全体人民的意思与否，还不知道，有好些议员先生们，多半带了官僚的臭味，绝不能帮我们人民说话的。劳动法案虽经一部分表同情的议员先生提出，将来不知道能否通过。我们正当这个法案未经二读时，大家起来去要求，以图争得法律上的保障。今全国各地工友都积极进行，努力做大规模的运动，以求达到完全目的。这是关系我们将来最紧要的一桩事，希望各位明白的工友，对那些不明的工友说说，使大家都明白了此中意思，那就更好办了。主席重来说几句切要的话，坚固团体，以图我们最后的胜利，以一有趣的譬方作结论。他说：他在小学时，他的小弟弟对他说，大树为什么被风吹倒了，小树为什么反吹不倒呢？他说：大树是孤立的，小树是丛生的。我们团体也是一样，不论你的力量怎样大，不团结，终要被风吹倒的；团结了，力量虽小，倒谁也不敢动了。最后推出职员十六人，组织执行委员会，办理交际、庶务、宣传、书记等事项。他们是用推举法，手续简便，无产阶级心里异地则皆然，俄罗斯选举是用推举法，他们也用推举法。末后自由捐款，也十分踊跃。备有茶点，大家集聚吃吃喝喝，尽欢而散。（新桂）

（原载1922年9月5日北京《晨报》第三版）

在唐山的影响和带动下，郑州、武汉、长沙、上海、广州、天津等地工会组织和团体纷纷召开大会，发表通电，掀起全国范围的劳动立法运动。

邓中夏谈劳动立法运动

书记部以劳动法大纲通知全国工会，并号召其进行此项劳动立法运动。首先响应的是唐山铁路、矿山、纱厂、洋灰厂各工会组织"唐山劳动立法大同盟"，为大规模示威大巡行，并通电全国各团体及国会，要求通过书记部提出的十九条劳动法大纲。继起者为郑州铁路工会……

　　书记部见各处劳动立法运动已发展，乃召集北方铁路工会代表到北京开会，并招待国会议员和新闻记者，作广大的宣传。

（摘自邓中夏 1930 年 6 月著《中国职工运动简史》）

　　直系军阀政府虽然宣称制宪，但并无诚意实行制宪民主，中国劳动组合书记部提出的《劳动法大纲》当然不能在其操纵下的国会通过。但是，19 条《劳动法大纲》已经深入人心，受到广大工人群众的衷心拥护，成为以后工人运动的斗争纲领。经过劳动立法运动，唐山的工人进一步明确了斗争的目标。各厂矿的工会组织根据《劳动法大纲》和本行业的实际情况，酝酿着提出增加工资、维护工人合法权益的要求，准备发动罢工斗争。劳动立法运动是唐山工人在中国共产党的领导下所进行的第一次有组织的联合斗争，标志着唐山第一次工人运动高潮的开始。

京奉铁路唐山制造厂大罢工

　　1921 年冬，中共北京地委曾制订唐山地区同盟罢工计划，准备在 1922 年秋，发动唐山、丰润、滦县、滦南和秦皇岛五个地方的铁路、矿山和工厂的工人，举行一次大规模的罢工。[1] 斗争对象是英帝国主义、官僚资本家及交通系[2] 的反动势力。1922 年 9 月，在领导长辛店工人罢工斗争胜利后，中国劳动组合书记部北方分部派遣李梅羹、王仲一、吴先瑞、彭礼和等到唐山，进行罢工前的组织准备。9 月 11 日，中国劳动组合书记部北方分部主任罗章龙带领长辛店工人俱乐部代表王俊、须永德到达唐山，会同邓培等人一起研究唐山制造厂罢工问题。

---

[1] 中共中央党史研究室：《中国共产党历史》第一卷（1921—1949），中共党史出版社 2011 年版，第 90 页。

[2] 北洋军阀统治时期的反动官僚政客集团，因长期把持中国交通、金融、财政系统大权而得名，是中国共产党创建时期从事铁路工人运动的主要障碍。主要代表人物有梁士诒、周自齐、叶恭绰、曹汝霖等。

北方区委决定组织唐山铁路、矿山工人大罢工

八月二十七日，长辛店罢工胜利，京汉铁路工会决定下达复工命令。当大家正在开会讨论复工后有关问题时，北京来人通知，区委有急事要我火速进城。火车到站后我立即赶到北大西斋。时粤汉铁路工会已派人抵京，报告该路区酝酿斗争，形势十分紧急，要求北方书记部派得力人员前往助战。同时，京奉铁路山海关、唐山及开滦五矿亦来人报告正准备斗争，要求北方书记部派人支援。因此，北方区委立即召集会议，讨论粤汉路、京奉路及开滦五矿斗争问题，决定由长辛店工会选派两人偕同粤汉路代表即日动身回湖南，……关于京奉、开滦方面问题，决定我即日动身前往唐山，先召开唐山党团员会议自行酌情决定。……当时北方书记部主要任务是开展北京迤东地区铁路矿山工人联合大罢工。我自唐山返回后，复于十月一日前往唐山，随即驻唐山参加领导京奉路与五矿罢工。

……

京汉路八月罢工胜利后，一次我与邓培、尽美三人同登山海关，会见了山海关俱乐部和党的负责人佟惠庭，共同研究山海关的形势问题。时适山海关俱乐部发动（运动）撵走工头赵某后，其余党陈宏经怂恿路局无端开除俱乐部委员佟惠庭和景树庭二人，恣意破坏工会，工人十分义愤。在此情形下，究竟应采取何种对策？大家分析后，决定趁此开展一个大规模的抗议斗争，以求彻底解决增加工资的问题，并做好罢工斗争的准备。这一工作由王尽美会同俱乐部负责人佟惠庭主持。与此同时，唐山也开展经济斗争，准备必要时发动罢工，与山海关相策应。由邓培准备，我赞襄其事。

（摘自罗章龙《椿园载记》）

注：长辛店工人罢工，1922年8月24日开始，27日结束。3000多名工人在长辛店工人俱乐部领导下，向路局提出开除欺压工人的总管，增加工资等要求。当局派军警强迫工人复工，工人组织纠察队和军警斗争，罢工坚持两天，使南北交通断绝。最后迫使路局接受了

工人的条件，罢工取得了胜利。这次罢工成为北方罢工运动高潮的起点。

9月13日，邓培代表职工会向厂方和京奉铁路局提出改善生活待遇的5项基本要求，并在《工人周刊》《申报》《晨报》等报刊上发表。其内容主要有：为入厂七八年以上的工人增加工资，星期日、病假、例假及其他假日照常发给全薪，工人从厂内购买煤炭等物应与员司同等待遇，每年发一次五路（京奉、京汉、京绥、津浦、正太五条铁路）乘车免费票。

唐山路工提出五项要求

唐山京奉路制造厂全体工人，因物价腾贵，生活困难，特于十四日呈该路机务处，提出五项要求，限三日内答复。一面并发出宣言，连（联）络山海关一致行动，请求各地工人援助，其宣言如下。

我们在黑暗地狱的唐山制造厂工作，迄今十有余年。悠悠岁月，来了又去，去了又来，终日精疲力竭，执奴隶牛马之役，为的是资产阶级的奢华富丽。到而今个人的生活，竟至辗转沦落，情况愈下。呻吟憔悴，陷于求生不能、求死不甘的状态。我们心酸泪落，怀着无限的悲愤，到此万不能隐忍了！所以于今日提出最低限度条件五则（列后），向路局交涉，限期答复。我们认为这些条件，是起码的要求，只有全部允许，决（绝）无磋商余地，现已全体公决，誓非达到目的不止。素仰贵处工友热心，敢为我们工人阶级争利益，祈本互助之谊，与以实力援助，则我们感激万分了。今将所提条件五则列后：

（一）星期及各种假日，须照常发给全薪。

（二）工人有入厂十余年或七八年未加薪者，应即日加薪。按月薪十五元以下者加三成，十五元以上者加二成，五十元以下者加一成。

（三）以后每年应加薪一次。

（四）此次直奉战争，工人所受损失，应照车房例，同样发给恤金。

（五）关于待遇平等，包含下列各项：①三年须有二月例假。②每年须有两星期例假，假期中发给全薪。③病假须给全薪。④工人向厂卖（买）物及购煤与员司受同等待遇。⑤每年发给五路乘车免费票一次。

（原载 1922 年 9 月 16 日北京《晨报》第三版）

9 月 14 日下午，邓培在工厂门前召开 3000 多名工人参加的大会，向工友报告 5 项要求的具体内容和遭到厂方拒绝的情况。长辛店工人代表王俊介绍了长辛店罢工斗争胜利的经验，山海关铁路工人代表也登台演说，强调唐山与山海关两地工人要"联络一齐向资本家奋斗，誓达最后胜利"。9 月 15 日下午，工人们不顾唐山警察局关于禁止集会结社的布告，齐集工厂门前示威。工人们争先演说，工人纠察队环列四周，秩序井然，警察见状未敢干预。

唐山制造厂工人大结合

（唐山通信）

唐山京奉制造厂工人于昨日（十四日）下午六时，特召集大会，报告连日交涉情形。会场在制造厂门前大空场，全厂三千余工人皆到会，秩序井然，旁观者拥挤甚众，颇极一时之盛。首由主席邓培宣告开会，次报告连日与当局交涉情形。谓，昨日（十三日）呈禀处长，限三日答复，未蒙允许，我们应取何种态度。众皆谓以最后手段——罢工——对待。后主席介绍长辛店与山海关工人代表登台演说，众鼓掌表示欢迎。长辛店代表王俊，述长辛店此次罢工情形。其重要之点，在不怕什么武力压迫。次山海关代表佟恩荣，述唐山工人与山海关工人之关系，并请联络一齐向资本家奋斗，誓达最后胜利。全场人等大鼓掌，三呼"劳工万岁"而散。全厂代表百余人，并长辛店与山海关工人俱乐部代表五人，至庆合园饭庄宴会。由邓培引导，依次入坐（座）即致欢迎辞。次由各代表依次演说。长辛店代表王俊谓敝会得到贵处信，即派兄弟等前来接洽。见此边情形，令我十二分喜欢满意。不过我还要对诸位说几句紧要的话，请诸位注意。现在我们中国各处工友，有一种顶不好的现象，就是分什么南方北方、某省、某地的界限。诸位亲爱的工友们，我们要认清楚我们都是"卖力气""赚工钱"的人，我们整天做工，还要受饿。假若一天不做工，就会饿死。现在要醒悟过来，不要受资本家同他的走狗的煽动，什么南北省地方界限。我们都是一家，都是无产阶级。我们不要自己和自己争斗云云。次长辛店代表须永德演说，大致谓，我们长辛店此次罢工，本是单纯的经济问题。而一般失意的政客和无聊的新闻记者硬牵到政治关系。我不是说"我们工人不干涉政治"，不过我们做单纯的经济问题，绝不让他们拉到政治关系中间。这是表示我们很清白，很洁净，并不受任何人利用。我们对于经济问题也罢，政治问题也罢，都是出于自动的。此点要请诸位注意。次山海关代表演说，唐山与山海关应怎样联络对资本家作战。众谓，宴后，再作详细精密讨论。次由主席演说，此次注意之点，我们做单纯的经济运动，勿教失意政客与无聊新闻记者，牵到政治问题。因我们的位置与关系，和长辛店又不同，这是要十分注意的。至十一时许，方散。

（原载 1922 年 9 月 18 日北京《晨报》）

罗章龙回忆南厂罢工的准备工作

长辛店八月罢工的胜利，对京奉路各站鼓舞很大，工人为改善工资待遇也跃跃欲试，九月十一日，我偕长辛店工会代表王俊、须永德到唐山后，见到邓培，了解当地情况后，建议他立即组织罢工委员会。主要成员有：邓培、王麟书、刘玉堂、阎福堂、罗占先、李福庆、李显廷、梁鹏万等。罢委会组成后，讨论了向厂方提出的条件和要求，并推我执笔，写了一个简短的宣言，提出所议的五项要求。宣言历数了工人的苦况，其文如下："我们在黑暗地狱的唐山制造厂工作，迄今十有余年。悠悠岁月，来了又去，去了又来。终日精疲力竭，执奴隶牛马之役，为的是资产阶级的繁华富丽。到而今工人的生活，竟至辗转沦落，每况愈下……我们怀著（着）无限悲愤，到此万不能隐忍了！所以于今日提出最低限度条件五则，向路局交涉，限期答复。我们认为这些条件，是起码的要求，只有全部允许，决（绝）无磋商余地。现已全体公决，誓非达到目的不止。"

接着提出了如下条件：（此处从略，具体内容参见《唐山路工提出五项要求》）

九月十三日，向厂方正式提出上述要求，并限三天答复，厂机务处未予理会，我与邓培商议，认为有必要召集全厂工人大会，讲清情况；同时进行宣传鼓动，要做立即罢工的准备。会上可请长辛店工人代表介绍八月罢工斗争胜利的经验，以壮士气；同时可联络山海关、秦皇岛等地工会派工人代表出席。于是，于十四日午后，全厂自动停工，举行群众大会。会前我们做了充分的组织动员，结果全厂三千工人都出席了大会。主席邓培宣布开会的意义后，首由长辛店工会代表王俊演讲，大意谓：唐山工人旧有南北界限，大家要明白这是旧社会的坏习气，工人应不分南北，团结起来为本阶级的利益进行斗争。继续发言的是长辛店工友须永德，介绍长辛店八月罢工的经验。随后有山海关代表佟惠庭演说，唐山与山海关工人应密切联合，一致奋斗，互相支援，"打虎需要亲兄弟"，只有团结起来才可以很快达到目的；并报告了山海关正在做罢工的准备。大会后，全体工人同仇敌忾，战斗精神大为提高。遂于次日再次派代表向机务处交涉，厂方仍一味拖延，迟迟不予答复，直到十月初，工人忍无可忍，乃举行大会示威。厂方才不得不商量退策，经路局同意，答应工人提出的部分条件，但工人坚持必须承应全部的条件，否则于十月十三日一律罢工。厂方未予答复，于是酝酿一月之久的罢工，遂于十三日凌晨爆发了。

（摘自罗章龙《椿园载记》）

注：据参加罢工的老工人回忆，南厂罢工委员会是罢工前夕，10月12日成立的。

京汉总工会声援南厂工人

唐山京奉全体工友钧鉴：接到你们对路局的五项要求，有的各路已早实行了的，有的各路已经争到手的，均为不过分很适当的要求，你们很郑重的（地）提出来和所持的态度，我们很钦佩，很表同情的。你们的举动不单是为你们自己计，亦是为我们全无产阶级争体面，争光荣啊！所以我们已准备十分的力量，等到关节，一定要首先援助的。你们要想，你们是处在两个军阀的冲突，诸事要慎重将事，努力前进。祝你们的奋斗胜利。京汉总工会布启。

（原载 1922 年 9 月 27 日上海《民国日报》第六版）

由于工人团结一致，坚持斗争，厂方被迫于 9 月底贴出布告，对工人提出的要求作出部分允诺。广大工人对此答复甚为不满。

京奉铁路管理局布告第 124 号

1922 年 9 月

按照总工程师及局长和机车及工厂总管 9 月 28 日函，经他们议决，关于工厂工人增加工资事，其办法如下：

工资：

工人：凡工资自 0.26 元至 0.38 元者增加 0.08 元。

年龄在 21 岁以上之工人最低工资为 0.36 元。

帮工：凡工资自 0.36 元至 0.60 元者增加 0.10 元。

技工：凡工资少于 1.00 元者增加 20%。

凡工资在 1.00 元以上至 1.76 元者增加 10%。

给假：

每年两星期的给资假。

服务三年后，两个月之给资定期假。

假期须一次请准，而工资在销假后付给。

有铁路医师医疗证明之病假，第一月付给全薪，第二月及第三月半薪。

给资假日：

凡工作两星期未虚费时日者，得准给予一日的工资。这等于每月两个非工作星期日付给之工资，如同津浦铁路所规定者。

每年共计 14 天之节日，可得半薪，如同津浦铁路所定者。

煤斤：

一切技工给予与铁路员司同样等额之煤斤。

优待通车票：

此项已奉总统的命令取消，俟接奉部令后再对此妥为考虑。

以上办法兹予批准，并于 1922 年 10 月 1 日起实行。

以上办法除呈报交通部备案外，特此公布。

（原件存冀东革命历史档案）

邓培、李树彝、吴先瑞等又召集工人代表开会研究，向厂方提出包括工会的地位和权利、工人住房、对伤亡工友的抚恤、取消包工制和罢工期间工资照发等 6 项条件，限厂方于 10 月 12 日以前连同前期所提 5 项要求一并答复，否则立即罢工。对工人提出的合理要求，厂方推给京奉铁路局，京奉铁路局推给交通部，迟迟不予答复。10 月 1 日，罗章龙、王尽美、邓培 3 人组成最高党团，负责领导唐山和山海关两地工人的罢工斗争。

建立罢工领导核心

当时，北方书记部的首要任务为开展北京以东地区铁路、矿山工人联合大罢工。我遂于十月一日前往唐山，以中共北京区委的名义，与北方书记部副主任兼京奉路特派员王尽美和唐山地委书记邓培组成了罢工的最高组织——党团，由我负主要责任，具体领导京奉路与开滦五矿的罢工。

（摘自 1983 年 5 月访问罗章龙记录，原件见唐山革命史档案）

根据各厂矿准备工作的情况，决定首先在山海关发动铁路工人罢工，随即发动唐山制造厂工人罢工，形成京奉全路大罢工，再以此带动开滦五矿同盟大罢工及唐山其他工厂的罢工。

10 月 4 日，京奉铁路山海关铁工厂工人罢工开始。邓培一方面派人到山海关表示支持；一方面加快唐山制造厂罢工准备工作。他召集党员会议，统一对罢工的认识，明确党员在罢工中的作用。会后，委派党、团员和职工会委员到工人群众中进一步做思想发动工作。10月12日，山海关铁工厂工人罢工取得胜利，而这时唐山制造厂厂方仍未答复工人的要求。当天晚上，中共唐山地委在扇面街5号召开紧急会议，决定10月13日全体罢工。会议通过了罢工宣言，决定成立罢工事务所，选举邓培、王麟书、刘玉堂、许作彬、罗占先等25人组成罢工委员会，邓培为委员长。罢工委员会下设组织、宣传、文书、总务、财务、护厂、外交、募捐等股，由32名工会积极分子担任各股干事。罢工委员会以"十人团"为骨干组织了1000多人参加的工人纠察队，任命了50名纠察队长，共产党员刘玉堂为总队长。纠察队的任务是纠察外奸、保护工厂和维持罢工秩序。另外还组织了调查队和守望队，侦查厂方和军警的行动，保护工人家属，防止坏人破坏。

张进祥回忆南厂罢工中的工人纠察队

一九二二年罢工以前，工会在厂门口贴出了改善生活的条件，并向厂方递了条件。罢工在一九二二年十月十三日，早上工人全都上班，到九点时从厂内一起向外走，出厂后，在马家坟开大会，邓培讲了话。工人们组织十人团，十人为一组，选一个组长，三十人选一个代表。工人纠察队把守南门、西门、北门，昼夜分三班站岗。罢了四五天厂方还没答复条件，这时驻芦台的董旅长带了一营兵二百多人来了，听说是来保护工人和调停的。他们的兵把守着厂门口，工人纠察队也把守着厂门口。

罢工后我们不让火车房工人上班，许出不许进。孙鸿哲怕工人出去后回不来，便专门给他们运吃的，用开滦小火车头往里运饭。把守北道门的工友发现后，便卧轨迫使车停下，大家把饭都给推到地上去了。

调停的人有董队长、姚局长和安品清以及路局来的代表，与邓培交涉。邓培说：差一点也不行。最后每年加次薪没搞妥当，姓安的受资本家收买，他把嘴钉在柱子上，说工人不复工，他就死了。

代表们见此情况感到很难办，也就结束了。在罢工结束那天厂里开了大会。

（摘自1959年2月2日访问张进祥记录，见《南厂老工人回忆录》第二集）

10月13日7时40分，罢工委员会宣布罢工决定。全体工人将各厂房的大门锁好，窗户贴上封条，然后一起走出厂门，在工厂旁边的马家坟集会。王麟书宣布罢工组织和罢工纪律。工人纠察队将工厂各大门关闭，手持木棍，设岗守卫。设在扇面街5号的罢工事务所升起带有锤子和镰刀的红旗。罢工开始后，罢工委员会向厂方递交了罢工宣言，并寄往各地报纸公开发表。

唐山制造厂工人罢工宣言

唐山制造厂职工会全体工人，因提出要求条件，当局不承认，全体罢工，并发出宣言云。

全国工友们！同胞们！我们从九月十三日，向当局提出最低限度条件五则，谅大家早已看过了。当局苟稍具体恤工人生活艰难之心，理应立即完全允许。今竟不然，对于所提条件，没一条答复得圆满。我们加薪是要普通全体加薪，他竟分出学徒的区别、年龄的限制，并有两条一字不提的。我们因此大不满意，当即向当局连续上二次禀函，均被当局置之不理，殊属藐视我们工人团体。我们因劳苦终日，不得温饱，才向当局要求。当局不独不休恤我们的苦处，且故意藐视我工人，愚弄我工人，更欲置工人于死地。现在我们为争生存计，为争人格计，不得已才出此最后罢工的手段。全国工友们！本阶级利益起见，我们已开往前线决战。请你们速速来作后援军啊！那我们就感激到万分了！除前提五条外，罢工后提出如下：

（一）铁路当局应承认职工会有代表工人之权限。

（二）以后厂中雇用和开除工人，须经过职工会委员会通过。

（三）铁路当局应在适当地点建筑工人居住房屋和工人俱乐部，并须设备有自来水、电灯。

（四）工人因公受伤或年老不能工作时，须养其终身，并照常发给原薪。工人死亡工作一年须发给二月工资恤金，工作两年发给四个月，余此类推。

（五）罢工时间工资须照常发给。

（六）消灭旧包工制度。

（原载1922年10月18日上海《民国日报》第六版）

为取得罢工的主动权，罢工委员会以唐山制造厂职工会的名义，向吴佩孚、交通部、京奉铁路局、滦县和芦台驻军分别发去电报，申述工人的正义要求，声明罢工是为了争工资、要待遇，无扰乱社会治安之意。同时，向京汉、津浦、京绥、京奉等铁路工会发出快邮代电，通报情况，请求支援。

京奉铁路局企图进行武力镇压。罢工当天，直隶警察厅派来300名警察，分赴唐山、开平两地待命。10月14日晚，芦台驻军第十三混成旅旅长董政国奉命率领一个营的士兵进驻唐山。厂方还请来唐山商团和开滦矿务局稽查队在厂门口站岗，胁迫工人上工。

唐山制造厂工人实行罢工

唐山制造厂工人受各处工人罢工之影响，曾于上月向该厂当局提出要求六条，限时答复，业志报端。兹闻该厂当局与京奉局长接洽后，除工人所要求之"以后每年应加薪一次"，"及此次直奉战争工人所受之损失应照车房例同样发给恤金"二条外，余已分别办理，惟工人方面认为不满，因于前日复提要求六条，限路局于十月十二日以前答复，否则罢工。其要求之六条如下：（一）铁路当局应承认职工会有代表工人之权限。（二）以后厂中雇用和开除工人，须经过职工委员会通过。（三）铁路当局应在适当地点建筑工人居住房屋和工人俱乐部，并须设备自来水、电灯。（四）工人因公受伤或年老不能工作时须养其终身，并照常发给薪金。工人死亡，工作一年须给两月工资恤金，工作二年发给四个月，余此类推。（五）罢工时间工资须照常发给。（六）消灭旧包工制度。及至十二日路局无答复，该工人等乃于十三日晨七时许相率罢工出厂，其时厂中员司尚未进厂，工人即将全厂入门处派人把守，并组织纠察队一千余人，维持秩序，及组织调查队，探访各机关消息，故秩序尚无纷乱状态。闻路局方面闻讯后，即于十四日派警务处长吴某前往调查，至今尚未接洽就绪云。

（原载 1922 年 10 月 17 日北京《晨报》）

面对着几百名荷枪实弹的军警，罢工工人毫不畏惧。工人纠察队坚守岗位，严阵以待，不许军警跨进厂门半步。董政国企图率部开进工厂，遭到工人纠察队的阻拦后，又到罢工事务所，威逼邓培下令复工。邓培严词拒绝，并陈述了罢工的理由和要求。此时军阀政府还没有彻底撕掉"保护劳工"的遮羞布，加之工人态度坚决，罢工秩序良好，因此暂时没有对工人采取过分严厉的镇压行动，最后董政国只得把军队撤走。厂方为了破坏罢工，勾结军警逮捕了去长辛店联络后返回唐山的工人代表罗占先，拘押在天津直隶警察厅。邓培立即发动全厂工人签名抗议当局的行径，并举行游行示威。同时又增加一项要求："立即释放罗占先代表，不将罗占先释放就没有谈判的余地。"

邓培召集各厂矿代表开会研究罢工支援

双十会议后，唐山工运形势发展很快。十月十三日京奉路唐山工厂三千多名工人正式宣布罢工，开滦五矿工人闻讯后情绪激昂，纷纷捐款支援南厂工人的罢工斗争。党分析这一形势，认为进一步领导工人斗争的时机已经成熟，于是十月十五日由邓培同志召集唐山工人代表开会，开滦各矿也选派代表参加。会议除研究了如何更广泛地团结与联络群众的问题外，对各厂矿在斗争中，相互支援，共同反对阶级敌人的策略问题进行了讨论。

（摘自 1959 年 10 月编写的《开滦煤矿工运史》）

厂方在以武力威胁的同时，还使用各种手段分化瓦解罢工队伍。先是收买部分工头，让他们不参加罢工，坚持烧锅炉。罢工委员会下令工人纠察队清厂，将 36 名破坏罢工的工头逐出厂外。厂方趁工人清厂之际，又以提级涨薪等方式收买了火车房的两个领班和20多名工人不参加罢工。罢工委员会决定严厉制裁这种背叛行为，命令工人纠察队封锁火车房。厂方用小火车给妥协者送饭，工人纠察队在刘玉堂的带领下卧轨截车。驻扎在工厂的美国军队不问缘由，应厂方的请求，前来驱赶工人。罢工委员会致函美国兵营，提出严重抗议，不准干涉中国工人罢工。

唐山制造厂职工会发出第二次宣言

唐山制造厂职工会元日（十三日）罢工后，又发出第二次宣言，要求开革张起祥、贾香圃二工人，闻系破坏团体之故。（十五日上午十一点钟）

（原载 1922 年 10 月 16 日上海《申报》第三版）

京奉路唐山工人抗议美兵干涉罢工

东方社十九日天津电报云：京奉铁路唐山罢工风潮险恶，此间保安队，因之准备六百名出动。又据华北新闻接唐山通信，则因铁路局买服机关库工人二十名，欲溃其罢工团体。故工人等千余名，将机关库包围，事态颇重大，局员乃求援于同地所驻之美国兵营，美兵立刻出动，将工人解散，工人等大愤，据云已致质问书于该兵营，谓为尊重中国主权起见，当将美兵即时撤去，否则今后若有暴动事件，责任当由美国队长负之云云。

（原载 1922 年 10 月 20 日上海《民国日报》第六版）

厂方在各种软硬手段无效之后，企图收买邓培。收买不成，又勾结军警阴谋逮捕邓培等罢工领袖。在群众的掩护和帮助下，邓培等人成功地躲过了各种危险。此外，厂方还散布关厂和另招工人的谣言，企图以饥饿和失业威胁工人复工。罢工委员会一面用事实揭穿他们的阴谋诡计，一面提出"坚持到底"的号召，向工人说明唐山工人不是孤立的，有全国各地工人做后盾，只要坚持斗争，就一定会胜利。

康良臣回忆天津铁路工人支援唐山罢工

早期京奉路的活动主要是受京汉路的影响。1922 年 8 月京汉路长辛店罢工胜利,唐山铁路工厂曾派代表去学习,由于长辛店胜利的影响,唐山在邓培同志领导下首先成立工会。唐山成立工会的同时就酝酿罢工。唐山铁路工厂的罢工是京奉路工人运动的先声。唐山铁路工厂这次罢工是有组织有领导的,他们向机务处处长孙洪哲提出要求,其条件主要是增加工资,每年应该有一个月例假,每个工人每月有一吨煤。罢工期间,唐山曾派代表到京奉路山海关桥梁厂、天津机务段联系支援,到天津的是唐山铁路工厂工人梁俊清。天津铁路工人对唐山铁路工人罢工都很热情,每个工人拿出一天工资支援,我们(天津机务段)共援助了一百元。

罢工时,天津机务段还打电报给天津铁路局和北京交通部,内容大意是要求上级答应唐山铁路工厂的要求,否则,我们也要进行息工。

1922 年唐山铁路工厂罢工的领导者是邓培。刘玉堂、王麟书也是 1922 年工会的活动分子。我是天津机务段的代表。

从梁俊清到天津以后,我就经常到唐山联系,我都是晚上 12 点去,夜里开会,参加会的还有丰台分会会长姓韩的(名字记不清了),其他都是唐山当地的工人。开会的地点常在新立街的小楼上,有时也在邓培或王麟书的家里。我入党也是邓培同志介绍的。邓培同志对我的教育大意是"参加共产党是为了将来实现共产主义,到一个没有人剥削人的社会,我们要把眼光放远些,一个共产党员都不怕牺牲一切。"

邓培同志不爱多说话,他在群众中威信很高。1924 年 2 月我和邓培同志去郑州开会,从那时起邓培就脱产了,王麟书同志也在前后脱产。1925 年邓培同志离开唐山,邓培同志走后,许作斌同志接邓培同志的手。

1922 年组织上派到京奉路来的有陈为人、吴雨铭、邓中夏、李震瀛、王荷波等同志。

（摘自康良臣口述记录，见唐山市档案馆革命历史档案第49卷）

注：康良臣曾任京奉路总工会天津分会的会长。

京奉铁路唐山制造厂工人大罢工，使京奉铁路局损失严重。厂方费尽心机破坏和镇压罢工的阴谋逐一失败。倘若罢工继续下去，不仅要遭受更大的经济损失，而且有使罢工波及京奉铁路全线的可能。这期间，开滦煤矿和启新洋灰公司的工人向罢工工人送来了200多元捐款和许多食品，表示如果铁路当局不接受工人的条件，就采取一致行动。长辛店、山海关、秦皇岛、郑州、济南等地工人及香港海员纷纷来电声援，寄来捐款。罢工委员会及时向工人们宣传援电，分发捐款，发动群众同舟共济，妥善解决罢工期间的工人生活，进一步鼓舞了工人的斗志。这些使得厂方和军阀政府不敢轻举妄动。特别是几个帝国主义国家联合向北京政府提出：中国政府如果不迅速解决唐山制造厂的罢工问题，列国将派兵护路。处在上下、内外压力之中的厂方和京奉铁路局在无计可施的情况下，不得不同工人进行谈判。经过谈判，厂方和京奉铁路局被迫让步，答应了工人提出的部分条件：释放罗占先代表、增加工资、改善待遇、废除大包工制度、不准无故开除工人、罢工期间工人工资照发。但对于承认工会和开除工人须经工会同意两条，未作答复。中国劳动组合书记部北方分部和中共唐山地委考虑到罢工的目的基本达到，同意复工。10月20日，罢工委员会和厂方代表签订了复工协议，为时8天的唐山制造厂工人罢工取得胜利。

京奉路唐山制造厂工人罢工胜利结束

唐山铁路工人罢工风潮发生后，天津方面，曾派警三百名前往弹压，同时滦州彭寿莘所部亦派兵一营赶往唐山制止，然迄无解决办法。最后由唐山警察局姚彤章，暨该路总稽查彭寿华等，极力与工人磋议，遂商定互相让步之办法九项，请双方签字。于昨日（二十一日）始已一律照常工作。其办法如下：（一）罗代表在津急速放归。（二）工人年龄加薪，应准一律加薪，惟在年龄二十一岁以上，以三角六分为标准，学徒以二角五分为最低。（三）每年两星期例假照给工资一节，用记假办法，应给两星期之工薪，年终发给。（四）特别加薪，另案办理，如十余年未加薪者，应普遍加薪等。斟酌办理在案。（五）建筑俱乐部，须俟本路财政充裕，或由该工匠等自行成立，路局酌量补助之。（六）旧包工制度不善，要求照前薛总管里工包工办法，查明核办，候商同外人缓为筹办。（七）裁减人员，并无事实，如无过失，当然不得借故开除。（八）罢工薪水一律照给，但须承认开工。（九）开工限期，定于即日照常开工，先放自来水电灯，至迟不得过晚五点钟云。

（原载 1922 年 10 月 23 日北京《晨报》）

袁兰祥谈南厂罢工的胜利

一九二二年九月，邓培同志领导了京奉路南厂的大罢工，在罢工前已成立了工会组织，邓培同志担任工会会长。这次罢工共九天，厂方对工人所提出的条件都答应了，罢工得到全部胜利。京奉路南厂罢工的胜利，直接影响了京奉路全线。因南厂所要求条件为铁路工人一年有三个星期例假，工资一元以上者加一成等，全京奉路职工都得到了利益，邓培同志威信也就更高了，党就决定十月间在唐山召开全路（京奉）代表大会，成立京奉铁路总工会，邓培同志当选为会长。

一九二二年京奉路南厂罢工胜利，就直接影响到唐山开滦五矿，紧接着，开滦五矿举行大罢工（十月），启新洋灰厂也进行罢工。开滦五矿四万多人的大罢工坚持廿多天后被镇压失败。

（摘自 1961 年访问袁兰祥记录，见唐山革命史档案第 31 卷）

王彦文回忆南厂罢工

一九二二年南厂举行大罢工，是邓培领导的。罢工前我们在礼字五条七号楼上成立了秘密工会。程帝钦、梁鹏万、王麟书、袁兰祥、刘玉堂、陈开芝、邓开泰、李银宝、李福庆、阮章等都参加秘密活动。在罢工之前我们就提出条件呈上去，并选出罗占先为代表去京汉铁路联络。可是我们提出的条件被孙鸿哲压下了，当我们问他的时候，他们总说是上边还没批下来。孙洪哲还叫于亮找过邓培，于亮向邓培说："你不就是挣钱吃饭吗？领头干这做啥？"邓培说："我是受大家的委托。"最后他和邓培谈崩了。罗代表因爪牙告密在丰台被捕了。罗占先被捕后，邓培就召集大家开了一个会议，当时就想罢工，但为了开支，等了几天。在罢工前还选出了纠察队维持秩序，约有一两千名纠察队员，20人为一队，我首先报名担任了纠察队长。当时邓培对大家说："我们要想参加斗争，就要有敢死队的精神。罢工还要有秩序，不要叫敌人钻空子遭到他们的破坏。"邓培还写了十多封快邮代电，发往京汉、津浦、京绥、京奉各铁路大站请求声援。我们还专门派纠察队员到邮局查看来往信件，以防被扣压；派纠察队员检查大街上闲游的工人，组织他们到厂子附近的集合地点统一行动。

罢工开始后，听说孙鸿哲当时吃完早饭，正在端着茶碗喝水，他看到工人罢工了，吓得他手一抖，碗掉在地上摔碎了。听说英人加姆斯在家里一听说工人罢工了，吓得立刻倒在沙发上。吴佩孚得到南厂罢工的报告后，他马上下令，由开平镇守使于当日晚间开来了兵车，直奔南厂的西门外。那时我们在西门值班，大家正在烤火时，发现兵车来了，我一看事不好就告诉大家不要动，我上前同他们交涉。有一名军官问我是干什么的，我说是保卫工厂的。他怀疑地说："还保卫工厂？"我说："我们正在罢工，怕有人破坏我们的机器。"他又问："你们有领导没有？"我说："有，在罢工事务所。"他要我领他们去。于是我便领他们到事务所去见邓培，邓培一看是他们来了，便急忙让座。邓培把罢工的原因和要求向他们讲了以后，他们也感到无可奈何，于是便表示愿意做调解人给从中调解。

在罢工当中有一个叫安品清的，他在南厂门外开了一家同兴酒店。他还给我们说合过，没说好，他就把嘴巴子钉在一个木头桩子上，他说："我可活不了啦！"工人们对他这种无赖的行动都很气愤。当时邓培向我们说："不用理他，他死了与我们无关。"安品清这个人是个两面派，后来因厂方看他为资本家效劳，给他安插了一名全路稽查的差事。

南厂罢工胜利后，地方当局要抓邓培，但由于邓培很机智，结果几次都没有被抓住。到一九二五年十一月，邓培脱产离开了唐山。他走时是秘密沿着南厂的大墙边步行到胥各庄车站上的车，他的侄子邓伯长还护送他上了火车。

（摘自1960年4月30日访问王彦文记录，见唐山革命史档案第九卷）

阎福林回忆南厂罢工

一九二二年十月开始的罢工，前五天开了一次会，是在工会图书馆召开的，决定选出代表组织纠察队，北场纠察队长是我，南场是王彦文。在罢工头一天，我们召开了一次紧急会议，布置纠察队的任务。在扇面街5号还成立了罢工委员会，对外交涉都由邓培和王麟书负责，他们就在罢工委员会的里间工作。在会上，王麟书宣布罢工以后，由邓培向大家讲话，告诉大家罢工的意义，说我们是为了争取待遇平等和改善生活才进行罢工的。罢工工人离厂后，我们在厂外见厂内第一锅炉房还在冒烟，就立即告诉了邓培，邓培就叫纠察队进厂搜查，于是我和王彦文就带着队员进厂了，发现有监工耿义和、石玉奎和工人赵周友、王俊恒，在薛总管监督之下正在生火，我们便把那些人绑起来，驱逐出厂，将锅炉房的火也扑灭了。另外，还有工贼贾相甫、张其祥破坏罢工未出厂，也被我们轰出来关在一个大铁棚里。那时，做长日班的工人有的住在厂里，他们同开滦联系好，用小火车头给他们往厂内送饭吃。当开滦工人告诉我们这一情况后，我就带着三十多人把小火车头给截住了，并把车里装的饭菜都推到地上去了，终于迫使在厂里值班的这些工人也参加了罢工。到了罢工的第四天，晚上八点钟左右，当地驻军开来了一连兵，三辆军顶到门口，架上了机枪，托着大枪。这时我们派在车站看守的纠察队员回来向邓培报告，邓培说他没空，叫王彦文去查看情况，王彦文在半路上碰到了我，他又叫我去看，于是我就带着纠察队去了，同军队负责人接上头，他问我："你们为什么罢工？"我说："为了生活，要求增加工资。"

他说："增加工资是可以的，你们有没有破坏工厂？"我说："工厂都有工人纠察队员站岗，还怕别人破坏吗？"最后，我陪他到厂里看了看，完了以后就走了。

当时还有陈子正、刘开芝、刘子灰、李中和等四大绅士出面说合，他们同邓培商谈过。由于厂方拖延不答应工人最初提出的四个条件，我们又先后两次提出八条补充条件，前后共计十二条。后来驻军王怀庆亲自到会馆找邓培说合，他们交谈了两个多小时，第二天上午，邓培召开了全体工人大会，向大家报告了王怀庆给调解的情况，并说答复了十二条。大会决定第二天就复工，让厂方鸣汽笛，由军队吹洋号打洋鼓迎接工人进厂上班。

（摘自 1960 年 4 月访问阎福林记录，见唐山革命史档案第九卷）

李福祥回忆南厂罢工

1922 年春天，军阀吴佩孚与张作霖开仗，四月奉军败了，直军来到了唐山。这时厂子里无活，开不起支钱，便向外国银行借款。由于物价上涨，工人生活也越来越困难了，于是纷纷要求改善待遇。另一方面，当时厂方对员工的待遇也不平等，职员上班时间少，工人长；职员休假有工资，工人休假没工资；职员每年两星期例假，工人没有；职员每三年有两个月的假，工人也没有；职员夏天发给半吨煤，冬天发给一吨半，工人没有；职员有病可上开滦医院治，工人不但不给治，而且病休要扣工资。

在罢工之前，南厂职工会与津浦、京汉路的工人有了联系，互相支援斗争。当时在新立街租赁了一间房子，挂了个阅览室的牌子，里边象棋、胡琴等，像一个俱乐部的样子。外面来人时到这里联系，以"本"字为联络暗号。

1922 年 9 月决定罢工时，首先写了一个"禀帖"，对厂方提出了要求。这个禀帖是交通大学的一个学生写的，写得恭恭敬敬。当时选出邓培为总代表，王麟书是秘书，许作彬管财政，李福庆管宣传，刘玉堂管调查。还有纠察队、维持队。这时并向各路派出代表，进行联系，以便在罢工不得已时由各路来支援。当时机务处长是英国人加木斯，副处长是孙洪哲。工人代表把"禀帖"送上后，孙回答说，这些条件要转天津路局再转铁道部，我们便耐心地等待着，左一次右一次催问，他老说没有批下来。后来天津有人支持我们，他们从内部探知"禀帖"并未送上去。这时去各路的代表都已回来，只有去京汉路代表罗占先在丰台被捕，送到天津警务处被押起来。于是邓培便召开紧急会议，决定罢工。因为六号发工资，就等到六号发过工资工人有了钱以后，于七号早上即开始了罢工。

罢工那天早上，我们进厂后门和窗都不开，等待命令，由刘玉堂一个人送信，当时厂子小，他只用廿多分钟就全通知好了，大伙把门用封条封好后，齐到厂门外集合，工厂大门一关，由纠察队把守着。这时孙洪哲正在家里吃早饭，他在窗口一见工人罢工了，就慌得把手中端的饭碗掉在地上打破了。

在罢工以前，南厂职工会向吴佩孚、交通部、铁路局、滦县驻军师长彭寿莘、芦台旅长董政国等都分别发去电报，说明我们罢工是为了福利，并不扰乱社会秩序；并向南洋华侨发出电报，要求他们支援。当时孙洪哲也向铁路局长打电报，诬告工人破坏机器。到晚上来了一列兵车，一位官长下了车要见工人代表，我们向他说明罢工的原因后，他没敢施加压力也就走了。当时厂方企图早日复工，于是组织许多人来进行调停。吴佩孚也通知地方当局贴出布告，要求和平解决罢工问题。邓培对大家说，我们要慎重，要提高警惕，不答应条件决不复工，要坚持斗争到底。

罢工时机务段工贼贾香甫（钳工）和张起祥（铆工）不参加罢工。在调停中我们便要求开除这两个工贼，并把放回罗代表列为第一个条件。同时告诉厂方，如拖延一天就增加一个条件。当时孙洪哲带着当天工人提出的条件去天津商量，当天未回来，第二天便又增加了一个条件，他只得又去天津商量。由于这样反复，所以谈判一直未成。这时，条件已增加到十九条。于是双方便借用南厂门口外的一家酒店作为谈判地点，酒店经理安品清自愿参加调停，但后来他受了贿赂极力支持厂方。罢工到第八天谈判仍未达成协议，这时酒店经理安品清便用钉子把自己的腮帮子钉在广告牌上，说："你们不复工，我就不拔出来。"以此来威胁工人。最后经职工会开会决定复工，双方达成协议后，首先由调停人坐专车去天津接回工人代表罗占先，并大放鞭炮欢迎罗代表进厂门。

（摘自 1959 年 1 月访问李福祥记录，见《南厂老工人回忆录》）（第二集）

程帝炳回忆南厂罢工

一九二二年南厂大罢工是在十月开始的。记得那时南厂是四号开支，罢工是在开支以后开始的，共罢工七天。

关于罢工的起因有三个：首先是当时帝国主义与封建把头对工人们的压迫与剥削很厉害，工人们生活十分困苦。原来每一个木工每天挣一元四角，南厂实行包工制以后每天工钱降到一元或八角。而且还时常无缘无故地开除工人，工人为了争饭碗只好托人向包工头把头们送礼。虽然这个包工制很快被工人反掉了，但是工人是非常愤恨的。南厂当时没有医院，工人有病要到开滦医院去治，病假不给工资，工伤假只给一半的工资。另外，还没有火车免票等福利。

其次，这次罢工的历史原因是，在民国三四年间南厂曾经大批解雇工人。失业工人无吃少穿，流离失所，要求复工。在民国初年孙中山到唐山时说：英国有个工党，中国也需要有个工党。当时，南厂曾成立了一个华民工党，入党的，每人发一个银牌，上边写着"华民工党"四个字。会长是周元泰，理事有邓培、何其标、陈定瑞等十三名。陈定瑞当书记（文书）。华民工党还创办了《华民工报》，陈定瑞为主编。这个报纸曾和天津铁路站长麦左之进行过斗争，揭露过麦左之的丑恶面目，所以当时对群众影响很大。早在民国三年第一次世界大战时期，天津铁路局局长麦左之，为了对华民工党和工人进行报复，借口没材料，下令解雇工人，先把十三名理事解雇了十名，并且公布：对这十人今后铁路永不许录用。接着不到半个月的时间，就解雇了三千名工人（南厂共五千多人）。此事虽然过去了几年，但是工人们对外国资本家的仇恨是很深的。所以一旦有人组织，工人就会很快起来向资本家进行斗争。

最后，北方军阀混战，物价上涨，工人不能维持生活。同时，厂方还用币制的矛盾来剥削工人（那时一块小龙洋钱能换一块一毛钱，但是厂方开支时，不给洋钱给毛钱，这就无形之中使工人得一块钱就吃亏了一毛钱）。所以，经过酝酿向厂方提出了增加工资的要求。厂方置之不理，拖了一个多月，仍不答复。对此，工人十分不满，正当工人准备罢工时，恰巧有一个英国人偷东西，但厂方包庇这个洋人，这就更加激起了工人们的愤怒与不满。

在罢工的头一天晚上，邓培召开了积极分子会，组织罢工委员会，选出纠察队长，提出并决定罢工条件。选举罢工委员会时，党员不公开出面，找一些群众中有威信的人出面。经酝酿选出的罢工委员有：南机房崔宝罗（积极分子）、北机房许作斌（党员）、制炉所荣昌（党员）、佟耀庭（积极分子），员司代表郭东潮、徐秉恒（党员），电灯房罗占先（后来是党员），组立厂黄德纶（党员），电灯房动力部代表梁灿之（积极分子），南机器房代表王麟书（党员），北机器房代表李显庭（积极分子）、梁鹏万（党员）、邓培（党员）、李福庆（党员）等二十五名，组成了罢工委员会，另外还有干事三十二人。罢工期间委员的分工：财政许作斌，庶务邓培（兼），组织李华天，募捐崔宝罗，宣传梁鹏万，外交梁灿之、陈辉容，秘书程禹民，英文秘书王麟书。当天晚上还组织了纠察队，共选出五十名纠察队长，我担任通讯工作。

罢工的十二项条件是：

1.增加工资：一元以下加二成，一元以上加一成。

2.年终花红发两个月的工资。

3.每年十四天例假。

4.月煤：小工每月半吨，工匠春夏每月半吨，冬季每月一吨半。

5.病假发全薪。

6. 免票：全免一年两张，半免一月一次。

7. 星期放假全薪。

8. 探亲假三年两个月。

9. 罢工期间工资照发。

10. 建工房。

11. 发制服。

12. 成立工会。

会议还决定了罢工工人集合的时间和地点。

第二天早晨上班后，不到三十分钟的时间，工人们就列队出了北门，集合到马家坟广场。邓培讲话公布罢工条件，宣布大罢工开始。

罢工开始后，英方资本家萨格敦不让工头出来，叫他们烧锅炉维持生产。这些工头有制炉所的甘弟基，机器房的甘玉珍、陆乾初，生铁房的李书堂等共三十六名，罢工开始后工人纠察队清厂时，把他们都绑起来了。这时英方资本家没办法，只好自己去烧锅炉了。

罢工开始后，南厂机务处的副处长孙鸿哲企图收买邓培，说邓培如果复工，就提升他当大工头。邓培坚定地回答说："我们是以工人利益为宗旨的，以后你还是不要再找我。"敌人的收买阴谋破产了。

在罢工期间，罢工委员会内部研究的工作，很快被厂方知道了，后来才知道员司代表郭东潮是奸细，每次开完会以后他就到厂方去汇报。发现这一情况后邓培同志对我说："郭东潮不稳，今后重要会议不要叫他参加。"

后来，厂方又收买了车房代表贾香甫、张奇祥，答应他俩上工开车后给升级，全部复工后升为总管。这两个人要去开车，当即有二百多名工人卧轨反对，结果他俩也没敢开车，厂方的收买活动又失败了。

在罢工期间，厂方还勾结军阀吴佩孚，派其爪牙彭寿莘率领一营军队连夜赶到唐山，从车站进抵南厂西门，企图镇压罢工。当时群众的情绪有些不稳，经罢工委员会做工作，稳住了工人情绪，坚持罢工。后来天津铁路局和厂方派出代表，在同兴饭店同工人代表进行谈判。谈到四五天时，除修建工房和发工作服问题没答应外，其余条件全部答应。这时工人代表坚持要全部答复，厂方又不让步。谈到第六天，同兴饭店经理安品清，他看双方互不让步，就出来调解。后来，邓培和李昂等同志召集紧急会议，经过研究，认为主要条件已基本答复，罢工取得了胜利，决定复工，并举行了提灯大会庆祝罢工胜利。

在南厂罢工的影响下，同年十月，开滦、启新也举行了大罢工。

（见访问程帝炳记录）

齐景林回忆南厂罢工

1922 年 10 月，京奉路唐山制造厂举行大罢工，罢工前的一个多月，每天晚上都召开各场代表会。那时南厂有十五六个分场，每场有两个代表，这些代表都是有些声望能够办事的。南厂罢工前，我记得王尽美、吴先瑞和邓培同志意见还有分歧，王尽美等要南厂和山海关桥梁厂同时罢工，邓培同志认为南厂的工人代表不同意，各方面条件不成熟；同时互相之间的支援也有问题。最后，还是同意了邓培同志的意见。南厂罢工酝酿成熟后，吴先瑞以《远东日报》记者身份向代表们做了一个报告，那时上面还派王仲一来唐山。

南厂罢工是 1922 年 10 月开始的。这次罢工组织很严密，事先开过好几次积极分子会和代表会，罢工前一天晚上又召开了骨干分子会，由邓培布置任务，进行分工，组织纠察队和调查队，印了许多标语和传单等，并且给每个监工写了一封公开信，向他们说明罢工的理由，提出罢工的条件，要他们支持。罢工以前，邓培和王麟书拿着罢工条件去见孙鸿哲，当时孙鸿哲不肯答复条件，所以在第二天一清早就宣布罢工了。

1922 年大罢工，由于思想准备充分，组织严密，罢工的秩序很好。罢工开始后，纠察队把各场的门锁好，并设岗哨把守。各场的罢工负责人组织好队伍并带到厂门口集合，厂内昼夜有纠察队值班巡逻，任何人都不准随便入厂，罢工领导人昼夜办公，邓培曾几夜不眠。

资本家和军阀统治者对罢工也曾采取了种种破坏和镇压手段，但由于罢工组织严密，大家团结一致，使他们的阴谋均未得逞。在罢工进行到四五天时，南厂资本家勾结军阀从开平调来一营兵由一个营长率领，在南厂西门外驻扎。邓培和王麟书就与这个营长进行交涉，说明罢工的目的。这个营长看到罢工的秩序很好，对工厂保护也很严密，感到出师无名，于是就撤走了。

当罢工进行七八天时，直隶省当局派来的调解人出面讲和，坐下来与我们的工人代表邓培和王麟书等人谈判。通过谈判，资方对我们提出的条件，绝大多数都答复了，只是对于成立工会、盖宿舍和开除工人必须经过工会同意等条件未完全答复。工人代表认为罢工已进行了七八天，按最初提出的罢工条件多数已经答应，基本上达到了目的，于是便宣布罢工胜利，在第二天便复了工。

由于这次罢工斗争的胜利，南厂参加工会的人越来越多了，缴纳会费的人也多了。罢工后每人主动捐献了一天的工资，工会的活动经费也就充足了。办图书馆的经费也用不着我们几个人掏腰包了，夜校的经费也解决了。罢工胜利后，工会正式挂起了牌子，当时叫"京奉铁路唐山制造厂职工会"。从此以后，南厂的工人运动一直很活跃。

1923年京奉路开始成立总工会，唐山是邓培、王麟书、刘铁牛等人代表参加的，邓培被选为委员长，王麟书是秘书长，我任秘书工作。京奉路总工会成立会，是在欧阳胡同小楼上开的。

南厂罢工的胜利，对开滦、启新等厂矿工人的影响很大，紧接着就是开滦同盟大罢工。当时开滦井下工人很苦，罢工的斗争性很强，罢工一直坚持了20多天。以后，启新洋灰窑、启新磁厂以及后来的华新纱厂也都有过罢工斗争。总之，从1922年南厂大罢工开始，到1927年我离开唐山时止，唐山的工人运动始终没有停止。并且自从唐山有罢工运动那天起，就有党的领导。如1922年南厂罢工时，党派王尽美来指导和帮助邓培制订罢工计划，提出罢工条件。开滦罢工时，党派彭礼和与邓培去领导工作。后来每次罢工都有党的负责人到唐山参加领导。南厂罢工时还有一个以《远东日报》记者身份出现的吴先瑞常驻唐山，他经常到图书馆去找邓培、王麟书和阮章等人研究工作。王尽美在唐山时穿着很朴素，他的打扮与工人一样，很少引人注意，他经常在工人中活动。

（见访问齐景林记录）

李辅祥回忆南厂罢工中的邓培

我记得在罢工期间敌人用尽了各种花招骗工人复工，工人总是这样说：没有罢工事务所的命令，我们坚决不复工。敌人没办法又想起最后一招，他们知道邓培同志是罢工的"头目"，就派庞士清到罢工事务所用卑鄙可耻的手段来拉拢引诱邓培同志，一开口先赞扬邓培同志一番，没笑强笑，他这样说："老邓啊，今天我找你有件事和你商量一下，如果这不方便的话，咱们可以找个地方谈谈。"邓培同志一看是他，知道狗嘴吐不出象牙来，就对他说："有话你就在这儿说吧。"庞士清鬼鬼祟祟看了看四外说："没别的事，我是想和你谈谈闲事，你家有几口人哪？"邓培回答得很冲，四口人，你想怎么样？庞说："甭说，你一定有两个小孩喽，好哇，照说你一天挣一块七毛钱够过了，何必你还领导工人罢工呢，难道你不知道这是危险的吗？我劝你还是叫大家复工吧，再说，复工对你还有好处哪，说不定还要给你加薪。"邓培同志定了定神，当时没有说话，庞以为这回可以把邓培同志说动了心，又接着说："要复工赶紧下命令吧！"邓培把脸一变哼了一声说："我早知道你来的用意，想收买我是办不到的，今天如果你们不答复我们条件，那就别怪我们不客气，明天还要再加三条。"庞士清抹了一鼻子灰，还不肯罢休，又用威胁的手段说："好吧，既然肉包子往嘴塞你不吃，那我们有办法。"邓培同志很慷慨地说："早知道你们有这一招，你们有办法，我们更有办法，让车轮不转。"庞士清见势不妙，就缩头缩脑地溜走了……

邓培同志在罢工斗争中，精神始终不懈，敌人采取的手段越来越毒辣，任凭他们怎么镇压恐怖都没有吓倒邓培同志，罢工斗争这一潮流在邓培同志领导下，终于胜利了。给工人增薪，并建立了自己的工会，除住房、制服等三项没有同意外，样样答复。

（摘自访问李辅祥记录，见南厂党史办档案）

开滦五矿同盟大罢工

中共北京地委、中国劳动组合书记部北方分部和中共唐山地委在领导京奉铁路唐山制造厂罢工取得胜利后，又发动了开滦五矿同盟大罢工。

1922 年 9 月下旬，开滦唐山、林西、马家沟、赵各庄、唐家庄等矿相继秘密建立工会，仿效长辛店铁路工会的叫法，称工人俱乐部。

唐山京奉铁路工厂工会致开滦矿务局机器厂函

开滦矿务局机器厂：

虽然我们的举动没有达到园（圆）满的结果，但是我们一定知道，为了我们的利益，我们的团结是很有用的。假若我们每人能很好的（地）团结，我们肯定能击败资本家。现在我们听你厂和井下工友为此事做了准备，当你们能获得你们所愿意的机会时，只有发动不要害怕。你们的痛苦正如同我们的一样，请你们派代表与我们联合起来，因为在我们的举动之后，我们现在确实明白联合一起的正确办法。

唐山京奉铁路工厂工会
一九二二年九月二十一日
（见唐山革命史档案）

开滦林西机械厂致开滦工友书

诸位工友们呀！现在机会到了。什么呢？就是我们劳动工人各处都结合团体喽。现在，仅我们开滦的工友们仿佛象（像）一盘散沙一样，所以屡次要求加薪，都被上司侮弄与压迫。如今京奉路已结成团体了，须要晓得，我们工人系同舟共济，休戚相关的。我们应该同他们联合一堆，结合成一个工人总团体，将来凡事有了后盾，方不致受资本家苛待与压迫。诸位工友呀！快快醒来吧！大家组织仿效吧！敬此奉告，恭候努力。

一九二二年九月二十一日

（摘自《总矿师 1922 年大罢工报告书》，见开滦历史档案）

罗章龙回忆北方书记部在开滦开辟工作

北方书记部于 1922 年初，开始在矿山工人群众中进行宣传、教育和组织工会的工作。北方书记部负责人以身作则，动员北大马克思学说研究会员，非宗教同盟会员，社青团员走出课堂，投身矿区从事艰苦工作。当时北方书记部的人来到矿井，带有《工人周刊》等各种革命书刊，向工友们介绍一些革命道理和工人进行斗争的事例，如陇海路、长辛店罢工斗争的经验。有些来自长辛店的工友向矿山工友进行现身说法，这对于后者启发特别深刻。由于北方书记部同志深入矿井，耐心刻苦工作，与广大工人取得联系，在唐山开始建立了地下工会。在组织工会过程中，我们特别注意联合当地矿工各主要邦（帮）派，当时唐山工人主要分成南北两大帮派。南派以广东人为主，工程技术人员居多。他们在广东街设立广东会馆，用以团结本邦（帮）工人。北派工人人数最多，又分为河北与山东二帮，河北省又分为大名、保府与河间三帮，北方各帮大多为一般井下工人。……各帮派彼此之间常因就业问题或语言隔阂发生争执，互不团结。书记部同志来后，晓以革命大义，使他们化除畛域，统一组织工会，为此做了不少工作。五矿工会领导机构大都是吸收南北各派中革命意志坚强的、在群众中有威信的工人所组成。

当五矿分别成立革命工会后，又联合成立五矿工人俱乐部，实际上是领导全矿的总的工会机构。……

（摘自罗章龙《椿园载记》）

王德周回忆五矿工人俱乐部成立

……九月初旬工人组织团体，未几，……林西、马家沟及赵各庄亦先后成立，而秦皇岛则最早告成。均称为某处矿工俱乐部，而以唐山矿俱乐部为总部，名曰开滦五矿工人俱乐部。

（摘自佩寰写的《唐山开滦五矿罢工始末记》，原载 1922 年 12 月 31 日《晨报》）

《中国劳动年鉴》记述开滦工会

开滦矿工近年亦颇活动。民国十一年九月，唐山矿先组织工会，开平、林西、马家沟及赵各庄各矿亦相继成立。于是五矿工人合组一总会，本部设于唐山，名曰开滦五矿工人俱乐部。每矿并各组一工人俱乐部。又因秦皇岛为开滦煤的主要输出港，故亦组一工会，未几即有大规模的罢工，但结果遭军队之干涉而失败，工会被封。

（摘自《中国劳动年鉴》）

五矿工会以唐山矿工会为总部，对内称工人联合会，对外称开滦五矿工人俱乐部，租用唐山火车站附近的旅社华宾楼为总部办公地点，只奎元担任五矿工人俱乐部主任。通过工会组织，党团结了一批工人积极分子，为罢工斗争培养了骨干力量。

开滦五矿工友俱乐部在华宾楼设办事处

开滦五矿工友俱乐部，已租定铁道门旁华宾楼为办事处，门口贴有吴佩孚电告一张，大意谓矿工者苦衷，余所深悉，惟国步多艰，变乱正多，切勿逸出范围，致重大交涉。

（原载 1922 年 10 月 30 日天津《益世报》）

10 月中旬，山海关罢工的胜利、唐山制造厂罢工的爆发，使开滦工人情绪激昂，跃跃欲试。各矿工人都酝酿着提出增加工资、改善生活和劳动条件等项要求，并推举代表准备向矿方进行交涉。10 月 15 日，中共唐山地委召集各工厂工人代表开会，研究组织工人联合斗争和策略等问题。会后，五矿代表立即着手组织罢工。他们选出 8 名代表，于 10 月 16 日代表开滦 3.7 万名工人，向开滦矿务总局总矿师杜克茹递交《请愿书》，提出增加工资、改善待遇的 6 项要求，限 3 日内答复。

开滦五矿工人联合会给开滦总矿师的请愿书

为恳体恤劳工，恩加薪金，并乞准予平等待遇事。窃工等服务贵局，……终岁勤劳为贵局争厚利，只冀厚待有加，生命有托耳。当今百物腾涨，价值倍增，以工等平日所藉之薪资，断非今日所能支持家计。工人工薪按岁增加，各处工厂均有定例，乃我辈有工作十余年者竟未加得一文。……今我工人于生活上万分困苦，共同提出最低条件六则，敬恳我矿师默察时艰，顺应潮流，即慨然允许，则工人感佩洪恩，永矢费谖。临禀不胜急切待命之至。谨呈矿师台前钧鉴。

兹将请求条件附下：

（1）请求加薪分为三等：十五元以下者应加三成；十五元以上者应加二成；五十元以上者应加一成。

（2）我工人年尾应照庚子前给回一月偿金。

（3）我工人每月四星期（天）及年节停止工作，应援庚子前给回工资。

（4）工匠煤条及慰劳金，与员一律偿给凡每月有十二元薪金者，应得享此条件。

（5）工人在局有过二十五年者，应给养老费，并须照原薪支给。倘无大过，不得借端革除。

（6）工人因公受伤，应给回工资。倘遇因公致命者，应酌给恤金。该恤金须照月薪计，最少补至五年，应作一次补足。

开滦矿务局林西、唐山、赵各庄、秦皇岛、马家沟五矿工人联合会票。

10 月 16 日

（原件见《开滦历史档案》卷 14）

10 月 17 日，杜克茹赶到天津，与开滦矿务总局总理（总经理）杨嘉立商讨对策。慑于全国工人罢工正值高潮的形势，为避免矿山遭受损失，杨嘉立等人决定采取"一手持棍，一手持糖"的两面政策，企图用武力威胁和小恩小惠诱骗工人的做法，实现破坏和扼杀罢工的目的。他们向直隶全省警务处长兼天津警察厅长杨以德求援。杨以德自1920年以来，多次为开滦矿务总局平息工潮效力，也不断得到开滦在经济上的资助，因此对杨嘉立等人的要求表示支持，他不但下令矿区警察阻止任何罢工行动，而且立即派200名警察赶到唐山，加强戒备。

10月19日，3天期限已过，矿方仍然没有答复工人的要求。当晚，中国劳动组合书记部北方分部和中共唐山地委在华宾楼召开会议，准备发动罢工。会上研究成立了开滦五矿同盟罢工委员会，成员包括罗章龙、王尽美、邓培、吴先瑞、彭礼和、梁鹏万、阮章、王麟书、只奎元、李星昌、董宏猷等20多人，推举吴先瑞为罢工总代表（罢工开始后，吴先瑞因病回京，由彭礼和接替）。会议决定，罢工期间对外仍用开滦五矿工人俱乐部的名义。在准备发动罢工期间，中国劳动组合书记部北方分部在北京召开会议，专门研究开滦罢工经费问题，决定成立罢工经费募捐组、保管组和检查组。募捐组由几个主要铁路工会负责，保管组由只奎元负责，监察组由唐山5位工人代表组成。李大钊十分关心开滦罢工，亲自与工人代表谈话，研究如何进行斗争。

10月20日，矿方在各处张贴《告工人书》，一方面答应给月薪30元以下的工人加一成工资，另一方面则对工人进行恫吓。矿方答应的条件与工人所提出的要求相去甚远，广大工人既不为矿方的加薪许诺所迷惑，也不为其严词恫吓所屈服，纷纷要求举行罢工予以回击。

开滦矿务局白话布告

为布告事：现在有一般（班）人，因政治的关系，为他们自己的好处，来到此鼓动尔等工人，扰乱地方。这一班人遇着尔等有困难的时候，有危险的时候，他们是决不肯帮助的。不过现在没有事的时候，他们想图自己的好处，来到这里巧使尔等。所以尔等听他们的话，用扰乱的举动，想得什么好处，是一定办不到的。尔等须知本局乃是尔等真正的保障。尔等有困难、有危险，本局没有不保护的。即如上次打仗的时候，尔等没有一点惊慌没受一毫损失，这都是本局保护的好处。况且那个时候，本局的煤堆积如山，卖不出去，尚且用尔做工，无非是为尔等赚钱糊口。又因粮食缺乏，本局从天津买来接济尔等，想尔等不至忘却。至于平时为尔等办学堂，办贫民院，那样好处更不必说，为尔用扰乱的举动，无理的要求，本局一定不能答应的。但是对于尔等实形，本局亦极愿帮助。目下粮米高贵，各样花费又大，本局打算给赚小工钱的人，加点工钱。从本月起，所有本月赚三十块钱以下的工人，无论是本局自雇的，或是包工头雇的，都照加一成。比方每月赚二十块钱的就加两块钱，赚二十五块钱的就加两块五毛钱。望尔等现在凭自己的良心细细想想，还是听他们那一般坏人鼓动的好呢？还是规规矩矩做工好呢？若是听他们的话，将来出了乱子，可没人管。警察一定要严办的。到那个时候，后悔已经晚了。若是依靠本局，安心作工，本局一定极力保护尔等。无论什么人亦不能伤害尔等，而且可以就得加工钱的好处，望尔等凛之慎之。特布告本局工人知悉。中华民国十一年十月二十日。

（原载 1922 年 10 月 27 日《华北新闻》）

10 月 22 日，开滦五矿工人俱乐部在林西召开各矿代表联席会议，了解各矿工人对矿方布告的反应，商量对策。矿方得到情报后，指使保安队逮捕 6 名工人代表。罗章龙、邓培、只奎元等人得知此事后当机立断，决定从次日起举行开滦五矿同盟总罢工。当晚，在罢工委员会的领导下，组成罢工指挥部，罗章龙担任中共党团负责人兼指挥部主任，邓培担任指导委员，中国劳动组合书记部北方分部副主任王尽美和特派员彭礼和、吴先瑞、李梅羹、王德周、梁鹏万，以及唐山制造厂王麟书、阮章等先后参加指挥部工作。罢工指挥部下设纠察部和调查部，维护罢工秩序，调查内外奸细，并决定组织 2000 人的纠察队。罢工指挥部制定了工作规约和罢工纪律。当夜，由林西矿派出代表，分赴唐山、赵各庄、马家沟、唐家庄等矿通知工人连夜做罢工准备。

10 月 23 日 6 时，林西、赵各庄、唐山、唐家庄等矿工人按照罢工指挥部的命令，同时举行罢工。除锅炉房、绞车房、水泵房和电厂等要害部位的工人外，其余所有井上、井下工人一律离开岗位。马家沟矿因受到矿方便衣警察的严密监视，暂时未能同时行动。

孙家耕回忆林西罢工

山海关桥梁厂工人罢工的胜利，对于林西矿工人是一很大鼓舞，工人想，一样的人，他们也受英国人的压迫，别人有组织就胜利了，现在我们好不容易有了自己的组织，我们一定要在组织领导下进行斗争，以改善生活。劳动组合书记部邓中夏同志也来过唐山，对我们作指示，南厂邓培又在具体领导。在这种情况下，大伙提出了增加工资要求，15元以下的增30%，30元以下的增20%，50元以下的增10%。工人要求矿方答复，矿方总是拖延，后来看拖延实在不行，就作一点小让步，答应100元以下的增工资一成，其它（他）条件一概不予接受。工人又派代表和矿方交涉（林西矿交涉的代表是我和赵玉廷），矿方态度很横蛮，甚至骂我们，最后把我们推出门外。矿方压迫愈害，工人情绪愈高涨，最后工人就自发地起来游行，被警察冲散了。这时候代表们到黑鸦子村开会，当时代表都不愿立即罢工，因为没有钱，没有准备，劳动组合书记部也没有充分准备，但群众已经起来，不能不罢，就决定在十月二十三日罢工。

罢工开始后，工友们表现得十分团结，显示出来的力量是很大的。所以保安队也不敢明显地破坏罢工，一些小包工头，看到工人力量大，也都主动捐柴捐米。在罢工中，多数的员司还是被工人团结过来了，他们也帮助做动员工作。这时，电报、电话都移到工会来，工会办公处可热闹了。当时，我们还制作了两面大红旗，旗上的标志是交叉着的两把铆头，这表示我们是采煤工人。当时喊的口号是："劳工神圣万岁！""反对资本家剥削！"

（摘自访问孙家耕记录，原件存开滦党史办档案）

赵金华回忆林西矿罢工

1922年的大罢工是阴历九月初四发生的。但酝酿却早在春夏，阴历八月底，代表先向本矿矿师交涉，矿师说：向唐山指示。不久，唐山回话说不允许，大家便开会决定去唐山请愿。经去唐山交涉后，矿务局答应一百元以下长（涨）一成，说什么医院、俱乐部从长计议，企图以一点小小的让步蒙骗工人上班。

在罢工中，工人感到必须联络各厂矿工人，就派常洪健到马家沟去，派刘学成到秦皇岛去（因他弟弟在秦皇岛开汽车），还派了人到唐家庄。唐家庄刚建矿不久，房子一概没有，只有三四十人，刚打一个井眼，还往上冒水。唐家庄工人也不含糊，决定和林西一起活动。唐山矿也有人出来联系，代表是只奎元。随后启新工人和华新也都罢工了。工人们表现得很慷慨激昂，有一件事流传得很久很久，就是洋灰窑代表王占一，他知道工人一罢工，军阀必然会武力镇压，当代表的一定有生命危险。但是他视死如归，毫不害怕，预先去定购一口棺材，他说："我用着给全价，用不着给半价。"工人罢工这时达到了高潮。

此时邓中夏同志曾来过林西矿，说是事情很忙，一会儿就把他送到了黑鸦子村。他是和我哥赵玉廷秘密联系的，我知道这件事是我哥告诉我的。

罢工时，我们在会馆外边竖了两杆大红旗，旗上的标志是交叉着的两把锹头，这是我们工人自己设计的，意思是表明煤是我们工人用镐挖出来的。

为了防止（他们）破坏罢工，我们纠察队在东西南北各门设立岗哨，后来被保安队知道往外哄（轰）我们，我们又在外边设立了更多的岗哨。

罢工延续几天后，有些工人没吃的了，一小部分甚至因此而不得不上工。我们发现了这些情况就在大庙前开设粥场，让实在没饭吃的人去吃，设粥场需用的大米都是一些心肠热挣钱多的工人捐助的。有些工友虽饿，但也不到粥场去吃饭，他们去求亲拜友到铺子里去赊欠。不过后来铺子里的商人也不愿赊给工人了，工人生活更困难了。李灿在这时便出面和商人交涉，他是本地人，有房产，有信用，经他出面交涉后，商人又赊东西给工人了。

罢工的天数愈多，工人愈困难，在紧要关头的时候，邓中夏同志又来了，他指示必须继续罢工，必须坚持下去，工人绝不能在此屈服。他又说各地都在响应我们，支援的东西，马上就会来。这个情况也是赵玉廷对我说的。

罢工的时候，代表们还贴出布告，说南洋华侨捐助银圆一万元。

矿务局买通了滦县政府，县政府把赵玉廷传去了，骂我们罢工的是工贼，说："你们罢工是有罪的。"叫我哥赶快回来叫工人上班。在这种情况下，工人思想很乱，代表们便在鸡冠山召集了二三百人开大会，孙家耕、赵玉廷、常洪健、朱金华等人都参加了。

罢工二十多天后，工人生活更苦了，外边消息又不好，代表们就离开会馆，到黑鸦子村李灿家去开会。这时人心更乱了。

罢工期间，北京曾派来了2个学生，二十来岁，听说当时其他矿也派有学生去。他们的到来对我们帮助不少，他们给工人讲，我们的痛苦是由谁造成的？我们应该团结斗争才能摆脱痛苦，改善生活。并对于在罢工中，工人应如何组织，应有哪些纪律，如何组织纠察队等，也都提出了意见。并且他们搞油印小报，搞传单。

罢工时几矿是同一天同一时间开始的，这是邓培的指示，当时有工人骑着自行车往来于几矿之间，传达指示，进行联络。总工会，在罢工时并没有成立这样一个组织，但实际上南厂就是总工会，邓培是负责人，各矿都向他汇报情况，听他指示。

（摘自《开滦林西矿工运史资料汇编》）

郑贺荣回忆林西矿罢工

罢工时，我当敢死队队长，带了三百多人去拦车，我带头卧的轨，不让火车开过来。我在道叉（岔）上放了石头，搬（扳）了道岔，结果火车出了轨，我们拿着石头往车上扔，丁处长（即警察队长丁月波）开枪，我们光着膀子与他干，他不敢开枪打我们，只是向天放。在车上有几个印度兵，有个英国人开火车。当时我们还扛了一面大旗，上面有双环，有镰刀斧头交叉着的。我们呼的口号是："打倒资本主义！""劳工万岁！"

当时还从铁路运来很多东西，有洋面，有大米，还有钱，据说是兄弟烟草公司、海员、铁路送来的，车皮上写着"林西劳工会收"的字样，是我们上古冶车站去接收的。

（摘自《开滦林西矿工运史资料汇编》）

阎玉恒回忆赵各庄矿罢工

1922年罢工时，我们成立了临时工会，我是会长，工人中只有刘忠和我二人，其他还有李宝兴、陈子义、余小波、冯先生，他们都是管事的，也是工会委员，但商量个什么事，管事的也得问我。在挂队之前，我们几个矿都到唐山开会。开会时，只奎元给我们讲："工人因为太苦，需要起来挂队，长（涨）工钱。"我们也听说挂队有生命危险，尤其是领头的，但是豁出生命也不管了。林西、唐山、赵各庄是同一天挂的队，马家沟迟了几天。赵矿一挂队，马家沟就派人来联系，林西也有人来过，我们也去那开会联系过。

（摘自《开滦赵各庄煤矿工运史资料汇编》）

张增回忆赵各庄矿罢工

罢工时有纠察队，带（戴）着红布条，上面写着自己的名字。纠察队拿着镐把在各处站岗，不让工人上班，各处都有人把守着。

挂队后六七天的样子，大伙没吃的，工会就用外地支援的款子建了粥锅，大伙都去吃。以后矿上包工大柜也派腿子来吃，他们搞破坏活动，制造纠纷，最后闹得连粥锅都砸了。

挂队后，军队来了几次，第一次是杨以德派来的保安队，有二百多人，他们抓走了工人代表六七个人送到天津去了。事后还出了布告，说这些人都是赤化党，要赤化全中国的，又说在天津崩了两个。以后又来了正规的军队，人很多，住（驻）在第一部，解散了工人纠察队。第一部本来是工会办公的地点，那时保安队住（驻）矿里，正规军住（驻）矿外。英国军队也来过，但是驻在矿上的时间不长。军队来了以后，矿务局就出了布告答复了要求，这时军队里的军官就出面调解，要工人赶快复工。

（摘自《开滦赵各庄煤矿工运史资料汇编》）

徐树清回忆赵各庄矿罢工

刚罢工后两天，在赵各庄矿南门外，由张作山带着工人卧轨，阻止了从林西开来的火车。车上坐着许多从天津调来的工人，罢工工人把司机抓下了车，送到矿里去，后来被保安队抢回去了，并打倒了几个工人。最后火车还是被迫又开回林西去了

罢工后的三四天，外国人麦尔梅德坐电车到古冶去接天津来的保安队，又被工人打回来了，把车也给砸坏了。

（摘自《开滦赵各庄煤矿工运史资料汇编》）

孙玉良回忆唐山矿罢工

开滦1922年大罢工，领头的有只奎元、刘长顺。那次罢工是里工领导起来的，后来外工也起来了，外工代表还有李子和、张福贵。罢工时，杨以德派兵来弹压，工人骂他"柳木掬的杨梆子"。刘长顺是把勾（钩）的。1922年罢工时王德周任总代表。

（摘自1964年10月5日访问孙玉良记录，原件存开滦党史办档案）

李俊才回忆唐山矿罢工

我父亲是唐山矿工人李星昌。1922年罢工的时候，我家住广东街第一条胡同4号，我们住的房子是工房，三间正房两间厢房。那时党的地下工作人员有两个据点：南头是邓培家，北头就是我们家，同志们来了，在这里吃、住、开会。后来我到铁路去工作，这时家里每星期都有党派来的人在开会。我们厢房常有外来的人住，大半都是学生打扮的。他们出去时都穿着工人服，小口袋里也装着个尺，出来进

去，和爸爸的装束一样，不显眼。

1922年罢工时，我正在贫民小学上学。那回罢工的总工会在铁路南道门南边（现在的铁路宿舍那儿），我爸爸在那里办公，两三个礼拜不回家，门口有拿棒子的工人站着岗。有一回杨以德到唐山视察，找工人代表，我爸爸也去了。杨以德很厉害，限工人几天之内就得上班，不然叫代表拿脑袋来见。当时无人敢言语，我爸爸就说话了："不答复条件，脑袋掉了也不上班，现在要脑袋也可以。"这都是后来听爸爸讲述的。邓培和我爸爸很熟，我爸常到他那儿去，他没到我家来过。

（摘自1962年11月17日访问李俊才记录，原件存开滦党史办档案）

工人纠察队手持木棍，臂戴红袖标，高举印有镐头和榔头图案的黄白色旗帜[1]，在厂矿周围各交通要道巡逻放哨，监视矿方和军警的活动。

开滦五矿实行总罢工

唐山快函云，开滦煤矿，为东亚数一数二之产煤区域。矿域共分林西、马家沟、赵各庄、秦皇岛、唐山等五处，约有工人3万人，每年获利数千万，自庚子之役，大好矿产，即被英、比二国攫去，言之痛心。该矿务局对待工人异常苛刻，工人早有与资本家奋斗之决心。近年来见各处罢工甚为流行，于是该矿工人暗中结成一气，进行待遇改良、工资加增之运动。不料该局对于工人要求，不但毫不采纳，而且指为破坏治安，指为乱党，乃派警察用武力压迫。工人被压不过，于23日早晨，实行五矿总罢工，发出宣言，并提出要求条件6则，非达到目的不止云。

（原载1922年10月28日《大公报》）

---

[1] 镐头代表井下工人，榔头代表井上机器厂、木厂、铆工厂、打铁厂、电厂工人。

罢工开始后，开滦五矿工人俱乐部立即发表开滦五矿总同盟罢工宣言，通电全国。宣言说明了罢工的原因，请求全国工友支援，并重申了致开滦矿务总局《请愿书》中的6项要求。

开滦五矿罢工宣言

全国工友们！同胞们！父老兄弟姊妹们！

我们矿务局被压迫的苦工人，现竟被洋资本家视若匪徒，昨日无故任意在林西扣留我们6名代表。我们原来是酷爱和平，不愿挺（铤）而走险。谁料洋资本家这样故意来挑衅我们，我们逼迫得万不得已，才于今日（23日）举行这悲惨、最后的罢工手段。工友们！同胞们！开滦矿务局平时对待工人，不说没奴隶的身价，连一匹骡马尚比不上呢。往往井下发生了危险，洋人只问死伤了多少骡马，人是不介意的。因一匹骡马死了价值二三百元，一"头"工人苦命，不过仅给百文就是了。工人因公受伤，就立刻逐出局外去，不顾你的死活。工人伤牲口，不独受罚，连工作也干不成了。其余污辱我们工人人格，草菅我们工人性命的事实，是千言万语说不尽的。用言词也是说不出来的，真是人间地狱啊！现在我们正在打起精神，拼命奋斗，不达到圆满目的不止。望全国工友们、同胞们，快快来援助啊。

条件：（同开滦五矿工人联合会给开滦总矿师的请愿书，此处从略）

（原载1922年10月25日《京津泰晤士报》）

10月24日，开滦五矿工人俱乐部进一步向矿方提出4项要求：承认五矿工人俱乐部有代表工人的权利；矿方雇用、革除工人须与工人俱乐部商议；罢工期间工资照发；每年应给工人假期，休假工资照发。前两项要求具有鲜明的政治色彩，从而把这次罢工从经济斗争引向政治斗争。

为了防止矿方和军警的破坏，罢工委员会将罢工的指挥系统分散隐蔽。罢工指挥部设在群众基础较好的京奉铁路唐山制造厂附近，有时也转移到交通部唐山大学办公。宣传机关分设在各矿区可靠的工人家中。掌管罢工基金的财务机关设在山海关铁工厂工人俱乐部附近。罢工事务联络站设在天津外国租界，所有关于罢工的文件和公告都在此秘密印刷后发布。同时，各矿建立了严密的罢工组织。各矿工人俱乐部负责领导各自的工人斗争，由会长、副会长和委员若干人组成领导核心，从工人中选出一部分先进分子担任工人俱乐部干事，负责具体工作。工人群众组成若干牌①。各矿工人俱乐部和各牌在开滦五矿罢工委员会统一号令下行动。

开滦五矿同盟罢工比京奉铁路唐山制造厂的罢工规模大得多，情况也更复杂。开滦矿工的对手是有丰富应对工潮经验的英国资本家和北洋军阀政府，他们相互勾结，迅速调集军警到唐山，妄图以武力将罢工镇压下去。罢工第二天，杨以德从天津派 100 名保安队员到达唐山，杜克茹当即选派 50 人乘火车前往赵各庄矿镇压工人集会。工人纠察队痛打前去接应的赵各庄矿煤师梅尔麦德，此事引起矿方恐慌，杜克茹急电总局请求支援。当晚，200 名保安队员到达唐山，并立即开往林西，以控制全矿区的命脉林西电厂。10 月 25 日早晨，英军分遣队 100 人到达唐山，由杜克茹亲自带领前往林西矿镇压罢工，受到林西矿工人的拦截。是日，唐山警察局逮捕了唐山矿几名巡逻的工人纠察队员。当晚，工人集会商讨营救办法，并扣留了前来扰乱会场的两名警察，作为要求释放工人的人质。第二天凌晨，开平驻军赶来把人质抢走。10 月 26 日上午，又有 7 名工人纠察队员被捕，形势继续恶化。罢工指挥部决定动员唐山矿工人举行示威游行，抗议警察的暴行，要求释放被捕工人、答复工人的要求。当游行队伍进入广东街时，被全副武装的保安队拦住去路，警察所长刘崇富鸣枪威胁工人解散。工人们毫不畏惧，继续前进。因早有杨以德关于"使用镇压手段"的明令，保安队向游行队伍开枪射击，当场打死工人 1 名、重伤 7 名、轻伤 57 名，制造了"十·二六"惨案。

惨案发生后，罢工指挥部立即向全国发表了第二次宣言，揭露工人因生活所迫举行罢工，受到当局血腥镇压的真相，呼吁全国工人团体和舆论予以支援。

---

① 根据 1922 年 11 月 14 日《大中华商报》记载，某矿第 11 牌组成情况如下：有正副代表各 1 人；调查股长 1 人；调查员 10 人，共辖 12 个 10 人团，每团设团长 1 人，团员 11 人，有的团是 14 人。

开滦五矿同盟罢工第二次宣言

全国各工团体，父老兄弟姊妹们：我们开滦五矿因为生活困难，受迫不过，才起来向当局要求加薪。当局苟具人道主义，就应当体恤工人的苦衷，允许所请。不想他们视工人如牛马，大施压迫手段，调来保安队数百名巡拿工人，任意殴辱，工人求生不得，求死不能，才于二十三日全体罢工。不料二十六日早八点，保安队全体出发，武装严厉，向工人示威，百般欺侮，工人只有隐忍不言。乃彼等认工人为可欺，先用枪刺横穿，继而全体向工人连放排枪数十次，计受重伤数十名，命在垂危待毙者二十余名。悲号惨目，血肉横飞，有心人不忍卒睹。我工人对此惨剧，惟有请全国同胞们主持公论，加以援助，以救我们三万余苦工人于水火之中。现在全体工友益加激奋，非达目的不已。各界同胞们，主持公道呀！我苦难工友们那就感激万分了。唐山开滦五矿全体三万余工人同启。

（原载 1922 年 10 月 30 日上海《申报》）

全国各界无不对此表示同情和愤慨，纷纷发表通电，谴责英国资本家勾结杨以德屠杀工人的罪行，向开滦工人表示慰问和支持。交通部唐山大学校友许元启、茅以升等在上海《民国日报》副刊上创办《唐山潮声》，发表有关开滦罢工的消息和评论，在社会上产生很大影响。罢工指挥部还通过天津通讯社向英国《泰晤士报》发出通讯，通过英国路透社向英国政府和国会发出通电，揭露英国资本家的暴行，警告英国政府不能坐视不管。各地工人及各界人士还在经济上积极援助开滦罢工工人，孙中山也慷慨解囊。在李大钊和中共北京地委的指导下，北京大学马克思学说研究会成立北京开滦矿工罢工经济后援会，组织 10 个募捐队，上街劝捐。京奉铁路、安源路矿、南洋烟草公司的工人和香港海员分别捐款，并运来粮食接济开滦工人。

王玉亭回忆南厂支援开滦罢工

我们南厂罢工的时候，受到了各地的支援。罢工胜利后，就是开滦五矿联合罢工，那时我们也大力支援了他们。在听到开滦罢工以后，南厂职工会决定把会费送给他们，当时是派我去送的。我按邓培的指示，化装成一个叫花子，把钱围在腰里，挎上一个小桶，手里拿着一根小棍，这样才顺利地把钱送到古冶去。

（摘自1959年6月8日访问王玉亭记录）

到罢工结束前，各地汇来的捐款达3万多元。罢工委员会用这些捐款开设粥厂，给生活无着的工人每天提供两餐稀粥，从而使矿方以解散集体伙食、用饥饿迫使工人复工的阴谋破产。中共唐山地委除争取全国人民和社会舆论声援开滦工人外，还组织唐山各厂工人用实际行动进行支援。10月28日，唐山制造厂发表声援通告，启新洋灰公司和华新纺纱厂工人举行声援罢工。

唐山纱厂工人会、启新洋灰公司工人团等四团体致全国各工团书

各报馆转各工团钧鉴：诸位的工友们呀！你们总已听得开滦矿工罢工的呼声罢！他们的生涯，每天十六时在黑暗地狱里工作，他们的生命，不值一骡马的生命；他们的待遇，比骡马还不好；诸君没有来过唐山的总想象不到他们怎样的苦楚了。劳工神圣的光也照不到他们的地狱里，但是他们因为受了种种非人的待遇，求生不能，求死不得，所以不期地联合在一起罢了工，忍着饿寒，和资本家作最后的奋斗，从罢工到现在已一星期了，残酷的外国资本家不但不肯扪着良心去容纳工人些微的哀求，却还调兵遣将，实行残杀。前天的事，诸君总该听见罢。他们一次两次的纵使负枪的兵士，来袭击赤手空拳饥寒交迫的大队矿工，血流满街，死伤相继，惨酷之状，家家掩门，人人坠泪，唉！这样巨大的惨剧，恐怕别处没有罢！我们在唐山的全体工人，我们京奉路制造厂工人，我们京奉路全路伙夫，我们启新洋灰公司工人，我们纱厂工人，在唐山目睹同胞之遭残杀，无不义愤填"胸"。虽自知力微量薄，自顾难周，但触目惊心，不能自已。昨日由我们工人自动，将平日区区薄蓄，集成三千元，去帮助他们；顾只能

供我苦同胞一饱。因此次罢工人数有四万七千人，杯水车薪，何能有济！所以我们为保持我们中国全体工人人格，至万不得已时，决定同情罢工，竭我们最后的血泪，以与我们可怜的矿友们同生同死。此外我们也没别法了。唉！我们远地的工友们呀！你们为人道起见，你们绝不忍听你们幼稚的工友们给人家饿毙，尽人家残杀吧！绝不忍坐视我们单独奋斗吧！我们敬代表唐山、马家沟、赵各庄、林西、开平五矿开滦全矿四万七千饥寒交迫枪下余生的矿友们，把我们的哀呼，传播给诸君，他们的四万七千人的生命，已不悬于资本家的手下，而实在悬在我们各地的工友们的同情心里呀！唐山启新洋灰公司工人团、唐山纱厂工人会、京奉路制造厂工人联合会、京奉路伙夫临时会议同叩。

（原载 1922 年 11 月 3 日上海《民国日报》）

11 月 1 日，马家沟矿工人突破资本家及警察的严密控制，宣布罢工。至此，开滦五矿同盟大罢工的局面正式形成。

在这种形势下，矿方向直鲁豫巡阅使曹锟、直隶省长王承斌发出急电，请求派重兵镇压工潮。随后，滦县、芦台、开平部分驻军奉命进驻开滦各矿，直隶全省警务处加派保安队，连同英国、美国军队和开滦矿区保安队，镇压罢工的军警一时达 3000 多人。11 月 1 日，杨以德来到唐山。次日上午，杨以德等以谈判为名，强迫工人代表下令复工。谈判不成，又于下午召开工人大会。杨以德向工人训话，要求工人复工。杨以德讲完话后，保安队令工人鼓掌表示赞成，工人哄然而散。11 月 3 日，杨以德命令保安队将聚集在唐山街头的罢工工人围困起来，驱使工人进矿复工，但未能如愿。11 月 4 日至 5 日，杨以德指使保安队在唐山实施镇压，先后查抄了启新洋灰公司工友总会、开滦五矿工人俱乐部、唐山制造厂职工会和唐山工人图书馆，逮捕了中国劳动组合书记部北方分部特派员、开滦罢工总代表彭礼和以及 13 名工人代表，并进行拷问。

杨以德讲话威胁工人上工

保安队于今天（三日）又将在大街上的工人，围去七八十人，叱令进矿厂，否则用武力解决，工人无可如何，只可暂时进厂。在保安队方面，以为权利既享，义务已尽。谁知外国人认为成绩不佳，说我们要这几个工人作什，只有他们几个，还能开工吗？齐与我出走。在工人是求仁得仁，甚为欢喜。可是在彼一方面，未免难堪。林西同日亦有同样事情发生云云。

又报告云，自唐山矿局及启新洋灰公司罢工之后，杨以德送来二百保安警察。并亲到唐山对工人演说，说洋资本家是你们的衣食恩人，你们还不为他工作，我是主张强迫工作的，若再不上工，我就按军法从事。他还要往下说，可是数千工人一个也没有理他的。他觉得不好意思，也就走了，到庆合楼吃晚饭去了，并且叫了七个妓女取乐。当日晚上，他又送来了五百保安队，市民非常恐慌，谓愈保安反倒愈不安。工人听见他们来了，说再来两千还不及我们十分之一呢！尚无畏惧云。

（原载 1922 车 11 月 5 日《河北日报》）

杨以德持枪调停工潮

东方社三日天津电警察厅长杨以德，率保安队二百名，赴唐山调查矿工罢工情形，并发布告示云：矿工之要求，自当负责设法调停，望各矿工照常就职，若再骚扰市面，立予枪毙云云。据华人方面消息，开滦矿务局要求曹锟弹压矿工，曹锟已于三十一日电复允许。

（原载 1922 年 11 月 4 日上海《民国日报》第二版）

杨以德枪击工人后捣毁三个工会

十月二十六日，天津警察厅长杨以德，唆使保安队打死工人六名，轻重伤五十七名。十一月四日又拘去工人八名，并抢劫五矿总工会、洋灰工人俱乐部及铁路职工会，除所有文件簿据中物荡然无存外，共劫去洋合计六百余元。

四日晨，杨以德以担保上工之期（两星期）将过，强驱工人入矿，工人坚不工作，杨怒极遂捣毁三个工会，拐去外方援助工人之汇款。

（原载 1922 年 11 月 20 日上海《民国日报》）

杨以德悍然查封工人俱乐部

杨以德保险矿局罢工于两星期内解决，每日保险费若干，若两星期内不能上工，则杨以德甘如数受罚。今日已属两星期之末日，工人仍未上工。于是杨以德用武力占据矿工俱乐部，所有工人，均被驱逐出席，部中种种物件，均被掠去。同时并将启新洋灰公司工人俱乐部书记一人带走，不知生死，又掠去大宗洋银。工人等异常愤激，宣称如再有武力压迫，则有相当的对待云云。

（原载 1922 年 11 月 6 日《京津泰晤士报》）

开滦工人没有被军阀当局的镇压所吓倒，罢工委员会采取隐蔽的方式，继续领导罢工斗争。中国劳动组合书记部北方分部派王佩寰（王德周）为特派员，接替彭礼和为罢工总代表。根据中共北京地委和中国劳动组合书记部北方分部关于揭露帝国主义和封建军阀狼狈为奸镇压工人运动的罪恶和铲除杨以德的决定，罢工委员会领导各矿工人开展了"驱杨"运动。11 月 6 日，开滦、启新罢工工人联合发表宣言，揭露杨以德以强权压制罢工，公然查封唐山各处工会的罪行，呼吁各地工友、全国同胞援助开滦工人。在唐山工人的一致声讨和社会舆论的反对下，杨以德不得不于 8 日潜回天津。11 月 9 日，在邓培的带领下，由 11 名工人代表组成的联合请愿团，到北京总统府、国务院、内务部和参众两院请愿，控诉杨以德的罪行，要求予以查办。这次请愿虽无结果，但影响很大，全国声讨杨以德的通电如雪片飞来。国内新闻界也大都站在中国工人的立场上，如实报道开滦罢工的消息，对残害开滦工人的英国资本家及军阀政府予以严厉谴责。在李大钊的联络下，部分有正义感的国会议员分别联名向政府提出质问书，要求立即将杨以德撤职查办。"驱杨"运动使杨以德成为众矢之的，声名狼藉，虽然最终没有达到罢免杨以德的目的，但也迫使军阀和资本家的血腥镇压有所收敛。

开滦五矿工人致电报馆抗议杨以德威胁罢工

昨天天津各报馆接到"五矿工人"署名的一封电报说，他们已经给北京议院去电报，控诉杨以德将军在唐山超越他的权力。

根据工人们的电报，杨将军在演说词中告诉工人们说："开滦矿务局曾经供给你们金钱和大米，他们是你们的恩人，你们应该回去工作，如果你们不回去工作，我要使你们去，如果你们仍然不去，当我实行强制你们这样做的时候，我就要用'军法'，了。如果我见到你们工人聚集在一起谈商，我要使用'军法'。"

工人们解释"军法"的意思是斩首的刑罚，他们抗议杨将军越权用这种刑罚去威吓他们。

（原载 1922 年 11 月 5 日《华北明星报》）

开滦工人向国会请求弹劾杨以德

兹据工人来函，称现以开滦五矿及秦皇岛三万七千人名义，致电参众两院请愿，请将天津警察厅长杨以德，提出弹劾，依法惩办。所据理由，云工人等受经济之压迫，不得已而出于罢工。提出八条，本是最低要求，生活程度所迫，不得不尔也。奈矿局不顾我工人等之经济，即是我工人等及家族之生命，甘心巨款与杨以德，因为残杀工人六名，受轻伤者五十七名，又失踪已查知者三十一名，失踪而未知者，尚不知若干也。工人等早已受武力之压迫，众不欲生，此等情形，谅诸公已见诸报端，无须工人等再陈也。然杨以德倒行逆施，变本加厉，复于本月二日对我工人等宣言，强迫工作是伊之宗旨，万无更变，如唐山大街有工人三五成群，交头谈话者，均按军法从事。杨以德木一天津警察厅长而已，岂有所谓军法者。且伊之军法何以行使至唐山？更何以行使至于无罪之工人？且秦皇岛并未再世，何以残杀工人，至于此极。念议院诸公，既负有人民代表之重责，安能忍数人，受武力之压迫以死而不救耶？抑工人等遭此大害，公等尚未有所闻耶？谨此电陈，望诸公早日将杨以德提出弹劾，免职惩办，否则工人等绝不受武力之压迫，外国资本家之束缚，而不自争人格及生活也。是以众志所向，意外之事，不免发生，如果流血惨状，愈演愈烈，则工人等绝不敢负此重责也，临电不尽流涕，谨此电陈等语。

（原载 1932 年 11 月 5 日《河北日报》）

开滦、启新工人联合发表告全国同胞书

工友们！同胞们！

我们确实是因生活困难，工厂主洋矿师给的钱太少，不够食喝，迭次哀求他多给几个钱，不惟不准，反压力横加，我们走投无路，没别的法子想，只好大家相率不干。不干也是我们的自由，犯不了什么罪。谁知道保安队对我们就如同土匪，任意开枪，任意残杀，演成十月二十六日早之惨杀。谅大家早已从报端得悉详情了。我们赤手空拳的劳动者，当然只好任处官厅怎样压制，坐以待毙，以了这奄奄欲死的苦命罢了。幸喜社会上还有人说几句公道话，警告官厅，帮我们说出种种的苦情来。因此我们这几日来，心中虽有许多说不出来的苦，尚还精神很好，团结的（得）非常坚固，盼望资本家早日来与我们了结。并且同时以为官厅容纳了社会上一般舆论，决议出来做第三面的调解人，定不得来肆意干涉。唉！谁知道近来官厅变本加厉，硬用强迫手段，突于四日晚派警将我们俱乐部占据，同时抓去我们的代表，并掠去会中大家的银钱什物。这样无理横压起来，将来不知道又要把我们迫到什么地步。苦呀！苦呀！我们五万余形（行）将待毙的苦工人，平日被洋人待遇比牛马还不如，到现在简直是以亡国奴待我们，毫无公理可说处。工友们！同胞们！这是什么事？中华民国能够这样强权不说公理吗？现我们已处于九死一生的地位，已经被压迫得气都不能吐一口。望全国同胞们、工友们，共伸敌愤，快快前来援助啊！

开滦五矿及秦皇岛、启新洋灰公司

全体五万余人泣告

（原载 1922 年 11 月 6 日《京津泰晤士报》）

开滦、启新工人代表赴京请愿

开滦五大煤矿工人自罢工以来，计将达两旬之久，溯其所以迁延不能早日解决者，传闻实源于杨以德受外人方面 120 万元之重贿，愿用武力压迫工人，限两星期完全上工之故。连日杨以德指挥保安队横施压迫，与日俱厉，并于本月四日驱逐工人上工，强据五矿总工会会所，及洋灰工人俱乐部与铁路职工总会会场。除将会内所有文件什物尽行劫去外，传闻尚抢去银洋 600 余元。最近强提工人入矿做工。于是工人等十分不堪其压迫，于前日（九日）派出代表 10 名，表示向政府及议会双方面请愿。据调查所及，该代表于前日下午四时，便手执白旗，上书"开滦五大煤矿罢工代表请愿团""唐山启新洋灰公司罢工工人请愿团""四万六千工人请命""同胞啊！国贼杨以德受贿媚外抢夺我们呢！救！救！救！""同胞们！外国资本家压迫我们呢！救！救！救！"等字样，首至新华门见黎总统，次至国务院见王总理。均因时太晚，仅递呈文，未获面呈一切。再次至参众两院和内务部，亦以时晚约以次日再见。此前日请愿之大概情形也。昨日（十日）一早，该代表等复行至总统府，当答以请代表等转见国务院总理。在国务院候了一点多钟，总理还不见来，使左右秘书代为接见，当允许将代表所有请求均当转达总理云。再次便到内务部，等了两点多钟，才得见孙次长。代表等除将呈文面交外，并略述此次罢工经过及杨以德受贿纵兵之横蛮。孙答谓工人罢工，要求生活改良，此乃世界潮流，杨以德这种对付，是不对的。但各位所请目的，是在将杨罢免，然此非现政府所能办到，各位如果坚持非驱杨不可，还请而向直隶省省长处请求之。至向参众两院请愿事宜，参议院已由议员江皓等介绍，众议院已请议员童启曾等介绍，不日当正式提出在国会讨论。兹录其呈文如下：具请愿人开滦五大煤矿、秦皇岛及启新洋灰公司 46000 工人代表董宏献等为请愿事：唐山煤矿及洋灰工人，前以不堪矿局及公司待，为自身生存起见，请求当局改良待遇，未蒙见允，遂致先后罢工，以促彼方之反省。此中经过情形，京沪各报载之甚详，谅在我大总统洞鉴之中。罢工以来，于今十有五日矣，工人等既感衣食之困难，复受矿局之虐待，艰苦万状，不言。可知。不意处兹悲惨之厄运中，更遭天外飞来之奇祸，上月26日天津警察厅长杨以德无端唆使保安队袭击工人，当场击毙工人6名，轻重伤57名，追逐失踪者无算。本月四日杨复令该队拘去工人8名，非刑考讯，并抢劫五矿总工会、洋灰工人俱乐部及铁路职工会三工团，除所有文件籍据什物荡然无存外，共劫去洋合计600余元。窃念工人亦国民一分子，唐山亦国所及之处，杨为国家官吏，竟弁髦法令，草菅人命，形同盗匪，至于此极，此不独唐山近来空前之剧变，亦可谓国内所未有之怪现象也。道路传闻，杨之如此，系为公司贿赂所驱使，虽事无佐证，然观其一意孤行，甘心犯法，不为无因。工人等现处荆天棘地之中，实受人生未有之苦痛。

伏念我大总统胞与为怀，必不忍吾数万工人葬身于杨以德一人贪壑之中，用敢掬诚请愿，迅恳将杨以德即予褫职，并治以杀人抢劫之罪，则水深火热之工人，将同庆更生，感戴靡涯矣。此呈大总统。

请愿人：开滦五矿总工会及启新洋灰公司工人俱乐部代表

董宏猷、常振庸、梁鹏万伍有临、万安全、白天柱刘国才、刘明达、曹子才邓扬、萧渊

（原载 1922 年 11 月 11 日北京《晨报》）

杨以德走了！
——唐山通讯

怡怡！

杨以德逃了！带了保安队逃了！他保险亏了本，无面再在唐山，所以逃了！请愿的代表前日就去北京，现在还没有信来。开滦矿局态度仍强硬，他说有钱宁与杨以德，不愿与工人。他不想想他们的钱哪儿来的，还不是利用中国工人的性命到中国地下去掘出来的吗？可恨！可恨！

志十日夜

（原载 1922 年 11 月 1 日《唐山潮声》报）

注：这是交通部唐山大学生给《唐山潮声》的通讯。

天津保安队撤退

近闻杨以德此举已引起国会及舆论界猛烈攻击，颇知情形不妙，忽于前日将其保安队大部分撤退，彼亦于深夜潜行返津。现驻唐山镇压者惟董政国所部兵队而已。

（原载 1922 年 11 月 14 日北京《晨报》）

旷日持久的罢工，使英国资本家的直接经济损失达 70 多万元。十几艘轮船因无煤可运停泊在秦皇岛港口，致使一些销售合同不能兑现，开滦信誉受到影响，开滦股票在伦敦交易市场上连续下跌。同时，军队同保安队之间的矛盾不断加深。军队出于维持地方治安稳定的目的，主张以调停的办法解决工潮，特别是军队中一批家在本地的士兵对工人罢工表示同情，这些成为矿方继续执行强硬政策的阻力。矿方又获悉，全国铁路工人将以总罢工支援开滦罢工，进一步显示这次罢工已经发展成为全国性的政治运动。在这种情况下，矿方不得不考虑放弃强硬手段，向工人做些让步，以结束罢工。11 月 13 日，在各方压力下，直隶省长王承斌电令唐山警察局长姚彤章和蓟榆镇守使殷本浩等从速终结工潮。11 月 15 日，在大批军警进入矿区以后，矿方贴出布告，公布了退让条件：工人月工资在百元以下的增资 10%，罢工期间每人发给 7 天工资，并表示不开除参加罢工的工人，要求 11 月 16 日一律复工。

开滦总矿师杜克茹公布退让条件

为布告事，本局盼望罢工的人即刻上工，表明你们信靠矿局，对于合法应行改良的事，将来自当按照公理办理。本局素来是真正保护工人的，凡愿意即刻上工的人，本局一概欢迎，决不因罢工开革一人，就是说各个人都可以照常上工。凡在本月 16 日以内上工的人，本局多给工资 7 天作为奖励，并且每月 100 元以内的工资一律增加一成。总而言之，工人应当表明有完全信靠本局的心。此布。

（见《开滦历史档案》）

这些条件距离工人罢工前后提出的要求相差太远，但是随着罢工时间的延长，工人队伍也面临困难局面。虽然有各地的经济援助，但不能完全解决数万工人和家属的生活困难。在杨以德查封工会、抢走财物以后，罢工委员会的财源断绝。由于邓培、只奎元等人受到通缉不能公开露面，罢工委员会已无法实施正常的领导。因此，罢工委员会忍痛决定由各矿代表自行安排复工事宜。在此之前，马家沟矿工人因警察监视控制严密，又与开滦五矿工人俱乐部失去联系，已于11月10日自行复工。11月16日，赵各庄矿工人接受矿方条件开始复工。11月17日，林西矿和唐山矿同时复工。工人代表一直坚持到11月19日才复工。至此，开滦五矿同盟大罢工结束。

开滦五矿同盟大罢工是在中国共产党领导下的一次大规模的罢工，刚刚成立不久的中共唐山地委展示出较高的组织力和战斗力。虽然在政治上、经济上没有达到工人提出的要求，但打击了帝国主义和封建军阀，不仅使唐山工人运动上升到一个新阶段，还对全国工人运动的发展起到了推动作用。

罗章龙评述开滦五矿大罢工

开滦罢工的准备

北方书记部于一九二二年初，开始在矿山广大工人群众中进行宣传、教育和组织工会的工作。当五矿分别成立革命工会后，又联合成立五矿工人俱乐部。实际上是领导全矿的总的工会机构。俱乐部成立后就为改善工人的境遇着想，前面提到一般工人生活的苦况，就是技术工人也因十几年未提过工资，在物价飞涨的情况下，生活亦很艰难。这是全矿工人最切身的大事。俱乐部为此准备了向矿局提出改善工人生活的要求，同时也作了必要的组织和各项准备。

十月十六日，开滦五矿工人正式向矿务当局提出改善待遇的起码要求，它是通过一封英文信向矿务局提出的，这封英文信由北大马克思学说研究会英文组的同学执笔，采用外交辞令，文字风格力求"西洋化"，是几经推敲，三易其稿，然后打印发出的。

信的内容分两部分，第一部分叙述矿局对工人待遇不公，列举事实，使矿局感到无词推托。第二部分则明确提出六条要求，合情合理，并不苛刻。六条内容如下：

一、按下列的标准增加工资：甲、每月工资在十五元以下者增加百分之三十；乙、每月工资在十五元以上者增加百分之二十；丙、每月工资在五十元以上者增加百分之十。

二、每个年终发给奖金一个月。

三、星期和新年假日停止工作并发给工资。

四、廉价煤和慰劳金应和中级员司同等发给（凡支月十二元，应有享受这个利益的资格）。

五、凡二五者，应给予和工资相同数目的养老金。如无严重的过失不得撤职。

六、凡受者，继续工资，而因公死亡者，应给予和五年相同数目的抚恤费作为慰劳金。

该信是指挥部第一个对外的英文文献，信中措辞不卑不亢，颇为得体。另外还大量印发了中西文宣言和传单，向中外社会舆论呼吁，争取对工人的同情和支持。

英文信递交矿局时，并派八名代表前往交涉，代表态度坚决，限当局三日内答复，否则以罢工对待。这八名代表情况，现查出的记载资料为：

张瑞峰　唐山井下看守人五十岁

李新章　唐山铸工三十八岁

刘　河　林西骡夫三十五岁

刘宜美　林西骡夫四十一岁

孙家辽　林西机器匠三十二岁

刘　忠　赵各庄机器匠三十三岁

葛定东　赵各庄井下机器匠四十五岁

廖洪祥　秦皇岛机器匠，秦皇岛矿务局工友俱乐部的委员长二十五岁

矿局接信后，见内容清楚具体，无回旋余地。总矿师杜克茹（A.Dosgties）一贯傲视矿工。他对此十分恼火，蛮横地对代表说：你

们的条件可以考虑，但劳资双方不能处在政治上平等的地位来谈判，工会不能成立，矿务局也不承认俱乐部是合法团体……于是从十月二十三日起……一场震撼中外的开滦五矿同盟罢工就此开始了。

……为了领导好这次罢工斗争，中共北方区委与北方劳动组合书记部全力以赴，组成强大的五矿罢工指挥机构。决定让邓培脱产，以全部力量投身于开滦罢工斗争，让北方劳动组合书记部副主任王尽美参加指挥部。这些都是北方区委所采取的重大步骤。同时我也参加了罢工委员会，任中共党团组织负责人兼指挥部主任。先后在五矿罢工指挥部工作的主要人员还有：梁鹏万、阮章、袁乃祥、彭礼和、李梅羹、吴先瑞、李星昌、只奎元、董鸿宾、阮永、王麟书、王德舟、贾纡青、王宝仁、金满等二十余人。

这次罢工组织是相当严密的，领导罢工的机构是罢工委员会，对外仍用五矿俱乐部的名义，罢委会系由各矿工会的代表和北京区委（罗章龙）、北方劳动组合书记部（王尽美）、唐山地方党（邓培）的代表组成。执行机构为罢工指挥部，以下是各矿基层组织，全体罢工工人都组织在"十人团"中，每十人组成一"十人团"，选团长一人，负责组织和召集团内活动。指挥部还设有调查部和纠察部。调查部从事调查内外奸细，查处破坏工会的事宜，如有情况立即报告调查部长，提到罢委会中讨论。纠察部下设纠察队，共有纠察队员近两千人，分设几个大队和支队，纠察队由张隐韬等同志训练，纠察队员中有不少人是经历过行伍生涯的。他们具有战斗经验，由他们督导上阵，能做到见阵不惊，勇猛顽强，这种精神在和敌人多次枪击的激烈冲突中完全体现出来了。平日，他们巡行于街市，保卫厂矿，守护矿井，维持开会会场秩序。开滦矿工的纠察队在北方的各次大型罢工斗争中，是组织得最好的，远近闻名，当年报刊曾有过详细的报导。

罢工指挥部为适应斗争形势需要，有时设在铁路与工矿中心地区，有时改在唐山大学办公，均以取得广大革命群众的掩护与支持为条件。

罢工指挥部事前充分估计了敌人的反动本性和可能采取的手段，

为了防止敌人的突然袭击，指挥系统始终分散隐蔽。罢工指挥部设在南厂（即唐山铁路机车厂）附近，宣传机关则分设在各矿厂郊区工人住宅内。掌管工会基金的财务机关设在较安全的山海关铁路工会附近。在五矿罢工期间，还在天津租界设置罢工事务联络站，由宋天放、李梅羹等在联络站负责，所有关于罢工新闻公告文件等，均在天津秘密印刷发布，并开辟有内部交通接头处。同时，在开滦罢工期间，党集中了唐山地区的党员，其中包括铁路机车厂（即南厂）、开滦五矿、水泥厂、秦皇岛桥梁厂、唐山大学等处的党员，组成开滦罢工中共党团，成为罢工斗争的核心机构，一些重大决策都须经党团讨论。罢工党团设在市外，以备随时转移地址。当时唐山党的领导力量是很强的。在罢工期间，斗争形势瞬息万变，并且多次发生武装冲突，党组织面临繁巨任务，始终保持步伐整齐，临危不乱。这些都说明唐山党组织确实具有相当强的组织与指挥能力。

矿局对付罢工，诡计多端。归结起来，其第一个办法，就是武力镇压，以保护英人利益为名，四处求援，调动军警来镇压罢工。第二个办法就是从内部离间工人的团结，瓦解工人组织，派遣所谓"和平使者"向工会活动。第三是用经济围困方法，威胁工人生活，借以使工会就范。矿主既采用上述各种方略围困工会，工会亦针锋相对，组织反击，如此相激相盈，造成长期罢工局面。

……矿局对罢工采取所谓"糖、棒"策，在一面重赂以德借武力解决罢工的同时，一面又唆使唐山天主教堂神父、荷兰人薛里渊（Soherion）出面，劝告矿区中信仰天主教的工人"不要为过激派利用，或受人煽动"，企图使工人脱离罢工。他们分矿区进行破坏，以蚕食手段，分裂罢工阵线。秦皇岛经理处运输处长李克碑（Rickeyby）用钱收买一小部分工人破坏罢工，其中一些被罢委会的调查部侦知后，派纠察队制止。敌人所谓"糖"就是对工人做很小的让步，或是收买部分工人，进行破坏，或是派出如薛里渊之流伪装慈善面目，祈祷和平，达到分裂、瓦解罢工队伍的目的。而所谓"棒"就是拒不承认工人自己的工会组织，不承认工人有罢工权，不与五矿俱乐部作对等的谈判，搬出刽子手杨以德，杀气腾腾地采取铁血政策，镇压罢工。

罢工指挥部的干部，为数众多，如邓培、只奎元、王尽美、罗占先、张瑞峰、董宏猷、梁鹏万等，他们密切联系群众，站在斗争第一线，有勇有谋，在资方采取"糖、棒"政策时，依靠指挥部，依靠工人群众，做到了运筹帷幄，及时针对敌情作出决策，使敌人的"糖、棒"政策未能奏效。

资方在开始的几个回合失败后，未能平息工潮，便进一步实行大规模缉捕罢工领袖。十一月中旬，矿局与直隶警务处密谋，指示警察当局逮捕指挥部领袖邓培、只奎元等，并同时派警察到北京会同京师警察厅带眼线韦振清到打磨厂聚泰店及玉隆店缉拿董宏猷、刘国木、常振庸、刘明达、梁鹏万、曾子才、伍有临、邓扬、万安全、萧渊、白天柱等十一人。他们是应书记部邀约赴北京出席路矿联席会议的，军警到达打磨厂时，他们已迁移住址，幸未被捕。……

……

罢工经验与教训

五矿罢工结束后，北方区委首先在全体委员会议上提出讨论，作了初步总结。后我出席中央会议时做了详细报告。国际代表也参加中央会议。中央对于五矿罢工经验与教训经过郑重研究后，一致认为：近一年来北方书记部领导各铁路罢工，迭获胜利，但开滦罢工结果却未完成任务，这项事例须认真总结经验，正视缺点，加以改正，争取在最近期间重新开展斗争，获得全胜。……后来职工国际专文叙述开滦五矿斗争时说："中国唐山开滦五矿罢工虽没有像当时铁路工会斗争一样取得预期胜利，但是由于这次罢工人数众多，时间延续颇久，在罢工中又表现出工人具有的强大组织能力，引起世界舆论重视。因此开滦大罢工在近代中国革命史上实具有重大的政治意义。"

总之，这次罢工，书记部全力以赴，经过充分准备，使罢工的组织完备而又严整。为了指导这次罢工，北方区委和北方书记部派人亲临指导，设立指挥部有效地指挥和领导了斗争的开展，使斗争取得了一些成果，这是不容否认的。尤为重要的是，从斗争中我们学会了组织和领导大规模的工人斗争，经验是极为宝贵的。指挥近五万产业工人，面对强大的敌人，坚持二十五天的激烈鏖战，历史上并不多见。这一点为当时的中央会议和共产国际代表所一再肯定。中国共产党正式成立仅一年多时间，在其领导下，显示了我国工人阶级团结的巨大威力，已使阶级敌人胆战心惊，认识到工人革命力量不可轻侮。这次长期的大规模斗争对于北方工人阶级来说，也是继陇海铁路大罢工后又一次创举，其业绩足使青史留辉。

……

开滦罢工人数众多，经时颇长，敌我双方事态繁复，斗争激烈，而且双方互相封锁情报。因此当年除身历其境的主要负责人员外，一般局外人士对于罢工斗争内幕，是难以悉其底蕴而窥其全貌的。

长期以来，对于开滦罢工这一段历史，由于文献不足，当事者风流云散，更增加了研究方面的困难。

（摘自罗章龙《椿园载记》，第 197—222 页）

王德周评述开滦五矿大罢工

我在劳动组合书记部工作，1922 年来到唐山指导开滦罢工。我到唐山后住在邓培的哥哥家里，当时指挥这次罢工的除了我以外，还有邓培、王麟书。

开滦大罢工是在 1922 年 10 月 23 日开始的，罢工进行了 25 天，也得到些胜利。当时的开滦工人为了生活和生命安全起来罢工，开始是组织请愿，并做了一面像苏联国旗似的旗子，叫一个人在请愿队伍前面拿着。因此引起误会，警察将请愿队伍拦住，并开枪打伤持旗者。因此引起开滦同盟大罢工。

当时党是以马克思学说研究会名义向全国呼吁支援开滦矿工的罢工斗争。在这个期间，只魁元等人，为了鼓舞工人的斗争情绪，就宣布孙中山给汇来 1 万元捐款。结果，杨以德认为孙中山的势力到北方了，所以就进行了残酷的镇压。

　　孙中山在开滦罢工之际，可能有些支援，但是不是寄来1万元援款，根据还不足。据传说，辛亥革命前后，孙中山到唐山来过。所以，在辛亥革命以后，开滦有些工人讲，我们见过孙中山。当罢工时说孙中山汇款1万元，有很多人是相信的。

　　开滦罢工遭到了敌人的镇压。开始是矿务局保安队进行武装镇压，后来英国资本家与直隶省警务处长杨以德相勾结，派来武装警察几百名，杨以德并亲自到唐山策划与指挥。但还不济于事，又从开平般本浩的兵营调来一旅的兵力，到唐山按街按户地搜查"国际派"。当时敌人闹得声势很大，老乡们到处喊："这次要抓人，坏事了。"因此，当时开滦的工人领袖只魁元就躲避了几天，但他并未离开唐山。所以有的工人就怀疑他是逃了。当敌人知道这个消息后，便收买了一批工贼，趁机进行瓦解宣传，说什么"罢工领袖携款潜逃了"！因而使群众的斗争情绪受到了挫折，斗志开始涣散。加之敌人的镇压，使罢工进行到25天即遭到失败。

　　开滦同盟罢工失败的主要原因，是罢工的组织准备和思想准备都不充分。只是在京奉铁路罢工影响下，是先起来罢工而后进行组织工作的。当时党的领导力量很薄弱，就临时从外县向唐山抽调些力量。而新到唐山的人又不熟悉情况，工作开展得很缓慢。加之敌人的力量雄厚，组织严密，收买工贼百般瓦解破坏和残酷镇压，因此罢工遭到失败。

　　开滦罢工虽未获得胜利，但是影响很大。当时第三国际正在莫斯科开会，是陈独秀参加的。第三国际因为中国共产党刚刚成立，没有什么大的活动，所以在会议上对中国共产党组织并未承认。当中国代表陈独秀回国走到半路上时，第三国际接到开滦罢工的报告之后，赶紧给陈独秀拍电报，才正式承认中国共产党。这些情况是陈独秀传达第三国际会议精神时谈的，当时到会的人有29名。

　　　　（摘自1960年6月和1961年6月访问王德周记录，见冀东革命史档案）

启新洋灰公司大罢工

在开滦工人遭受帝国主义和封建军阀武装镇压的时刻，中共唐山地委领导 4600 名启新洋灰公司的工人加入罢工队伍，声援开滦，争取改善经济和政治待遇，进一步推动了唐山工人运动高潮的发展。

启新洋灰公司工人的悲惨境遇与开滦和唐山制造厂工人相比，有过之而无不及，他们自称是"世界上第一种的苦工人"。中共唐山地委成立后，即派人深入该公司工厂，联系工人群众，启发工人觉悟。1922 年 9 月，该公司工人杜玉田加入中国共产党。

邓培介绍杜玉田入党

五四运动中，启新先进工人杜玉田与邓培同志发生联系，后经邓培介绍入党。杜玉田是启新工人运动中的领导人物。

（摘自《启新发展史》）

10 月，杜玉田联合一批青年工人，秘密建立启新洋灰公司工友总会，进行罢工准备工作。唐山制造厂罢工后，邓培写信并多次派代表，联络启新工人一起罢工，但因资本家压制防范甚严而没有实现。开滦罢工爆发当天，开滦五矿工人俱乐部和唐山制造厂职工会以全体工人的名义，写信给启新工人，激励他们与开滦工人采取一致行动。开滦"十·二六"惨案发生后，中共唐山地委决定启新洋灰公司工人立即举行罢工。

老工人座谈杜玉田领导 1922 年启新罢工

我们为搜集我党历史资料，曾约请参加民国九年和十一年工运的老工友，民国廿五年参加我党的地下党员，举行了四次座谈。据老工人汤善继、刘瑞普谈：民国九年启新工人杜玉田（开平南八里庄人，据邓开泰谈，杜于民国十一年入党）在启新发动组织一部分职工，要求增薪。

民国十一年，邓培同志在新立街广义兴对过，设立了工人图书馆，印发传单、小册子……

同年，杜玉田在邓培同志领导下，配合开滦、铁路罢工，启新也举行了全厂大罢工，……

（摘自1951年启新党委书记赵光给唐山市委组织部长常明同志的信）

10月28日早晨，启新工友总会以十二牌（启新的生产单位）全体工人的名义，向厂方提出全体加薪、改善劳保待遇、工人有组织团体的自由等9项要求。11时30分，启新全体工人在工友总会会长杜玉田的带领下，列队开出厂外，正式宣布罢工。13时，工人们高举大旗，有秩序地到大洪桥空场集合，举行大会。大会通过《启新洋灰公司全体工人罢工宣言》。宣言诉说了工人的痛苦生活，总结了以往工人自发罢工失败的教训，表示要"敢与资本家再决一死战"。同时组织罢工团，10人为一团，设团长一名；10团为一队，设队长一人，全厂共有45队。又推举出罢工总代表6人、纠察员10多人，组织了工人纠察队。

启新洋灰公司全体工人罢工宣言

工友们，同胞们！

被资本家压迫得气息都不能多出一口的洋灰公司底苦工人，起来开始与资本家奋斗了。世界上第一种的苦工人，要算我们洋灰公司的工人。终日牛马一般干活，流尽了血汗，弄得蓬头垢面如鬼，得来的资本大多数不过二三毛，遑说养活家眷，就是连自己这条苦命，想和资本家拼命去干，也快没有命可干了。我们不忍家中老的、小的天天啼饥号寒，白白冻死、饿死。曾于前年不约而同地和资本家宣战，结果因太没组织，终归被资本家威力压服了。到现在重整旗鼓，结合团体十分坚固，敢与资本家再决一死战。我们明知免不了为资本家走狗陷害死，我们明知免不了为资本家赎买的警察枪毙死，但因现在以这样不生不死的生活，将会要冻死饿死，倒不如奋斗以死。所以，我们

8000余人，毅然决然，万众一心，共同加入战线去。工人们，同胞们！这样走投无路，死里求生的悲惨事，我们愿做吗？实在是迫于万不得已，没有别的法子想，才举行这种最悲惨的罢工举动啊！悯恤我们一片苦衷，快快前来援助啊！

唐山洋灰公司全体工人启
十月二十八日
（原载1922年10月30日北京《晨报》）

厂方拒不答复工人的罢工要求，反而勾结军警企图镇压。为了瓦解罢工，厂方使用卑鄙的手段，迫害罢工领导人。他们先开除了杜玉田，又指使邓公奇、刘子清等工贼用毒酒害死了工友总会负责人王国田。广大工人被激怒了，他们于10月30日在工厂东门外集会，强烈抗议资本家的罪恶行径，提出开除欺压工人的工头监工、允许杜玉田复职、罢工期间工资照发等8项要求，并重申罢工之初提出的9项要求。11月4日，杨以德指使保安队查抄位于新立街三条的启新工友总会，把会馆中的文件、传单、会员册、账本和存款等洗劫一空。启新工友总会一方面在新立庄重设会馆，领导工人与资本家继续斗争；一方面参加"驱杨"运动，选派代表会同开滦工人代表赴京请愿，要求严惩杨以德。

当时，在镇压罢工的各路军警中，因直系军阀曹锟、吴佩孚尚未揭去"保护劳工"的幌子，军队对待罢工工人的态度尚不甚强硬，作为北洋陆军第十三混成旅旅长的董政国、蓟榆镇守使殷本浩等人，与直隶全省警务处长杨以德争权夺势，在镇压罢工的问题上意见不一。中国劳动组合书记部北方分部和中共唐山地委分析了这一情况，制定了争取军队保持中立，全力打击杨以德保安队的斗争策略。为此，经常派人到第十三混成旅的官兵中开展宣传，希望他们不要与工会对抗。杜玉田代表工友总会同第十三混成旅守备队稽查长孟昭越进行会谈，讲述工人的苦楚，申明罢工的正当理由，请军队保持中立，不要干预工人罢工。

启新洋灰公司以开滦的煤炭为主要燃料。开滦罢工后，启新存煤不多，面临停产的危险。启新资本家认为，开滦工潮不解决，即使本厂工潮解决了，也因无煤供应而无工可做。因此，厂方在罢工初期对工人的要求，并不认真考虑。在这种情况下，经孟昭越从中调解，工友总会将最初所提9项要求和其后补充的8项要求，合并为7项，保持原要求的主要内容，并稍作让步，再次向厂方提出，以争取尽早取得罢工的胜利。

启新罢工工人给启新总理的信

总理大人钧鉴：禀者，启新洋灰公司全体工人因生计艰难、米珠薪桂请加工资，上禀当局，而当局不允，遂于九月初九日午刻停工恳求十余条件，暂租会馆以为众工人议事之所，李经理竟使保安队于九月十七日将会馆中财物账目等抢掠一空，并带去工人一名押赴总局，以后有地方官长出为调和，工人等将条件让至六七条，最易允准，乃经理稍微答复，今将答复条件并工人等最后要求之条件一并呈上，祈总理大人查核，体恤工人牺牲血汗，俯允条陈，则六千众工友均感德无强矣。谨此

上禀

启新洋灰公司众工人同禀

十一月十二日

最后恳求之条件，经理答复之条件谨列于后：

最后让步恳求之条件

（一）普遍全体加薪，每月十元以下者每日增加二角五分，每月二十元以下者每日增加二角，每月二十元以上者，每日增加一角五分。

（二）年赏，工人做工满六个月者给一月年赏，脱班不过十日者给双月年赏。

（三）工人因公受伤给全薪，并给医药费；受伤身死者给抚恤金五百元。

（四）各牌包活价值增加十分之五，电费库料余物概由公司发给，不许扣钱。

（五）罢工日期完全照常发给工资，并前次恳求代表杜玉田准其

回任格外增资，且停工日期工资照常发给。

（六）年假日放假给全薪，照常工作者给双薪；且冬季抽点不许抽钱。

（七）出示宣布各牌代表一概免究，无故不许开除一人。

11月10日，工人代表杜玉田等10多人与工厂总办李希明举行谈判，孟昭越等作调解人参加。李希明答应给工人增加工资，并当场开列各牌增加数额，作为厂方答复条件交给杜玉田等工人代表。

当局李经理答复之条件

一、二牌小工自二角四起码，凡满一年得力者加至二角八，特别好者至多不过三角二分。

六牌小工自二角四起码，凡满一年得力者加至二角六分，特别好者至多不过三角。

五牌瓦木匠自三角起码，凡满一年得力者加至四角五分，特别好者至多不过七角。在新工程处作工者，视查（察）另议。

……

三、九牌包工由本月起加十分之一。

……

十、十二牌包工加二十分之一。

十一牌七牌及机匠由该管人分别拟议酌加。

年赏照旧章办理，惟除去本年五月及九月半至十月半不计。

冬日照旧做工不抽点。

阴历年假三十日至初五，及五月初四、五两日，八月十五，阳历一月一日、十月十日，必须到班者照双工计；期内不工作者，年赏不算脱班。

十一年十一月十日定

（见启新水泥厂历史档案）

工人代表和广大工人讨论后，对厂方答复的条件甚为不满。于是，工友总会决定，对厂方的答复条件不予承认，继续坚持罢工，誓不妥协。同时，从11月11日起，逐日增加工人纠察队，加强对工厂的守卫，防止厂方破坏。11月13日，厂方见工人毫不动摇退让，便在厂东门外贴出告示，声言公司停产，以失业威胁罢工工人。同时，宣布自11月14日起全厂一律发放工资，引诱工人复工。工友总会一方面在各厂门加派工人纠察队严加把守，一方面发表《告工友同胞书》揭露资本家的阴谋，劝说工人不要受其诱骗，不要入厂领工资。11月13日以后，军队态度发生变化，对罢工实行公开镇压，第十三混成旅守备队以武力强行驱散在各处把守的工人纠察队。

11月15日，开滦资本家公布退让条件，开滦罢工已近尾声。启新工人的罢工，在孟昭越的调解下，厂方答应给每个工人发3元钱，作为对工人所提罢工期间工资照发的要求的答复。11月17日早晨，厂方贴出布告，答复工人增资要求。工友总会则撤回各处守卫的工人纠察队，让罢工工人入厂开支。13时，工人集合整队，在军警的引导、工厂总办和职员的夹道欢迎中进厂复工。罢工取得胜利。

启新洋灰公司布告

一、二牌小工自二角四分起码，凡到厂满一年者各加四分。

六牌小工自二角四分起码，凡到厂满一年者各加四分。五牌瓦木匠自三角起码，凡到厂满一年得力者加至四角五分，特别好者至多不过七角。在新工程处做工者去留查视另议。

二、……

三、九牌包工，由本月起加价十分之一。

……

七、十二牌及机匠等，由该管人分别拟议酌加。

……

十、十二牌包工，由本月起加价二十分之一。

本年年赏照旧章办理，惟除去五月及九月半至十月半不计。

冬日照旧作工不抽点。

阴历年假三十日至初五日，五月初四、五两日，八月十五日及阳历一月一日、十月十日，必须到班者皆照双工计，在此期内不做工者年赏不算脱班。

自此布告之后五日内须全数到班，有不到班者即行开除。凡入厂安分作工不再入党会者，不因此次罢工开除。

以上各条自本月十七日起实行。

（见启新水泥厂历史档案）

历时 20 天的启新工人大罢工，是在开滦罢工开始遭到镇压的严酷形势下爆发的，其延续时间，大致与开滦罢工相始终，因而扩大了开滦同盟罢工的声势，共同推动全国第一次工人运动走向高潮。

老工人唐善继、刘瑞普回忆启新罢工

民国九年，启新工厂的工人杜玉田（开平南五里、八里庄人），据邓开太谈，杜于民国十一年入党，在启新发动组织了一部分职工，要求增资，因资本家不答应，曾将组织起来的工人中的一部分，带到启新厂外兴国寺。后来因厂里工人全被警察封锁住，被拉到兴国寺的部分工人，就被孤立起来了，加上警察对他们的威胁而解散了。

民国十一年，邓培同志曾在现在的新立街广义兴的对过，设立了工人图书馆，印发传单、小册子等。并在此处发给参加工运工作的工人每天四毛钱，启新老工人每天领钱的，现已知道的有汤善继、周勋、柴春全。共领五天，工人图书馆（领钱地点）和存款商号庆大成，则被敌人捣毁了。

同年，杜玉田在邓培同志的领导下，配合开滦、铁路的罢工，要求资本家每人增加工资一毛。当时杜玉田曾通过运动中的积极分子王占一，在棺材铺租了一口棺材，用工人抬着，表示要与资本家进行决死斗争。资本家由天津请来直隶省警察厅长杨以德和开平镇守殷本浩，用武装把工人赶到唐山东的约三里地方的越河、八里庄等处，以后杜玉田领导着回到兴国寺。在兴国寺杜玉田给全体工人讲话："我们现在又回到我们的根据地了，大家不要怕，敌人不敢把我们怎么样的，因为现在什么都涨钱，为什么我们工人工资不给我们涨钱呢？我们要求增加工资是完全合理的，不达到涨工资的目的，我们总也不上班。"斗争的结果，工令（龄）满一年的增加工资二分钱，满二年的增加四分钱。一般老工人对杜玉田印象很好，因为领导工运，出卖了家中的房子和土地，以后生活曾有一度非常困难。一般老工人都认为他是共产党员。王占一，有的工人对他的印象不好，说他被资本家利用了。

（见启新水泥厂历史档案）

老工人张兴汉回忆启新罢工

我在启新做工时，经历过大罢工，罢了20多天，是杜玉田领导干的。那次罢工是从北山石头坑卷过来的，厂门口站上岗，不让工人进厂门。王占一买了一口大棺材，意思是要同资本家拼个你死我活。这次罢工我也参加了。

罢工后工人因为不准进厂就在大洪桥一带集合，以后又改为兴国寺集合。最后迫使厂方给每人涨了工资，还发给三块钱。

（摘自1983年7月22日访问张兴汉记录，见启新水泥厂历史档案）

老工人田贺回忆启新罢工

民国十一年启新工人大罢工，我参加了，罢工时我当纠察队员。罢工时工人集会都在东门外，有时在大洪桥，以后在花椒寺（就是兴国寺）。

当时罢工的领导人叫杜玉田，他是机器匠，是开平人，参加罢工的人都知道他是共产党，都叫他总会长，领导罢工很坚决。

以后，军队、保安队把罢工的工人包围了，我就跑回老家去了（越河公社塔头庄）。过两天我到厂门口探听消息，最后资本家贴出布告，给增加点工钱，大伙就上班了，每个工人还发给了几块钱。

（摘自1982年3月访问田贺记录，见启新水泥厂历史档案）

成立京奉铁路职工总会和"二七"前后的斗争

唐山产业工人联合罢工结束后，帝国主义和封建军阀进一步勾结起来，对工人运动严加控制，工人运动暂时转入低潮。在极端困难的情况下，中共唐山地委顽强坚持斗争，积极发展革命力量，扎实开展工人运动，在逆境中不断开拓前进。

在京奉铁路唐山制造厂罢工期间，曾得到山海关、锦州、沟帮子、皇姑屯和营口等地的铁路工人捐款支援，罢工胜利后，邓培派出工人代表前往上述各站致谢，同时联络各站工人成立工会。沟帮子、营口等地铁路工人也派出代表到唐山制造厂学习工会工作经验。厂方为了分化工人队伍，借口支援关外新建厂站，把一部分工会积极分子调到关外做工。借此机会，邓培要求这些工会积极分子到各地后尽快发动工人建立工会组织，向其中的共产党员布置了发展党员的任务。这些工人到关外各站后，对当地党组织和工会组织的建立发挥了重要作用。1922 年 12 月，在唐山制造厂职工会的影响和帮助下，京奉铁路自北京前门、丰台、天津、山海关，至沟帮子、皇姑屯，以及营口支线，都建立了基层工会。是月，邓培根据中国劳动组合书记部的指示，召集各地工会代表在唐山开会，秘密成立了京奉铁路职工总会。邓培被选为委员长，王麟书为秘书长。同时，通过职工总会党团，职工总会受中国劳动组合书记部和中共唐山地委双重领导。1923 年初，沟帮子、营口、皇姑屯相继建立了中共小组或支部，当时东北地区尚未建立地方党委，这些中共基层组织暂由中共唐山地委领导。

袁兰祥回忆京奉铁路总工会建立

北宁路山海关以外的党组织是由唐山铁路工厂的党组发展的。原始的关系是由于广东同乡和家族亲友的互相往来，迨 1922 年 10 月南厂大罢工时，皇姑屯、沟帮子、锦州、山海关等地都给唐山送来捐款，支援唐山工人罢工，因此进一步建立和巩固了阶级感情。南厂大罢工胜利复工后，由唐党组织以工会名义派员赴上述各段站以致谢为名，联络成立各站工会，返唐山后即于当年 10 月间在唐山召开了京奉铁路各站代表大会，成立了京奉铁路总工会，选出唐山党和工会的创始人邓培为会长。东北各站段的党组织，在满洲省委未建立以前，即由驻唐山的京奉铁路总工会党团（今之党组）领导，实际上等于接受中共唐山地委的领导。

（摘自袁兰祥回忆录）

康良臣回忆唐山成立京奉铁路总工会

1922 年，京奉路在唐山成立京奉路总工会，邓培为总会长。天津在唐山影响下也成立了京奉路天津分会，山海关桥梁厂，丰台成立了京奉路分会。

（摘自康良臣口述记录，原件存唐山档案馆）

京奉铁路总工会在唐山成立

1923 年，京奉路开始成立总工会，唐山代表是邓培、王麟书、刘玉堂等人，成立会是在欧阳胡同小楼上召开的，邓培被选为委员长，王麟书为秘书长。京奉铁路总工会成立后我被通知在秘书科工作。

（摘自访问齐景林回忆录）

注：据查，1922 年 12 月 24 日出版的第 58 期《工人周刊》载有以"唐山京奉路职工总会"名义给正太铁路工人的通电，说明京奉铁路总工会在此以前已经建立。

"二七"大罢工前后，京奉铁路职工总会在党的领导下，组织广大工人竭尽全力支援京汉铁路工人的斗争。1923 年 1 月下旬，王麟书、梁鹏万等人代表京奉铁路职工总会，前往郑州参加京汉铁路总工会成立大会。由于受军阀镇压，大会被迫散会。王麟书回到唐山后，与邓培等人研究了声援措施。当即，以京奉铁路职工总会的名义发出两封急电。一是致京汉铁路全线工人，鼓励他们坚持到底；二是致全国学商各界，请求支援。同时，决定发动京奉铁路工人举行同情罢工。但由于罢工计划被铁路当局发现，杨以德等派来大批军警监视工人，邓培等工会领导人的行动受到限制。京奉铁路局为防止工潮再起，提前放了年假等原因，罢工计划未能付诸行动。"二七"惨案发生后，京奉铁路职工总会召集全路代表会议，向军阀政府提出惩办击毙工人的主使、恢复京汉铁路工会、军警不得无故逮捕工人、休病假不准扣薪、无故不准革退工人等 6 条善后办法。为了抗议军阀暴行，邓培领导唐山制造厂工人进行了怠工斗争。同时发动工人捐款，抚恤烈士家属。

唐山京奉路职工总会致电声援京汉路工人

昨日本社接到唐山京奉路职工总会急电两件，一致京汉路工人，请其奋斗到底。一致全国学商各界，请其尽力援助京汉路工人。工人此次系为争自由而战，系为争约法上赋予之权利——集会结社之自由——而战，换言之，即对于现政治之反抗行动也。学商各界，即今之所谓知识阶级，固日以改造政治为言者，然究之能坐言不能起行，闻工人此次之行动与其求援声，不知当作如何感想也。兹照录唐山工人电如下。

（一）北京晨报、上海申报、商报转全国学界商界诸同胞公鉴；天祸中国，军阀肆虐，财尽民穷，国将不国。近更故拂民意，倒行逆施，侧闻诸君有奋起救国运动，工界同人极为欣感（慰）。全京汉路工友，以力争集会结社之自由，首缨其锋，工界同人，自当一致援助。盖以此次力争自由，匪独京汉路工人之义务，乃工界全体之义务，而且是全国人民之义务。尚望全国学商界同胞，予以充分之后援，并希携手同行，以达国民救国之凤愿。

（二）京汉路全线工友公鉴：诸君首先奋起，反抗祸国军阀，力争自由，同人不胜感佩。务望坚持到底，以达完满之自由，至必要时，同人誓与诸君一致行动。敬祝最终胜利。……

（原载 1923 年 2 月 7 日北京《晨报》）

唐山京奉路总工会通电声援京汉罢工

京奉工人自闻二月一日京汉工会被摧残决议罢工后，即由总工会发一通电，表明该路工人的态度电云：

北京晨报馆、上海申报，转全国商学诸界同胞鉴，年来军阀专政，官僚弄权，国是非，陷吾同胞于绝境。近闻京汉工友，因欲解放政治上经济上之压迫，已于四号开始发动一致与黑暗势力奋斗，我等深表同情，深望商学各界予以充分援助，以后我等并愿为实力之后援，以达阶级互助之夙愿。

此电发出后，京汉形势转趋危殆，彼等即决定同情罢工援助。但因一时经费问题尚未完全解决。满拟稍等数日，支领双薪后再行发动，不料他们的计划被路局看出，遂请杨以德等派大队兵士特别监视工人，工人首领行动不能自由一步。又迟数日则阴历年关已到，京汉办事处渐就平息。彼等壮伟的举动，始终未得与社会相见。但他们对二七事件是很为痛心的，他们曾召集全路代表会一次决定善后的六条件：①惩办击毙工人之主使；②恢复京汉工会，此后不得干涉工人集会结社：③此后军警无故不得逮捕工人；④此后各路军人不准送派学习司机；⑤休息病假不准扣薪，过二十年者并须酌酬养老费；⑥各路工人无故不得革退。据说全体宣誓必须达到才止。并闻该路工团曾决定为"二七"被难诸先烈开会追悼，以志哀感，并藉以唤起工界的同情云。

（原载 1923 年 2 月 10 日《华北新闻》）

京奉铁路总工会派代表分赴各站联系、支援京汉路罢工

又某方面消息，京奉路工，所派出代表，分往各路站联络，现已接有东路代表报告云。唐山至山海关一带，接洽妥协，各站工人，皆愿与津站取一致行动。津浦路工人，已提出六条件，向路局要求云。

（原载 1923 年 2 月 10 日《晨报》）

袁兰祥回忆唐山工人捐助京汉路"二七"大罢工

全国罢工高潮到达顶点是京汉路"二七"大罢工。"二七"大罢工时，唐山捐了很多款子，京奉路南厂捐了 3000 多元，开滦煤矿也捐 1500 元以上。

（摘自 1961 年访问袁兰祥记录，见唐山革命史档案）

阎福林回忆南厂援助"二七"大罢工

1923年春，为援助长辛店工人罢工，南厂实行总息工斗争。头一天干11点钟活，第二天干10点钟活。并选出罗占先、赵荣伍、李义山等三人赴各路联络。有去浦口、有去上海、有去长辛店的，总计息工4天，是邓培领导的。

（摘自1960年4月访问阎福林记录，见唐山革命史档案）

邓中夏回忆京奉路工会对"二七"惨案的援助

京奉路本拟七日罢工，因经费问题一时未解决，拟等数日支领双薪后再行发动，不料他们的计划为铁路局看出，派军队监视工人，旋京汉路复工消息到来，遂未罢工。召集全路代表会议，对京汉事件，议决善后办法六条，并开"二七"被难烈士追悼大会。

（摘自邓中夏1930年6月著《中国职工运动简史》，第104页）

北洋军阀政府镇压了"二七"大罢工后，颁布了许多镇压工人运动的法令，竭力镇压工人的革命斗争。中国劳动组合书记部被迫由北京迁往上海，各地铁路工会都被封闭，全国工人运动暂时转入低潮。唐山也出现了白色恐怖的局面，开滦、启新、华新等工会组织被迫解散，邓培、只奎元、杜玉田等中共组织和工运领导人及罢工骨干分子受到通缉或监视。为保存革命力量，中共唐山地委将已暴露而无法就地坚持的党员、骨干分散转移到东北等地开展工作，发展工会组织。留下的党员，继续顽强坚持斗争，定期举行会议，领导工人群众的革命活动。中共唐山地委书记邓培一直坚持在唐山工作。1923年6月，他作为北京党组织的代表，参加中共第三次全国代表大会，并当选为中央执行委员会候补委员。京奉铁路的工会组织由公开转向秘密活动，组织工人学习《工人周刊》等革命刊物，使越来越多的工人群众团结在自己的周围。邓培还多次亲自或派人到关外京奉铁路各主要车站开展工人运动，发展工会组织。1923年11月，中共三届一中全会在《中央局报告》中指出："唐山、山海关、天津、丰台等工会都还秘密存在，这四处尤以唐山和山海关更好。"^① 对京奉铁路尤其是唐山的工会工作给予了充分肯定。

在此期间，中共唐山地委十分注重开展青年工作，使唐山社会主义青年团组织有了很大的发展，工作也很活跃。1923 年春，在阮章、梁鹏云等党、团员的帮助下，由唐山制造厂青年工人孙林宽、李少远等出面发起建立青年俱乐部。这是唐山社会主义青年团的一个外围组织，开始有 20 多人参加，后来发展到 50 多人，大部分是唐山制造厂的青年工人，也有少数学生。青年俱乐部通过阅读书报，组织足球队、旅行队和其他文娱体育活动，广泛团结青年，宣传革命思想，进行阶级教育，从中培养革命积极分子，向团组织输送新生力量。俱乐部的地址在欧阳小楼，这里也是党、团组织秘密活动、召开会议的地方。唐山团的工作一直受到团中央的重视。8 月，在中国社会主义青年团第二次全国代表大会上，唐山代表、青年工人梁鹏云被选为团中央候补委员，后被增补为中央委员，驻唐山工作。团的二大以后，唐山团组织按团中央通知精神进行改组改选，成立中国社会主义青年团唐山地方执行委员会（以下简称团地委）。邓培任委员长，阮章任秘书，梁鹏云任会计。在军阀政府的严密统治下，团地委积极寻找时机组织群众活动。10 月 10 日，领导唐山学、工、农、商各界举行大规模"双十节"提灯会，散发传单，宣传团的二大精神。10 月 13日，组织唐山制造厂工人举行集会，纪念工厂罢工胜利一周年。

程帝钦回忆青年俱乐部

党组织为了把分散在车间、工房里具有革命意识和进步倾向的青年组织、团结起来，适应蓬勃发展的工人运动的需要，经南厂的共产党员阮章、梁鹏云、李少远、孙林宽等人研究，于 1923 年春季，共同发起成立了南厂青年俱乐部，地址在唐山市老广益兴饭庄后边的五条胡同头一个门口。

青年俱乐部筹建和成立初期，我仍在南口做工。这年八月，我又请假回唐山探亲。到唐山不久，就遇见了同乡阮章，谈话时他把青年

---

① 中央档案馆编:《中共中央文件选集（1921—1925）》，中共中央党校出版社 1982 年版，第 137页。

俱乐部的情况向我作了介绍，我听后很感兴趣，当即向阮章表示愿意加入这个组织。这样，经阮章介绍，我便成了南厂青年俱乐部的一名成员，并辞掉了在南口的工作，而在唐山南厂上班了。

青年俱乐部刚成立时，有二十来人参加，都是一些志同道合、意气相投的广东同乡。随着青年俱乐部活动的展开，影响日益扩大，俱乐部成员逐步发展到 50 余人，其中绝大多数是南厂的青年工人，也有极少数的高小学生。我至今还记得名字的有：阮章、梁鹏云、李少远、孙林宽、梁帝湖、王湖根、陈同和、陈同森、程关帝、李帝堂、李福庆、程禹民、甘学禄等。

当时的青年俱乐部，又被大家称为"三育馆"（德育、智育、体育），公开的是搞些文体活动，实际上是通过组织读书、阅报、足球比赛、旅行等活动，培养革命骨干。记得在 1923 年"双十节"这天，青年俱乐部就组织了十五六名青年工人和学生，到丰润车轴山旅行，并在那里宿营。游玩之余，阮章和我还给大家读报，宣传革命思想。青年俱乐部通过给青年们作报告，讲革命道理，组织阅读革命书籍等形式，联络感情，宣传进步思想，提高青年们的阶级觉悟，从而坚定投身工人阶级解放斗争的洪流中去。

党团组织十分关心俱乐部每个成员的思想进步，对于他们之中表现优秀的，首先输送到团组织中去。而后，经过进一步培养、锻炼和考查（察），条件成熟后就介绍其加入中国共产党。那时，团组织称为 CY，党组织称为 CP。李少远、陈同和、孙林宽就是从青年俱乐部输送到团组织之中去的。我在这年 9 月，由邓培、阮章二人介绍入了团，两个月后又加入了共产党。从此，我经常参加党组织的一些活动，我们家也成了革命活动的秘密场所。袁子珍是在法国留学时参加革命的，他回国后就被派到唐山做国民第三军的工作，他一直住在我家，由我们全家人负责他的通讯和警卫工作。当时厂里 CY 组织的一些人，如李少远、梁鹏云、程帝湖、程帝炳、何德、程关盛、麦连登、陈开枝、袁兰祥等人，都曾多次在我家里开会。

（摘自 1983 年 8 月访问程帝钦记录）

李少远回忆青年俱乐部

大约在1923年初，我和程帝钦、孙林宽等人搞了一个青年俱乐部，成员绝大部分是南厂青年工人，也有少数高小的学生。俱乐部的主要活动是阅读书报，组织足球队、旅行队和其他体育活动，每人每月收会费二角。开始只有20来人（都是广东人），以后发展到40余人。地址在新立街欧阳胡同西口一间跨胡同的小楼上。约在1923年冬，程帝钦、梁鹏云介绍吴先瑞、阮章、李福庆、程禹民、甘学禄等人参加（以后知道他们都是党团员）。不久，由梁鹏云、甘学禄、程帝钦介绍吸收我为CY，这时欧阳胡同小楼作为俱乐部，暗中却成为党团开会的秘密场所。开会时派同志在楼上房顶放哨，以防不测。党内一些重要会议，都是在印度房邓培家里、李银宝家里或在明德里12号程帝钦家里召开，参加开会人数不过六七人，都是党的骨干和上级派来的领导。在欧阳胡同小楼大约开过三次大会，我都参加了，到会的同志南厂占多数，少数是唐山开滦矿的和交通大学的，总计有40多人。主持开会的有梁鹏云、阮章等，作报告的只知道是上级派来的，不知姓名。会议内容是作国内革命形势报告，学习马克思主义唯物史观等等。

1923年底我入CY时，唐山团地委书记是王为民。以后王为民调离唐山，上级又派张刃光继任书记。不久，张刃光提议我为CY南厂支部书记，我的前任是梁鹏云，1924年底由阮章通知我转为CP，但没有举行过入党仪式。

（摘自1983年6月10日访问李少远记录）

梁鹏云回忆青年俱乐部

1923年北京又来了几位党团领导人……那时黄钟瑞叫我和刘玉堂组织了一个青少年俱乐部，我们在新立街租了一间房子，发展了50多人，捐出了一些书籍，借租乐器，购买了足球、跳杆架子。党还发给《向导》周刊及《新青年》刊物，另外又订了几份报纸。起初到俱乐部去的工人很多，以后逐渐解散了。

（摘自 1900 年 9 月 9 日访问梁鹏云记录）

1923 年成立了青年俱乐部，地址在智字头条，大约有 50 人参加活动。孙加基还成立了足球队，有 20 人，还有远足队，带着鸟枪旅行，到过胥各庄，名义上是游玩，实际上是宣传，发过小册子、刊物等，还印发过传单。

（摘自访问梁鹏云记录，见南厂党史办档案）

双十节唐山之提灯会

十月十日，为国庆纪念。是日下午七时，本镇各界，齐集于扶轮操场，到会者，如商团、工业专门、扶轮小学、中和小学、同仁小学、绅商小学、国民小学、补习夜校、理发同业会、旅唐广东音乐会、京奉制造厂较车楼同人会、造车厂同人会、合乐馆音乐会、京奉南北机器房同人会、打铁厂同人会、音乐会、矿务局造砖局同人会、车子会、婴儿会、秃子会、同乐狮子会等 30 余团体，于 7 时半整队出发，行经南厂路、陈谢庄、新立街、北大街、广东街、鱼市街等处。市区皆悬旗结彩，花炮不绝，不下数万人，高呼民国万万岁，远地皆闻，真不愧气壮山河之谚也。各团除双红十字灯外，均有新奇之灯彩，神采飞动，各有不同，其中以南厂之灯帚最为趣观，其联云："一把毛帚扫尽天下污秽"，"几滴血汗唤起世界光明"。并南厂车房演唱背影以示庆祝，实所谓空前之盛会也。

（原载 1923 年 10 月 13 日天津《益世报》）

经过大规模的工人运动，唐山工人与交通部唐山大学学生的联系更加密切。邓培通过学生党员田玉珍，积极组织交通部唐山大学的学生进行革命活动。1923 年上半年，在邓培的指导下，田玉珍在大学内发起组织了读书会，通过阅读进步书刊，研究马克思主义学说，吸引和团结进步同学。10 月后，读书会改为社会科学研究会。1923 年冬，唐山大学团支部成立，田玉珍任书记。团员有武怀让、冯亮功、邹元昌、熊式平、黄轩、马懋庭、赵鸿佐等。团支部组织团员在校内以代卖进步书报，举办壁报等方式，宣传反帝反封建思想。在团支部的帮助下，学生会在平民夜校的基础上办起了平民学校，于 11月 23 日正式开课。当时平民学校设 4 个班，招收开滦、唐山制造厂的工人和唐山附近石庄的农民学习。平民学校由 12 名大学生分任各班教员，教授文化知识，同时宣传革命思想。12 月 10 日，学生会创办了《唐大月刊》，经常发表团员和一些进步学生的文章。在团支部周围，团结着一大批进步学生，团支部及时吸收他们加入团组织。到 1924 年 3 月，唐山大学的社会主义青年团员人数达到 22 名。中共唐山地委在这些团员中选拔了 2 人，经过培养，发展为候补党员。

唐山交大早期建团与学生运动

田玉珍

一、唐山交大早期建团的概况

我于 1921 年暑假后考入唐山交通大学（以下简称交大）。1922 年4 月，王仲一同志由齐景林带领到交大来找我，他当即带我到印度房铁路宿舍邓培同志的家里和邓培相识，并介绍我参加了中国共产党。那时入党没有履行什么手续，经介绍人这样一谈，就算入党了，而且也没有候补期。王仲一原名王振一，我们原是太原第一中学的同学。1921 年暑假一起到北京报考大学，我考上了交大，他报北大未考上。就在这个期间，王仲一经高君宇介绍参加了北京共产主义小组，随后在北京专门从事党的工作。

我入党时，在交大没有党员，也没有社会主义青年团员。王仲一当时交给我一个任务，叫我负责上级与唐山组织的通信转递工作。这个工作，我担任了一段时间，到在 1922 年秋组织上在唐山市内有专人负责时，我才不担任这项工作了。

这个时候，唐山有一个工人图书馆，在欧阳胡同的一个小楼上。这个小楼下边是个通道，实际上边只有一层房子，1960 年我到唐山时，还看到过这个小楼。小楼名义上是图书馆，公开挂着牌子，实际上是党的一个集会的场所。小楼上一大间房子，里边一端摆着桌子，上边放着各种图书和刊物，另一端有一个小桌子当主席台，下边放着一排一排的板凳。我初次去小楼时，阮章对我说，这间建筑在车道涵洞顶上的小楼，很不容易租出去，咱们花了几元钱租了下来，办工人图书馆，房东不会来干涉，这就便于我们开展工作。当我向小楼图书馆借书时，我说，收集这许多书籍很不容易吧？阮章说，这些书都是北京共产主义小组赠送的。阮章还特意关照我，到这里来时，如果有人问，就说是来看书的。小楼会议或者传达上级的指示，或者布置工作，参加会议的大部分是南厂工人，我记得有王麟书、许作斌、邓开泰、梁鹏万、梁鹏云等，还有两个开滦煤矿的，不记得名字了。交大参加会议的，在1922年底以前，只有我一个人。会议都是由阮章主持，邓培很少在这里露面。当时给邓培、阮章跑腿送信的是袁兰祥、齐景林，都是南厂工人，年纪不大，也参加会议。

我入党后，过了一段时间，在一次小楼会议上，阮章叫我担任宣传工作，他强调宣传工作的重点，应放在发展交大团的组织方面。那时，由上海党中央寄来的党的机关刊物《向导》和团中央机关刊物《新青年》，以及上级来的材料、文件等，都直接寄给我，我将一部分交给阮章，一部分留在交大由我传给进步同学阅读。记得当时每期《向导》都是寄来一卷，有二三十份。我还向小楼图书馆借了不少马克思主义的书籍，转借给交大同学看。这对于1923年在交大发展团的组织起了很大作用。

当时，学生中的思想工作比较难做，因此，发展组织工作进度很慢，不是一下子就发展很多人的。我记得到1923年的前半年，才开始在交大发展了第一个团员，就是邹元昌；发展的第二个团员是熊式平，以后又发展了冯亮功、黄轩、马懋廷、赵洪佐等人。到1923年下半年，交大建立了团支部，开始我担任团支部书记，到1924年初，由冯亮功担任团支部书记。那时，上海团中央直接寄文件给我，我记得有的指令都是刘仁静签的名。刘仁静还到过一次唐山，在小楼会议上作报告，我参加了这次会议。另外，我还记得：1922年邓中夏来过唐山，张国焘也来过唐山，他们都到欧阳胡同小楼去过；那年夏天李震瀛来唐山时，我们还一起在饭馆吃过饭；1923 年底，何孟雄来唐山，他先到交大找我，在校内吃的饭，然后才到欧阳胡同小楼去的。

交大团组织的大发展，是在 1924 年国共合作以后。这一年的下半年，党在唐山帮助国民党发展组织，号召团员参加国民党，把国民党党部的牌子也挂了出来，同时，在国民党中发展党团员。1924 年 9 月，交大召开国民党员全体大会，邓培在大会上讲话，这时交大国民党员已经发展到 30 多名，其中有社会主义青年团团员 20 多名，占国民党员总数的 60% 以上。如崔铭琪、陈殿珍等人，都是表面上挂着国民党的牌子，实际上是做社会主义青年团的工作。由于公开发展国民党，使团的活动也就合法化了，所以团的组织才得到大发展。

1924 年年底，唐山交大的国民党组织和南厂的国民党组织合起来，召开了唐山市国民党代表大会，选举成立了国民党唐山区党部。国民党区党部的领导成员都是共产党员或社会主义青年团员，所以，那时名义上是国民党的机构，实际上却是我们党掌握领导权。

在 1924 年以前，交大团组织的活动，一般都是传达讨论党团中央的指示和研究工作。那时团的活动很秘密，也很灵活巧妙。平时开生活会，一般都是躲在讲堂桌子底下，看文件或讨论问题。对于一般工作上的问题，都是利用校外散步的形式边走边讨论解决的。

那时交大团组织还以学生会的名义出面，开展工作。当时交大学生会的六名代表中，有熊式平、黄轩、马懋廷三名代表是团员；另外有一名代表秦宗尧也是靠拢团组织的人。所以，那时在交大学生会内部，要想搞个什么活动时，只要这四个人一倡议，就可以立即作出决定，行动起来。到 1925 年"五卅"运动时，学生运动就完全掌握在我们手里了。这时团组织的意图都可以通过学生会实现。

到 1924 年国共合作以后，交大团组织的活动由桌下转到桌上，开会也就公开在课堂上召开了。到 1926 年奉系军阀来唐后，团的活动又转入地下。1927 年"四·一二"反革命政变以后，交大团组织与中央断绝了联系，也就暂时停止了活动。

二、马克思主义在唐山交大的传播

在北京大学马克思学说研究活动的影响下，唐山交大于 1922 年下半年，以学生会的名义创办了平民夜校，负责人是学生会的代表秦宗尧，教员有冯亮功等同学。平民夜校大概是办了两期，每期约有 40 人，参加学习的都是工人。记得这个学校到 1923 年还照常讲课。讲课的内容，除教注音字母、识字读写等新文化课程以外，还向工人宣传革命道理，灌输革命思想。

1923 年团的组织扩大以后，我们组织了一个读书会，实际上就是马克思主义研究小组。读书会筹划款项订阅书报和杂志，买些政治理论书籍，介绍给进步的同学阅读。同学看过借阅的进步书刊后，我们就利用学校晚饭后到校外散步的机会，找同学谈心，交换意见，启发教育，提高他们的思想认识。当时，读书会共有十几个人，由我和冯亮功、熊式平、邹元昌四个人负责。通过阅读进步书刊和个别谈话，见到哪个同学思想有了进步，觉悟有了提高，愿意参加革命时，便发展其入团。

1923 年下半年我在本科一年级的时候，以班学生会的名义办了壁报。在壁报上除刊登宣传反帝、反封、发扬爱国主义的文章外，还开展了马克思主义与无政府主义的辩论。通过辩论使一些原来倾向于无政府主义思想的同学，逐步转到马克思主义方面来，提高了思想认识。有些同学如：黄轩、马懋廷、赵鸿佐等，都是通过向无政府主义思想进行辩论提高了认识之后而发展入团的。

1923 年底或 1924 年初，组织决定选派党团员去苏联学习。学校党组织就借此机会发展团员，扩大组织。武怀让（即武湖景）、曾涌泉，还有一名姓杨的，就是在这个时候入团的。原定去苏联学习的共 5 个人，结果只去了 3 个人。他们是 1924 年夏季走的。

三、唐山交大的早期学生运动

唐山交大的学生在 1922 年南厂大罢工期间，同情工人的困苦，积极组织了支援。起初支援南厂罢工斗争，只是进行讲演、请愿等活动，并未罢课。后来因为校长于文鼎，宣布禁止学生支援罢工，并且将马茹炳等四名学生代表开除，才激起了全校学生的义愤，宣布罢课。这时，于文鼎又下令解散学校。学生见到校长这种野蛮行为，就更加愤怒了，便又提出撤换校长的强烈要求，罢课斗争的声势也就越来越大了。接着，于文鼎下令把学生赶上火车，想把学生们分别送到天津、北京等地予以遣散。但当学生被反动军警赶上火车离开唐山以后，团结一致，并未解散，车到天津没有一人下车，大伙一直到北京向北洋政府交通部、教育部请愿。反动当局不得不答应学生提出的条件，准许被开除的四名学生代表回校复课，撤换校长于文鼎。这次罢课，坚持半年多的时间，到1923年暑假后才正式复课。

从此以后，唐山交大的学生运动又先后搞过好多次。1925年，孙奎伯到交大当校长，由于遭到学生们的反对，于1926年被撤换。以后又来了一个校长，是军阀政府派来的，他只知道当官赚钱，不懂教育，根本不过问教学，因此，又一次在交大掀起了全校性的驱除军阀校长的运动。运动起来之后，军阀校长开除了学生代表黄轩、马懋廷、熊式平、秦宗尧，并企图用武力解散学校。学生又到北京请愿，还在苏联大使馆找到当时国民党的负责人王法勤，并得到了他的支持。这次罢课的时间也很长，直至1927年撤换了军阀校长之后才复课。复课以后军阀政府又派来程崇任校长。

1927年"四·一二"大屠杀，国民党叛变革命以后，交大党团组织并未发生大的破坏。"四·一五"邓培同志在广州就义以后，交大同学还凑钱把邓培的两个孩子送到广东去，同时欢送邓培的大女儿邓国珍出国去苏联学习。

1928年底，我在营口铁路工务段当帮工程师，收到由九江转来的一封冯亮功的遗书，告诉我，他因厌世而投江自杀。所以多少年来，我一直认为冯亮功真的自杀了。前年冯亮功的儿子媳妇傅亦君，一个北京陶然亭中学的教员，给我来信了解冯亮功在交大时的表现，并告诉我冯亮功并没有自杀，而是到江西苏区去了。事情的经过是：1927年底，我们由交大毕业后，冯亮功分配到南京交通部工作，并和党组织取得了联系，于是遭到了国民党特务的跟踪和监视。1928年底冯去江西苏区，乘船到九江时，留在船上一个手提箱和一封遗书，好像自杀的样子，这样蒙骗摆脱了跟踪的特务，而到达苏区。1935年第五次反"围剿"中冯亮功在江西宁都牺牲。

（王友民、王树信访问整理，1982年11月23日。田玉珍，太原铁路局工程师，时年82岁，已离休。）

在全国第一次工人运动转入低潮时期，中共唐山地委适时改变工作方法，在被动中争取主动，使唐山的党、团和工会组织不仅保存下来，而且得到了发展，为迎接大革命的到来积蓄了宝贵力量。

全国铁路总工会的领导人

1923 年 6 月，中共三大决定实行国共合作、共同进行国民革命。在军阀混战的不利形势下，中共唐山地委积极推进革命统一战线的建立和发展，广泛动员和组织工农群众投身反帝反封建的革命斗争，革命运动的消沉状态迅速改变。1924 年 1 月 20 日，在孙中山的主持下，中国国民党第一次全国代表大会在广州召开。大会确定了联俄、联共、扶助农工的三大政策，并据此重新解释三民主义，把旧三民主义[①]发展成反帝反封建的新三民主义[②]。会议通过《中国国民党章程》，确认了共产党员以个人身份加入国民党的原则。会后，在全国大部分地区，以共产党员和国民党左派为骨干改组或建立国民党的各级党部，一个以国共合作为基础的、广泛的、有各个阶级参加的民族民主的革命统一战线在全国逐渐形成。在国共两党合作的有利条件下，唐山的工人运动出现了恢复和发展的新形势。

担任全国铁路总工会执行委员会委员长

1924 年 2 月 7 日，中国劳动组合书记部在北京秘密召开全国铁路工人代表大会，京奉铁路职工总会和唐山分会派邓培、邓开泰、陈官榜 3 人为代表参加会议。大会正式宣告中华全国铁路总工会成立，会上讨论通过了《全国铁路

---

① 1905 年，孙中山在为《民报》创刊号撰写的发刊词中，首次提出民族、民权、民生"三大主义"。

② 新三民主义同中国共产党的民主革命纲领基本上是一致的，因而成为第一次国共合作的政治基础和大革命时期革命统一战线的共同纲领。新三民主义在中国革命史上曾经起到过巨大的号召作用。它不仅是大革命时期的旗帜，也是整个新民主主义革命时期的旗帜。

总工会章程》和《全国铁路总工会成立宣言》，并选举产生了全国铁路总工会执行委员会，邓培当选为委员长。中华全国铁路总工会属中共北京区委领导，办事处设在北京，身兼两职的邓培经常往返于北京和唐山之间，领导全国铁路工人和唐山工人阶级开展国民革命运动。邓培不在唐山期间，中共唐山地委的工作由阮章负责。

各路代表北京会议决定短期内成立各路总工会

……开滦大罢工起，书记部召集各路代表开会于北京，本为讨论援助开滦罢工，但开会时开滦已失败，于是讨论筹备全国铁路总工会，当成立筹备委员会。并决定于最短期间内成立各路总工会，然后成立全国铁路总工会。

（摘自邓中夏著《中国职工运动简史》）

全国铁路工会代表的集合

直至十三年二月七日，才有全国铁路工会代表的集合。彼时检阅工会势力：计京汉工会各重要车站，均有数人至数十人之秘密组织，领袖人物为姚佐唐、刘文松等；京奉工会尚秘密存在，暗中拥有实力，工会基金亦尚有千余元，京绥车务工会亦颇为进步，有会员约一千五百人……全国铁路工会代表在此情形之下开会，到者计九路代表，共二十余人，率能正式成立全国铁路总工会，其成绩不可谓不佳。

（摘自1924年《新青年》第2号）

全国铁路总工会简章

一、本会由全国各铁路工会组织之，定名为全国铁路总工会。

二、本会之宗旨如下：

1. 谋生活之改良，地位之向上，及全体铁路工友之福利。

2. 实行感情之联络与互助，消弭地方上及职业上感情之隔膜，排除从业员相互间之纷争，俾促工会之统一。

3. 促进智识之向上及劳动者阶级之自觉。

4. 协助各铁路从业员所组织之各种总工会，并与全国各业之工会及世界各劳动团体结密切之关系。

三、本会之地点由全国铁路总工会常年代表大会及执行委员定之。

四、本会每年举行大会一次。遇有特别事故发生时，得由执行委员会召集临时代表大会。各路工会派遣参与代表大会人员之人数，由执行委员会按比例法决定之。

五、每年由代表大会选举执行委员。执行委员会每6月开会一次，但临时会议得随时召集之。

六、正委员长一名，副委员长三名，由执行委员会互选之。任期一年。但委员长如因重大事故不能执行职务时，执行委员会得改选之。

七、由执行委员会选任总干事、秘书各一名，并各部主任及干事，而组织一干事局。干事局中设调查、庶务、组织、交际、财政、教育、宣传等部。执行委员会得聘请顾问编辑等人员。

八、代表大会与执行委员会得选任人员，而组织各种特别委员会。

九、本会之代表大会，为本会之最高顾问机关，审议本会之预算、决算及一切重大事件。

十、除在代表大会开会中不计外，执行委员会为最高机关，其职权如下：

1. 预算案之决定；

2. 大会决议事项之执行；

3. 议决代表大会一切未决定之问题；

4. 会费之征收；

5. 对外交涉之处理；

6. 审查各路工会之章程、组织及行动，且促进各铁路之组织。

十一、除在执行委员会之开会时，一切重要事务均由正副委员长及总干事部会议决定之，且得执行代表大会及执行委员会之决议案。

十二、干事局受执行委员会或委员长、总干事合议之指挥，而执行一切事务。其执行细则，由执行委员会另定之。

十三、本会与各路工会应保持密切之联络，各路工会应按时将该会之业务及进行状态报告本会，本会则予以相当之指导。

十四、各铁路如有罢工事件发生，须先得本会之同意，然后本会及各铁路组合始能予以援助，否则不得举行罢工。

十五、本会之经费由各路工会征收之。各路工会应以每月经常收入之百分之十纳充本会之经常费。若遇特别事故发生，经本会执行委员会之决议，得向各路工会征收特别经费。

十六、本简章经代表大会之通过后，宣布施行。如经次回代表大会过半数之通过，得修正之。

（原载《中国劳动年鉴》）

全国铁路总工会成立宣言

前年10月间开滦五矿罢工时，全国各铁路工会代表曾于北京集会，除计议援助开滦矿工外，并产生全国铁路总工会筹备委员会，筹备全国铁路总工会之正式成立。自筹备委员会成立以后，进行极为顺利，本拟去年三月间召开全国铁路总工会成立大会，不幸"二七"事变发生，京汉工友大遭屠杀，京汉和各路工会多被捣毁封禁。筹备委员会及各路重要分子，死伤的也有，监禁的也有，逃亡失业的也有，那么一来，进行就极为困难，因此一年之内，除救济死伤失业被害者外，简直没有余力去精密的筹备全国铁路总工会。幸赖筹备委员会和各路领袖都具热忱毅力，所以全国铁路总工会筹备事宜，没有停顿，这不能不说是不幸中之大幸！

我们经过这一年多的艰难筹备，直至如今，我国全国各路工会代表，才于本年2月间集会，正式宣告成立全国铁路总工会，章程制定好了，机关也设立了，负责人员也推选出来了。那么全国铁路总工会，便形成而实具了。全国铁路总工会之成立，简直是我全体铁路工友于痛苦不堪之中得到一颗光芒万丈的救星。

全国铁路总工会怎么是我全体铁路工友的救星？我们只要看总工会的宗旨，便知道了。总工会的宗旨是什么呢？

一、改良生活，增高地位，谋全体铁路工人之福利；

二、联络感情和实行互助，化除境遇界限，排解工人互相争端；

三、提高知识以促成工人阶级的自觉；

四、帮助各路工人组织各路总工会，并与全国各界工人和世界工人建立密切关系。

这四条宗旨，写得多么明白，那一字一句，不是为我全体铁路工人谋幸福呢？

总工会既然有了宗旨，办法又怎样呢？我们要谋得幸福，首先便要有团体，所以这次成立大会已经制订了全国铁路组织计划，务使已经组织好了的各路工会，团结更加严密，各路工会被封禁了的，设法恢复，还没有组织的，从速成立团体。死伤被扑的失业工友，总工会当力图救济；各路工会互相关系，总工会当力谋密切；从前各路罢工已要求到之条件，总工会当力争实行；并决定加入万国运输工人联合会，实行全世界联合之目的。我总工会既系全体铁路工友的机关，当然以谋全体铁路工人之利益为第一要义，但工人亦国民一分子，所有救国救民，以及反抗军阀官僚之横暴和外人之侵略等国民运动，亦当视能力之所及，参加而促进之。我工友若参加此种国民运动，必首先提出争自由和恢复工会等要求。如有为恢复工会而斗争者，吾人必同情之。

这些办法，如果能够一一做到，不但总工会的宗旨实现了，我全体铁路工友的幸福也就不小了。

总工会既然有了很好的宗旨和办法，最可注意的，还有各路工会代表的精神。各路工会代表都抱定坚强的志愿，牺牲的魄力，大家约定非实行互助不可，非组织坚固的总工会不可，非奋斗以解除痛苦谋到幸福不可。这种全体代表一致的精神，便是铁路工人万众一心的表示，也就是总工会团结坚固之表证。如果我全体铁路工友能以代表之精神为精神，那我们前途的希望，就很远大了。

全国铁路工友们！全国铁路总工会是代表我们全体铁路工友的，我全体铁路工友务必拥护我们的工会，务必依照总工会的宗旨和办法去做，并须在总工会指挥之下，一致团结起来奋斗呀！只有这样，我们才能解除痛苦，获得幸福哩。全国铁路工友们！我们的总工会已经成立，从此一致团结，一致奋斗，并一致庆祝全国铁路总工会万岁！

（《向导》第104期，1925年2月28日出版。）

邓中夏谈京奉路最先组织的是唐山

我们自己承认我们的组织还是很幼稚的，但是我们开始组织还不到三年，以这样短的时间，公然能够组织二十七万余人，这对无组织习性的中国说来，不能不说是一件可惊的事。虽然自京汉二七失散以后，各地不免受了些重大的打击和连带的影响，然而大部分还仍旧存在，不过存在的形式，有些是公开有些是秘密罢了。兹分述于后：

（一）铁路——铁路运动是1921年才开始的，不到一年，京汉路组织一万三千余人，有一总工会，每站满五十人以上成一分工会，计全路有十六分工会。此路有一特色，就是全路工人概行组织在一个总工会之下。不幸"二七"失败，受打击不小，现在只能秘密的（地）存在一部分罢了。京奉路最先组织的是唐山，其次是山海关，再次是天津丰台，现共组织有八千余人，并有成立总工会之进行。南满路最近组织四百人。全国铁路已于今年二月在北京举行各路代表会议，成立了一个全国铁路总工会。共计全国路工已经组织为四万三千八百余人。

矿工——中国矿山虽多，唯有全部组织的，只江西之安源及湖南水口山二处，其余只山东之淄博，直隶之开滦，湖北之大冶，河南之焦作，颇有一部分之组织。淄博约为六千人，开滦约为四千人，大冶约为一千人，焦作约为二百人，合计全国矿工已有组织的有二万六千二百人。

（摘自邓中夏《我们的力量》，原载《中国工人》，1924年11月出版）

孙云鹏回忆铁路总工会的成立

铁路总工会于 1923 年筹备，1924 年成立，第一次铁路代表大会是 1924 年召开的，选出邓培同志为正委员长，我为副委员长，那时铁总负责人有张特立（张国焘）、张昆弟、邓中夏。

（摘自孙云鹏 1960 年 6 月口述记录，原件存唐山革命史档案）

李斌回忆铁路总工会的成立

1924 年 2 月份（旧历正月）北京召开的全国铁路总工会第一次代表大会，京汉、京奉（还有沟帮子代表）、胶济、正太、京浦、京绥、粤汉等路出席代表 20 多名。在这次代表会上选出邓培为委员长，王荷波、孙云鹏为副委员长。我和张昆弟、彭礼和等人均在铁总工作。邓培同志当时不脱产，只是在汇报会上见过几次面。当时在党内负责的是张国焘、张昆弟。

（摘自李斌同志 1960 年 6 月 18 日口述记录）

袁兰祥回忆邓培是"铁总"委员长

1924 年 2 月 7 日，全国铁路工人第一次代表大会在北京召开，正式成立铁路总工会，在北京设立机关。第一届铁路总工会委员长是邓培。在 1926 年第三次铁总大会以前，唐山铁路工会经常收到委员长邓少山（即邓培）署名的铁总文件。当时的铁总组织部长罗宇云，宣传部长何孟雄，铁总总干事王荷波都到唐山铁路工会来过。

（摘自袁兰祥 1960 年 12 月 14 日致广州烈士传编写组的信）

邓开泰回忆参加第一次铁路工人代表大会

在 1924 年春节，厂里派程官榜和我参加了全国第一次铁路工会会议。

（摘自南厂厂史档案，邓开泰回忆录）

发展唐山党、团力量和革命统一战线组织

邓培自 1924 年 2 月担任全国铁路总工会委员长以后，仍然继续担任中共唐山地委委员长。他兼任的京奉铁路唐山制造厂党支部书记的职务，自 2 月以后改由阮章担任。在邓培到外地从事全国铁路总工会工作时，中共唐山地委委员长的职务也由阮章代理。

1924 年间，邓培领导的唐山地方工作主要有三项：（一）在华新纺织厂建党，并领导华新工人罢工；（二）加强地方青年团组织的建设，广泛进行革命宣传工作；（三）帮助建立唐山国民党组织，发展革命统一战线。

华新纺织厂建党和工人罢工

华新纺织厂的全称是华新纺织股份有限公司唐山工厂，俗称华新纱厂。1919 年由北洋财团巨头周学熙和资本家李希明两人创建，至 1922 年 7 月 1 日正式投产，是私有企业。有工人近 3000 人。华新女工张玉兰，广东人，是邓培的交通员。1924 年 3 月经邓培介绍入党，是华新纺织厂的第一个共产党员。以后邓培通过张玉兰的介绍，又发展该厂工人张凤尧、刘志成等人入党，并在华新纺织厂建立了中共党支部。秘密集会地点在广兴里实胡同 4 号张玉兰家中。

张玉兰回忆华新建党

华新纺纱厂地下中共党组织是民国十三年由邓培组织的。因为我是广东人，和邓培是同乡，所以先发展了我。入党的手续是以国民党的名义，利用国民党的合法地位，其实是共产党，做共产党的工作。

华新第一批党员有我和张凤尧、刘志成，还有小王、小马（粗纱工人）。唐山党组织的秘密地点是义字六条小楼，我们时常去那里开会，有时开秘密会议就在我家里开，我家地址，广兴里实胡同 4 号。

民国十七年白崇禧军队来到唐山，成立国民党党部，收买了张凤

尧，张出卖同志，使党组织受到破坏。四月前后，我就离开了华新。

（1961年4月25日陶维兴访问张玉兰记录，原件存华新档案）

1924年春，中共唐山地委成功领导了华新纺纱厂童工罢工。华新纺纱厂童工们的境遇悲惨，进厂先要立下"打死勿论"的契约，每班工作时间长达十二三个小时，而每摇一车纱仅给1分钱。更令人不能忍受的是，工头可以任意殴打、侮辱童工和扣罚工资。摇纱车间"新"字班童工300多人忍无可忍，结队出厂，聚集在大红桥南边宣布罢工。工厂是流水作业，摇纱车间童工罢工，影响到全厂2000多名工人歇工停产。厂方派工头出面调解，童工们不答应，资本家就扣押和开除工人代表，企图迫使工人复工。第二天，细纱车间300多名童工也宣布罢工。在中共唐山地委组织下，近700名童工在原工人图书馆门口集会，有关人员向与会人员作报告，讲解工人创造财富、资本家不劳而获、榨取工人血汗的道理，提出工人复工条件。会后，童工们列队游行示威。资本家迫于形势，答应了童工们的全部要求，罢工取得胜利。

老工人阎殿新回忆华新罢工

远在1924年间，唐山华新纺织厂建厂投入生产三年左右的一个春天，这厂摇纱车间新字班（分日夜两大班，华字班、新字班）的童工，因不堪忍受资本家的剥削和虐待，在一天早晨开工时，全体300多人列队出厂集聚在大红桥南边，向资本家宣布罢工。

这次罢工的原因：①工资不平等，由河南招聘来的工人每摇一车纱是一分五厘，当地雇用的童工，一样的活计，每摇一车纱只给一分钱。②工头任意打骂工人，有时还罚跪，扣工资。有一次我看见工头耿荣，嫌童工扫地不干净，把五六个童工各打十几大板子。有一次我图工作进度快掳了一个小纱头，被五场大头子沈玉林看见了，就向我心口窝狠狠杵了一拳头，当时我才十六岁，吓得尿了裤。③工时过长，冬季夜班常规定十二三小时一班，孩子们困得打盹，若叫工头碰上，还得挨打。

摇纱工人一罢工，全厂两千多工人都得停机、停产，资本家招架不住，到上午十点多钟就派工头董学信出面劝工人上班，说有啥要求可以慢慢商量。工人们未理他，继续罢工。

第二天，资本家抓了一名工人代表，还开除了两个工人代表，以此威胁工人复工。工人不但未被吓倒，反而增强了团结。到上午十点左右，来了两个人，一个林西矿工人代表，一个姓袁的，说是工人图书馆派来援助我们的。他们叫工人到陆家街工人图书馆门口集合开会。图书馆对门有一个小楼，楼上有个大礼堂，中间悬挂着孙中山的相片。当时正是冯玉祥的军队叫国民军驻唐山，他们支持我党的工作。这次运动胜利后不久，国民军就开走了，又来了奉派张作霖军阀的军队。

到了第二天，这厂细纱车间，知道这次罢工有人支持，也罢了工。两个车间罢工人数达到800多人。在大礼堂召开了大会，楼上楼下都挤满了人，当时有一位操南方口音的讲话。内容大致是：工人能创造世界，世界万物都是工人造出来的，资本家喝工人的血，还不把工人当人看。我们要起来反抗，不给圆满答复，把开除的代表复工，把扣压的工人放回，我们绝不复工。讲话后，工人列队，在大街上游行示威，然后全部到华新，进厂向资本家交涉。队伍由陆家街出发，经过老新立街，绕道广东大街，沿路散传单，高喊口号，"打倒资本家！""反对开除工人代表！""不许压迫工人！"

游行队伍经过启新东门，通过华新桥来到北大门，派代表进厂交涉，大约有2个钟头的时间，资本家都答复了条件，开除工人代表全部复工，保证不再让工头打骂工人，工资调整，待童工工作效率提高后，再合理调整。摇纱包活工资由每车一分提高到每车一分二厘。罢工胜利结束。

（1961年4月3日启新老工人阎殿新回忆录）

加强地方青年团组织的建设

1924年初以来，唐山的社会主义青年团组织在邓培领导下不断发展壮大。4月13日，青年团唐山地方执行委员会，在欧阳胡同小楼召开团员大会。邓培派阮章代表中共唐山地委出席会议并讲话，提出以后团的工作应以学生工作为重点，并建议以唐大团支部为主，组织唐山团的领导机构。会议便按此意见进行改组。把中国社会主义青年团唐山地方委员会，升格为区执行委员会，下设唐山大学和唐山制造厂两个地方执行委员会，由唐大和唐山制造厂两个团支部改组成立。共有团员 50 余人。唐山大学地方执行委员会由区执行委员会代行其职务。会议选举武怀让为区执行委员会委员长，冯亮功任秘书，田玉珍、梁鹏云为国民运动委员，郝其夫、徐炳恒为青年运动委员，方乃西、邹元昌、赵椿年、容昌、李福庆为候补执行委员。其中唐大学生占 6 人，唐山制造厂工人 4 人，开滦煤矿工人 1 人。

但不久于 4 月 23 日，又按团中央局通知，青年团唐山区执行委员会改组为唐山地方执行委员会。8 月 20 日，团中央决定唐山地委由武怀让任秘书，田玉珍任组织部主任，冯亮功任宣传部主任，柳克述任学生部主任，梁鹏云、孙宝森任农工部主任，由秘书和四部主任组成执行委员会，并由秘书总理团务。以上人选除农工部 2 个主任外，皆唐大学生。团地委下设唐山大学支部和唐山制造厂支部。1924 年 4 月 23 日，青年团中央任命梁鹏云为农工部主任，但梁鹏云在唐山一直未能到职视事，7 月 10 日以后由李求实代理。

青年团唐山地委改组后，积极开展各项革命宣传工作，取得较好成效。1924 年 5 月 1 日，纪念国际劳动节，唐山党团组织进行了宣传活动，活动中散发的传单，深刻揭露了工人的疾苦，抨击了社会的不平，在当时的工人中达到了启发阶级觉悟的鼓动作用。

1924 年纪念"五一"节传单

我们同资本家都是一样父母生人啊，为什么我们一天要做十几点钟毫无休息的工作，我们只做牛马、机器的生活，我们的命运是如此吗？只不过资本家想多得几个红利，所以尽力地压迫我们多工作罢了。

我们同资本家都是一样父母生的人，为什么我们除做牛马、机器的工作外，不能求一点知识，不能得一点人生真意味？难道我们除去听人指挥而外，便当一无所知吗？只不过因为资本家的压迫无暇读书罢了!

一天一天早起听得汽笛响了,便赶紧入工厂,在煤气薰(熏)人的工厂中,或在暗无天日的矿坑里,辛辛苦苦做十几小时的牛马工作;下了工,我们还得有个人家庭的私事,一天二十四小时所余还有几何?休息的时间能够几何?一天如此,天天如此,就是钢打铁铸的人也得折磨坏了,休息不足,劳动过度,是一定要生病的。我们工人的死亡率比他们资本家要多若干倍,难道我们生命便如此的不值钱吗?我们为要减少工作时间,要求知识,要充分休息,所以应当向资本家提出下列的要求,"工作八小时、教育八小时、休息八小时。"

要达到这个目的,我们必须运动;要得运动,必须有大团结,朋友们,团结起来啊!

同志们:今日是五月一日,今日是我们神圣工人的纪念节,我们今日当如何欢欣鼓舞啊!我们纪念这一天的来历,然后我们才能知道他(它)的价值,我们才知道我们还不能够欢欣鼓舞!五一纪念日换句话说就是工作八小时的日子!一八八四年十月七日在美国芝加哥地方所开的国际的并国民的八大联合会,决议以每年五月一日举行要求一日八小时工作的示威运动,并决定示威的方法,是全国罢工。第一回运动的日子是一八八四年五月一日。一八八六年五月一日到了,美国工人都停工举行了空前绝后的示威运动,结果有二十万工人达到工作八小时的目的。一八八九年在巴黎所开的万国社会党大会,也决定采用这一天为欧洲各国的劳动纪念日,在那日实行工作八小时的运动。一九一二年日本劳动界在东京也举行五一纪念会,从此以后的五月一日便成了游行示威。一九一三年中国广州地方也举行五一纪念会,从此以后便成了劳工纪念日了。五一纪念日已有三十多年的历史,每年世界各处都有很剧烈的运动,在此日与资本家冲突流血而死的已不知有多少万人,但是成绩是非常小,世界上的劳工只有一小部分达到工作八小时的目的。(在唐山)除南厂较好而外,洋灰窑、纺织厂、矿务局那个不是十几点钟的工作!

奋斗啊!奋斗啊!要想得到最后的胜利,必须踏着前人的血迹,不断的（地）奋斗啊！记着我们的目标："工作八小时、教育八小时、休息八小时。"

1924 年"五一"

编者注：摘自唐山档案馆 184 号卷。

当时，因为党、团组织不分，青年团的事务概向中共唐山地委和邓培请示。在团地委负责人给团中央的报告中曾谈道："交大支部干事会，小组，每次由邓（培）召集，非他不可。""秘书：召集开会、分配工作，同邓培等，委员无此权力。"（唐山市档案局：唐山革命史档案，《唐山情形》）邓培虽是工人，但在大学生中威信很高，是唐山大学学生的革命启蒙者和亲密朋友。

田玉珍回忆大革命时期的交大团组织

我 1921 年夏入唐山交通大学，1922 年经王仲一介绍入党，入团。邓培叫我在学校发展组织。我先从本班发展团员，最先加入的是邹元昌，以后冯亮功、武怀让和熊式平也加入了。我们 9 个人成立团支部，书记是我，分头去发展组织。

国共合作前发展的团员有：吴梓才、郝其夫、杨景山、黄轩、司毓俊、赵鸿佐。我在校期间，学校没有党支部，除我是党员外，其他都是团员。当时的方针是学校尽量发展团员。国共合作时，团员大发展，人数有 21—22 人。这时发展的团员有：高奎文、刘亦珩、马懋廷、柳克述、曾通儒、谢大棋、陈殿珍、熊昌、崔铭奇、刘光黎等。同时发展国民党员，如刘治熙，张福堂等，他们都不是团员。当时发展的国民党员有 40—50 人，包括团员在内。

有一次在欧阳胡同小楼召开交大和南厂两方面团员联席会议，中共唐山地委阮章讲话，说交大团员占多数，以后团的重心应在交大，由交大方面的同志主持团的工作。

1924 年初，刚开学，就把国民党公开了，在西楼楼下教室内召开过一次会，公开吸收国民党员，吸收进步青年参加，这次会由邓培组织，他在会上讲话。

国民党公开挂出牌子，我们就以国民党的名义到工厂、学校去活动，不仅去南厂也与开滦工人联系。

1924年保送三个同学到黄埔军官学校学习，其中有一个姓金的。后又送五个人到苏联去学习，其中有南厂两个人，有交大三个学生，即武怀让、吴梓才、杨景山。杨景山回国后，在北方区委工作，1927年与李大钊一起就义。

（摘自1964年12月访问田玉珍谈话记录和1983年1月2日田玉珍给唐山市委党史办的信）

编者注：交大全称交通部唐山大学，也简称唐山大学。

曾涌泉回忆唐山交大团组织

随着马克思主义的传播，从1923年到1924年这一阶段，交大党团组织发展较快。大约在1923年内，我们一班的同学武怀让、邹元昌、熊式平、冯亮功、黄轩等先后加少了CY（社会主义青年团）。我是1924年春入团的，继我之后，又有本科二年级学生刘继曾（原姓曾，名字记不清了）、预科一年级学生谢大祺（当时词坛名人谢无量之弟）等先后入团。到1924年夏，全校已经有30名左右的党团员了，这是我在交大时党团的全盛时期。

当时唐山党团的负责人是邓培同志，交大党团的负责人是武怀让同志。我们曾参加过在唐山工人俱乐部举行的邓培同志的各种报告会和纪念列宁诞辰的纪念会。唐山工会组织的工人夜校，交大党团组织曾指派学校的党团员去担任教员。总之，凡唐山党团做的任何事情，交大党团都是全力以赴，工作关系极为密切。

由于有了早期播种工作和一些组织基础，所以当革命高潮到来时，例如1925年"五卅"运动时，唐山开了群众大会，示威游行，搞得轰轰烈烈。

那时交大高年级学生一般思想比较保守，埋头读书，不问政治。因为那时交大毕业的学生就业机会多，一出校门就可以当实习工程师，每月薪金高达60元大洋，而且可以住洋房。因此，高年级的学生为了毕业后的"金饭碗",不仅自己不参加学生运动,还极力反对低年级学生的政治运动,害怕出事,妨碍他们毕业。

（摘自唐山革命史档案1983年5月23日访问曾涌泉记录）

黄轩回忆交大团的活动

1924年国共合作时,政治空气浓厚,大家也谈政治了。1924年下半年,我加入了SY(社会主义青年团),记不得是田玉珍还是熊式平跟我谈的,当时主要感到社会黑暗,对军阀仇恨,还谈不上对社会主义、共产主义有多少认识。

我参加团时已成立团支部,大约20多人,负责人好像是田玉珍和武和劲。国共合作时,发展团员和国民党员,比较积极的发展为团员,先找他谈话,说明在国家怎么怎么不行,我们要革命等,说得他没有意见时,就说学校里有团的组织,你参加吧。他参加后就通知他开团的会(谢大祺是我发展的)。比较不大积极的,就发展成国民党员(与我们关系远一些)。党团员还是高年级班的多,我那时二年级,预科党团员很少。记得当时团员有:

三年级的:田玉珍、武和劲、冯亮功、邹元昌、熊式平、付星桥、李锡爵。

二年级的:黄轩、郝昭亮、方奎文、马懋廷、刘亦珩、柳克述、陈殿珍、熊昌。

一年级的:谢大祺(是我发展的)。

团员隔三四天开一次会,多数是晚上在教室开,不点灯。黑地里谈一下(那时自修都在宿舍,晚上教室里没有人去),内容多数是布置分配工作,一方面是学校内部工作,如有什么活动,要出壁报、宣传等,由谁去做;一方面搞市内示威游行等,时间一般开半小时至一小时即完。有时开团支部会时,把国民党员也拉来,人就多一些了。

当时每班都办壁报,开始是自发的,后来团就抓了,讨论社会主义、共产主义等,也夹杂些学术论文。纯政治性文章是不行的。但当时对社会主义是作为学术思想来研究的。当时《资本论》可以公开看，图书馆有可以借阅，是英文本的。《向导》《新青年》是党的刊物，也可以看到。

学生会人选都由团事先决定，到时候谁提谁，一举手就通过了。在1924—1925年间，唐山市一切活动都是由学校发起的，由田玉珍、武和劲和邓培同志联系（邓培来学校时间很少，都是他们两人去找邓培，邓培家里我也去过一两次，好像是参加什么集会），关键都在邓培身上，当时交大、南厂较大活动都是邓培指导的。

（摘自西南交大《校史资料》1964年12月25日访问校友黄轩记录）

由于邓培和广大党、团员的努力，使团的队伍进一步壮大起来。1924年6月7日，团中央在北京召集北方各地方代表会时统计，唐山共有团员70余人，其中除少数几个矿工和农民外，铁路工人和唐山大学学生各半。

帮助建立国民党组织，发展革命统一战线

1924年1月20—30日，在中国共产党的帮助下，孙中山在广州召开有共产党人参加的中国国民党第一次全国代表大会。大会接受了中国共产党提出的反对帝国主义、反对封建主义的政治主张，重新解释了三民主义，确立了联俄、联共、扶助农工的三大政策。大会确定：共产党和社会主义青年团员，可以个人身份参加国民党，以便帮助各地国民党改组或重建。参加会议的北方共产党人李大钊和于方舟，分别被选为国民党中央执行委员和候补执行委员。会后于方舟受李大钊的委托，在天津组建了国民党直隶临时省党部，并着手筹建直隶各地国民党的地方组织。

国共合作开始后，唐山党组织认真贯彻中共三大精神，帮助国民党建立组织，团结一切可以团结的力量，并自始至终掌握统一战线的领导权。1924年春，根据中国共产党第三届第一次中央执行委员会议精神，中共唐山地委和团地委联合成立唐山国民党改组委员会，邓培任主任。邓培向唐山的共产党员和社会主义青年团员传达了中共中央关于党、团员以个人名义加入国民党，帮助国民党建立地方组织的指示精神。随后，交通部唐山大学20多名团员和京奉

铁路唐山制造厂工人中的党、团员相继以个人名义加入国民党。3月8日，邓培介绍华新纺纱厂女工张玉兰加入中国共产党。张玉兰入党后，通过发展国民党员，从中吸收工人张凤尧、刘志成加入共产党，并建立中共华新纺纱厂支部。是年秋，中共唐山地委在交通部唐山大学和唐山制造厂分别建立国民党区分部，年底两个国民党区分部合并，成立国民党唐山区党部。此后，在中共北方区委和中共唐山地委的领导下，乐亭、玉田、遵化、丰润等县也先后建立国民党组织。唐山早期的国民党组织是由工人、农民、学生和城市小资产阶级组成的革命联盟，其中区党部的执行委员都是共产党员和社会主义青年团员，其余国民党员全部是中共秘密发展吸收的各界革命积极分子。国共合作正式建立后，中共唐山地委不仅直接发动和组织工人，而且还利用国民党合法和半合法的地位，通过国民党组织来开展工人工作，使沉寂两年之久的唐山工人运动开始恢复和发展。

老党员、老工人回忆唐山国共合作

唐山党组织大发展是在1924年国共合作以后。唐山交大于1924年秋季，公开召集大会建立国民党组织，发展学生中的积极分子加入国民党，并发给党证。过去唐山没有什么国民党的基础，唐山初期国民党的建立是共产党帮助组织起来的，当时的共产党员和社会主义青年团员都跨党，国民党领导机关和核心力量都是共产党员和团员。发展和扩大了国民党组织以后，再从国民党的积极分子中去发展共产党员或发展青年团员。1924年交大学生成立的国民党党部，成立时邓培同志还讲了话，随着南厂也成立了党部。以后交大与南厂两个党部在一起，在欧阳胡同小楼上开了一次会，成立"唐山国民党区分部"。并且公开挂出牌子。从此以后，唐山的党团组织大发展。当时共产党活动的经费都是取之于国民党。

（摘自1961年2月唐山市委党史研究室召开的党史座谈会记录）

编者注：参加这次党史座谈会的老党员、老工人有：齐景林、陈起邦、袁兰祥、程帝炳、邓开泰、邓伯长、田玉珍。

田玉珍回忆唐山国共合作

交大团组织的大发展，是在 1924 年国共合作以后。这一年的下半年，党在唐山帮助国民党发展组织，号召团员参加国民党，把国民党党部的牌子也挂了出来，同时，在国民党中发展党团员。1924 年 9 月，交大召开国民党员全体大会，邓培在大会上讲话，这时交大国民党员已经发展到 30 多名，其中有社会主义青年团团员 20 多名，占国民党员总数的 60% 以上。如崔铭琪、陈殿珍等人，都是表面上挂着国民党的牌子，实际上是做社会主义青年团的工作。由于公开发展国民党，使团的活动也就合法化了，所以团的组织才得到大发展。

1924 年年底，唐山交大的国民党组织和南厂的国民党组织合起来，召开了唐山市国民党代表大会，选举成立了国民党唐山区党部。国民党区党部的领导成员都是共产党员或社会主义青年团员，所以，那时名义上是国民党的机构，实际上却是我们党掌握领导权。

到 1924 年国共合作以后，交大团组织的活动由桌下转到桌上，开会也就公开在课堂上召开了。到 1926 年奉系军阀来唐后，团的活动又转入地下。1927 年"四·一二"反革命政变以后，交大团组织与中央断绝了联系，也就暂时停止了活动。当时，交大党团组织并未发生大的破坏。"四·一五"邓培同志在广州被捕就义以后，交大同学还凑钱把邓培的两个孩子送到广东去，同时欢送邓培的大女儿邓国珍出国去苏联学习。

（摘自 1982 年 11 月访问田玉珍记录，原件存唐山革命史档案）

曾涌泉回忆唐山国共合作

中央关于党团员以个人名义加入国民党并帮助创立和发展国民党组织的指示，向交大党团员传达，大约是在 1924 年三四月间。传达后不久，交大的全体团员都以个人名义加入了国民党，这就是交大国民党的基础。同时，经过宣传，又发展了一批学生加入国民党，成为国民党的辅助力量。以后又在四年级学生中找到了一个姓许的过去参加过国民党的"老"国民党员。经过一段筹备工作后，大约在五月底，在交大的一个大教室里公开举行了国民党成立大会。邓培同志以唐山国民党组织负责人的名义出席了大会，讲了话，并宣布一切登记手续完备的国民党党员都算是正式国民党党员，党证要等上级发下后再补发。

（摘自唐山革命史档案 1983 年 5 月 23 日访问曾涌泉谈话记录）

程帝炳回忆唐山国共合作

1926 年正是国共合作时期，经我们呈请冯玉祥的国民军第九师师长唐之道，批准成立国民党，建立了市党部，地点是在六条胡同。在当年的 3 月份，公开挂起了国民党的党旗。但是，那时的国民党市党部，是共产党搞起来的，黄钟瑞、李华天等 9 名共产党地委委员都是国民党市党部的委员。国民党部的大权也掌握在我们手里。那时，我们就以这个合法的组织进行工作，我们也帮助国民党发展党员，但是把好的骨干分子发展成共产党员。南厂就发展了共产党员 100 多人，只南厂北机械厂就有 40 多名党员。

（摘自唐山革命史档案访问程帝炳记录）

唐山国民党区党部公开挂出牌子后，中共唐山地委和邓培利用这个统一战线的组织，开展革命工作。在共产党不能公开出面的情况下，便打着国民党的旗帜去公开组织工、农、学生运动。中共党员和青年团员的组织活动得到掩护。原唐山大学团员田玉珍、黄轩等人回忆说：当初唐山大学的团员每隔三四天开一次会，大多是利用晚上教室无人时开，不点灯，或趴在课桌底点着小蜡烛，开会研究工作和学习文件。田玉珍说："到 1924 年国共合作以后，交大团组织的活动由桌下转到桌上，开会也就公开在课堂上召开了。"共产党的组织得到了扩大，常常是先从群众中发展国民党党员，然后再在国民党党员中发展左派分子加入共产党或青年团。共产党的活动经费也增加了新的来源。由于唐山国民党组织的领导成员和党员成分，都以共产党员和社会主义青年团员为主体，所以唐山国民党的工作做得很出色。国共两党合作，推动了唐山和京奉铁路革命运动的发展。这是邓培坚决贯彻中共中央革命统一战线政策的胜利。

领导京奉铁路唐山制造厂复工斗争

1924 年 9 月,第二次直奉战争① 爆发,双方共投入兵力 42 万,主战场在热河② 和冀东一带,唐山人民深受其祸,加之自然灾害,造成城市工商业和农村经济的凋敝。战争期间,唐山制造厂厂务经理詹莫森积极为直系军阀吴佩孚赶制运输车辆,又强行将全厂工人的两个月的工资送给吴佩孚作军饷。直系军阀战败后,京奉铁路局又以"材料缺乏,无款付薪"为借口,相继裁减工人 2000 多人。被裁工人和家属生活无着,苦不堪言。中共唐山地委领导工人开展了反裁员斗争。11 月中旬,邓培组织被裁的 2000 多名工人在扶轮小学广场集会,控诉帝国主义和封建军阀发动战争、裁减工人的罪行。会上选出李银宝、程帝钦、邓开泰、孙宝中 4 人为代表,李震瀛为向导,组成请愿团到天津京奉铁路局请愿,要求撤销裁员决定。请愿团到天津后,请国民党直隶省党部负责人于方舟③(中共天津地方执行委员会委员长)帮助起草请愿书。11 月 19 日,以全体失业工人的名义在天津《益世报》上发表了《宣言》,揭露英国资本家与军阀勾结裁减工人的事实真相,向全国各界发出求援呼吁。由于全厂职工热烈响应,社会各界人士的支持,又经过请愿代表十几天的斗争,迫使京奉铁路局答应工人要求,2000 多名被裁工人于 11 月底全部复工。

---

① 1924 年 9 月 15 日至 11 月 3 日,在北洋直系军阀曹锟、吴佩孚和奉系军阀张作霖之间爆发战争。10 月 23 日,受革命影响的直军第三军总司令冯玉祥从热河前线回师北京,发动政变,推翻直系军阀首领曹锟、吴佩孚控制的北京政府。随后,冯玉祥等发表反对军阀割据、要求和平统一等倾向革命的政治主张,并将所部改称中华民国国民军。迫于形势,冯玉祥又同反直系的张作霖、段祺瑞妥协,组成段祺瑞为临时执政的北京政府。

② 旧省名。1914 年,中华民国设热河特别区,与察哈尔、绥远并称热察绥三特别区。1928 年设省,辖今河北省东北部、辽宁省西南部、内蒙古自治区东南部,省会承德。1955 年 12 月 31 日撤销。

③ 于方舟(1900—1927),天津宁河人。1917 年秋考入天津直隶省立第一中学,五四运动期间积极参加反帝爱国运动,被推选为天津学生联合评议会委员和天津各界联合会学生代表。1920 年夏秋间,在天津成立了马克思主义研究会,并发行会刊。10 月,组建了天津社会主义青年团小组。1923 年,经李大钊介绍加入中国共产党。1924 年春,在中共中央和北方区委的领导下,与江浩、李锡九等创建中共天津地方执行委员会,并任书记。1927 年 9 月,任中共顺直省委常委、组织部长。10 月,赴玉田领导玉田农民武装暴动,建立京东农民革命军。暴动失败后被俘,于 12 月 30 日被玉田军阀政府杀害。

唐山路工全数被裁

京奉铁路局新局长周梦贤自到任以来，对路政并无若何整顿，对于京奉路交通亦未闻有何法恢复，乃突于二十三日下令将唐山京奉路机器工厂全体工人四千余人尽数裁汰。闻以军需浩繁，无款支持为词，后经该工人等力争，截至二十六日，竟实行裁去三千余人。是项失业工人现尚全数留唐，对于周氏此等措施，不甘缄默，现已联合，将有重大表示，前途如何，不可逆料。……

（原载 1924 年 11 月 3 日天津《益世报》）

全体失业工人反裁员宣言

我们两千多工友失业了……金融恐慌之际失业了，饿死就在眼前了，只有希望各界的援助和我们自己的努力。在这次战争开始的时候，京奉路局机务处长英人詹莫森、总工程师纽麻赤，为帮助直系成功计，屡次增加工人，赶制车辆，到吴佩孚失败，退回天津时，洋处长立刻下令停止大部分的工作，我们两千多名工友就这样失业了。失业的消息传出，我们曾向洋处长要求无代价地替厂工作，不停工就感激多多了。这个小小的要求，给厂里白工作竟被拒绝了。于直接间接恃南厂维持生活的一万五千人都无法生活了。洋人之残酷有如此者，狠哉！我们只有团结起来向帝国主义者詹姆森、纽麻赤开始进攻以自救的一条路。我们一日不恢复工作，一日就有生命的危险。我们为生命计，为反抗帝国主义者鱼肉中国工人计，只有结结实实地团结成一个，向洋人进攻。

詹莫森、纽麻赤的罪状：

（一）帮助吴佩孚。在战争未了时一小时的工也不准停，为的是赶制车辆，助直成功。吴失败后，多数车辆，正待修理，反倒裁去工人两千多名，显系帮助他们英国帝国主义者的工具吴佩孚。

（二）狠毒残酷。停工后，即不设法安插工友……

（三）使用私人，裁去两千余工人，尚复添用洋监工多名。

（四）贿赂公行。停去大部分的工作，反恢复大包工制，非贿赂不令复工。

注：题目是编者加的。

（原载 1924 年 11 月 19 日天津《益世报》）

老党员、老工人座谈 1924 年南厂反裁员斗争

1924 年南厂裁了两千多名工人，党又发动了一次反裁员的斗争。这也是邓培同志领导的。党发动群众选出三个（注：应为四个）代表去天津请愿，这三个代表：程帝钦、邓开泰、王玉亭（注：王玉亭不是代表）全是党团员。1924 年因军阀混战，客车不通行，这三个人就钻到装马的铁栅车到军粮城，由军粮城步行到天津。到天津后，按邓培同志指示到天津英租界义庆里 40 号找于方舟（省委组织部部长），写好呈文，他要我们去找天津铁路局长唐子华。当时要求很简单，就是要求复工。代表们在天津等候十多天，最后路局答复了工人要求，代表们回到唐山来，工友们都到车站欢迎，斗争得到胜利。在此期间，工会又成立了，唐山工人运动由低潮转入高潮。

（摘自唐山党史研究室 1961 年党史座谈会议记录）

程帝钦回忆南厂反裁员斗争

1924 年，工厂搞裁员，有几千人被裁，失业的工人，不能生活下去，强烈要求复工，我和孙宝森、李银宝、邓开太四人被推选为代表，去天津路局请愿。是一个上级组织派来叫李震瀛的同志带我们去的，住在天津法租界益德里十四号，那一次请愿在省委的支持帮助下，几千人失业复工了。我们在天津期间，孙中山到天津，我们去码头欢迎，见到了孙中山。

（1983 年 6 月 14 日冯寿祥、冯有义访问程帝钦谈话记录，原件存南厂党史办档案）

1924 年秋天，第二次直奉战争，三角联盟反直，曹锟、吴佩孚战败，奉军入关。直系虽然战败，英国仍然支持直系。京奉铁路唐山

制造厂总管是英国人詹米森，他下令唐厂开除工人三分之一，不足六年工龄的全部裁减。我也在被裁之例。工会开会选代表去天津铁路总局，要求复工。选出我和邓开太、李银宝、孙宝森四人为代表，去天津请愿。结果路局答复，允许复工。但英国厂长单不许我复工，工会开会讨论支持我复工，党团组织也支持我复工，结果二次派代表去天津，才准许我复工。我回厂时工人在门口欢迎我。以后工会选我为副会长，邓培为会长。

（摘自程帝钦 1954 年 2 月在山西太原 2477 厂写的自传）

邓开泰回忆南厂反裁员斗争

1924 年直奉交战奉军到唐山，铁路归奉，那时货客车不通，全拉军队。南厂没人管，铁路没钱，开不了工资，裁减工人 1500 多人。发了一个月工钱，工人们处境十分困难，到处驻兵，回家不得，买卖关门，没吃没住。邓培同志召集党的会议，决定"不能见工人们饿死，我们要去天津请愿"。并指定了三个代表，在扶轮小学操场召开群众大会，正式推选三个代表邓开太、程帝钦、王玉亭赴天津请愿复工。那时局长换了唐子华，经党部写呈文，答应了工人条件。厂内工人也十分同情被开除的工人，互相一条心。复工令比工人代表回来早，工友们到车站来欢迎我们。

（摘自南厂党史办档案，邓开泰回忆材料）

程帝炳回忆南厂复工斗争

1924 年 11 月，正是直奉战争时期，铁路局长徐建侯，又借口原材料供应不足，解雇工人 1000 多人。唐山地区党立即成立斗争委员会，以程帝钦为委员出面召集先进工人开会，要求被裁工人全部复工；让我负责去通知先进工人来开会和印发传单等工作。当时工人就派邓开太等四名代表去天津铁路局请求复工。这时张作霖已打败了吴佩孚，工人代表到铁路局见到了王秘书，经过交涉后，铁路局长批准这一千多名工人全部复了工。这次被刷的工人共等了 37 天。

（摘自南厂党史办档案访问程帝炳记录）

袁兰祥回忆南厂复工运动

1924 年 9 月，南厂裁了一千几百名工人，名义上是停薪留职，当时失业工人生活困苦不堪。1924 年 11 月，党就抓紧政局变动的时机及时地组织发动复工运动，通过失业工人群众的选举，派了四个代表去天津路局请愿。四个代表是程帝钦、邓开泰、孙宝森、朱怀瑞（注：应为李银宝），除程帝钦是团员外，其余三个都是党员。这时冯玉祥国民军代替了直系军阀，政治形势有了好转，我们复工运动取得胜利。

（摘自 1961 年访问袁兰祥记录，原存唐山革命史档案）

京奉铁路工会评述南厂复工斗争

……去年奉直战争，吾等所受之痛苦与困难，更难言宣。曹吴军阀夺用铁路基金以充军饷，机器工场因之停工，外人则谋裁抑吾等，以节经费。吾等虽欲谋对抗之策，然因开会不得自由，且工友内部又不一致。铁路当局因将多数职工断行开除，致吾等蒙受巨大之打击。曹吴失败之后，吾等召集露天大会，向铁路当局要求将开革工友复职。更派代表至天津请愿。其后虽获容纳，然其间迟延时日颇久，盖因外人之反对也。

（摘自 1925 年 2 月京奉铁路工会在第二次全国代表会上的报告，
原载《中国劳动年鉴》）

担任中共中央驻唐山代表和领导召开全国铁路工人第二次代表大会

1925 年 1 月 11 日至 22 日，中国共产党第四次全国代表大会在上海举行，出席代表 20 人。邓培是中共第三届中央执行委员会候补委员，但由于未得准假离厂，故未能作为四大代表出席会议。邓培向中共北京区委推荐中共唐山地委委员、京奉铁路唐山制造厂助理员阮章作为中共四大代表赴会。出席这次大会的代表有陈独秀、瞿秋白、蔡和森、周恩来、李立三、邓中夏等，代表当时全国各地的 994 名党员。会场布置成课堂，前面放着黑板，每个代表座位前放着一本英语教科书，以防备军警突然来查。大会着重讨论了中国无产阶级如何参加民族革命运动，以及为了参加这一运动，党在组织上和群众工作上如何准备的问题，并通过了各项决议案。大会决定在全国范围内建立和加强党的组织，并提出发展党组织的重点地区除上海、广东外，要特别注意唐山、天津等地。为便于吸收更多工农革命分子入党，大会决定：原党章有 5 人以上可组织小组的规定，改为有 3 人以上即可组织支部。大会还决定在中央和地方农工部内设立职工运动委员会，以加强党对职工运动的领导。阮章回唐山后向邓培和唐山党员作了传达。

大会最后选举了新的中央执行委员会，陈独秀、李大钊、蔡和森、张国焘、项英、瞿秋白、彭述之、谭平山、李维汉等 9 人当选为中央执行委员，邓培、王荷波、罗章龙、张太雷、朱锦堂等 5 人当选为候补中央执行委员。邓培虽然没有出席大会，依然再次当选为候补中央执行委员。（1925 年 1 月 24 日中共中央总书记通告第 1 号，转引自 1960 年 10 月 22 日中央档案馆办公室致广州市民政局革命烈士传略编写组的信;《党史研究》1982 年第 1 期）1 月 22 日，中央执行委员会举行第一次会议，决定了中央执行委员的分工。邓培为驻唐山代表。会后，邓培继续担任中共唐山地委书记（根据四大决定，地方党委委员长职务改称书记）。

邓培当选四大候补中委，分工驻唐山

中国共产党第四次全国代表大会于 1925 年 1 月 12 日至 22 日在上海召开，出席代表二十人，工人占 20%，知识分子占 80%，其中有表决权的代表十四人。

大会选举了新的中央委员会，陈独秀、李大钊、蔡和森、张国焘、项英、瞿秋白、彭述之、谭平山、李维汉等九人当选为中央执行委员。邓培、王荷波、罗章龙、张太雷、朱锦堂当选为候补中央委员。

1月22日，中央执行委员会举行第一次会议，决定了中央执行委员会的分工：陈独秀任中央总书记兼组织部主任，彭述之任中央宣传部主任，张国焘任中央工农部主任，蔡和森、瞿秋白任中央宣传部委员，以上五人组成中央局。李大钊驻北京，谭平山驻广东，项英驻武汉，李维汉驻长沙，邓培驻唐山，朱锦堂驻安源，罗章龙、王荷波任铁总工作，张太雷任团中央工作。

（注：标题是编者加的。摘自《中国共产党组织史资料》（三），原载《党史研究》1982年第1期）

中国共产党第四次全国代表大会有关决议

中国共产党第四次全国代表大会于1925年1月11日至22日在上海召开。大会认为"在现在的时候，组织问题是吾党生存的和发展之一个最重要的问题"……"因此，引导工业无产阶级中先进分子、革命的小手工业者和知识分子，以至于乡村经济中有政治觉悟的农民参加革命，实为吾党目前之最重要的责任。"

大会指出，发展党组织的重点地区除上海和广州外，"应特别注意湖南、湖北、唐山、天津、山东等地。"

为了吸收工人，贫农和一般革命分子入党，以尽快扩大党的组织，大会决定："原章程上有五人以上可组织小组，应改为有三人以上即可组织支部。"

大会决定：从中央到地方将"委员长"职务改为"总书记""书记"。将三大党章中"有十人以上"可以组织地方执行委员会的规定，修改为"有三个支部以上"才能成立。

为了加强党对职工运动的领导，四大决定，在中央和地方工农部内设立职工运动委员会，指导全国和地方的职工运动。

同国民党合作问题，四大后，1925年5月党团中央通告各地，提出："中山逝世后，国民党颇有发展的趋势。"要求"我们各地同志即应趁此趋势活动起来，并决定切实方法，扩大国民党左派的宣传和组织"。通告还要求各处县、市党部应即速正式成立，各省正式省党部至迟在 7 月 1 日以前成立。

（摘自《中国共产党组织史资料》之三，原载《党史研究》1982 年第 1 期）

梁鹏云回忆中共四大

1925 年党在上海召开了第四次党代表大会，阮章代表唐山党组织出席了大会。通过这次大会，扩大了工人运动。后来根据党的指示，派刘玉堂到天津纱厂组织工人运动，派王麟书去京汉线搞组织工作。石家庄有个赵玉亮做工人工作，也是南厂派去的。

（摘自南厂档案 1962 年 6 月 30 日梁鹏云口述材料）

中共四大以后，邓培于 1925 年 2 月赴河南省郑州，领导召开全国铁路工人第二次代表大会。到会代表有全国 12 条铁路工会代表共 46 人，代表全国铁路总工会领导的 3.58 万名路工。2 月 7 日下午 1 时，铁路二大正式开幕；2 月 10 日结束，共开会 4 天。据当时记载说："大会前后 4 日中，各路代表精神十分振作，每日开会多至 12 小时以上，超过平时劳动之时间，但秩序整严从容，充分表现了'二七'的遗留精神，由各路工人群众交付各代表带到这会议席上来。"[①]

正式开会前，邓培和与会代表及郑州工人、市民共 2 万余人，在车站后广场举行了追悼"二七"遇难烈士大会。

全国铁路工人第二次代表大会的议程有铁路总工会执行委员会报告、各路工会代表报告、劳动阶级与中国现状报告、全国铁路总工会现在进行方针报告、全国铁路总工会与赤色职工国际之关系报告等 15 项。邓培在会上报告了京奉铁路工会状况。

京奉铁路工会在全国铁路工人第二次代表大会的报告

"二七"事件以前之状况，业于第一次代表大会有所报告，兹不

---

① 《向导》第 104 期，1925 年 2 月 28 日出版。

再赘。"二七"以后至于今日，尚未组织完全之总工会，则吾人甚觉遗憾者。各地分工会业经组织就绪，北京、山海关间各大站几均有之。其后又于开滦矿工协同设立工会，然未几即归失败；盖因开滦大罢工之际，工会无充分之准备也。然吾人竟能使该次罢工持续至20日之久，亦深觉痛快之事。卒因此而招外国资本家无限之愤恨，彼辈与军阀勾结对吾等百般压迫，所遣密探极多，致工会不得不秘密进行。如丰台及天津分工会，即均未公开也。

当"二七"事件时，唐山总工会，未能援助京汉工友，实深惭疚。然此并非不肯援助，实因电报局扣押全国铁路总工会之命令，至接第二次来电时，已失援助之时机矣。此后吾等在严重监视之下，屡遭军阀及外国资本家之陷害，因团结巩固，终未坠彼等之毒计。去年奉直战争，吾等所受之痛苦与困难，更难言宣。曹吴军阀夺用铁路基金以充军饷，机器工厂因之停工，外人则谋裁撤吾等，以节经费。吾等虽预谋对抗之策，然因开会不得自由，且工友内部又不一致。铁路当局因将多数职工断行开除，致吾等蒙巨大之打击。曹吴失败之后，吾等召集露天大会，向铁路当局要求将升革工友复职。更代表至天津请愿。其后虽获容纳，然其间迟延时日颇久，盖因外人之反对也。

外国资本家盘踞中国一日，即中国劳工之奴隶生活延长一日，吾等为谋劳工之解放起见，势非将彼等打倒不可。

京奉工会之章程极为简单，盖因预料将来全国铁路总工会必颁布统一之章程，现无订立详章之必要也。工会经费，完全由会员征收，每月每人会费，纳一日工资之十分之一。工会代表之组织系每40人选举一人。

山海关分工会，以前曾有相当之活动，其后少数愚工甘受工贼之指使，致工会为工贼所操纵。彼等私结当局，驱逐有力工友数人，工会进行因被阻碍。现有为之工友也已着手恢复工会。奉天以前曾有二小工会，系利用劳动者与工头之冲突而乘机组织者。然亦因党派分歧，致碍统一之进行。吾人今后当以过去之种种经验为鉴，作大规模之运动。同时并恳望全国铁路总工会予以指导援助。

决议案，联络车务、工程及机务各处之车首、伙夫等，使之尽行加入工会，俾从速组织总工会。并进行组织关外各分工会。

（全国铁路总工会第二次代表大会文件，载《中国劳动年鉴》）

大会通过了《工人阶级与中国现状之报告及决议》等十几个决议和大会宣言。宣言说："我们所受的压迫越大，我们的精神越焕发。……这是历史的教训，鼓舞着我们无限的勇气。我们的工会运动，从此又到一个新时期了。"[1]

在邓培主持下，大会通过了全国铁路总工会工作方针的决议。有10个方面：（一）恢复"二七"以来被军阀政府封闭的工会；（二）统一工会，各铁路只设立一总工会；（三）建立工会的经济基础；（四）解决失业及救济问题；（五）保持以前用罢工或交涉方法既得的条件；（六）增进劳动者最切身的利益；（七）以持久的勇气力争言论、集会、结社、罢工、出版的自由；（八）训练教育工友群众；（九）以主人翁资格参加国民会议；（十）实行国际联合。

大会选举了邓培、王荷波等18人为全国铁路总工会第二届执行委员会委员。邓培再次当选为委员长，王荷波为总干事。铁总会址设在郑州。

邓培参加了铁路二大以后，于2月中旬回到了唐山。继续肩负全国铁总和中共唐山地委两副领导重担。他积极贯彻中共四大决议和全国铁路总工会的工作方针。他广泛组织工人群众，把职工运动和民族革命运动结合起来，把政治斗争和经济斗争密切结合起来。依靠全国铁路工人和唐山无产阶级的支持，在工人斗争，恢复和建立工会，发展党、团组织以及推进国民会议运动方面都取得了成绩。

领导华新纺纱厂工人罢工

1925年2月17日，中共唐山地委领导华新纺纱厂1500名工人罢工，反对厂方肆意体罚工人。2月18日，罢工工人到厂外集会，推举工人代表，发表罢工宣言，并组织了纠察队、交通队、讲演队。当讲演队向社会各界报告罢工真相，求得社会同情和支持时，厂方逮捕3人并进行拷打。罢工工人对此

---

① 《向导》第104期，1925年2月28日出版。

针锋相对，提出不准打骂工人、增加工资待遇等 5 项"解决此次风潮之最低要求"。厂方不接受工人提出的条件，扬言将全厂工人开除，另行招募新工人。当新招工人来厂上班时，罢工工人在厂外阻拦，并向新雇工人开展宣传，劝说他们不要落入资本家的圈套，不要被资本家利用。由于工人坚持斗争，赢得了社会各界的同情，又粉碎了资本家分化工人的图谋，厂方在无计可施的情况下被迫答应了工人的部分条件。这次罢工历时一周，工人在取得胜利后复工。

唐山纱厂之罢工风潮

唐山华新纱厂工人，因有几位工友，遭工头、员司痛打，辱骂，群情愤慨，激起风潮，于前日举行罢工。全厂计工人三千余，实行罢工者已逾八百人，其余亦无工可做，已入停业状态。该纱厂告明警署，逮捕代表张甫增、高兴旺、刘汉品三人，不问曲直，先与一场鞭笞，闻并加以非刑，恐有性命不保之虞。工人等睹此惨状，益加恨怒，已提出五项要求条件，并发表宣言，大有非达到目的不止之势云。

（原载 1925 年 2 月 20 日天津《益世报》）

唐山纱厂罢工之详情

唐山华新纱厂工人三千人，自十七日全体罢工后，至今已越五日，迄无详确消息记载。昨有由唐山到津者，言之较详，兹志之以飨阅者。查华新纱厂厂主为周学熙，经理为李某。该厂自十二年成立后，营业颇为发达，为牟利起见，待遇工人，极形严酷。厂内成年工人很少，大多数为童工及老弱或妇女，稍不称意即施行罚跪，或非刑拷打。纱丝一断时，用藤笞手背尽破，而被打者尤属童工为多。平日如此，经理亦不之怪，仅听工头员司之随意，因之更无忌惮，此事尽人皆知。十七日又因细故罚打百余人，叫苦哀求，不稍矜悯，全厂工人大动公愤。首先发难者为摇纱间全体二百人余（此部分被打者为多），全厂工人一千五百余亦随之出厂。当时该经理即将厂警武装以与工人示威，虽有一部分年老及女工要求即时回厂工作，亦被驱逐，并声明将工人全数开除，另雇新工，且派出密探多人，监察工人行动。同时（十八日）工人方面齐集一山坑内，公举委员数人，办理一切，公决发表宣言，要求条件五项，并组织纠察队、交通队、演讲队出发演讲，冀求社会上一般人明了真相，与以相当助力。当时在会场讲演时，群情多为嗟叹愤慨。散会后，当被该场便衣侦探逮捕三人，惟逮捕三人后，该厂并不交警署办理，居然压送本厂，背缚吊于梁间，私刑拷打，血肉横飞，闻者刺心，见者寒骨。该资本家如此虐待工人，吾人殊难测其用意也。当该三代表被拷刑时，当有又一代表驰告工友，途中亦被捕去。现四人生命如何，尚难逆料。闻该厂仍取积极步骤，在津另招新工，以握最后之胜算云。

（原载 1925 年 2 月 22 日天津《益世报》）

唐厂工人之呼吁声

唐山华新纺纱工人因受虐待而罢工，业经发表宣言，通告国内同胞。兹闻该工人等近又上呈该厂总理，要求增加工资，改良待遇。其原呈云：为恳求增加纱厂工人工资，及改良待遇事，窃凡物不平则鸣，乃天下之公例，况圆颅方趾之人类乎。工人在厂工作，本凭两手之力气，做牛马之工作，上有员司管理，中有工头监视，下须工人每日按时管理机器，制造粗细纱线，得孑孑工资，以营生活。近年粮米飞涨，百货高贵，凭蝇头工资，忍饥工作，已有冤难诉；而本厂总头目，尚国贤、沈玉林等，复主使工头董学信、黄贵、张凤五、石清山等，任意鞭打工人。工人何罪，应受竹板木片刑罚，难道工人是畜生，非血肉横飞，不彰功德手。三千男女，忍无可忍，乃于昨日相率出厂，希冀总理凭肉血良心，观察本厂工人待抚转济之苦情。以下五条，为公决解决此次风潮之最低要求：①不准厂内有打骂工人之惨无人道行为。②工人因事告退或被革时，以前所工作之工资，应照数给清，不得充公。③要求加薪，摇纱由一角二分十车，增加作一角五分；细纱每日每人加工资五分，粗纱加二成，不得无故克扣，并须体恤童工。④请厂长破除畛域的意见，待遇应一律平等，复工后不得藉端开除工人。⑤罢工时，工资应照平常数目完全发给。仅此哀哀上告经理钧鉴。

（原载 1925 年 2 月 24 日天津《益世报》）

张玉兰回忆华新罢工

民国十四年，华新纱厂罢工，要求增加工资，但主要是为了解放艺徒。当时，中共唐山地委书记邓培、曹亨灿、李义山等人都来到华新。工人把车关了，艺徒也都起来了，大家把东西两面的墙都给推倒了，把艺徒放跑不少人。

（1961 年 4 月 25 日陶维兴访问张玉兰谈话记录）

推进国民会议促成运动

在工人运动不断深入发展的形势下，中共唐山地委领导唐山各界群众开展了以反帝反军阀为中心内容的国民会议促成运动①。1925 年 2 月，中共唐山地委以国民党唐山区党部的名义，发起成立由各界爱国人士参加的唐山国民会议促成会，并通过 4 项决议：各团体组织长期的演讲队，深入工厂、农村宣传召开国民会议的意义；组织通讯社，及时报道国民会议促成运动的情况；赞许并加入全国国民会议促成联合会；择期召开唐山市民大会。玉田、乐亭、遵化等县也先后成立了国民会议促成会。3 月 1 日，中国共产党和国民党左派，在北京大学三院召开了国民会议促成会全国代表大会，邓培参加了会议。这次大会虽然没有达到召开国民会议改组政府的目的，但它揭露了善后会议反人民的性质，宣传了中国共产党的民主革命纲领，显示了国共合作的巨大组织力量，巩

---

① 1923 年 7 月，针对北洋军阀的封建专制统治，中国共产党在《第二次对于时局之主张》中第一次提出了召开国民会议的主张。1924 年 11 月 10 日，孙中山发表《北上宣言》，赞成中国共产党提出的这一主张，明确表示应召集国民会议以谋求中国的统一与建设。随后，中共中央发出《中央通告第二十二号》，要求各地组织国民会议促成会并为此积极开展活动。11 月 24 日，段祺瑞正式就任中华民国临时政府总执政后，为使北洋军阀统治继续下去，积极组织善后会议，以抵制和破坏国共两党的国民会议。此举遭到国共两党和全国人民的反对，全国各地普遍组织起国民会议促成会，展开声势浩大的国民会议运动。

固了革命统一战线，对于引导群众进一步参加民族民主革命起到了积极作用。在大会进行期间，孙中山于3月12日逝世。邓培代表全国铁路工人表示深切的哀悼。唐山的共产党员、共青团员 [①] 和国民党员60多人，在工人图书馆集会追悼孙中山。3月29日下午，中共唐山地委、国民党唐山区党部组织唐山各界民众3000多人，在唐山大学操场举行孙中山先生追悼大会。在悼念孙中山的活动中，唐山党、团组织大张旗鼓地宣传新三民主义，宣传孙中山与苏联和中国共产党团结合作的精神，宣传反帝反军阀的革命纲领，进一步推动了废除不平等条约和国民会议运动的开展。

唐山各界组织国民会议促成会

唐山各界鉴于全国国民促成会之风起云涌，亦发起组织唐山国民会议促成会，函邀本校加入筹备会。本校学生会通过派代表二人赴会；次又参与该促成会之成立大会于扶轮小学。此后，本校开全体同学大会，讨论对于唐山国民会议促成会之主张，决议有四条：①各团体组织长期讲演队；②组织通讯社；③赞助并加入全国国民会议促成会联合会；④择期开唐山市民大会。

（原载《唐大月刊》第2卷第2期，1925年8月出版）

孙中山追悼大会

唐山市民追悼孙中山大会，于三月二十九日在本校操场举行。南搭有灵棚，棚内有中山先生遗像及各团体所赠花圈与挽联。是日到者：男女各学校，以及农工商各团体，约有三千余人。于下午一时开会，各团体代表相继演说，语极悲痛。本校校长孙先生演说时，有云："中山先生譬之一工程师，虽未将理想中之建筑完成，然遗吾人以精美之图样与伟大之计划，此庄严灿烂之建筑之成功，则在吾人之努

---

① 1925年1月26日至30日，中国社会主义青年团在上海召开第三次全国代表大会。鉴于社会主义青年团在欧洲已成为第二国际修正主义所领导的青年组织，为了使中国青年团组织和列宁领导的第三国际的各国青年团组织保持一致，大会决定将中国社会主义青年团改名为中国共产主义青年团。

力也。"散会后，排队游行，至下午五时，始各分散云。

（原载《唐大月刊》第 2 卷第 4 期，1925 年 5 月出版）

出席第二次全国劳动大会

1925 年 5 月 1 日，第二次全国劳动大会在广州召开，唐山工人党员邓培、谢作先、李华添、张玉兰（女）等出席大会。大会决定成立中华全国总工会，选举执行委员会，邓培当选为副委员长。大会通过了《中华全国总工会总章》，宣布取消中国劳动组合书记部，由中华全国总工会统一领导全国的工会。劳动节当天，在职工会的领导下，唐山制造厂 2500 多名工人下班后，冒雨举行庆祝五一劳动节的集会活动。

第二次全国劳动大会宣言（摘录）

（1925 年 5 月）

全国工友们！第二次全国劳动大会，于五月一日在广州集会，参加者全国一百六十五个工人团体，到会代表二百七十七人，共代表全国五十四万有组织的工人。一致认定全国工人必须用自己的组织力量，解除自身的病苦，获得自身的利益，并要力争全国人民所需要的集会、结社、言论、出版的自由，全国工人所需要的组织工会和同盟罢工的自由；而压迫剥削工人阶级的和摧残工人自由的仇敌，又非首先打倒不可。

大会并代表全国工人与广东有组织的二十一万农民和数千革命军人联合，而且正式加入国际革命的无产阶级之队伍。因为中国劳苦群众的解放，第一，要由进步的无产阶级领导广大的农民群众；第二，要与世界的无产阶级联盟，共同奋斗，才能获得最后的胜利。

全国工友们！大会为满足全国工人的要求起见，为统一战斗力起见，已正式组织中华全国总工会。从此中华全国总工会便是指挥全国工人奋斗的总机关。

全国的工友们！全国工人都觉悟起来了，都纷纷起来组织团体了，都知道为自身的利益奋斗了，现在中华全国总工会又组织起来了，从此全国工人须在中华全国总工会旗帜下，一致团结，提携着贫农，联络着全世界无产阶级，共同奋斗。

打倒帝国主义！

打倒帝国会义爪牙的军阀！

打倒帝国主义走卒的工贼和反革命派！

全国工人大团结万岁！

全国工农兵大联合万岁！

全世界无产阶级联合万岁！

（摘自工人出版社出版的《中国历次全国劳动大会文献》）

张玉兰回忆参加第二次全国“劳大”

华新纺织厂地下党组织是民国十三年由邓培组织的。因为我是广东人，和邓培是同乡，所以先发展了我。

民国十四年四月组织上派我去广州开会，唐山去的还有邓培、谢作先、李华天等人。是“五一”开的会，散会后我们由广州乘船到上海，正赶上上海的反帝斗争。赵世炎在上海开会，叫我们先不要回唐山，先参加上海的斗争。我们和上海工人一起砸了很多帝国主义的汽车，警察来镇压我们就和他们搏斗，伤了很多的人。后来我乘船到天津，在余庆里 40 号，我党的秘密联络点住了一天，就回唐山了。邓培留在了广州。

（1961 年 4 月 25 日陶维兴访问张玉兰谈话记录）

张寿禄回忆参加第二次“劳大”

一九二五年四月，中共天津地委决定派陶卓然和我两人，作为天津工人代表，赴广州参加即将召开的第二次全国劳动大会。当时，陶卓然是印刷工会负责人，我是天津裕元纱厂工会负责人。四月十五日，于方舟、卢绍亭二同志找陶卓然和我谈话，交代布置了任务，并给我们每人发了三十元川资。

四月二十日，我们乘船（"奉天号"）从天津出发，二十四日到达上海。在上海接上组织关系后，会同上海工人代表陶静轩，唐山铁路工人代表邓培、梁鹏万等北方的代表共二三十人，于二十五日乘"凉州号"轮船去广州。在航途中，代表们听说廖仲恺先生和顾问加伦将军也在同一船上，就请廖先生同大家见见面。廖仲恺先生满足了代表们的要求。他在会见我们时的讲话中，鼓励大家要不断地扩大组织，实行工农联合，工农兵联合起来，打倒帝国主义，打倒军阀，建立联合革命政府。廖先生的会见和讲话，使我们受到了很大鼓舞和教育。四月二十八日早晨六点钟到达广州。大会派人接待了我们，安排我们住宿在越秀路的西湖旅馆。

四月三十日，大会召开了预备会议，主要是安排了大会的议程。第二天，就在广州市各界热烈庆祝五一国际劳动节的同时，第二次全国劳动大会隆重开幕。大会会场设在广东省教育会。来自各省、市的大约二百八十位代表，代表着全国一百六七十个工会和五六十万有组织的工人，欢聚一堂，共议国家的革命大事和工人阶级的大事。刘少奇同志任大会主席团主席。大会开幕后，中共中央向大会发来了贺电，勉励大家要"工农联合，团结奋斗"。经过代表们的热烈讨论，大会通过了建立中华全国总工会决议案，选举产生了以林伟民为委员长、刘少奇为副委员长、邓中夏为秘书长的全总领导机构。同时，大会还讨论通过了三十多个决议案，我记得主要有：工人阶级与政治斗争，工农联合，组织问题，铲除工贼，加入赤色职工国际，等等。大会在圆满地完成任务后，于五月十八日胜利闭幕。

大会闭幕时，各地全体代表合影留念。铁路、海员、纺织等产业代表还分别合影留念。我参加了全体代表的合影和纺织业代表的合影。大会闭幕的当天晚上，国民党中央党部在亚洲酒楼设宴，招待各地工人代表和农协代表。当天夜间，工人代表中的全体共产党员在广东大学礼堂开会，总结了二次劳大的成果。我参加了这个党的会议。

（摘自《工运史研究资料》第30期）

铁路工厂工人集会，纪念五一劳动节

五一，以前数日，由中学大学指示工会印传单两种，说明五一节起源同意义，两种共六千份。并在工会代表会上提出，在厂门口开全体大会，二十分钟时间，五月一日下午六点。在五一前一天，我校推出讲演员三人，并下动员令，不演讲者，作纠察队，维持会场。矿务局、纱厂、洋灰公司，不知道五一节是什么，只有铁路工厂一方的活动。工厂通知各工友，下工开会。是日下午两三点之际，天地浑黑，细细蒙蒙，直到下工时候，很有不能开会之现象。下工后，工友直出厂门，见有五六十名警士，荷枪实弹，对工人示威。工会等冒雨赴会，约二千五百余人，有数百人手执小纸旗，上书"八小时工作""言论出版自由"等口号。有大学同学演讲，我校同学演讲。在演讲将完之际，有一警官来干涉开会，口言"未曾报告地面，应二十小时以前，将理由报告，批准后，才能开会，现在你们成群结队，有犯地面治安"云云。但工人拥挤向前，几乎大起冲突，警官进退两难，无计可出，及变词而退。我主席报告散会，工人等离散。此会有失败处两点：①无叫口号，只知与路警交涉忘提口号；②讲台只设一处，未能多设几处，多数工人未得听明其意义。

（摘自 1925 年 8 月 30 日彭振纲致总校信）

（注：标题是编者加的。彭振纲，唐山团地委书记。总校，团中央代号。文中"中学"指团组织；"大学"指党组织；"大学同学"指党员；"我校同学"指团员。）

领导唐山"五卅"反帝运动

中共四大以后，全国各地的国民革命运动风起云涌。帝国主义为了镇压日益高涨的反帝群众运动，采取了血腥的屠杀政策。1925 年 5 月 15 日，上海内外棉七厂的日本资本家枪杀工人顾正红（共产党员），激起上海人民的极大愤怒。5 月 30 日，上海学生、工人等 2000 多人到公共租界进行街头宣传和示威

游行。租界的英国巡捕在南京路上突然开枪，打死 13 人，伤数十人，造成震惊中外的五卅惨案。中共中央随即召开紧急会议，决定发动各界开展斗争，向英、日帝国主义进行反击。在中国共产党的领导和推动下，五卅反帝爱国运动迅速席卷全国。

6 月 3 日，五卅惨案的消息传到唐山，首先在共青团员最为集中的交通部唐山大学引起强烈反响，该校学生立即举行全体大会，抗议英、日帝国主义的暴行，声援上海人民的反帝爱国斗争。会议决定，从 6 月 4 日起停课 3 天，举行游行大会，组织宣传讲演团、学生军。会议选出 20 名代表，负责与唐山各团体联络，筹备召开唐山市民救亡大会。6 月 4 日，中共唐山地委和共青团唐山地委联合召开会议，决定发动全体党、团员在唐山组织反帝爱国运动，声援上海人民的英勇斗争。同日，京奉铁路职工总会和唐山分会发出宣言通电，抗议英、日帝国主义的暴行，声援上海人民的正义斗争。交通部唐山大学全体学生则离开课堂，学校下半旗为上海受难同胞志哀。6 月 5 日，唐山各界 18 个团体的代表在交通部唐山大学召开唐山市民救亡大会筹备会，决定于 6 月 7 日上午在火车站广场举行救亡大会。筹备会结束后，交通部唐山大学学生上街游行讲演，对社会各阶层进行宣传发动。同时，分赴附近村庄，讲演上海五卅惨案的发生经过，号召农民群众一致奋起，参加反帝爱国斗争。6 月 6 日下午，唐山制造厂工会在厂门前召集 3000 多名工人开会，报告上海惨案，号召全体工友踊跃参加次日将要召开的市民救亡大会。在短短 3 天之内，唐山各界参加五卅反帝爱国斗争的宣传发动工作就有了相当进展。

中共唐山地委、共青团唐山地委联合召开会议，决定开展"五卅"运动

我们为上海事件，拟在唐山举行一次大的运动。今晚 CP、SY 联合决定全体动员。由交大方面发起召集市民救亡大会，接洽已有头绪。今天工会发出宣言，星期六开厂工人大会，星期日开市民救亡大会。学校由今日起请求停课三天，不准则罢三天课。组织讲演队，口号按通告所定。

（摘自 1925 年 6 月 4 日唐山团地委致中兄的信）

注："中兄"，团中央的代号。标题是编者加的。

唐大、南厂通电声援"五卅"运动

沪案传来，唐山大学停课三日，办理一切宣传事宜，联络各界。该校发通电宣言，京奉总工会及唐山分工会亦发出通电宣言。并在京奉路制造厂召集大会，完全为大小同乡所主持。七日开市民大会，因雨到者千余人，同乡在那里能有系统计划的宣传，办事很努力，进行叫口号均是小同乡指挥。唐大已罢课，预备上自山海关下至塘沽为宣传区，大着力于工农方面。工人同乡亦有告长期假，专为此事奔走，宣传队从事组织，作大规模的计划，详细情形他们定有报告。

（摘自 1925 年 6 月 8 日彭振纲致钟哥的信）

注：彭振纲当时是中国共产主义青年团唐山地委书记；钟哥是团中央的代号。文中的"同乡"系指党团员。标题是编者加的。

唐山各界联席会议决议

为英国人与日本人近来在上海对中国人的暴行所激怒，唐山所有学校暨二十多个社会团体于本月六日在唐山大学举行联席会议，做出如下决议：

①于本星期日（六月七日）上午十时，在京奉铁路唐山火车站外举行群众救亡大会。

②大会后进行有组织的游行示威和公开讲演，呼唤每个唐山同胞的注意。

③向国家行政首脑和外交部长发出电报，表达满腔愤怒之情与唐山的民意。

④救亡会议组织将不屈不挠地坚持斗争，直到英国人和日本人在中国人面前知耻，并接受中国提出的要求。

出于对上海蒙受英国人和日本人摧残迫害的中国人的同情与道义上的支持，唐山大学学生手持谴责英、日暴行的旗帜在城区进行了示威游行。在此引人注目的行动之后，又在城区各处举行了数十场讲演会，要求承认国人对于上海英日警察残忍行为的应有权利，号召公民们对该事件予以关注。唐山人民从学生们充满热情的示威游行中深受感动，由各界团体联合进行的更大规模的示威运动或许将在近期实现。（六月七日唐山大学来信）。

　　注：标题是编者加的。原载 1925 年 6 月 10 日英文版《华北明星报》，此为译文，译者周志远。

　　6 月 7 日上午 10 时，唐山第一次市民救亡大会在火车站广场召开。到会的工人、学生、商人和普通市民共 2 万余人。会议由交通部唐山大学学生会主席许行成主持，他首先报告了英、日帝国主义制造惨案的经过，随后工、商、学各界代表讲演。大会通过了唐山工人代表提出的收回租界，取消领事裁判权，不准外国人在华驻兵设警、设立工厂，撤回英、日领事，重惩英、日巡捕以死刑等 7 项要求，并一致决议通电北京政府照办。在这次市民救亡大会上，共青团唐山地委印制了 5 种宣传品，向群众散发。6 月 15 日下午，唐山第二次市民救亡大会举行。2 万多工人、学生、商人及各界群众齐集火车站广场。会上各界代表轮流登台讲演，愤怒声讨帝国主义在中国接连犯下的新旧罪行。刚由广州返回唐山的中华全国总工会副委员长邓培参加大会并发表了讲演。唐山淑德女子学校的学生也冲破校方阻拦，第一次走上社会参加反帝爱国斗争集会。大会通过了 4 项决议：致电当局派遣军队到各城市的外国租界，保护中国居民的安全；致电当局同英国领事进行严重交涉；致电上海各界联合会继续工作，直到获得满意结果为止；对英、日实行经济绝交。会后举行了反帝示威大游行。6 月 25 日，唐山第三次市民救亡大会召开。这天适逢端午节，大会指挥部临时决定抓住群众赶庙会的机会，分 3 队到群众集中地点宣传讲演。这次活动以共产党员、共青团员为骨干，工人、农民、学生中的积极分子数百人参加编队。讲演队分工：农民队在刘屯，工人队在唐山庙（雹神庙），大学生队在大街及新立街一带。其中，工人队因赶庙会的农民多而取得的效果最好。在这次反帝宣传活动中，唐山中共党、团和工会组织印制和派发了各种传单 8000 多份，同时散发了广东邮寄来的 1000 多份"农工兵联合起来"的宣传品。

唐山市民之救亡大会

上海英、日残杀华人案发生后，唐山各团体闻耗，异常愤慨，曾于五日在唐大校内开市民救亡大会筹备会，议决七日午前十时半在车站旁操场举行市民救亡大会。今日（七日）甫至十钟，唐山各团体、各学校整队行抵车站旁集合，到会者有京奉路总工会、矿务局，唐山铁路工会、商会、洋灰公司等二十余团体，人员约达二万以上，内中除教员、学生、商人外，均系唐山各厂工人。十钟开会，由主席许行成报告英、日残杀案经过，继由各团体自由演讲。凡关于英、日对华人野蛮手段，无不毕露，言时声泪俱下，呼声动天地。时正大雨，而讲演仍继续进行，秩序不有稍紊。最后讨论对付英、日方法，当由工会提出最低要求七项如下：（一）收回租界，取消领事裁判权；（二）不准外人在华驻兵设警；（三）不准外人在华设立工厂；（四）撤回英、日领事；（五）英、日政府向中国道歉；（六）重惩英、日巡捕以死刑；（七）赔偿死伤损失，应与中国人赔偿外国人同例。议决即日电促政府照办。闭会时已二时矣，全体二万人，整队出发游街，穿过唐山镇，而绕至西山，沿途发散传单，高呼口号，大概有：（一）打倒帝国主义；（二）抵制英、日仇货；（三）经济绝交；（四）民国解放万岁等语。呼声凄切，道旁观者多默然失色。甫行至西山，群忽愤跃高呼，血泪俱下，盖西山为英人住宅所在，如入仇穴，愤恨焉得不炽。时竟（竟）有叫喊过剧，因此陨倒者。英人均闭门不出，景象愈形黯淡，阴气满天，令人不忍卒观。大队复由西山绕至广东会馆门前，由主席宣告散会，并每团体选出代表数人商议以后彻底进行办法云。

（原载 1925 年 6 月 10 日天津《益世报》）

唐山各界代表开会

昨日，市民救亡大会游行后，各团体代表在广东会馆开代表会议，列席者计唐山大学、京奉铁路总工会等二十余团体。制定简章，分股办事。议决举行大规模之募捐，俾集大宗款项，接济上海失业工人。又各团体因唐山向无统率机关，遇事皆临时组织，事后即瓦，颇感不便，拟乘此时组织各界联合会，正进行解释。

（原载 1925 年 6 月 11 日天津《益世报》）

唐山各界团体举行会议

六月十一日，唐山各界团体举行第三次会议，议决：

（1）凡唐山人一律不得参加外国人定于近期在这里举行的赛马会。

（2）组织一委员会，为支援上海罢工者募集基金。

（3）组织一委员会，调查在唐山受外国家庭雇佣之中国人数，要求他们走出外国人的家门，并为之另谋生计。

（4）请求唐山各同业公会对日本人和英国人实行经济抵制。

（原载 1925 年 6 月 15 日英文版《华北明星报》，此为译文，译者周志远）

唐山第二次市民救亡大会

帝国主义的新暴行，更加激怒了全国人民。唐山人民怒不可遏，六月十五日所有工厂罢工，商店罢市，学生罢课，实现了三罢，并在车站旁广场举行了第二次市民大会，五万人参加。会上通过四项决议：

（1）致电当局派遣军队到各城市的外国租界，保护中国居民的安全；

（2）致电当局，跟英国领事进行严厉外交；

（3）致电上海各界联合会，继续工作直到获得满意结果为止；

（4）与英、日经济绝交。

（摘自交大学运史资料）

铁路工人之爱国热

沪案发生，津浦、京奉两路工人，非常注意。联合一致，设法援助，除捐助款项外，并参加运动。因恐当局发生误会，故行动和平，不罢工，不激烈，以免发生意外云。

（原载 1925 年 7 月 10 日天津《大公报》）

唐山"五卅"运动中的三次市民救亡大会

"五卅"运动情形，略有可观，共开过游行大会三次，由唐山救亡大会召集。第一次宣传同召集，最有系统，前三日召集本校和大学全体大会，讨论一切进行，并分工担任工作，演讲人员，题目，一切准备。翌日召集工人代表开会，决定星期六在厂门口开全体工人大会，廿分钟，并命各代表，各同志，进厂于未开工或收工时，对工人讲演，报告上海惨案，并组织临时纠察队，维持秩序。到晚六点依法实行，临会者三千余人（工人）。在大会上并告工人明日市民救亡大会在车站草场开会，望各工友必到会。星期日早微雨，道途泥泞，寸步难行，莅会者持伞而来，很有热诚之表现。十一点大雨，演讲台下，人仍如是，并有纠察队学生军，维持场序。同学讲演者甚为充足，并能包围主席，又提出拍电，会场又有募捐处。出发游行之际，因道途泥泞，很多退伍人员，游行者约有两千余人。行过数街，人数淘汰了数百，其余闭会而散。本校宣传品有五种，未曾均匀地分派，并且缺乏纸张。字数太多，外人得到不能立时了解。以上是第一次的情形。但在场开会之时，有京奉路局长加入，并带许多卫队。正在大雨之际，见到群众不散。他的恐怖不浅，因前一日有人拍报给他，说"路工有罢工之举动"，故专驾车来唐一看。他吸收传单不少，但有国民党传单。

第二次市民救亡大会，通知招集游行大会，六月十四日（星期日），由救亡大会通知各机关，于十五日下午一点齐集车站草场开会，到者约有二万多人。工人居多，其次学生。当日上午，铁路工人首先在厂内求厂长放工游行，并照常发工资，批准。八点半出发，工人排队，纠察队在两旁维持秩序，并呼口号。到大街通知商人停市上门，直冲西马路洋房，然后从马路顺道而回，已十一点半。游行者共有四千多人。下午大会游行，始有女学生参加，完全是我们煽动出来，他们在场演讲，极力攻击反对他们的教员，阻止及国运动，并提出警告。该时各方传单甚多，我校有数种。下午一时大游行，街上口号为"打倒帝国主义""收回租界"等，游行至五点各自散队。

第三次在端阳节。因交大方面，未见通知，到时不能集中，只有本校同学与民校同学、大学生等数百人，亦有一些农民。当时提议分队出发演讲，农民队往刘家电庙演讲，大学生在大街及新立街一带演讲，工人在唐山庙演讲。最有效力是在唐山庙演讲的一队，能使农民深入脑里。因当日是那个庙节，所以农民到者非常之多。是日本校同学将民校传单"农工兵联合起来"的宣传品千多份（是从广州寄来的）拿到里面分派，兵士见得甚为欢迎。并有其他各种本校、大校、工会、分会等约有八九千份，沿街分派。当时工作情形：演讲队，交大演讲分两队；①远地演讲队。②固定演讲队，大都是我校的同学主持。远地由山海关至塘沽，已去遵化一带和山海关。因日期短促，去的人太少，仅作普泛的宣传。固定演讲在交大学校，及各中小学，和平民夜校。各游戏场和农村，均有宣传大纲。农村同学亦组织游行讲演队，往各农村宣传。工人同学，组织两讲演队，先授宣传大纲及内容，曾出发数次，听的人不少，很受群众欢迎。可惜因工作时间问题，不能多举行。捐款，救亡大会募捐有4500余元，制造厂每人二工（3000多人）。妇女协会募捐得300多元。

（注：总校，团中央的代号。文中的"本校"指团组织；"大学"指党组织；"民校"指国民党组织。标题是编者加的。摘自1925年8月30日彭振纲给总校的报告）

在先后三次组织市民救亡大会的过程中，由各界代表成立的五卅惨案后援会，大规模地开展了募捐活动。筹集到大宗款项接济上海失业工人。6月23日，第一笔捐款3450元由中国银行免费汇出，交上海工商学联合会代为分配。在这次募捐活动中，京奉铁路唐山制造厂3000多名工人每人捐献出两天的工资，交通部唐山大学全校200名师生共捐款2000多元。唐山新成立的妇女协会，也赶排了《终身大事》和《午饭之前》两个新剧，先后在游艺会上演出，为援助沪工筹款 300 多元。

6 月以后，反帝浪潮由城市扩展到农村。7 月中旬，中共乐亭地方执行委员会召开了两次国民大会，会上通过宣言，并举行了游行示威。

会后，以县中学师生为骨干组织了募捐宣传队，共募款 1000 多元汇给上海总工会。在交通部唐山大学学生的鼓动下，直隶第三初级师范学堂和滦县中学学生成立了中等学校救国联合会，罢课 20 多天，组成小组到城镇、火车站和农村开展宣传活动，声援上海工学界的反帝爱国斗争。与此同时，国民党直隶省党部负责人、中共天津地委成员江浩利用放暑假的时机，组织在京津读书的玉田籍的回乡进步学生，发动在县城参加会考的全县高小学生和教师、工人、农民、商人约 3000 人游行示威，声援"五卅"运动。此外，在遵化、滦县、丰润等地也分别举行了群众集会和游行。一个以反帝爱国为中心的群众运动，在唐山城乡广泛开展起来。

刘俊峰回忆唐山"五卅"运动

1925 年"五卅"惨案后，我院学生与唐山工人及各界联合在车站开大会，有 2 万人左右，盛况空前。冒雨开大会，许行成是主席，会后还冒雨游行示威，群情激昂。1925 年许行成是唐山大学学生会会长。

（摘自西南交大《校史资料》，1965 年 1 月访问校友刘俊峰记录）

田玉珍回忆唐山"五卅"运动

唐山的"五卅"运动完全是由我们党、团组织领导的，交大学生会完全听我们的。"五卅"运动的发起主要是交大和南厂，以后唐山商会也参加了，抵制检查日货，他们也一块参加。召开市民大会，大部分同学都参加了，会上邓培讲话，熊式平也讲话。会后游行示威，抵制日货。

（摘自唐山革命史档案，1964 年 12 月访问田玉珍记录）

袁兰祥回忆唐山"五卅"运动

1925年6月间，邓培同志在广州出席第二次全国劳动大会，回到唐山后，立即投入了轰轰烈烈的唐山"五卅"运动的领导工作。"五卅"运动时，唐山举行罢市罢课，在车站广场，邓培同志在市民大会上进行了讲演。

（摘自唐山革命史档案，1960年10月30日访问袁兰祥记录）

南厂老工人林佩章回忆唐山"五卅"运动

在"五卅"运动中，南厂工人和学生一起走上街头，到商号搜查英、日货，把查到的大批英国老刀牌香烟和日本布匹，运到火车站旁草场烧毁。围观的群众，人人拍手称快。

（摘自南厂档案老工人回忆录）

南厂老工人梁有根、郭玉和回忆唐山"五卅"运动

"五卅"惨案发生后，南厂组织了3000多工人参加了游行示威，并罢工一天，以抗议日、英帝国主义在上海屠杀我工人兄弟的暴行。当时有的援助款子，有的写支援信，以支援上海工人兄弟的斗争。

（摘自南厂档案老工人回忆录）

南厂老工人邓伯长回忆唐山"五卅"运动

1925年"五卅"惨案后，唐山铁路工厂停工一天，全厂工人在车站西开会，会后游行示威，喊"农工兵商学联合起来！""打倒帝国主义！"等口号。

（摘自南厂档案老工人回忆录）

参加领导开滦工人建立工会和赵各庄煤矿工人罢工

1925年6月下旬，中共北京区委为贯彻中共四大关于努力组织和发展工

会的精神，派袁达时[①]和马致远（即李鹤年）来到唐山，以英国人控制的开滦煤矿为重点，利用"五卅"反帝爱国运动形成的有利形势，发动工人组织工会，开展工人反帝斗争。中共唐山地委对此十分重视，抽调地委委员赵玉良等配合工作，并确定首先在赵各庄、唐山两矿建立工会。

王春元回忆一九二五年开滦组建工会和赵各庄矿罢工

一九二五年"五卅"惨案发生后，在中国共产党直接领导下，展开了全国性的反对帝国主义的革命运动。这个运动直接推动了中国革命运动走向高潮。当时的革命矛头是直接指向帝国主义的，在北方除形成了全民性的轰轰烈烈地反对英、日帝国主义的统一战线外，革命的主力——工人阶级的斗争矛头主要是指向天津的日本纱厂（裕华、宝成）和唐山的英国开滦煤矿。

英帝国主义的开滦煤矿当时有五个矿场——唐山、马家沟、林西、赵各庄、唐家庄矿，其中最大的是赵各庄煤矿。所以当时组织上决定以唐山、赵各庄为重点，组织开展对帝国主义的斗争。当时地委（即市委）书记是邓培同志，团委书记是彭振刚，我是团员。六月下旬开始，组织上派马志远（旅法的）负责唐山矿工作，派袁达石（安源来的）、赵玉良负责赵各庄矿工作（兼东三矿）。七月初组织上调我脱产担任交通工作，当时的主要任务是组织工会，工作是采取半公开的形式（爱国运动是公开的）。

赵各庄矿的工作是从办工人学校开始的，逐步地组织起井上、井下工人代表王绍臣、马登楹、杨春林、刘成章、宋起等十几个人，到七月底在赵各庄戏院召开了群众大会，正式成立了工会，并提出了承认工会、增加工资、取消平粜所等斗争纲领。大会还有唐山铁路工会及各矿代表参加，我也以唐山青年代表的名义讲了话。会后派代表正式向英国资本家提出要求，这些要求大大鼓舞了群众斗争情绪。

斗争条件提出后，使英国资本家和奉系军阀大吃一惊，他们一面

[①] 袁达时，共产党员，原中国劳动组合书记部上海分部主任，1928年6月被捕变节。

敷衍，一面暗中准备镇压。这时在天津的日本纱厂裕太、宝成也开始了爱国反帝大罢工。

在八月初的一天晚上，我正和张宝仁同志谈话，忽然响起枪声，我们跑到门口就得到保安队包围会馆、逮捕工会代表的消息，等我们走到街上，就遇到袁达石、赵玉良、王绍臣、马登瀛等五人被绑赴保安队部。当天下午又得到保安队在林西矿捕人的消息。在封闭会馆、逮捕了工会代表的情况下，其他工会代表刘成章、杨春林、宋起、习茂春等当夜和我在工人家中开了紧急会，决定派三个代表——刘成章、杨春林、宋起随我到唐山讨论下一步行动计划，其余的代表习茂春留下继续团结发动工人准备斗争，营救被捕代表。

我和刘成章等三名工人代表在黎明前出发，从赵各庄步行至洼里车站上了火车，到了唐山后，我把代表们安置在澡堂内休息，我去找彭振刚，在他的住处遇见北方区负责人赵世炎同志，他当时穿着一套西服，头戴礼帽，脚穿黑色皮鞋。后来我听说，赵世炎曾来过赵各庄矿。他通过两个练武术的老爷子，认识了几个爱好武术的矿工。赵世炎同志和他们很谈得来，起初是拉扯家常，以后又讲讲矿上情况，启发大家对英国毛子、包工大柜剥削、压迫的痛恨。以后认识的人越来越多，宣传的面也越来越广，他就召集大伙开会，给大家讲革命斗争和团结起来力量大的道理；他要大伙组织起来成立工会，把所有的人都团结在工会的周围，向英国毛子和包工大柜进行斗争。

这次赵世炎同志是在安排了天津的罢工斗争之后来唐山的。他是我们到唐山的当天晚上到的，来唐山的目的就是开展矿区的斗争。当晚赵世炎就在彭振刚的家里召开会议。当时我记得在场的有邓培和彭振刚。他听了我的汇报后，便向我介绍了天津工人斗争的经过，接着就问我工人代表们的情绪怎样？我告诉他大家情绪很激昂，纷纷要求罢工。他说，这很好，你先把代表们安排着吃罢饭睡好觉，我下午和他们开会。

当天下午，彭振刚领着赵世炎同志来到我的住处和代表们见了面，他问了赵玉良、袁达石等五人被捕的经过，听取了工人代表对今后斗争的意见，然后向大家讲了全国反帝爱国斗争的情况，说明工人阶级在斗争中的领导和先锋作用。最后，他表示同意代表们关于组织罢工斗争的意见。接着他和代表们详细研究了组织罢工的方案，由哪些人组织罢工委员会，找哪些积极分子联络，在什么地方秘密开会等，都定下来了。最后他表示要亲自和代表们一道去组织罢工，营救被捕的代表。并在唐山设立了罢工委员会联络处，由张宝仁担任交通，把我留在联络处工作。

天黑以后，赵世炎同志便换上了一套工人服装，同代表们一起到了赵各庄矿，亲自组织这场斗争。跟赵世炎一起去赵各庄的有齐景林、张宝仁，还有工人代表杨春林、宋起、刘成章等人。他是以总工会代表的身份出现的，在赵各庄南白道子连续给工人们开了两天的会，做了充分的酝酿准备，组织好纠察队，成立了工人济难会。在一切工作准备就绪之后，在9月13日清晨，工人纠察队一齐出动把矿务局紧紧包围起来，严密把守大门，劝阻工人不要上工。这样，罢工斗争就开始了，全矿一切工作都停了，绞车不再转动了，火车也不叫了，顷刻之间赵各庄矿陷入瘫痪状态。第一天的斗争胜利了，第二天的罢工仍然坚持着，工人完全掌握了斗争的主动权，在赵世炎同志的领导下，进一步地向矿方提出谈判的十大条件。

到9月14日下午，英方资本家勾结奉系军阀由天津调来了一营督察队，企图对工人进行镇压。同时，他们还暗中收买工贼，采取造谣、威胁、利诱等手段来破坏罢工。工贼还带领军警到处搜捕工人代表和赵世炎同志。因此，当赵世炎同志正同代表们开会时，反动军警包围了会场，结果工人代表杨春林、刁茂春、何顺等人被捕，赵世炎同志在工友们的掩护下逃出会场，由刘成章护送，当夜由赵各庄步行回到唐山。次日上午当我在阮章家里看到他的时候，他因数日不眠不休又步行数十里，两脚磨破、疲劳不堪了。

就在那天下午一点钟，工人代表宋起被骗，带领特务来到罢工委员会联络处逮捕赵世炎，因他未在此处，结果将我捕走，并将赵世炎的一件西装上衣拿走。这件西装上衣在4个月后国民党占领天津我们出狱后，我才交还给他。从此以后，他总管我叫"替身"，意思是我替他挨了捕的。

我出狱后就随同赵世炎在天津工作，那时赵世炎回北京的时间少，在天津的时间多，工作是半公开的。到1926年3月末国民军退走，奉系军阀卷土重来时，赵世炎介绍我和杨春林、阚家骅、刘华章三人到天津苏联领事馆做保卫工作兼特别交通工作。就在我到苏联领事馆去之前，他介绍我入了党，派我负责支部工作，他还替我改名叫赵鲁逸。从此，他就叫我小赵。

（摘自唐山革命史档案访问王春元记录）

袁达时、赵玉良等到赵各庄后，从开办平民学校入手，通过党员动员工人参加学习，对他们进行文化知识和革命启蒙教育。同时发展党组织，准备骨干队伍。8月18日，赵各庄矿工会成立大会正式举行。大会通过了赵各庄煤矿工会的宣言及章程。赵玉良当选为工会主任，秦连、董春富、马登楹、刘成章、张胜美、张明赤被选为副主任。同时推选王泽臣、马登楹等5人为筹备五矿总工会的代表。

老工人袁少成、田贺回忆成立平民夜校和组织工会

1925年赵玉良、袁达时来赵各庄之后，就成立平民夜校，共有三个，最大的是西赵各庄的，学生也最多；还有第一部一个，大马路一个。

赵玉良、袁达时来赵各庄是为了组织工会，开始不敢公开组织，只是一个联两个联三个地联系了越来越多的工人。他们最先找的是西赵各庄的马登楹，马又联络了于万一的内弟王泽臣和董春福，以后又联络了宋书德、高春元（同仁铁厂）、田贺等人。以后赵玉良让五大厂的工人都登记入会。

有一天，四五十人在矿东头的屋子里开会，突然巡官带队伍把房子包围了，当场逮去了袁达时、赵玉良、马登楹、王泽臣和董春福等五个人，田贺、宋书德等跑了出来。

以后我们开了几次会，决定要求释放被捕的五个人。是杨春林召集的，在白道了福神庙开的会。最后一个会参加二三百人。因为要求放人，一直未答复，就决定第二天挂队。一早就把路口把住了，不让工人上班。中午，来军队架起机枪冲散了罢工工人。这次挂队没坚持下来，主要是因为当头的都被捕了，挂队就靠开过会的几百人干，所以没有成功。

（摘自《开滦赵各庄矿工运史资料汇编》）

老工人张天增回忆袁达时、赵玉良在赵各庄的活动

自从赵玉良、袁达时来了之后，咱们工人才知道受压迫受剥削，叫咱们要念书懂道理，替咱们办学堂。学堂设在西赵各庄。赵玉良、袁达时还领导大伙在第一部成立会馆，门口立两面大旗，红牌子上写着"无产阶级联合起来"。开会时，多是由袁达时、赵玉良讲话。

（摘自《开滦赵各庄煤矿工运史资料汇编》）

老工人张国志、孙奎明回忆成立工会

赵玉良和袁达时在西赵各庄租了三间房子，成立了工会，门口还挂有牌子，里面有桌子、凳子，预备上课用的。五大厂的工友都登记入了工会，那是赵各庄的工会，不是五矿联合工会。

（摘自《开滦赵各庄煤矿工运史资料汇编》）

赵国奎回忆袁达时在赵各庄的活动

民国十四年有共产党员赵玉良、袁达时在赵各庄领导，工人宋起、陆玉田、韩秉正、刘成章（党员，去过苏联）、杨春林（电气工人）、田恺（打铁工人）都参加了他们的活动。

（摘自《开滦赵各庄煤矿工运史资料汇编》）

王江回忆袁达时的活动

1925 年有袁达时、甘邱英、张燕来，来到赵各庄。袁和甘是河北

人，张是湖南人。袁达时是当时领导唐山、马家沟、赵各庄组织工会的，我是做宣传员。当时有"打倒帝国主义不平等条约""打倒卖国贼""打倒汉奸""唤起民众劳工救国"等口号。

（摘自《开滦赵各庄煤矿工运史资料汇编》）

阎文安回忆袁达时、赵玉良的活动

袁达时、赵玉良来赵各庄以后，常常跟工人一起在矸子山捡柴，说咱们工人怎么受人剥削压迫，说咱们工人学习，他们能替我们办学校，让咱们工人读书。但学校成立了，因矿务局矿警队禁止，没有上课。

（摘自《开滦赵各庄煤矿工运史资料汇编》）

赵各庄矿工会成立期间，开滦其他各矿工人筹建工会的活动也在逐步展开。中共领导工人建立工会的活动，在矿区影响很大，也引起开滦资本家的注意。8月19日，开滦总矿师杜克茹约见工人代表，要求停止工会活动。接着，他又赶往天津，面见奉系军阀、直隶陆军督办李景林，密商应对工会组织的办法。8月20日，杜克茹在得到奉军支持的许诺后返回唐山，对工会委员施以威胁和恫吓。工会委员不为所动，反而向矿方提出承认工会是代表工人的组织和增加工资等要求。8月21日，矿方指使矿区保安队将赵各庄工会强行封闭，工会活动被迫由公开转入地下。此时，工会工作仍然很活跃，各矿筹建工会的工作也在加紧进行。为支持各矿工会早日建成，中共组织派赵各庄矿工会委员分头到各矿帮助工作。9月5日，派往林西矿的陈福林与筹备工会的骨干开会时，矿区保安队闯入会场，将陈福林、郭维光等4人逮捕。9月6日，袁达时、赵玉良召集赵各庄矿100多名工人代表开会，商讨营救被捕工友的办法。矿区保安队侦知消息后，将袁达时、赵玉良、马登楹、王泽臣、董春富5人抓走。当晚，赵各庄矿的共产党员、工会委员和积极分子召开工会紧急会议，商讨营救被捕人员的措施。会议决定，派刘成章、杨春霖、王春元3人到唐山向中共唐山地委负责人汇报。其余人员继续发动群众，准备迎接艰苦的斗争。

开滦五矿之风潮

开滦五矿，产煤丰富，品质优良，获利颇巨，其主权则完全操之外人掌握，而工人生活艰难，并未少加改良，年来物飞涨，工资如故，生活益困。近受五卅惨案之激刺，爱国思想，勃然兴起，更感工会之必要。赵各庄（五矿之一）工会遂首先宣告成立，林西唐山等处，相继响应。乃本月五日，林西工会筹备职员突被保安警察捕去于万义、陈福林、郭维先、李同、李二等五人。赵各庄工会函请释放，益遭厂主之嫉，于是保安队压迫该工会，捕去该工会职员马登榣、赵玉良，袁达时、王泽臣、董福春等数人，闻已解往天津。全体工人，仍取和平手段，遵守秩序，函请保安队释放，始终无效，工人铤而走险，赵各庄一万三千工人，定于本月十日同时举行同盟罢工，其他四矿工人三万余，亦有波及之势，不知将如何解决也。兹录矿工会致矿局函如下：

迳启者，五卅惨案以来，我工友感于爱国之热忱，各地纷纷组织工会，政府亦认为重要，于是有颁布工会条例之举，工人本有组织工会之权利，目下全国工会林立，各处皆有。窃敝会成立以来，力谋工人教育，和平爱国，协调厂主与工人双方之冲突，并无越分之行动。乃贵局不察，竟唆使保安警察在赵各庄、林西两地逮捕敝会职员，加以绑缚，施以挞楚，如待罪犯。此种无理压迫，破坏我万余人组织之行动，实我工人所不甘忍受。唯有尽我工人之所能，以与贵局周旋。缘于本月九日全体停业，向贵局提出要求十项，盼于日内派出负责代表，与敝会代表谈判，以期和平解决，若贵局执迷不悟或假借武力再加压迫，则工人等自甘流血而死或停业而饿死，不甘再受摧残与虐待。铤而走险，事非得已。愤激陈词，不胜迫切，待命之至。此致开深赵各庄矿局。

赵各庄全体矿工提出罢工十条件是：

（1）释放被捕工会职员。

（2）承认工会有代表工人之权。

（3）洋人此后不得打骂工人。

（4）增加工资。日工在五毛以下者加百分之五十，在七毛以下者加百分之四十，在一元以下者加百分之三十，在一元以上者加百分之二十。

（5）星期日做工，按双工计算工资。

（6）罢工期间，工资照发。

（7）工人因病请假，不得扣除工资，因工受伤应斟酌情形给予抚恤费。

（8）工人因工废命每人应给抚恤费一千。

（9）矿局开除工人须得工会同意。

（10）取消平粜局包办制度，承认由工会派人监督。

（原载1925年9月14日上海《申报》）

开滦工潮未全解决，军队依然占据工会

天津报告：开滦矿务局罢工工人头目在天津被捕九人，现仍在警厅拘留。开滦工会，已经被军队占据，工人要求撤退，已经被官长拒绝。将来双方恐因此发生冲突。又讯：赵各庄矿区工人组织强有力之团体，誓必达到目的。唐山与林西两地矿工静候赵各庄罢工风潮之结果，设不圆满，或即采取同等办法云。

（原载1925年9月19日北京《晨报》）

开滦矿工风潮将解决

开滦矿局赵各庄煤矿（五矿之一）工人，因不堪忍受英人的虐待而罢工。其余四矿，亦欲同盟罢工，以为声援，因事不获实现。此次罢工动因，据开滦天津分行经理言，完全出于经济之压迫，并无政治意味。该矿工程师，亦未向总公司报告，想事后当地解决。兹据所得消息，工人方面，因受各方面之调停，闻于前日复工先行，唯必须将被拘工人代表即日释放。公司方面，虽允增加工资，然语意含糊，须有明白之牌示，才能相信。至工会组织，俟北京政府将工会条例颁布后，当然不能阻止。唯在工会条件未颁布以前，工人当组织工人俱乐

部，以资工余之休息。自此以后，英人永远不准有虐待工人情事，更不得无故开除工人。如能将以上问题解决，则工潮即能完全平息云。

（原载1925年9月19日天津《大公报》）

正当赵各庄矿工会遭到破坏之际，中共北京区委职工运动委员会书记赵世炎来到唐山。9月7日，赵世炎与中共唐山地委书记邓培、团地委书记彭振纲听取了刘成章等人的汇报，同意代表们提出以罢工来营救被捕工友和保卫工会的建议，决定立即发动全矿工人大罢工。随后，赵世炎来到赵各庄矿，连续几天在西白道子村召开会议，做罢工的组织准备和思想发动，先后成立了工人纠察队和工人济难会。9月13日清晨，工人纠察队一起出动，包围了赵各庄矿务局，向来上班的工人宣布罢工令，一场有秩序的罢工开始了。随即，赵各庄矿陷于瘫痪状态。资本家急忙派矿区保安队前来镇压。保安队向空中鸣枪，企图驱散工人队伍，但广大工人毫不畏惧，以木棍和石块击退保安队。赵各庄矿工会向矿务局递交了抗议书和释放被捕工会职员、承认工会有代表工人的权利、洋人以后不得打骂工人、增加工资等10项罢工条件。开滦资本家表示"完全不予考虑"，并急电天津总局速派援军来唐镇压罢工。9月14日下午，直隶督办卫队250多人到达赵各庄，强行镇压罢工，抓捕工人代表。当军警发现赵世炎在工人住宅区开会时，立即冲进会场。赵世炎在刘成章等人的奋力掩护下脱险，从赵各庄连夜步行到唐山，杨春霖、刁茂春、何顺等人被捕。赵世炎同中共唐山地委慎重分析了形势，认为罢工面临的威胁不仅是军队驻矿镇压，而且因直奉战争造成的铁路运输困难，使开滦的存煤过剩，资本家并不怕停产，工人用罢工的手段取得胜利的可能性很小，再坚持下去会挫伤工人群众的热情。因此，决定改变斗争形式，动员工人暂时复工，等待时机，继续斗争。9月16日，赵各庄矿工人忍痛复工，其他各矿建立工会的活动也随之停止。

京奉铁路总工会唐山分会致开滦矿务局总矿师函

开滦总矿师钧鉴：

迳启者，昨阅报载惊悉：

贵局赵各庄工友因压迫过深，遂酿罢工风潮，敝会睹此殊堪惋惜，窃爱国运动为全国潮流所趋，组织工会亦政府所许。

贵局自应善加诱导，以免双方无谓之牺牲，乃计不出此，竟横施压迫，极端破坏，逼得工人无路可逃，使风潮愈演愈烈，须知压迫愈大反动力愈大。

苟贵局不知觉悟，恐前途更不可收拾。倘深明大义，立时俯允所请，俾得早日和平解决，未始无可挽回之余地。吾辈同属工人，不忍坐视，迫陈词切，不胜祷祝，待命之至。

京奉铁路总工会唐山分会启

1925 年 9 月 15 日（《开滦档案》卷 2.1.16）

开滦煤矿工潮

开滦五矿，为北方最大矿产，工人数近六万，工作情形，异常复杂。包工制下之工人，所得工资，不足生活，故井下工作，虽名为八小时制，实则每工人至少须作十小时（即连作两班），则所得工资始足生活，亦有在井下工作连续一星期不出者。再加以包工头之克扣工资，借钱放利，种种黑幕，工人受虐不堪，遂起而组织工会。首先成立者，为赵各庄矿，该处工会成立后，即派人联络各矿，联合组织。不意本月四日在林西矿捕去工会职员四人，五日又将赵各庄工会封闭，并捕去工会重要职员十数人，工人愤慨异常，即欲罢工。有主张向矿主与保安署要求释放被捕者，但数日交涉，毫无效果，至十三日晨六时，赵各庄矿全矿工人，遂实行罢工，提出要求条件十项。其主要者，为承认工会，释放被捕者，增加工资，与以后洋人不得打骂工人等。矿局接到要求，阳为不理，暗中急电天津，调遣大批军队，以武力对付罢工。但自罢工后，即组织纠察队百人，日夜轮守工会会所，并把守各要道，防少数分子私自复工，保安队因工人秩序甚佳，遂亦不加压迫，故前后数日内之治安，甚至市面秩序，亦完全由工人纠察队维持。至十四日下午，大队军士到后，将工会比邻之戏园占据，该军长官，先至矿务局与洋人会议，议毕即至工会约工人谈话，令工人即刻上工，否则即以军法从事，并谓工会条例，尚未颁布，段执政与张将军现时尚不准设立工会，称被捕者皆为过激派，其中有袁达时一名，得上海工会四十万元，至北方煽动罢工，故不能释放云云。工人闻后有代表数人，稍作辩论，并提出如不能设立工会，请先设立工人俱乐部，亦不允许。至增加工资之要求，该军长官谓洋人矿主已允许于上工后斟酌办理，代表复有所要求，但均遭拒绝，该军长官愤怒而去，立时派军队将各处矿门把守，并解散工人纠察队。工人一见如此光景，明知难得好结果，若再继续罢工，恐蹈青岛天津之覆辙，故即上工。罢工之工人领袖，因被悬赏通缉，均已逃避，群众失其领导，毫无办法云。（十四年九月）

（原载《中国劳动问题》一书，1926年12月出版）

齐景林回忆赵世炎领导赵各庄矿罢工

1925年秋开滦的赵各庄矿举行罢工，在罢工的准备工作就绪以后，赵世炎同志由北京来到这里领导这次运动。他住在赵各庄矿。当时唐山地委书记是邓培同志。为了加强地委和赵矿之间的联系，我和几个身体较好的同志被分配做联络工作，往返于唐山和赵矿之间送信，在赵世炎同志的办公室里见过他几次，只是交信给他，没有谈过更多的话。当罢工运动搞起来之后，世炎同志日夜不得休息，我见到他的时候，看他简直疲倦得支持不了，但是他却坚决地支持罢工工作。估计他在赵各庄住了十多天。这次罢工由于反动派的残酷镇压最后失败了，但在鼓舞和教育煤矿工人提高政治觉悟方面起了重大的作用，这种作用和世炎同志的领导是分不开的。

（摘自唐山革命史档案，1960年9月访问齐景林记录）

开滦工人建立工会和赵各庄煤矿工人罢工斗争的发动，既是唐山"五卅"反帝爱国运动深入发展的必然要求，也是唐山工运开始步入成熟期的重要标志，初次斗争虽然受挫，但意义重大、影响深远。

脱离生产，成为职业革命家

1925 年 10 月，中国共产党第四届中央委员会第一次扩大执行委员会议在北京召开。会议对北京区报告的决议指出："唐山乃是北方第一大工业区，至今只有三十九个党员，这是应该立即纠正的缺点。"[①] 会议强调"第一便是扩大自己的党"。会议决定缩短党的四大党章规定的候补期，规定"工人农民候补期一个月，知识分子三个月"。是月，邓培调到北京专任全国铁路总工会的领导工作，不再兼任中共唐山地委书记和京奉铁路总工会委员长，中共北方区委派黄钟瑞接任中共唐山地委书记。

同月，中共北京区委改为北方区委，邓培至北京后，当选为中共北方区委委员。[②]

黄钟瑞回忆大革命时期的唐山党组织

1925 年冬，我调唐山任地委书记。在此之前，地委书记名义上由邓培担任，而实际上是由袁达时负责。袁达时是在参加安源煤矿罢工以后，调来唐山的。我来唐山后不久，邓培就调全总工作，袁达时也调走了。当时，李华添是党的地委组织部长，曹亨灿是宣传部长。团地委书记是张刃光（即福堂，广宗县人），组织部长是袁兰祥，团的负责人还有王维明（山东潍县人）、刘子奇（获鹿县人）。我在唐山负责地方党的工作，铁路系统还有党的组织。当时负责铁路的可能是梁鹏万，他经常去秦皇岛。做铁路工作的还有李震瀛。上级没有统一划分唐山地委的工作范围，唐山地委没有专管农运的。

那时党的领导机关是北方区，下面有北京地委、天津地委、唐山地委等。北方区在北京，主要负责人是李大钊，还有陈乔年、赵世炎、陈为人等。

[①] 中央档案馆编：《中共中央文件选集（1921—1925）》，中共中央党校出版社 1982 年版，第 421 页。

[②] 彭建华：《我所了解的北京和北方区党组织的一些情况》，《北京党史资料通讯》第 2 期。

……

我来唐山一年以后，上级调何孟雄来唐山任地委书记，我任组织，曹亨灿任宣传。不到一年的时间，何孟雄调南方工作，我又担任了一段地委书记。时间不长，我就被调到天津，唐山地委书记由杨天然接任。

（摘自黄钟瑞回忆材料，原存唐山革命史档案）

我在1925年10月到唐山，住在南厂工人梁鹏万的家里。我到这里来接邓培同志的手做地委书记，当时的名字叫黄钟瑞。我爱人王佩珊也和我在一起做交通和缮写工作。我当了半年地委书记，后来又去做组织工作，由何孟雄同志担任地委书记。当时开滦各矿都有一个支部，整个地委共有一百多名党员。当时地委的领导重点是南厂、开滦和交通大学等处。当时地委办公的地方在新立街边上的一条横街上（大概是陆家街）租的一处楼房里。

（摘自开滦访问黄钟瑞谈话记录，原件存开滦党史办档案）

黄若迟回忆父亲黄钟瑞

黄凝晖原名黄钟瑞，河北省晋县祁底村人，1902年10月生。1919年入正定第七中学，毕业后入保定第二师范后期班。进入保定二师上学期间，他于1923年参加了中国共产党，积极投入校内的各项活动，曾以保二师学生会干部的身份多次到保定育德中学、女师等校支持那里的学生运动。1924年由保定党组织派往北京和李大钊同志联系请示工作，不久又被送到设在北京国子监的党校学习。

1925年他保师毕业，10月，党派他到唐山接替邓培同志担任地委书记，从此开始了职业革命家的生活……

（摘自黄若迟1987年4月19日寄给唐山市委党史办的材料）

袁兰祥回忆唐山党团组织和邓培的革命活动

1924年8月我经工会委员长、共产党唐山地委书记邓培介绍加入了社会主义青年团。10月份南厂有二分之一的工人被停薪留职，我也在内。12月间，在党和工会的领导下，组织了复工运动，取得了胜利。我于复工后当选为工人代表。1925年3月当选为团支部干事，7月间又当选为共青团唐山地委组织部长。不久，工会委员长邓培脱产去专任铁总委员长。10月间工会改组，我又当选为常委（新会章改委员长为三个常委制）。1925年12月，经共产党唐山地委决议，特准我提前入党，担任职运委员，不再任团的工作。

（摘自南昌铁路局公安处档案袁兰祥自转材料）

1924年唐山党的组织叫唐山地委，地委书记是邓培，组织委员是阮章，宣传委员是交大学生田玉珍。团地委书记是冯亮功，组织委员是梁鹏云，宣传委员是交通大学熊式平。那时党团员都在一起开会，开会地点在欧阳胡同小楼上。1924年顺直省委曾派李震瀛来唐山，李震瀛化名李昂，也参加唐山地委会。那时邓培是顺直省委委员，他以省委名义驻唐山，兼地委书记，组织委员是李华天，宣传委员是陈禹民。团地委书记是梁鹏云，熊式平是组织委员。1925年1月，共产主义青年团召开第三次代表大会，梁鹏云曾出席第三次团代表大会，梁鹏云2月份回到唐山，3月份中央派来彭振纲同志担任团的唐山地委书记，梁鹏云担任组织委员，柳克述是宣传委员，熊式平是学生委员，程帝钦是经济斗争委员。

1925年"五卅"运动，唐山团组织改组，彭振纲是唐山地委书记，组织委员是袁兰祥，宣传委员是梁鹏云，学生委员是柳克述，经济斗争委员是程帝钦。

1925年9、10月间，唐山团地委书记彭振纲调走，党和团支部进行了改组。那时中国共产党唐山地委书记是黄钟瑞，宣传委员陈禹民，组织委员李华添。团地委书记是王为铭（上级派来的）当时还有互济会组织，互济会书记是曹亨灿（也是上级来的）。

1925年王为铭当书记时，我入党，入党后不做团的工作了，在党内担任工会工作。那时叫职工运动委员。职工运动委员会书记是姓董的，他参加地委会，还有一个叫刘金刃。邓培走后，工会改成常务委员制。9个执行委员，其中有三人是常委，李华天书记，我组织，邓开泰宣传，三人都是常委。

1926年1月间，党地委改组由何孟雄任书记，黄钟瑞任组织，曹亨灿任宣传。团地委书记张××。

（摘自1961年初访问袁兰祥记录，原件《存唐山革命史档案》）

1924年"二七"周年纪念日，第二次全国铁路代表大会召开，邓培同志代表唐山工会出席，被选为中华全国铁路总工会委员长。

1924年9月，唐山铁路工厂二分之一（一千六七百名）工人被停薪留职而失业。邓培同志虽未被裁失业，但通过已失业的党团员与失业工人仍保持着密切的联系。十月间冯玉祥发动政变，时局发生变化的机会，发动全体被裁失业工人组织起来，开展复工运动，并取得了胜利。

1924年，顺直党委（驻北京）为适应新革命高潮的到来，在三届党中央政治局的派员主持下进行了改组，邓培同志担任省执委仍兼唐山地委书记，每星期六夜车去北京参加省委会议及铁总会议，星期日夜车回唐山，星期一照常上班。

1925年1月，邓培同志出席了在上海召开的中共党第四次全国代表大会（此处有误，应为阮章参会，邓培因事未参加），当选为中央执行委员（编者注：应为候补中央委员），回唐山以省委驻唐山代表名义领导唐山党的工作，唐山地委书记改由阮章同志担任，组织部长为李华添，宣传部长为程禹民。

1925年5月1日，第二次全国劳动大会在广州召开，成立了中华全国总工会，邓培同志出席了这次大会，与苏兆征同志同时当选为全总副委员长（他是利用厂方两个月例假，以回三水老家的名义去的）。

1925年6月间，邓培同志回了唐山，立即投入轰轰烈烈的唐山"五卅"运动的领导工作。

1925 年 9、10 月间，邓培同志遵照党中央的指示脱产离开唐山到北京专任铁总委员长工作。于广东省港大罢工爆发后曾至广州参加领导工作。

1926 年 2 月 7 日，在郑州主持第三次全国铁路代表大会，当选为连任铁总委员长，至牺牲时为止。

（摘自南厂党史办档案袁兰祥 1960 年 11 月 25 日口述材料）

第三章

邓培离唐后革命活动

领导召开全国铁路工人第三次代表大会

邓培到北京专任全国铁路总工会的领导工作以后，经常往来于粤汉、京汉、津浦、京绥诸线，积极开展铁路工人运动。

1926年2月7日至15日，全国铁路工人第三次代表大会在天津召开。到会的有全国18条铁路的工会代表58人，代表着有组织的铁路工人21万人，比1925年2月召开的全国铁路工人第二次代表大会时代表的3.58万工人来说，增加了将近5倍，反映了铁路二大以来全国铁路工人运动的蓬勃发展。邓培出席并主持了这次大会。

2月7日晚，在天津南市第一舞台举行大会开幕式暨天津各界"二七"纪念大会。全体代表和天津2000余工人代表出席了大会。由邓培主持开会，宣布开会宗旨，代表们高唱《国际歌》，全体起立向"二七"死难烈士致哀。大会期间，中共北方区委书记李大钊到会发表了讲话，全国铁总总干事王荷波作了工作报告。大会通过了宣言，号召全国铁路工人努力完成国民革命和全世界无产阶级革命。最后，大会选举邓培、孙云鹏、康景星、王荷波、史文彬、刘文松等13人为全国铁路总工会第三届执行委员会委员，施恒清等7人为候补委员。邓培继续担任委员长。铁总会址设在天津。

1925年冬至1926年春，邓培领导全国铁路总工会，就国内发生的一些政治事件，发表4份通电，表明铁路工人的立场，产生了积极的影响。

其一，《中华全国铁路总工会对时局的通电》。1925年11月，奉系军阀张作霖的部将郭松龄在滦州（今滦县）发动了反奉倒戈，冯玉祥也率领国民军反对张作霖，北方出现了有利于革命的形势。全国铁总就时局致电广州国民政府，电文说："为今之计，我国民应于时局转变之际，急起直追"，应组织临时国民革命政府，"对内则肃清一切反动之军阀势力而解除其武装，给予国民一切自由，俾各种职业团体得派代表组织国民会议，产生正式国民政府。对外则宣布解散关税会议，废除一切不平等条约以脱离帝国主义之羁绊"。（广州《工人之路》，1925 年 12 月 21 日）

其二，《中华全国铁路总工会为反对日本出兵满洲事通电》。1925 年冬，日本帝国主义悍然从朝鲜出兵侵入我国东北地区，帮助其走狗奉系军阀张作霖消灭反奉的郭松龄部。全国铁总的通电对此表示强烈反对。"尚望全国国民急起直追，继续扩大排斥日本帝国主义运动，实行与日经济绝交；一面号召全国群众对日作广大的反抗日本出兵之运动，以期根本消灭奉系军阀所赖以生存之恶势力。"（广州《工人之路》，1926 年 1 月 10 日）

其三，《中华全国铁路总工会为最近上海孙传芳秘密枪毙刘华、赵恒惕无故逮捕刘少奇、汉口烟厂工人遭英人屠杀事通电》。1925 年，上海总工会副委员长刘华，被军阀孙传芳枪杀于黄埔江畔；中华全国总工会副委员长刘少奇，在长沙被军阀赵恒惕逮捕；汉口烟厂工人遭英帝国主义武装残酷屠杀，震动全国无产阶级。全国铁总的电文，愤怒声讨反动军阀和英帝国主义的罪行，号召全国工友和爱国同胞，"群起团结"，"打倒一切反动的军阀"，"援救被捕的爱国志士及被难工人。"（广州《工人之路》，1926 年 1 月 10 日）后来湖南军阀赵恒惕，慑于全国舆论压力，不得不将刘少奇释放。英帝国主义在全中国人民的反对下，被迫对汉口烟厂被难工人家属作出善后安排。

其四，《中华全国铁路总工会为英帝国主义封锁广州通电》。1926 年 2 月 22 日，粤海关税务司英国人贝尔，秉承英帝国主义旨意，悍然关闭广东海关，妄图切断华南一切进出口贸易。全国人民愤慨之至。全国铁路总工会的通电号召"全国民众应一致奋起，与英帝国主义抗斗"。"本会愿率领全国 10 万有组织之铁路工人，作反吴讨张反帝国主义之先锋。"（广州《工人之路》，1926 年 3 月 30 日）随后，英帝国主义分子贝尔，在全中国人民一片抗议声中，被迫重新开放粤海关。

邓培领导全国铁路总工会发表的这 4 份通电，切合时宜，反帝反军阀的立场鲜明，充分表明中国铁路工人在反帝反封建的国民革命中，是一支伟大的先锋力量。

领导建立全国铁总广东办事处

在中国共产党的推动下，中国国民党于1925年7月1日，在广州成立了国民政府。广东成为国民革命的根据地。李大钊从革命的全局出发，为了加强主要战略方向上的革命力量，于1926年上半年，由北方抽调了千百名共产党员、国民党员和革命青年，派往南方工作或参加北伐军，如赵世炎、罗章龙、陈乔年、陈毅、史文彬、王仲一和邓培等，一批党的干部先后南下，从而大大加强了广东革命根据地各方面的工作。

全国铁路总工会，为了加强广东铁路工人运动的领导，决定建立全国铁总广东办事处，作为广东全省工会的联合机构。考虑到邓培是广东人，有进行工作的便利条件，便派邓培主持广东铁总办事处工作。邓培于1926年3月全国铁路工人三大闭会后不久，即前往广州，筹备建立全国铁总广东办事处。

当时广东境内有粤汉、广九、广三、潮汕、新宁（即宁阳铁路）五条铁路。邓培计划把五条铁路工会联合组织成广东五铁路工会办事处。这时，各铁路工会组织很分散，没有统一的组织，工人和职员分家，工人组织机车工人联合会，职员组织车务同业工会，彼此常闹纠纷。邓培和杨殷奔走各线路之间，做艰苦的思想工作。他们对群众宣传说："工人和职员没有根本的利害冲突，大家要团结起来，去争取整个无产阶级的地位。我们要进行反帝反军阀的斗争，只有团结起来才有力量。"工人和职员提高了觉悟，参加到统一的工会里来。经过不长的时间，粤汉、广九、广三三条铁路总工会在邓培和杨殷领导下，相继建立起来了。但是，潮汕、新宁两条铁路，仍在国民党右派马超俊操纵的广东机器工会把持下。他们对工人控制很严，中共组织一时还不能对这两线工会组织建立起领导权。

1926 年 5 月 15 日，在邓培领导下，全国铁路总工会广东办事处于广州太平戏院举行成立典礼。粤汉、广九、广三三条铁路总工会参加了办事处，派代表参加典礼，广东机器工会把持的潮汕和新宁两条线路的工会，拒绝派代表参加。参加成立典礼的有出席第三次全国劳动大会的代表和广东省第三次农民代表大会的代表，以及各界群众共三四千人。会场挂满了旗帜和贺匾，气氛热烈。邓培首先请中共广东区委委员、国民党中央工人部秘书冯菊坡宣布开会。接着由王春报告了广东铁路工人斗争概况，陆基报告了铁总广东办事处筹备成立经过，中华全国总工会代表李森以及邓培等共十几人相继发表了演说。邓培强调要把广东革命根据地的铁路工人运动搞好，以推动全国铁路工人运动的发展，推进国民革命事业的发展。

5 月 16 日，邓培在广州丰宁路借太平戏院主持召开了全国铁总广东办事处第一次全省代表大会，到会代表 331 人，代表有组织的铁路工人 4089 人。会上邓培首先作了全国铁路工人运动情况报告。接着他请冯菊坡报告了广东职工运动，丘鉴志报告了全省工农联合战斗情况。又请粤汉铁路工人代表李连、广九铁路工人代表周桢、广三铁路工人代表陆芬分别报告了各铁路工人斗争情况。大会在邓培主持下通过了致全国铁路工友书，表示铁总广东办事处将与全国铁路工人一道，从事反帝反军阀斗争。同时大会又致电英国矿工联合会，对英国铁路、矿山、运输等几百万工人正在举行的大罢工表示支持和慰问。最后由粤汉、广九、广三三路工会选出 15 名代表组成全国铁总广东办事处常务委员会。邓培担任主任，杨殷担任顾问。

全国铁总广东办事处的成立和第一次全省代表大会的召开，对于推动广东铁路工人运动的发展有重大意义。

出席第三次全国劳动大会

在邓培领导筹备全国铁总广东办事处期间，他又率领全国铁路总工会代表团出席了第三次全国劳动大会。这次大会于 1926 年 5 月 1—12 日在广州召开。出席代表 502 人，代表全国 699 个团体（总工会及分会），124.1 万名会员，较之全国二次劳大召开时力量明显增强。

这次大会的中心议题是总结"五卅"运动以来，全国工人运动的经验和工人运动在国民革命中的地位，并制定了经济上和政治上的斗争策略。大会共通过了 12 项重要的决议案，并发表了宣言。大会表示拥护广州国民政府北伐，肃清北方的反动势力。号召全国工农和全体革命民众从珠江流域经过长江流域、黄河流域直至东北，为北伐军布置胜利的战线，以期国民革命之早日完成。5 月 12 日下午，大会选举产生中华全国总工会新的中央执行委员会。由 35 人组成，邓培再次当选为执行委员。[①] 苏兆征当选为委员长。

第三次全国劳动大会以后，工人运动进入了支援北伐战争的新阶段。大会提出的斗争目标和策略思想，为邓培指明了工作方向。

[①] 广州《工人之路》1926 年 5 月 13 日；中华全国总工会职工运动史研究室主编：《中国历次全国劳动大会文献》，第 125 页。

支持北伐战争

1926 年 7 月 1 日，在中国共产党的领导和推动下，广州国民政府发表《北伐宣言》。7 月 9 日，国民革命军正式出师北伐。邓培领导全国铁路总工会通电全国，表示支持北伐战争。电文说："敝会领导全国铁路工人与帝国主义反动军阀苦斗久矣。京绥、京汉等路工友在反奉战争期内，不但实际参加反奉的大战，现在仍继续不懈。铁路工人深知在取得民众整个的利益之上，即包有无产阶级的利益。是以铁路工人粉身碎骨，在枪林弹雨中为人民的利益而战。敝会敢代表全国铁路工人大声疾呼曰：我们要和一切革命之武力携手，我们要和一切与民众接近之武力携手，我们要和全世界之一切被压迫阶级携手"，"共同打倒军阀"。

北伐军出师以后，邓培领导铁总广东办事处全力支援。他亲自组织粤汉铁路工人，加速运送北伐军和军用物资到两湖前线。不久，全国总工会致函铁总广东办事处，要求组织北伐铁路交通队随军出发。邓培召集常委会讨论办法，决定由粤汉、广九、广三三条铁路分担，每路抽调司机 4 人，司旗（即挂钩）4 人，工务（即路面工程）4 人。三路工友对参加北伐皆很热情，报名十分踊跃。很快组成了 36 人的北伐铁路交通队，由广九铁路机务段长陈秀柏担任队长，会同全国总工会交通队一起随军北上。他们冒着溽暑炎热，翻越崇山峻岭，协助修路，恢复交通，对于北伐军的胜利进军，起了巨大的作用。广州国民政府对于广东铁路工人所作的贡献，曾写信给全国总工会提出表扬。①

这年 12 月，随军北伐的铁路交通队队长陈秀柏回到广州，向广九等铁路工人报告了北伐铁路交通队的战斗事迹，受到邓培的高度赞扬。邓培号召广东铁路工人努力学习北伐铁路交通队的革命精神，全力支持国民革命取得成功。

---

① 广州《工人之路》1926 年 7 月 14 日。

维护铁路工人的权益

全国铁总广东办事处成立后，一直注意维护广大铁路工人的权益。经常关心铁路工人的生命安全和工人生活待遇的改善，支持各线工人的经济斗争。

1926 年 8 月 16 日，广三铁路的一趟列车驶至上架裟岗，被大股土匪拦截，进行抢劫。打死列车收票员 1 人，掳去木工及路面工人数名，使列车安全受到严重威胁。事件发生后，邓培代表铁总广东办事处，向广州国民政府提出派兵保护铁路、维护铁路员工和旅客安全等四项要求。受到政府重视，当即派出军队到该路清剿土匪，使治安情况大为好转。

粤汉、广九、广三等铁路路面工人工资太低，生活困难。三线工人在铁总广东办事处和邓培的支持下，分别向各线路局提出增资要求。经过斗争，路面工人的工资，由每天 3 角提高到每天 5—8 角，并领到了工作服。斗争的胜利使工人的情绪十分高涨。

由于广东铁路工人在平定杨希闵、刘震寰军阀叛乱中作出过贡献，广州国民政府曾与工人订立了优待条件 19 条，其中有每年加薪一次的规定。1926 年 8 月，广九铁路工人应该加薪，但至 9 月仍未实行，工人非常不满，同时又有工人马桥被广九铁路局开除，工人更加愤慨。9 月 22 日，邓培以铁总广东办事处名义，致函广九铁路局长姚观顺。全文如下：

　　迳启者，广九铁路工人每年加薪一次，本有成案在前，贵局长与该路总工会亦有成约，应当依期履行，至今将届一月，尚未切实履行，因此群情非常愤激。本月 9 日本办事处送去贵局长公函一件，关于马桥无辜被撤职一事，迄今多日未将马桥事解决，想贵局长对于本

办事处去函实属置之不理。本办事处管辖各铁路工人，凡遇不平之
事，当然据理力争。今贵局长对于广九铁路工人加薪，尚未履行；而
马桥无辜被除，又不将其复职，两事办得得宜，方能免工人之误会，
否则激起事变，谁尸其咎？本处已经费苦心劝告工人静候解决，故特
函报告。尚希立刻履行加薪条件，并恢复马桥工作，倘若3天之内，
延不办理，发生事变，须由贵局长完全负责。

（载广州《工人之路》1926年9月23日）

9月23日，邓培领导广九铁路工人派出代表300余人，到国民党中央党
部请愿。请愿书提出了四项要求：（一）将背党渎职的姚观顺撤职；（二）从速
解决加薪问题；（三）将该会会员马桥复职；（四）以后无论委何人当局长，对
于19条件须确切遵守，不得压迫工人。工人代表先至工人部请愿，该部秘书
冯菊坡答复说：关于加薪问题，工人运动委员会已经决定了加薪标准，转建设
厅致函广九路局照办。其他各项本部无权办理。此后，又推出5名代表至秘书
处请愿，接见人员答应将工人请求转中央政治会议核办。当日，邓培又领导广
九铁路总工会召开代表大会，列举广九路局局长姚观顺任用私人和压迫工会等
罪行，决议向姚观顺作最后的斗争。如国民政府仍不圆满答应工人要求，则举
行总罢工，并选出了罢工委员会。

9月25日，全国铁总广东办事处和邓培又派出代表到国民党中央党部工
人部交涉，但政府建设厅仍不能满足工人要求。于是邓培决定，组织广九铁路
工人于9月26日上午7时开始罢工。由于这时正当北伐，邓培决定罢工只限
客车和货车停开，军车和公用车仍照常行驶，全路暂由工会罢工委员会管理。
粤汉、广三两路工会闻讯后，各派纠察队驻扎在大沙头车站待命，并发表宣言
誓为后盾。

政府建设厅迫于形势，答应工人加薪要求，令姚观顺辞职，暂准马桥复
职，广九工人取得完全胜利。铁总广东办事处，遂于9月27日下午2时下令
复工，工人举行盛大游行，庆祝胜利。粤汉和广三两路工会派出纠察队，欢送
工人复工，沿途高呼口号，并散发了复工宣言。

10月1日，邓培主持召开了全国铁总广东办事处执行委员会扩大会议，

粤汉、广九、广三等铁路工会负责人及有关人员共40多人出席了会议。邓培指出工会应当经常关心工人的生活问题。会议研究了工人福利和统一待遇等问题，作为工人进行经济斗争的目标。

1926年10月的一个夜晚，几十个驻扎在广三铁路石围塘车站附近的军人，以电灯不亮为借口，蓄意向铁路工人挑衅。他们手持大枪，气势汹汹地闯入广三铁路机电厂，把两名夜班工人打得遍体鳞伤，并抢去公物多件。广三铁路总工会闻讯后，立即向铁总广东办事处报告，邓培非常愤慨。在他的支持下，广三铁路总工会提出将驻军调防、赔偿受伤工人医药费和惩办凶手三项要求。邓培会同广州工代会主席刘尔崧向国民党中央工人部面陈广三铁路总工会的要求。结果军方表示接受工会要求，驻军营长受到撤职处分。

全国铁总广东办事处的成立，使广东铁路工人感到有了靠山。

保卫广东铁路工会

全国铁总广东办事处成立后，对于保卫广东铁路工会，打击反动工会，起了巨大的作用。

国民革命军出师北伐以后，广州的国民党右派势力抬头，开始压制工人运动。国民党右派操纵的广东总工会和广东机器工会虎视眈眈，不断向革命工会挑衅。为了迎击国民党右派势力和反动工会的进攻。邓培和杨殷于1926年7月领导建立了粤汉、广九、广三铁路工人纠察队，配有各式长短枪若干支，每天巡逻放哨，保卫工会，维护铁路交通安全。这支铁路工人纠察队在邓培领导下，不断加强建设，成为一支战斗力很强的工人武装，在以后保卫工会的斗争中发挥了很大的作用。

1926年秋，新宁铁路广大工人不满广东机器工会控制，在铁总广东办事处的帮助下，酝酿建立新宁铁路总工会。广东机器工会的头目李德谦闻讯后，勾结当地土匪头子陈式容等"四大寇"，从广州运送了反动武装"体育队"，去破坏新宁铁路总工会的筹备工作，并蛮横地开除了二三百名工人。负责筹备建立新宁铁路总工会的工人蔡球急速前往广州铁总办事处报告情况。邓培当即与中共广东区委和省港罢工委员会商定，派铁总广东办事处顾问杨殷率领粤汉、广九、广三三路工人纠察队和省港罢工委员会纠察队，以及广州工人代表会的工人武装，共五六百人，乘船前往新宁铁路进行抵抗。经过两天激烈的战斗，终于击溃了反动武装，生俘了陈式容等四名匪首。根据群众的强烈要求，当即召开公审大会，处死了作恶多端的四名匪首，群众额手称庆。新宁铁路总工会在邓培和杨殷的主持下，终于正式宣告成立，失业工人也恢复了工作，大长了工人志气。这是广东铁路工人运动的一个重大胜利。事后，广东机器工会竟向广东法院控告铁总广东办事处杀人，邓培等同志置之不理，他们也无可奈何。

1927 年元旦凌晨 3 时，在国民党右派指使下，广东机器工会反动武装"工人体育队"五六十人，乘两艘电船在长堤登岸，突然袭击设在长堤的粤汉铁路总工会。邓培和杨殷等同志领导工人纠察队进行英勇反击，一直战斗到天明，俘敌 3 人，反动武装终于不支而退。事后，邓培通知广九、广三铁路工会要提高警惕，加强戒备。第二天，广东机器工会派出反动武装数十人袭击了石围塘的广三铁路总工会，因工会早有准备，立即进行反击。邓培率领粤汉铁路工人纠察队，配合广三铁路工人进行反击，终于打退了反动武装的进攻。不久，广东机器工会指挥下的反动武装，再次袭击了粤汉铁路总工会，又被邓培和杨殷领导工人纠察队击退。经过几次战斗的洗礼，各铁路工会进一步得到巩固发展，巍然屹立在珠江岸边。

支持广州各业工人的斗争

邓培自 1926 年春南下广州以后，主要工作是主持全国铁总广东办事处的工作，同时也参加全国总工会的领导工作。这时留在广州的全国总工会的执行委员，除邓培外，有苏兆征、刘少奇、邓中夏、何耀全、李森、刘尔崧等人，他们在委员长苏兆征领导下，积极开展南方职工运动，并指导全国各地区工人运动。

邓培经常与广州市工人代表会联系，支持广州各业工人的斗争。

震动中外的省港大罢工，从 1925 年 6 月到 1926 年 7 月，已坚持了一年多，英帝国主义仍无诚意答应工人要求。1926 年 7 月间，中共广东区委在文明路广东大学（今中山大学）操场举行反帝大会，邓培领导铁总广东办事处积极发动粤汉、广九、广三等铁路工人参加，表示坚决拥护省港罢工委员会提出的斗争要求。8 月，中共广东区委决定举行"援助省港罢工周"，邓培发动各线路工人积极捐款，并亲自率领铁路工人代表团，到省港罢工委员会献旗慰问。他对省港罢工委员会委员长苏兆征表示，坚决支持省港工人斗争到底。

1926 年 9 月 4 日，英帝国主义派军舰两艘，悍然侵入珠江。英国水兵在广州西堤码头登岸，疯狂捣毁省港罢工工人食堂，并摆开战争架势，向省港罢工工人进行军事恫吓。企图达到扰乱北伐军的后方，支持正在前线溃败的军阀吴佩孚的目的。但是英帝国主义的企图完全失算。英军登岸以后，整个羊城立刻成为愤怒的海洋。广州工人代表会在广州《工人之路》上发表抗议宣言。邓培发动粤汉、广九、广三等铁路工人掀起了抗议的怒潮，痛斥英帝国主义违反国际公法的蛮横举动，决心更加团结，以实力援助省港罢工工人。工人纠察队员个个摩拳擦掌，严阵以待。后来人民的正义力量，终于战胜了帝国主义邪恶势力，英国军舰在人民的抗议声中，不得不逃出珠江。

10月间，广州石井兵工厂厂长朱和中，借口工人怠工，突然宣布工厂停工，致使全厂1700多名工人失业。失业是无产阶级的真正灾难。失业工人无以为生，要求厂方复工。广州市工人代表会，根据中共广东区委指示，发动广州各业工人起来声援石井兵工厂工人。邓培领导铁总广东办事处发动粤汉、广九、广三等线铁路工人声援石井兵工厂工人的复工斗争。结果国民党中央政治会议，表示接受工人要求，派出代表与厂方进行多次谈判，终于同意工人复工；停工期间，工资照发。石井兵工厂工人取得完全胜利。邓培率领铁路工人和各业工人在九曜坊一起参加庆祝胜利大会，会后派小汽车把复工工人送往石井。通过这次联合斗争，加强了铁路工人和机器工人的团结。

1926年秋以后，广州制弹厂工人、邮电工人、人力车工人以及银行系统职工，在广州市工人代表会的领导下，为要求增加工资、改善待遇，先后发动了斗争。邓培领导铁总广东办事处对于这些斗争都给予了支持。

1927年春，国民党右派势力加紧压制广东工农运动，打击革命工会，同时摧残各区乡的农民协会。为了反击右派势力的倒行逆施，广东工农运动领导人刘尔崧、李森、何耀全和邓培等人会商决定，以中共广东区委、全国总工会广州办事处、广东省农民协会第二次扩大会议、全国铁总广东办事处、中华海员工人联合总会、省港工人罢工委员会、广州工人代表会执行委员会、香港总工会执行委员会8个团体名义，于2月16日发表了《对时局的宣言》，反对国民党右派势力压制工农运动，要求国民政府"实行民族革命的工农政策"，"反对帝国主义到底！""反对军阀到底！"[①] 得到广大工农群众的热烈拥护。但是国民党右派势力依然坚持压制工农运动的政策。

---

① 广州《民国日报》1927年3月17日。

主持召开全国铁路工人第四次代表大会

1927年2月16—21日，全国铁路总工会在汉口召开全国铁路工人第四次代表大会。邓培率领广东铁路工人代表团出席了大会，代表团由粤汉铁路工人黄江、傅文波，广九铁路工人周员，广三铁路工人陆芬和新宁铁路工人蔡球等人组成。他们于2月中旬离开广州，乘海轮至上海，又转乘江轮至汉口。这时武汉早已为北伐军控制，广州的国民党中央和国民政府，也于1926年12月中旬迁到了武汉。但是上海、南京仍处于直鲁联军张宗昌的统治之下，白色恐怖严重。邓培等工人代表至上海后，化装成商人模样，混过了军警的搜查。于开会前夕到达汉口。

2月16日，大会在汉口老圃西舞台内开幕。到会有全国15条铁路的工会代表共42人。会场布置得庄严肃穆，悬挂着马克思、列宁和孙中山遗像，以及"二七"死难烈士遗像共37幅。大会开始时，推定邓培、史文彬、刘文松、蔡球等人为主席团。[1]中华全国总工会代表李立三到会讲话，各铁路工会代表分别报告了工作情况。广东铁路工会的情况，邓培事前由广州邮寄汉口大会筹备处，但没有收到。粤汉、广九、广三、新宁等路代表又在邓培领导下，重新写了报告，并在大会上发言。大会号召全国14万铁路工人和8万铁路工会会员，认清铁路工人在国民革命中的使命。为了求得民族和阶级的自由解放，必须扩大北伐战争的胜利成果，加速进行反帝反军阀的斗争。最后，大会选举邓培等人为全国铁路总工会执行委员，[2]并推选王荷波、刘文松、李涤生、袁达

---

[1] 汉口《民国日报》1927年2月17日。

[2] 广州市民政局历史档案：出席全国铁路四大代表傅文波回忆录。

时、叶云卿 5 人为常务委员，王荷波为总书记。大会期间，国民政府曾派徐谦和孙科设宴欢迎全体代表。这次大会以后，邓培返回广州，专任全国铁总广东办事处主任工作。

探望故乡

邓培在广州工作期间，主要从事工人运动，也关心农民运动。他曾派人深入韶关、曲江、英德、清远、花县、南海、三水，与各县农民协会加强联系。又三次回三水故里探望乡亲，开展农民运动。邓培长年在外地工作，但他没有忘记曾经哺育他成长的故乡土地和父老乡亲。当乡亲们有事到广州找他帮忙时，他总是热情相助。

1926年秋，邓培从广州回到石湖洲住了三四天。他特地从广州带回四箩饼、茶叶和一些熟烟。一天中午，邓培把乡亲们请到本村邓氏祠堂门口团聚。全村男女老幼100多人，怀着无比喜悦的心情，早早来到祠堂门口，参加邓关村有史以来第一次全村茶话会。在愉快的气氛中，乡亲们有的吃着饼，有的喝着茶，有的抽着烟。邓培站起来对乡亲们讲话。他说："我们家乡太穷了，但总有一天会好起来的。现在北伐战争进展顺利，国民革命一定能够成功，将来大家必定有好日子过。"他希望邓关村的乡亲成立农协社，负责组织本村公益事业，保卫乡亲安全，执行乡规民约，加强团结，支持国民革命。邓培对村中旧的风俗习惯，如歧视收义子，男婚女嫁和生子时要摆酒请客等现象进行了批评。他要求大家破除迷信，准许收义子，对义子不要歧视。建议大家建立新的乡规。邓培一共讲了两三个小时，乡亲们静静地听着，时而发出欢快的笑声和热烈的掌声。

茶话会后，邓培和乡亲们一起讨论起草了新乡规12条。不几天，邓关村农协社也在邓培帮助下成立了。社址设在邓氏祠堂，民主选举邓顺芝为社长，邓庆祥为副社长，又确定两个人为文书，两个人为干事。农协社的负责人，把邓培帮助起草的乡规写在一块大木板上，油好，悬挂在祠堂中厅。对于当地移风易俗起到了好的作用。

1927 年 4 月 6 日，正是清明节，邓培再次回到故乡，在其堂弟邓玉安陪同下，为他的祖父、父亲扫墓。同时探望了年过六旬的老母。临走时，老母和乡亲们送到村头，想不到这竟是邓培最后一次见到他的母亲和石湖洲的乡亲。

临危不惧，壮烈牺牲

1927 年 4 月，正当生气勃勃的北伐战争胜利发展的时候，隐藏在革命队伍中的国民党右派蒋介石，在上海发动了"四·一二"反革命政变，大批屠杀共产党人和革命群众。这时广东新军阀也蠢蠢欲动，形势十分紧急。4 月 13 日晚，邓培和杨殷根据中共广东区委的指示，召集了铁路系统的党员干部紧急会议，布置应变对策。会议决定，反动派一旦动手，各路工人立即烧毁机车锅炉，拆除路轨，破坏反革命军队的运输。要求各线路工会干部提高警惕，注意隐蔽。为了保存力量，又安排了各线党员的转移计划。在那危急的日子里，邓培不顾个人安危，四处奔走，贯彻应变措施。

4 月 15 日，和蒋介石订有密约的广东新军阀公开叛变。他们在广州调集了大批反动军警，疯狂搜捕共产党员和工会领导人。这时邓培住在广州中华路小市街（今解放南路 22 号）华光庙全国铁总广东办事处。15 日清晨他来到办公室，准备把党的文件妥善清理和焚烧后转移。工作未完，全国铁总广东办事处就被国民党反动军队包围。几个荷枪实弹的敌人闯进了办公室。邓培仍然坐在经常主持会议的席位上，面无惧色，厉声痛斥国民党反动派可耻的背叛行为。几个国民党兵像恶狼一样，把邓培捆绑起来，装入黑布袋，押往南关戏院。[①] 邓培的亲属去探望，他安慰说："不要紧，过几天就能出来。"第二天他被转到广州河南南石头监狱。

南石头监狱，名南石头"惩戒场"。离广州市区约数华里，地近珠江边。旧为炮台，清朝末年英法联军侵粤后，炮台被迫废弃。民国初年广东警察厅利

---

① 上海《申报》1927 年 4 月 17 日。

用旧址改建为"井"字形二层楼房，加厚加固原来的围墙，又设了岗哨，作为监狱。原来是关押一般刑事犯人，1927年4月15日以后，变成了国民党反动派囚禁共产党人和革命者的集中营。全监囚室250间，全部塞满。邓培在这里受尽了非人的折磨。他被送进监狱以后，立即被剃光头发，戴上脚镣手铐。每间囚室共8个人，坐卧都在地板上，每人的睡铺仅可容身，几个人并排紧贴着身睡。天天遭受狱监的打骂。

在阴森恐怖的审讯室里，国民党反动派逼迫邓培供出全国铁路系统的共产党员和工会干部名单。狡猾的敌人先用金钱引诱说："如果你供出一个铁路工会干部，就奖给你100元。供出一个共产党员，就奖给你200元。你供得越多，奖金越多，还有美酒，丝绸衣服……"邓培怒不可遏，立即斩钉截铁地说："谁要你们的臭钱！你们要我招供名单，这是绝对办不到的！"

凶狠的敌人恼羞成怒，吆喝着拿起皮鞭向邓培身上抽打，接着又把他吊起来，用刺刀刺他的全身。邓培被折磨得死去活来，遍体鳞伤，鲜血流淌。但他毫不畏惧，仍然威风凛凛地怒视着敌人，好似钢浇铁铸一般，巍然挺立在群敌之中。他英勇地对敌人宣布说："你们听着，共产党员是不怕死的！你们用尽所有酷刑，我都不怕。我宁死也不投降，这就是我最后的回答！"[1]这坚强雄壮的声音，响彻云霄，表现了中国共产党人高尚的革命气节。

敌人的一切诡计在不屈的中国共产党党员面前，彻底地失败了。他们无可奈何，于4月22日夜间秘密将邓培杀害了。[2]邓培昂首挺胸，视死如归，为党捐躯，表现了中国共产党人的英雄气概。其悲壮惨烈，令人扼腕痛惜。邓培时年44岁。

邓培是中国工人阶级的优秀代表，是中国早期铁路工人运动的优秀活动家。他在苦难中抗争，在求索中奋进。为了民族振兴和建立新中国，抛头颅，洒热血；他用闪光的生命，点燃了光明的火炬，参与铸造了人民共和国的历史。他的革命功绩在中国工人运动史上树起了一块丰碑。他的一生，是革命的一生，战斗的一生，光荣的一生。他的英名垂青史，精神照千秋！

---

[1] 广州市民政局历史档案：广州铁路工人赖先声回忆录。

[2] 朱忱薪：《中国共产党运动之始末》，《醒狮周报》第146—147期，第19页。

第四章

永恒的纪念

邓培的牺牲是中国工人运动的巨大损失。中国无产阶级对他表示深切的悼念。1927年6月19日，第四次全国劳动大会在汉口召开。汉口《民国日报》对第四次全国劳动大会悼念邓培等同志遇难情况曾作如下报道：

> 昨天为劳动大会之第五日。……首由主席报告，谓今天议事日程为刘少奇同志会务报告。刘少奇同志出席报告。……报告毕，最后又谓全国总工会执行委员何耀全、李森、刘尔崧、戴卓民、邓少山（即邓培——引者）均被反动派所杀戮，我们未死诸同志，应踏着死者的血迹，为死者复仇云云。后主席因李立三临时动议，谓各位代表全体起立，静默三分钟，为死者哀悼，一时全场沉寂。为民舍命，人天共仰。
>
> （载汉口《民国日报》1927年6月24日）

当日，第四次全国劳动大会通过的《会务决议案》中指出：

> 第二届执行委员李森、何耀全、邓培、刘国裳、缪卓民诸同志，被反动派所杀，大会誓愿为诸烈士复仇，继续其精神奋斗。
>
> （载《中国劳动年鉴》）

1927年4月22日，邓培在广州被国民党新军阀杀害后6天，即4月28日，邓培革命的引路人李大钊在北京被奉系军阀绞杀。万民垂泪，大地同悲。

中国共产党中央委员会，对李大钊、邓培等同志的遇难表示深切的悼念。6月27日，中共中央致第四次全国劳动大会信中写道：

> "本党李大钊等同志们在北京之死难，汪寿华等同志们在上海之死难，邓培、李森、刘尔崧等同志们在广州之死难，杨昭植等同志们在湖南之死难，其惨烈当为中国工人阶级及本党永远不忘之事。"表

达了中国人民共同的心声。

（载《向导》第 200 期，1927 年 7 月 8 日）

李大钊和邓培，这两个工人运动的活动家，生前曾共同战斗了 6 年，在邓培的身上渗透了革命家李大钊的革命思想，在李大钊的故土留下了工人领袖邓培英勇战斗的足迹。两人不能同年同月生，却实现了同年同月死。他们的战斗情谊是无产阶级革命情谊的又一典范，永远值得我们当代人怀念。

邓培牺牲的消息传到唐山以后，唐山工人和唐山大学的学生，不顾白色恐怖，秘密组织了悼念活动，人们为先烈的慷慨悲歌深深感动。

曾经长期与邓培在一起从事工人运动的罗章龙，在获悉邓培遇难的消息以后，曾赋诗寄托哀思："禹城霞燕幽，风云显状猷。开滦竞赴敌，南厂几经秋，共吃大锅粥，联镣作楚囚。怆怀老友逝，慷慨赋同仇。"①

邓培牺牲以后，唐山党组织派人到邓培家中，对其亲属进行亲切的慰问。以后，党组织每月都送一些钱给他家作生活费用。他家同时得到他的妻兄陈显增（在天津做工）接济。1928 年，邓培的妻子陈梦怡带领几个孩子举家迁回广东。她曾在广州市一个富家当佣人，勉强糊口度日。不久染病去世。邓培的母亲黄带于 1949 年 11 月三水解放后不久病逝。邓培的次子邓国兴长大后，投奔延安，改名纪敏，参加了革命工作，新中国成立后曾在中共甘肃省委工作过。其他 5 个子女邓国珍、邓国英、邓国强、邓国芬、邓国华在新中国成立后都参加了工作。

1952 年 11 月 25 日，中央人民政府毛泽东主席给邓培家属颁发了光荣纪念证。邓培的长子邓国强长期居住广州，在他家的门口高悬广东省人民政府颁发的"烈士之家"牌匾，红光闪闪。

---

① 唐山人民广播电台关山 1979 年访问罗章龙记录。诗中"南厂"指京奉铁路唐山制造厂。"共吃大锅粥"，指 1922 年开滦罢工期间为矿工开办粥厂。"联镣作楚囚"，指 1922 年开滦罢工期间，罗章龙和邓培曾在街上遭保安队警察逮捕，被铐在一起这件事。

纪念场所

1.唐山市邓培故居。为了纪念邓培烈士，弘扬革命精神，1951 年唐山市总工会决定整修刘屯新民后街 7 号（原印度房头条胡同 1 号）邓培故居，在院内重建了三间正房，两间西厢房，并在院内种上苹果树、黑枣树和各种花卉，庭院四周有坚固的石墙，院子大门上书"革命烈士邓培同志故居"10 个大字，其上有红五角星，大门两侧石墙上也分别刻着一颗涂着红漆的五星，鲜艳夺目。烈士故居的建筑，在 1976 年 7 月 28 日唐山大地震中不幸全部毁坏。

2.广东三水石湖洲邓关村的邓培故居。故居始建于清末，抗战期间被毁坏，抗战胜利后由邓培亲属维修过。为使邓培故居成为纪念邓培、传承革命精神的教育基地，1993 年和 2002 年，广东三水市委、市政府两次对故居进行修葺，除保留原貌外，还扩大了周围的面积，设立了专门的展厅，陈列了部分邓培革命实物。2018 年，佛山市三水县委、区政府扩建邓培故居。邓培故居于 1994 年、2006 年、2022 年先后被评为三水市、佛山市、广东省文物保护单位；2017 年，被评为三水县、佛山市"党员教育基地"；2018 年，被评为"佛山市青少年传承红色基因教育基地"；2019 年，被评为"佛山市三水县红色地标""佛山市国防教育基地"；2021 年，被评为"佛山市中共党史教育基地"，入选"佛山十大红色文化名片"。

3.唐山冀东烈士陵园。该陵园 1958 年建成，1986 年复建，烈士纪念堂里陈列有邓培的遗像和遗物，纪念堂外雕塑了邓培的铜像。

4.北京的中国革命博物馆。馆中陈列了邓培领导工人运动的历史资料。

5.1987 年，邓培生前长期工作过的唐山机车车辆厂在邓培烈士牺牲 60 周年之际建立了邓培烈士纪念碑。纪念碑位于唐山市新区（今丰润区）太平路文化宫游艺厅前邓培园内。碑身是灰白色大理石挂面，正面高 1.5 米，宽 1.2 米，侧面厚 1.0 米。碑身上方是用汉白玉雕塑的邓培烈士头像，下方有两级花岗岩底座，高 0.5 米。碑身正面中间有挂面的墨玉，上面镌刻着"邓培烈士纪念碑" 7 个大字，背面中间挂面的墨玉上，镌刻着碑文，记叙了烈士的生平业绩。碑名和碑文都是隶书体，挂金，非常庄重醒目。当年 4 月 22 日，隆重举行了邓培烈士纪念碑落成揭幕仪式。全国铁路总工会副主席孙广庆、中共唐山市委书记刘善祥及邓培烈士亲属邓国华等，与唐山机车车辆厂职工、新区中小学生共 3000 多人参加仪式。纪念碑寄托着唐山人民对这位中国工人运动的先驱、唐山地方党组织创始人的深切怀念之情。

6.1990 年 9 月，邓培烈士故乡广东三水，在城西南公园内建成了邓培铜像。铜像为立式，像身高 3.2 米，背景为齐腰高的残墙，寓意为"废墟下的思索"。像的基座为方体，用花岗石砌成，塔状，分三层。面层正面宽 2.14 米，侧面宽 1.24 米，正、侧面高 2.7 米。铜像的座基正面镌刻了原全国人民代表大会常务委员会委员长彭真题写的"邓培烈士"四个镶金大字。铜像座基背面镌刻镶金"邓培事略"。中层正面宽 3.14 米，侧面宽 2.24 米，高 0.2 米，底层正面宽 4.14 米，侧面宽 3.24 米，高 0.2 米。基石外围是 9 米长，7 米宽的花圃，四周铁栅栏。占地面积约 4000 平方米，建筑面积约 1000 平方米。铜像由广州美术学院雕塑系副主任李汉仪副教授雕塑，广州精密仪器厂铸造。中共三水县委党史办公室撰写了《邓培事略》（刘世荣执笔，县粮食局邓耀光誊写）。参与铜像座基、平台等工程设计的有县水电局林乃雄、县设计室肖欣健（参与前期设计）。当年 9 月 12 日，邓培烈士铜像举行了隆重的揭幕仪式。中共三水县委、县人大常委会、县人民政府、县政协、县纪委五套班子领导，县直各部、委、办、局及各镇负责人，省内外来宾，邓培烈士亲属，离退休老干部代表，工人、农民、学生代表，共 700 多人参加了揭幕仪式。三水县县长唐友成主持了揭幕仪式。中顾委委员、原广东省省长刘田夫，原广东省副省长杨康华，广东省佛山市副市长陈佳，中共三水县委书记邓威楹等领导同志为铜像揭幕。各单位和邓培烈士亲属敬献了花圈。中共三水县委书记邓威楹和邓培烈士的长子邓国强先后讲了话。邓威楹说："三水是邓培同志的故乡，在三水县这块土地上，诞生了邓培这位重要的革命人物，这是我们全县共产党员和人民的光荣。""我们要学习烈士的精神，继承烈士的遗志，……为建设文明富庶的三水县而奋斗。"邓培烈士铜像被列为佛山市首批爱国主义教育基地。1994 年 5 月 30 日，被三水市文化局确定为市级重点文物保护单位。

纪念著述与纪念活动

新中国成立后，《工人日报》和广东、河北等地的报刊发表了大量纪念邓培的文章。1958 年广州市民政局成立了革命烈士传略编写小组，尹树康于 1960 年写出了《中国职工运动杰出的活动家邓培同志》。1959 年河北省民政厅编写出版的《河北革命烈士史料》中也刊载了《邓培同志传略》一文。南开大学历史系 1956 级王士立、谢永生等与中共唐山机车车辆工厂宣传部的同志，于 1961 年合作编写出《八十春秋——唐山机车车辆工厂史》一书，书中重点叙述了邓培领导唐山工人运动的光辉历史。中共唐山地委党史研究室，也在这一时期编撰了《冀东革命史》（打印稿），里面记述了邓培的历史功绩。

改革开放后，各界更加重视对邓培的纪念和研究。1981 年广东省三水县政协出版的《三水文史》第 2 辑中刊登了何锦洲撰写的《邓培烈士传》；1982 年《河北文史资料》第 6 辑刊载了王士立撰写的《中国铁路工人运动的优秀活动家——邓培》；1983 年出版的《南粤英烈传》收录了谢颗经撰写的《邓培》一文；《中共党史人物传》（第 9 卷）收录了姜华宣、肖甡和姜廷玉合写的《邓培》一文；1984 年 6 月唐山市委党史办公室主办的《唐山党史资料通讯》编辑出版了纪念邓培专辑；1985 年人民出版社出版的《革命烈士传》收录了《邓培》一文；1986 年王永均、刘建皋合编的《中国现代史人物传》也编写了《邓培》一文；1987 年中共唐山市委党史办公室出版的《唐山革命史资料汇编》第 6 辑中收录了大量邓培的革命历史资料；1987 年三水县地方志编纂委员会办公室编写的《三水县概况》中收录了《中国工人运动的先驱邓培烈士》；1988 年出版的《冀东革命人物》收录了王士立编写的《邓培》一文；1989 年出版的《冀东名人传》收录了王士立撰写的《邓培》一文；1991

年出版的《佛山中共党史人物》第一辑中收录了中共三水县委党史研究室撰写的《邓培》一文；1991 年唐山市总工会工运史志研究室编写的《唐山工运史话》中收录了王树信撰写的《邓培与唐山第一次工运高潮》；1994 年，《唐山文史资料》第 18 辑全辑为王士立编写的《中国工人运动的先驱邓培》，该书为第一本成熟的邓培传记；1994 年出版的《佛山英杰》中收录了刘恒生编写的《工运先驱名垂青史——记邓培烈士》一文；1995 年出版的《三水县志》收录了《邓培》一文；2001 年出版的《一身正气两袖清风：中国百位革命家纪事》中收录了薛松的《北方"工运"卓越领导者邓培》一文；2002 年《河西文史资料选辑》第 4 辑收录了邵华的《党创建时期天津共产党人邓培》一文；2003 年，佛山市三水县档案局和唐山市政协文史资料委员会合编了由王士立撰写的《邓培烈士传——一个铁路工人成为中国工人运动优秀活动家的历史》；2007 年《广东党史》发表了高金山的《中国早期工人运动的领袖邓培》一文；2007 年《中国劳动关系学院学报》发表了阎永增的《邓培与唐山工人运动》一文；2011 年出版的《佛山人物志》中收录了《邓培》一文；2011 年《档案天地》发表了曹立朝的《档案记载：唐山工人阶级的最早领袖邓培同志》一文；2012 年出版的《佛山历史人物论丛》中收录了谭永多编写的《中国工人运动的先驱——邓培》一文；2012 年出版的《红色风暴铸忠魂——工运先驱卷》收录了《列宁亲自接见的工人领袖——邓培》一文；2013 年《唐山学院学报》发表了王士立的《邓培对工人运动的开创性贡献——纪念邓培烈士诞辰 130 周年》一文；2014 年，中国文史出版社出版了由王士立编写的《邓培传》；2015 年《兰台世界》发表了斯琴和崔丽娜合著的《邓培与中共早期工人运动》一文；2016 年，中国工人出版社出版了由王士立编写的《铁骨丹心：邓培》一书；2016 年 11 月，《佛山历史文化丛书》第 1 辑《佛山历史人物录》中收录了《工运先驱邓培（1883—1927）》一文；2022 年 11 月，《佛山历史文化丛书》第七辑《工运先驱邓培研究》出版。

众多纪念论著刻画了邓培的奋斗人生，彰显了邓培崇高的革命精神，为新时代的党史学习和研究，尤其是邓培研究，提供了丰富的素材。

1993 年，为纪念邓培同志诞生 110 周年，唐山师专教育学院（今唐山师范学院）教授王士立教授撰写了《中国工人运动的先驱邓培》一书，全面系

统地叙述了邓培烈士革命的一生。1994 年由唐山市政协文史资料委员会出版
《中国工人运动的先驱：邓培》专辑。中共中央原顾问委员会委员、曾任冀东
地区革命领导人的李运昌同志为该书题词："工人运动领袖，共产党人楷模，
邓培烈士永垂不朽！"该书出版后受到党史界的重视，曾获得中国近现代史史
料学学会一等奖。

1997 年 4 月 22 日，是邓培烈士牺牲 70 周年纪念日。中共三水市委党史
研究室编辑出版了纪念文集，发表了《继承邓培烈士遗志，为促进我市两个文
明建设多作奉献》的纪念文章和邓培烈士的孙女邓世芝、邓世平、邓铁英、邓
玮、邓琪 5 人联名撰写的《我的祖父邓培》一文。

2002 年 4 月 8 日，在广东省三水市西南石湖洲邓关村，举行纪念邓培诞
辰 119 周年暨事迹报告会。市领导、邓培烈士亲属、共青团员、少先队员及当
地村民等近千人参加了报告会。市委书记蒋顺威在报告会上作了讲话，并指出
要把邓培故居建成爱国主义教育基地；广东省委党校何锦洲教授作邓培烈士事
迹报告；邓培孙女邓玮女士在会上讲话。会后与会者参观了邓培故居及邓培生
平事迹展览。

2002 年 4 月 8 日和 9 日，《三水报》和《广州日报》先后发表了纪念邓培
诞生 119 周年的资料和文章。4 月 16 日，广东省人大常委会主任张帼英视察
邓培故居。国家邮政总局于 5 月 4 日发行了《邓培故居纪念明信片》，并于当
天在三水市森林公园宣言广场举行首发式，邓培 5 个孙女参加了该次活动。

2003 年 4 月，佛山市三水县和唐山市分别举行纪念邓培诞辰 120 周年活
动。佛山市三水县档案局与唐山市政协文史资料委员会合作出版了唐山师范
学院王士立教授所著《邓培烈士传》。三水县委书记蒋顺威作序，他说："出版
《邓培烈士传》，旨在为全区人民特别是青少年一代提供爱国主义、革命传统教
育的好教材。"他号召要发扬邓培的革命精神，永远学习他！

2013 年 4 月，唐山市和佛山市三水县分别举行纪念邓培诞辰 130 周年活
动。《唐山劳动日报》4 月 1 日以整版篇幅刊登了中共唐山市委党史研究室纪
念文章：《工人运动先驱共产党人楷模》和《邓培生平大事年表》；4 月 9 日
又以整版篇幅刊登了邓培生平照片 15 幅。4 月 3 日，中共唐山市委党史研究
室召开了纪念邓培诞辰 130 周年座谈会，《唐山劳动日报》等媒体分别作了报

道，同时刊登了唐山党史研究工作者和丰润区韩城中学的邓培团队学生代表的发言。

2023年4月7日，唐山市和佛山市三水县同步举行纪念邓培诞辰140周年活动。活动主场所设在佛山市三水县云东海街道邓培故居，唐山市委党史研究室相关人员通过异地视频连线的方式参加了活动。4月25日，唐山市委党史研究室在唐山学院召开了以"缅怀李大钊和邓培唐山建党功绩助力打造更多更好的中国式现代化唐山场景"为主题的座谈会，深切缅怀邓培先烈身上体现出的崇高精神。

作为中国共产党创建时期的党员，邓培同志"英名存幽燕，浩气贯南粤"，他始终是共产党人学习的楷模；作为唐山地方党组织的创始人，邓培同志也是唐山共产党员永恒的方向。邓培烈士虽已逝去，但他的精神永远激励着我们不断前进！

附 录

邓培生平大事年表

1883 年

4月8日，诞生于广东省三水县塱东乡石湖洲邓关村。名钰云（一作玉云）。

1885 年（2岁）

父邓文高病逝。

1890 年（7岁）

入本村邓氏宗祠私塾上学，名配安。

1894 年（11岁）

因交不起学费辍学，在家跟随其母黄带务农。

1897 年（14岁）

沦落天津，在德泰机器厂当学徒。不久，改名邓配。

1900 年（17岁）

从天津德泰机器厂出师，考入北洋官铁路局唐山修理厂（1908年后改名京奉铁路唐山制造厂，俗称南厂），当旋床工匠。改名邓培。

1902 年（19岁）

在三水故里，与西村女子陈梦怡结婚。

1908 年（25 岁）

在京奉铁路唐山制造厂广东籍工人中组织广东帮，被推为首领。后来在广东会馆中担任职务。

从三水故里迁妻、女至唐山居住。

1910 年（27 岁）

参加同盟会，为孙中山捐助革命经费。

1912 年（29 岁）

4 月，发起组织唐山工党。

8 月，参加华民工党，担任理事。

9 月，在唐山接待孙中山来访。

1917 年（34 岁）

领导京奉铁路唐山制造厂北机房工人，要求废除大包工制。

1919 年（36 岁）

6 月，参加五四运动。6 月上旬，领导京奉铁路唐山制造厂工人建立爱国组织同人联合会，担任总干事。同时，组织救国"十人团"，领导进行抵制日货。

12 日上午，唐山镇举行公民大会，庆祝曹汝霖、陆宗舆、章宗祥三个卖国贼被免职的胜利。发动唐山各厂矿工人参加大会，组织唐山制造厂工人团参加大会。下午 3 时下工后，组织全厂工人在火车站旁旷地进行宣传讲演。

24 日，唐山镇召开第二次公民大会，要求北洋军阀政府拒签"和约"。领导唐山制造厂 3000 名工人，举行罢工，参加大会，在会上发表讲演。

7 月 6 日，唐山各界联合会成立，代表工界参加成立大会，并当选为评议部评议员。以后，在唐山各界联合会领导下，与唐山工业专门学校学生联合进行抵制日货的斗争。

8 月 28 日，被选为唐山各界联合会第三批请愿代表赴京请愿，要求北京政府严惩镇压爱国运动的济南镇守使马良。在天安门前，与各地代表全力保护天津学生代表马骏。

9月21日，唐山各界人民为赴京请愿而牺牲的代表郭友三举行追悼大会，组织唐山制造厂工人参加大会，并发表讲演，会后参加游行示威。

12月23日，唐山镇召开第三次公民大会，声讨日本帝国主义制造"福州惨案"。领导唐山制造厂工人罢工参加大会，提议焚烧日货，并参加游行示威。

1920年（37岁）

3月13日，在唐山各界联合会开会，反对山东问题中日直接交涉。

4月，北京大学马克思学说研究会派罗章龙至唐山，开始建立联系，并在家中建立了秘密联络点。

5月1日，在北京大学马克思学说研究会指导下，组织唐山制造厂工人第一次纪念"五一"国际劳动节。

11月，天津社会主义青年团派谌小岑至唐山，建立了联系。

12月底，在北京共产主义小组指导下，把爱国组织唐山制造厂同人联合会改组为近代产业工会，担任会长。

1921年（38岁）

3月，北京共产主义小组派李树彝常驻唐山，帮助进一步健全唐山制造厂工会组织；担任唐山制造厂职工同人会委员长。

春，加入社会主义青年团。

7月6日，在北京共产主义小组帮助下，与李树彝领导建立唐山社会主义青年团组织。

9月，赴上海列席参加中共中央局召开的扩大会议，讨论发展工人运动问题。会后参加北方劳动组合书记部的领导工作。

秋，经中共北京区委批准，由社会主义青年团员转为中共党员。

10月下旬，赴苏俄伊尔库茨克，准备参加远东各国共产党及民族革命团体第一次代表大会（远东各民族代表大会）。在11—12月等待开会期间，与中国代表团成员参加了"共产主义义务星期六"的劳动。

1922 年（39 岁）

1 月，在莫斯科参加远东各国共产党及民族革命团体第一次代表大会。在会上报告了中国的工会、铁路和冶金工人罢工情况。与张国焘、张秋白一起受到革命导师列宁的接见。

3 月，由苏俄回到唐山。

4 月，唐山社会主义青年团成立委员会，担任书记。

在唐山制造厂和唐山大学发展党员。经中共北京区委批准，领导建立中共唐山地方委员会（地方支部），任书记。

担任唐山工人图书馆主任干事。

领导建立开滦矿务局林西矿工余补习社。

春，加入北京大学马克思学说研究会为通讯会员。其后，经常赴京参加活动，受到李大钊接见。

6 月，唐山社会主义青年团委员会改建为中国社会主义青年团唐山组干事会，任书记。

在开滦矿务局唐山矿工人中建立大同社。在开滦工人中发展党员。

7 月，举办唐山铁路工人补习夜校。

8 月，经中共北京区委批准，将中共唐山地方委员会改建为唐山制造厂支部和开滦矿务局支部，并在这两个支部基础上，建立中共唐山地方执行委员会，担任委员长。同时兼任唐山制造厂支部书记。

9 月，领导京奉铁路唐山制造厂、开滦煤矿、启新洋灰公司和华新纺织厂工人，参加劳动立法运动，组织唐山劳动立法大同盟。

下旬，领导建立开滦五矿工人俱乐部。

10 月 13 日，领导京奉铁路唐山制造厂 3000 名工人，为改善待遇和争取承认职工会举行罢工，担任罢工委员会委员长。坚持 8 天，取得重大胜利。

23 日，领导开滦煤矿五矿和秦皇岛经理处 3 万余工人，为改善待遇和争取承认工人俱乐部，举行同盟罢工。后亲自率领开滦、启新工人代表请愿团，赴京弹劾镇压罢工的直隶全省警察处处长杨以德。罢工坚持 27 天。

28 日，领导唐山洋灰公司 8000 工人和华新纺织厂工人举行同情罢工，坚持20天。

11月，支持唐山大学学生赈工会的斗争。

12月，在唐山领导建立京奉铁路职工总会，当选为委员长。

1923年（40岁）

2月，以京奉铁路职工总会名义通电全国，声援京汉铁路工人斗争。"二七"惨案发生后，领导唐山制造厂工人怠工4天。16日，召集京奉铁路代表会议，向北京政府提出善后办法六条。

4月，派人去山海关开展工人运动。

6月，赴广州参加中国共产党第三次全国代表大会。在会上就北京、唐山地区的铁路工人运动状况发了言，与何孟雄、冯菊坡、项英、刘尔崧讨论起草了《劳动运动决议案》，获得大会通过。当选为中央执行委员会候补委员。

9月，领导建立中国社会主义青年团唐山地方执行委员会，担任委员长。

秋，在交通部唐山大学学生中组织读书会，发展团员。

1924年（41岁）

1月，去东北沟帮子、皇姑屯和营口等地指导工人运动和开展建党工作。领导建立唐山大学青年团支部。

2月7—10日，赴北京参加全国铁路工人第一次代表大会，报告了北方铁路工人运动的状况，领导成立中华全国铁路总工会，当选为执行委员会委员长。

春，在唐山华新纺织厂建党。领导华新工人为改善待遇举行罢工。

3—4月间以个人名义加入国民党。领导建立国民党唐山临时委员会，担任主任，负责国民党改组工作。

5月底，领导建立国民党唐山大学区分部。不久以后，领导建立国民党唐山制造厂区分部。

秋，领导建立国民党唐山区党部，担任负责人。

10月，领导全国铁路总工会援救"二七"以来被捕入狱的工会领袖。

11月，领导唐山制造厂的2000名失业工人进行复工斗争，取得了胜利。

12月中旬，推进国民会议促成运动。参加全国铁路总工会代表团赴天津慰问病中的孙中山，表示支持召开国民会议的主张。

1925年（42岁）

1月，在上海召开的中国共产党第四次全国代表大会上，再次当选为中央执行委员会候补委员（邓培未参会，委派阮章参会），分工驻唐山代表。继续兼任中共唐山地委书记（原委员长改称书记）。

2月7—10日，赴郑州参加并主持全国铁路工人第二次代表大会，再次当选为全国铁路总工会执行委员会委员长。

2月，领导唐山华新纺织厂工人为改善待遇举行罢工。

领导成立唐山国民会议促成会。

3月，赴北京代表全国铁路总工会参加中国共产党和国民党左派召开的国民会议促成会全国代表大会，抵制段祺瑞策划的"善后会议"。

4月，领导恢复建立京奉铁路总工会，继续担任委员长。赴广州，代表全国铁路总工会参加筹备第二次全国劳动大会。

5月1—7日，在广州参加第二次全国劳动大会，担任主席团成员。当选为中华全国总工会执行委员会委员、副执行委员长。会后在广州检查粤汉、广九、广三等铁路工会工作。

6月上旬，在广州与刘尔崧、杨殷等领导粤汉、广九、广三、潮汕、新宁等线铁路工人，支持广东革命政府平定滇军杨希闵和桂军刘震寰的叛乱。

中旬，由广州赶回唐山，领导唐山"五卅"运动。

15日，领导唐山工人罢工，学生罢课，商人罢市，召开市民救亡大会，举行游行示威。进行抵制英、日货的斗争。

9月13日，参加领导开滦赵各庄煤矿工人为要求改善待遇而举行的罢工，坚持两天。

10月，脱离生产成为职业革命家。离开唐山去北京，专任全国铁路总工会领导工作，不再兼任唐山地委书记职务。

担任中共北方区委员会委员。

冬，领导全国铁路总工会先后发表了《中华全国铁路总工会对时局的通电》《中华全国铁路总工会为反对日本出兵满洲事通电》《中华全国铁路总工会为最近上海孙传芳秘密枪毙刘华、赵恒惕　无故逮捕刘少奇、汉口烟厂工人遭英人屠杀事通电》。

1926 年（43 岁）

2 月 7—15 日，在天津参加并主持全国铁路工人第三次代表大会，继续当选为全国铁路总工会执行委员会委员长。

领导全国铁路总工会发表了《中华全国铁路总工会为英帝国主义封锁广州通电》。

3 月，根据中共北方区委和李大钊的决定，赴广州筹备建立全国铁路总工会广东办事处。

5 月 1—12 日，在广州参加第三次全国劳动大会，再次当选为中华全国总工会执行委员会委员。

15 日，领导成立全国铁路总工会广东办事处。

16 日，召开全国铁路总工会广东办事处第一次全省代表大会，作了全国铁路工人运动情况的报告。担任全国铁路总工会广东办事处主任。

7 月，领导全国铁路总工会通电全国，支持国民革命军出师北伐。发动广东铁路工人支援北伐战争。

领导建立粤汉、广九、广三三条铁路工人武装纠察队，保卫工会。

8 月，发动广州铁路工人支援省港工人罢工，率领铁路工人代表团到省港工人罢工委员会献旗慰问。

9 月，发动广州铁路工人抗议英国军舰侵入珠江。

26 日，领导广九铁路工人为要求改善待遇举行罢工，取得了胜利。

10 月，发动广州铁路工人支持石井兵工厂工人的复工斗争。

秋，与杨殷一起领导成立新宁铁路总工会。

探望故乡石湖洲。帮助成立邓关村农协社，制定新乡规 12 条。

1927 年（44 岁）

1 月，领导广州铁路工人纠察队，打退了反动武装对粤汉铁路总工会和广三铁路总工会的多次袭击，巩固了各铁路总工会。

2月，领导全国铁路总工会广东办事处与中华海员工人联合会等 8 个团体发表《对时局的宣言》，反对国民党右派压制工农运动。

16—21 日，赴汉口参加并主持全国铁路工人第四次代表大会，当选为全国铁路总工会执行委员。

4 月 15 日，广东新军阀发动反革命政变，在广州被捕。

22 日，在广州英勇牺牲。

（《唐山劳动日报》2013 年 4 月）

《唐山机车车辆厂志》大事记中
关于邓培的记载

1907 年

8 月，京奉铁路全线通车后，工厂改称京奉铁路唐山制造厂。

1908 年

年内工厂制定《京奉铁路唐山机务处制造厂章程》和《工厂员司章程》。

1909 年（宣统元年）

8 月，工厂创办工余夜校，招收工厂工人及无力就学的工人子弟。制定了办学章程 16 章 67 条。课程设：中文、英文、算术、物理、制图。

1911 年（宣统三年）

唐山成立"华民工党"，其主要成员为工厂工人。

该党出版《华民工党日刊》，曾抨击工头孙观熏、黄金德等人"残民媚外，久为唐山工界之公敌"，指责英籍厂务经理菲力普"屡坏工程，为所欲为"。1916 年以后此组织消失。

1912 年（民国元年）

9 月 22 日孙中山再次来厂，在同乡的陪同下参观工厂，受到职工的热烈欢迎。

1916 年

交通部将京奉铁路局定为一等局。工厂隶属路局机务处，机务处处长兼工厂总管。

1917 年

英人詹莫森任京奉路局机务处处长兼工厂总管，孙鸿哲为副处长兼工厂副总管。年内机车机械所发生一次反对大包工制的斗争，起因是该所的包工头无理开除 100 多工人，并要降低工人工资，工人纷纷签名要求取消大包工制。由于工人团结斗争，厂方被迫在该所取消大包工制。

1919 年

6 月上旬，由工人邓培、梁鹏万等人倡导，工厂成立职工同人联合会，邓培被选为总干事，梁鹏万任评议部长。在职工同人联合会的领导下，工人组成"救国十人团"。

6 月 12 日，为支援北京学生 5 月 4 日的爱国行动，工厂近 2000 名工人在邓培的带领下，冲破厂方阻挠，停工参加全镇公民大会。

6 月 24 日，工人停工参加唐山镇第二次公民大会，继续开展"拒签和约"的斗争。

7 月 6 日，唐山召开绅、商、学、工、农、教六界代表会，正式成立唐山各界联合会，工界代表邓培、梁鹏万当选为评议员。

8 月，工厂"救国十人团"与唐山工业专门学校（唐山铁道学院前身）学生共同组织抵制日货宣传队，呼吁商店不卖日货，市民不买日货。

1920 年

4 月，北京马克思学说研究会派罗章龙来唐山与邓培取得联系，邓培几次去北京会见李大钊。邓培、梁鹏万被北京马克思学说研究会吸收为会员。

5 月 1 日，在邓培组织下，工厂部分工人集会首次纪念"五一"国际劳动节。

9月，邓培、王麟书去天津机务段协助组建工会。

12月，中国共产党天津党组织在京奉铁路唐山站设立分部，邓培任负责人。此后，与天津社会主义青年团联合创办《来报》周刊，并在铁路、纺织和码头工人中组建工会。

1921年

1月，邓培对工厂职工同人联合会进行整顿，清除工头和员司。

2月，京奉铁路唐山制造厂工会成立大会在南厂路扇面街5号秘密召开，选举邓培、阮章、王麟书等九人为委员，邓培任委员长。

3月，李大钊派张国焘来唐山与邓培一起研究在唐山和铁路沿线开展工人运动。

7月6日，唐山社会主义青年团在工厂成立。李树彝代理书记。

11月，邓培和梁鹏万受中共北方区委指派，动身去苏联参加由列宁直接领导、共产国际在莫斯科召开的远东各国共产党和民族革命团体第一次代表大会。

12月18日，根据邓培行前意见，阮章等31人在北京《工人周刊》上发表"成立唐山工人图书馆启事"。

1922年

1月21日至2月2日，远东各国共产党和民族革命团体第一次代表大会在莫斯科克里姆林宫召开。邓培以中国产业工人代表身份，梁鹏万以中国社会主义青年团代表身份出席大会，邓培在大会上发言。会议期间邓培受到伟大革命导师列宁接见；梁鹏万经张国焘介绍加入中国共产党。

3月，邓培和梁鹏万从莫斯科回到唐山。厂方以梁鹏万超假为由将其开除；邓培则因其技术水平较高而被留用。邓培根据中共北方区委"抓紧发展党员、建立党组织"的指示，在工人中发展了阮章、王麟书、许作彬、李华添等人入党。

4月，中共京奉铁路唐山制造厂支部委员会在唐山智字五条成立，邓培任书记。

5月1日，邓培代表京奉铁路参加第一次全国劳动大会，当选执行委员。

8月下旬，中国劳动组合书记部主任邓中夏来唐，以唐山制造厂为中心宣传开展劳动立法运动。

8月，经中共北方区委批准，中国共产党唐山地方执行委员会正式成立，邓培任书记。

9月3日组建了唐山劳动立法大同盟。

9月11日，中国劳动组合书记部派王仲一、吴佩瑞来唐山与邓培研究组织工人罢工问题。

9月13日，邓培代表全厂工人向厂方提出改善工人生活待遇的五项条件。

9月14日下午6时，近3000名工人在厂前集会，由邓培介绍与厂方交涉的情况，提出"厂方如不答复，我们就罢工"。

10月1日，中国劳动组合书记部北方分部主任罗章龙来唐，与先期到唐的北方分部副主任王尽美和中共唐山地委书记邓培组成罢工最高领导——党团，具体领导京奉铁路和开滦煤矿的罢工。

10月12日，厂方对工人提出改善生活待遇的五项要求迟迟不作答复，工厂党组织在扇面街5号召开各场工人代表紧急会议，通过罢工宣言，成立由25人组成的罢工委员会，邓培任委员长。

10月13日，工人到"马家坟"集合开会，宣布罢工。

10月14日，驻芦台第13混成旅旅长董政国带领军队欲于当晚开进工厂，被工人纠察队阻在门外。董政国闯进罢工事务所，逼邓培下令复工被拒绝。

10月15日，京奉铁路局派庞士清等3人来厂与邓培谈判。

10月20日，京奉铁路局被迫答应工人提出的绝大部分条件，罢工委员会代表和厂方代表签订复工协议，历时8天的罢工结束。

1923 年

1月，根据上级指示，邓培在唐山召开京奉铁路各站、段工人代表会议，秘密成立京奉铁路总工会，邓培被选为委员长。

2月中旬，邓培在唐山召集京奉铁路工人代表会议，秘密举行"二七"死难烈士追悼会。

6月12—20日，邓培出席中国共产党第三次全国代表大会，当选为中央执行委员会候补委员。

8月20—25日，工人梁鹏云出席中国社会主义青年团第二次全国代表大会，当选为团中央候补委员。

12月，共产党员刘玉堂被党组织派往苏联莫斯科东方劳动大学学习。1925年初回国。

1924 年

1月，王麟书任中国社会主义青年团唐山地方执行委员会委员长。

2月7日，邓培、邓开泰、程观榜出席全国铁路第一次工人代表大会，正式成立中华全国铁路总工会，邓培当选为委员长。

8月，共产党员王麟书、甘学露被党组织派往苏联莫斯科东方劳动大学学习。1925年夏回国。

10月，京奉铁路以直奉战争和原材料缺乏为由裁减近2000名工人。

11月上旬，工厂党组织发动1000多名被裁工人在扶轮小学操场举行反裁员斗争大会。推选代表赴路局请愿。经党组织联系，中共天津地委委员长于方舟帮助起草了《请愿书》。11月19日在天津《益世报》上发表反裁员《宣言》。

11月下旬，京奉路局答应工人要求，月底被裁工人全部复工。

年内工厂制定《京奉铁路唐山制造厂章程》。

1925 年

1月11—22日，邓培出席中国共产党第四次全国代表大会（此处有误，邓培并未出席，唐山委派阮章出席），再次当选中央执行委员会候补委员。

1月26—30日，梁鹏云出席中国社会主义青年团第三次全国代表大会。

2月7日，邓培出席全国铁路工会第二次代表大会，当选为委员长。

5月1日，邓培出席全国第二次劳动大会，当选为中华全国总工会执行委员。

6月6日，邓培领导唐山工人声援"五卅"反帝爱国斗争。

6月25日，全厂工人每人捐出两天工资共计3000多银圆汇往上海，抚恤在"五卅"惨案中遇难的工人、学生家属。

9月，根据上级指示，邓培离开工厂，去北京任中华全国铁路总工会的领导工作。工厂党支部书记由李华添担任。

12月29日，国民军冯玉祥部第一军第九师进驻唐山后，各工会组织相继恢复。工厂工会由李华添、李银宝、许作彬等15人组成执行委员会，李华添任委员长。

12月，中共唐山地委从工厂选派共产党员和骨干分子程帝钦、程观步、麦连登、杨文斌去广州黄埔军校参加第五期学习。派齐景林、张宝仁、程胜、阮华珍、朱怀瑞去苏联莫斯科东方劳动大学学习。

年内工厂员司安茂山、路秉元被派往加拿大铁路学习二年。

1926 年

3月下旬，奉系军阀占领唐山，搜捕革命党人，厂工会被查封。

5月1—12日，邓培出席第三次全国劳动大会，当选为执行委员。

8月22日，因工贼告密，厂工会主要成员李银宝、许作彬、邓开泰、袁兰祥、荣昌5人被奉系军阀逮捕。判刑二年十个月，关押在锦州监狱。

1927 年

4月15日，中共唐山地方党组织的创始人、工人运动的领导者邓培在广州被捕，22日遇害，时年44岁。

后　记

今年是邓培烈士诞辰 140 周年。1883 年 4 月 8 日,中国共产党创建时期入党的工人党员、中国工人运动的先驱和优秀活动家邓培出生于佛山三水云东海。长大后的邓培学徒于天津,任职于唐山,在工人运动中先受辛亥革命之磨砺,再受五四运动之洗礼,在马克思列宁主义的指引下加入中国共产党,融入开天辟地的伟大革命事业中。唐山是邓培先烈曾经长期工作、生活和开展革命斗争的重要区域,他为唐山的革命事业和中国工人运动作出了许多开创性的贡献。为深切缅怀邓培同志,继承和弘扬先烈不屈不挠、不怕牺牲、勇往直前的革命精神,助力谱写中国式现代化建设河北唐山篇章,我们编写了本书。

本书为文献性的资料汇编。在"求全"方面,为了便于史学工作者对邓培烈士的全面研究,书籍内容涵盖了图片资料、研究文章、有关讲话乃至个人访谈和回忆录,既收录了公开出版物中的权威研究内容,又对以前未公开出版过的资料进行了梳理辑录;对于一些因历史原因导致缺乏文献材料依据的内容,编者在当事人回忆录的选编上力求多一些、全一些,凡是老党员、老干部、老工人在回忆论述的著作中或在被访问的记录中,有涉及邓培烈士内容的,都尽量摘录收入此书。在"求真"方面,本书内容是在尽可能全地收集和研究涉及邓培烈士公开出版物及目前所掌握的相关唐山革命史资料的基础上,经过鉴别、筛选后编列的,一般系事出有据、符合实际并有一定史料价值的原始资料,包括文献记载、报刊资料和回忆录。需要说明的是,在收入本书的访谈和回忆材料中,由于年代久远和记忆上的原因,有些在时间、地点、人名的回忆上不够准确,甚至有的多次回忆说法不一。对此,希读者注意分析。在"求准"方面,对过去遗留下来的疑难问题,或一事多说、互相矛盾的资料,凡经过编者核订，事实已经澄清或基本澄清的，按澄清后的史实选列；证明系不实的资料予以剔除。对某些依据不足或无以否定的不同说法，或有存疑价值的资料，为方便进一步研究，存在同时选列的情况，请读者注意鉴别。至于涉及具体人是否党团员以及入党、入团时间的回忆录，我们是作为党史研究资料选列的，不起任何证明作用，特此声明。

因研究邓培烈士生平事迹和伟大精神的党史爱好者较多，其中不乏优秀的专家学者，故本书部分内容难免与他人所著作品或研究成果有相似相通以及参考借鉴之处。在此，特别向以下专家、学者、先贤和同志表示由衷感谢。一是《邓培传》作者——唐山师范学院王士立教授。半个多世纪以来，王教授心怀着对烈士的崇敬之情，秉持着严谨的治学精神对邓培同志进行了深入系统地研究，取得了颇为权威的学术成果。在编者与王教授请教本书的写作事项之时，王教授以豁达的态度表示了对邓培烈士研究工作的支持，其言谈中展现出的专业素养让人无比钦佩，举止上显露出的平易亲近让人心生感动。二是撰写邓培烈士研究文章的各位学者，包括但不限于被本书"综合研究"章节所收录文章的作者。感谢各位贤达对邓培先烈的深入研究与宣传，同时也请各位谅解编者未能一一取得联系之实际困难。如此书有幸为各位所见，欢迎沟通交流。三是本单位的先贤和有关单位的同志。感谢王友民、王树信、刘建才、周志远、郑云德（排名不分先后）等各位未曾谋面的先贤在邓培烈士研究方面积累的丰富资料，感谢各位领导对本书编写工作的指导，感谢有关同志在书籍编写过程中的鼎力支持。

由于现有资料和编辑人员水平有限，本书在内容和编排方面难免存在一些不尽如人意之处，欢迎各界读者给予指正。

中共唐山市委党史研究室

2023 年 9 月